법화경 수행 연구

프라즈냐 총서
67

법화경 수행 연구

| 일불승을 향한 삼승의 수행과 현대적 실천 |

현수 저

운주사

책머리에

누구나 행복을 원하고 고통을 피하고자 합니다. 그래서 사람들은 저마다 자신이 믿는 행복의 길을 찾아 나섭니다. 저 또한 부처님께서 설하신 깨달음의 길 위에서 자신의 행복의 길을 찾아 『법화경』을 독송하는 많은 불자님들을 만나 왔습니다. 그분들의 깊은 신심과 꾸준한 정진의 모습은 제게 큰 감동과 환희심을 안겨주었습니다. 그러나 제 마음 한편에는 늘 이런 물음이 자리하고 있었습니다.

"이 위대한 경전은 우리에게 어떤 구체적인 수행의 길을 보여주고 있는가?"

많은 분들이 『법화경』을 신행하면서도, 그 안에 담긴 핵심 사상이나 수행의 체계를 명확히 이해하지 못하는 경우가 있습니다. 그리고 이렇게 수행의 길이 분명하게 보이지 않으면 때로는 막막함에 부딪히고, 신행이 단순히 기복적인 차원에 머물기도 합니다.

이 책은 바로 그 물음에서 시작되었습니다. 부처님께서 '가장 바른 흰 연꽃과도 같은 가르침'이라 찬탄하신 『법화경』의 중심 메시지와 그에 따른 수행의 길을 분명히 밝히고자 했습니다.

우선 『법화경』의 핵심 가르침인 '일불승一佛乘'과 '회삼귀일會三歸一' 사상이 왜 등장했는지를 역사적 맥락 속에서 살펴보았습니다. 이는 다양한 가르침의 갈등을 넘어 모두를 하나로 아우르려는 『법화경』의 정신을 이해하는 바탕이 될 것입니다.

또한 성문·연각·보살이라는 서로 다른 길이 결국 하나의 목표, 곧 부처의 길로 모아지는 과정을 구체적인 수행 방법과 증득의 단계로 정리했습니다. 경전 곳곳에 흩어져 있는 단서들을 모으고 여러 논서들을 비교하여, 수행자들이 자신의 위치를 돌아보고 나아갈 길을 확인할 수 있도록 하나의 '수행 지도'를 마련해 보고자 했습니다.

마지막으로, 『법화경』의 가르침이 오늘 우리의 삶과 사회 속에서 어떻게 살아 숨 쉬는 실천으로 이어질 수 있는지를 살펴보았습니다. 이 가르침은 나 자신을 본래 부처로 바라보는 마음의 변화에서 시작해, 타인을 존중하는 관계의 변화로 이어지고, 나아가 함께 사는 사회를 더욱 평화롭고 따뜻하게 가꾸어 가는 길로 확장됩니다.

이 책은 『법화경』을 신행해 온 분들께는 자신의 수행을 점검하고 더욱 깊이를 더할 수 있는 계기가 되기를, 이제 불교에 첫발을 내딛는 분들께는 든든한 길잡이가 되기를 바라는 마음으로 집필했습니다. 앞으로 이 주제에 대한 연구와 실천이 더 깊어지고 넓어져, 개인의 수행은 물론 불교학과 사회 전체에도 보탬이 되기를 희망합니다.

이 책을 출판하는 데 인연을 함께해 주신 모든 분들의 공덕에 깊이 감사드리며, 이 책을 접하는 이들이 발심하여 보살행의 길을 이어가기를 간절히 기원합니다.

불기 2569년 가을
현수 합장

책머리에 · 5

서언 13

제1장 『법화경』과 중심 교설 23

   1. 『법화경』 경전의 의미와 구성 · 23

   2. 『법화경』의 원전과 번역본 · 26

      1) 『법화경』의 원전 · 26

      2) 『법화경』의 번역본 · 37

   3. 『법화경』의 논서 · 45

   4. 『법화경』의 중심 교설 · 53

      1) 일불승一佛乘설과 회삼귀일會三歸一설 · 54

         (1) 화택의 비유(火宅譬喩) · 55

         (2) 장자궁자의 비유(長者窮子喩) · 59

         (3) 약초의 비유(藥草喩) · 62

         (4) 의중보주의 비유(衣中寶珠喩) · 64

         (5) 계중명주의 비유(髻中明珠喩) · 65

      2) 구원본불久遠本佛설 · 71

         (1) 의사의 비유(醫師喩) · 72

      3) 제불본원諸佛本願설 · 74

         (1) 화성의 비유(化城喩) · 75

제2장 대승 교설의 정립과 일불승 교설의 배경 83

1. 대승 교설의 정립 과정에 대한 기존의 견해 · 85
1) 대중부 성립설 · 89
2) 불전문학의 보살 · 91
3) 불탑숭배의 영향 · 93
4) 보살 교단의 조직 · 95
5) 대승경전의 불설 · 97

2. 삼승과 일불승 교설의 발생 · 100
1) 초기불교의 삼승 · 100
2) 부파불교의 삼승 · 110
3) 대승불교의 삼승 · 121
4) 대승경전의 정법 논쟁 · 130

3. 일불승과 삼승을 중심으로 본 『법화경』 · 135
1) 『법화경』의 일불승 · 135
2) 『법화경』의 회삼귀일 · 140

제3장 『법화경』의 일불승과 삼승의 수증 145

1. 『법화경』에서 일불승의 수행과 증득 · 151
1) 『법화경』에서 일불승의 현증 · 151
  (1) 불신론과 『법화경』 · 151
  (2) 『법화경』에서 일불승의 현증 · 155
2) 『법화경』에서 일불승의 수행 · 177
  (1) 구원성불의 보살행 · 180
  (2) 가야성불伽倻成佛의 보살행 · 185

(3) 석가모니불의 현세 보살행 • 188
2. 『법화경』에서 삼승의 수행과 증득 • 194
　1) 『법화경』에서 성문승의 현증 • 194
　　(1) 성문승의 유형과 특징 • 194
　2) 『법화경』에서 성문승의 수행 • 198
　　(1) 삼혜 • 삼인 • 사성종 • 202
　　(2) 현위 • 성위 • 204
　　(3) 견도 • 수도 • 무학도의 사향사과 • 212
　3) 『법화경』에서 연각승의 현증 • 219
　　(1) 연각승의 유형과 특징 • 219
　4) 『법화경』에서 연각승의 수행 • 222
　　(1) 일반적 연기론 • 225
　　(2) 시간적 해석의 12연기 • 226
　　(3) 비시간적 해석의 12연기 • 228
　5) 『법화경』에서 보살승의 현증 • 230
　　(1) 보살의 특징 • 230
　　(2) 보살의 유형 • 235
　　(3) 보살의 계위 • 264
　6) 『법화경』에서 보살승의 수행 • 284
　　(1) 보살의 마음 자세 • 284
　　(2) 삼매수행三昧修行 • 295
　　(3) 사안락행四安樂行 • 300
　　(4) 오종수행五種修行 • 307
　　(5) 육바라밀행六波羅密行 • 313
3. 일불승에 의거한 총체적 계위 • 319
　1) 작은 약초의 계위 • 323

2) 중간 약초의 계위 • 324

   3) 큰 약초의 계위 • 327

   4) 작은 나무의 계위 • 327

   5) 큰 나무의 계위 • 329

   6) 가장 진실한 계위 • 339

   　　(1) 간명의簡名義: 이름과 뜻을 밝힘 • 341

   　　(2) 명위수明位數: 계위의 법수를 밝힘 • 342

   　　(3) 명단복明斷伏: 번뇌의 끊음과 억누름을 밝힘 • 343

   　　(4) 명공용明功用: 공용을 밝힘 • 344

   　　(5) 명추묘明麤妙: 추麤와 묘妙를 밝힘 • 345

   　　(6) 명위흥明位興과 명위폐明位廢: 계위를 일으킨 것과 폐지의 이유를 밝힘 • 346

   　　(7) 개추현묘開麤顯妙: 추를 열어 묘를 드러냄 • 349

   　　(8) 인경引經: 경의 인용 • 350

   　　(9) 묘위시종妙位始終: 계위의 시작과 끝의 묘함을 밝힘 • 352

   7)『법화경』의 수행계위의 의의 • 354

제4장『법화경』의 일불승의 수증과 현대사회적 실천 357

   1. 불교의 사회적 실천의 의미 • 357

   2.『법화경』의 중심 교설과 현대사회적 실천 • 361

   　　1) 개인의 마인드셋(mindset) 변화: 부처와 똑같은 성품이 있음을 자각 • 368

   　　2) 타인에 대한 관계 변화: 일체중생을 부처로 보는 태도 • 372

3) 영향력의 변화: 우리는 영원한 존재 • 376
3. 일불승 교설과 현대사회적 실천 • 384

결어 391

참고문헌 • 407
찾아보기 • 423

서언

 불교가 석가모니불에 의해 최초 설해진 이후 부처의 교설에 의한 교리와 계율, 수행과 수행체계는 오랜 시간에 걸쳐 다양한 시대와 지역, 학파의 영향하에 연구되었다. 초기불교 문헌인 니까야(Nikāya)와 아함경阿含經, 그리고 율장에는 불교의 교학과 수행과 관련된 석가모니불의 많은 교설이 담겨 있다. 초기불교 문헌을 살펴보면, 신업과 구업을 단정히 하는 계학戒學을 갖춰 의업을 닦는 정학定學이 되면 혜학慧學으로 나아가는 것이 삼학三學이고, 삼학을 닦는 것을 수행이라 하며, 근기에 맞는 수행을 통해 점차 깨달음의 도과에 이르는 체계를 증위證位라고 한다.
 불교의 수행체계를 살펴보면, 초기불교의 내용이 불교의 원형이 되는데, 수행으로는 사성제四聖諦와 팔정도八正道, 37조도품三十七助道品, 사무량심四無量心 등이 있고, 수행위로는 사향사과인 예류豫流·일래一來·불환不還·아라한阿羅漢 등의 사위四位가 있다. 불멸후인 부파불교 시대에는 많은 학파들이 석가모니불이 설한 수행을 연구하여 체계화하는데, 수행으로는 삼혜三慧·삼인三因·사성종四聖種의 수행과 수행위로는 현위賢位와 성위聖位 등 세부적이고 조직적인 수행체계를 성립하였다. 부파불교 시대에는 불전문학佛傳文學의 문헌들도 성립되었는데, 석가모니불이 전생에서 세웠던 보살서원과 바라밀波羅蜜의 수행 등의 내용은 훗날 대승불교 시대의 보살사상과 보살도에 영향을 미치게 된다. 이후 초기 대승불교 시기에는 『십지경十地經』과 같이 보살수행의 단계를 확립하는 문헌들이 출현하는데, 이처럼 수행과 증위를 다루는 이론과 원리는 부파불교와 대승불교의 이론을 확립하는 데 중요한 영향을 끼치게 된다. 이후 대승불교의 경전에서 수행은 육바라밀로, 수증위는 보살 52위로 점차 정리된다.

대승불교의 수행과 증위에 대한 연구가 비약적으로 발전한 것은 4세기 중엽 유식唯識사상의 유가행파瑜伽行派 시대로 미륵(彌勒, maitreya, 4~5세기)과 무착(無着, asaṅga, 395~470), 세친(世親, vasubandhu, 400~480)에 의해서였다. 미륵은 성문지聲聞地와 보살지菩薩地를 포함한 방대한 수행체계를 『유가사지론瑜伽師地論』으로 완성하였다. 무착과 세친은 유식사상을 연구함으로써 아뢰야식阿賴耶識과 종자설種子說, 훈습론熏習論의 번뇌론煩惱論에 입각한 세밀하고도 실천적인 수행이론을 정리하여 유가행의 토대를 확립해 대승불교의 발전에 크게 기여하였다.

인도불교에서 형성된 이러한 불교 수행과 증위는 남방불교를 비롯해 티벳과 네팔, 몽골 등지에 전해졌고 동아시아의 대승불교권에 포함된 중국과 한국, 일본에도 전해져 불교 발전에 큰 영향을 주었다. 이렇게 전승된 한국불교는 대승불교로서 대승불교의 사상과 수행의 맥을 이어가고 있다.

그러나 한국불교가 대승불교임에도 불구하고 한국 불자들은 대승불교의 기본적인 교리나 수행에 대해 제대로 알지 못하거나 교육받지 못하고 있다. 이러한 원인은 한국불교의 종단 차원에서 불자들을 위한 교육체계 시스템이 부재한 데에 있고, 한국불교의 주요 수행이 간화선이라는 데 그 원인이 있다고 할 것이다.

한국불교의 간화선은 간화선이 가진 많은 수행의 장점에도 불구하고 상당한 문제점을 내포하고 있다. 김종명의 「현대 한국의 간화선」에서는 한국 간화선의 문제점으로 "스승의 부재, 간화선의 초월적 성격, 승려와 재가자의 구별, 간화선에 대한 불충분한 설명, 외부인들의 충고에 대한 무관심, 간화선에 대한 오해, 수행자들의 의지박약, 수행자들의 나쁜 건강 상태, 이론과 수행의 불일치, 간화선의 화석화, 인기 부족, 종교적 특정의 상실 등"[1]을 들고 있다.

이러한 간화선 수행의 문제점은 출가수행자에게도 간화선 수행이 쉽게 느껴지지 않게 할 뿐만 아니라 재가불자들에게도 수행에 진입하는 데에 있어 높은 장벽으로 느껴지게 한다. 그래서 대부분의 재가불자들이 인연 닿는 사찰에서 진행하는 독경, 간경, 사경, 염불, 진언 수행 등을 맹목적으로 따라 하는 기복성의 종교활동을 하는 것이 현실이다.

대승불교를 표방하는 한국불교의 많은 사찰에서는 『법화경法華經』,

---

[1] 김종명(2010), pp.232~233.

『화엄경華嚴經』,『금강경金剛經』,『천수경千手經』 등 대승경전을 기반으로 하는 수행을 하고 있다. 그리고 한국불교의 일반 재가신자들은 한국불교가 대승불교인 줄 잘 모르고 있으면서 인연 닿는 사찰에서 진행하는 대승경전에 관한 수행을 맹목적으로 함께하고 있다. 이 중에서도 현재 한국불교에서 불자들이 가장 신앙하며 수행하는 경전은 대승경전 중의 왕이라고 하는 『법화경』이라고 할 수 있을 것이다. 『법화경』을 가장 많이 신행하는 이유 중의 하나는 '경전에 부처님의 비요법장秘要法藏을 담고 있어서 이 경을 수지·독송·해설·서사하면 그 공덕이 수승하다'라는 데서부터라 할 수 있다. 그래서인지 중국과 한국에서 가장 많은 불교 영험담이 『법화경』으로부터 발생하여 회자되기도 한다. 그러나 이것은 『법화경』을 수지受持 내지 해설解說하여 얻어지는 공덕의 일부이며, 결코 『법화경』 수행의 근본 취지라고 할 수는 없을 것이다. 『법화경』 교설에는 '모든 부처는 일대사인연으로 세상에 출현하여 일체중생을 다 불도에 깨달아 들어가게 한다'라고 선언하고 있고, 이 취지에 따라 '개권현실開權顯實한다'라고 하고 있다. 이는 『법화경』에서 중생의 근기에 맞게 삼승三乘의 방편을 열어 일승一乘의 진실에 들게 한다고 함으로써, 부처의 진실한 본뜻은 결국 일불승一佛乘에 있음을 밝히는 것이다.

이러한 『법화경』은 일불승의 핵심 교설을 전하기 위해 각종 비유를 들어 설명하고 있고, 방편을 열어 삼승을 일승으로 회귀시키는 회삼귀일의 대통일장 이론을 내세우고 있지만, 정작 경전 자체에서는 삼승의 수행과 계위가 잘 드러나 있지 않다. 그러나 『법화경』에는 수행과 계위에 대한 내용이 설해져 있는 부분이 있고, 중생이 일불승으로 나아가기 위해서는 그 내용이 매우 중요하다고 할 것이다. 이러한 『법화경』의 삼승의 수행과 계위의 중요성에 대해 천태지의(天台智顗, 538~597)는 『법화현의法華玄義』에서 다음과 같이 밝히고 있다.

> 계위에는 단지 방편(權)과 진실(實)이 있는데, 경론에 두루 서술되고 있다. 『성실론』과 비담에서 계위를 판별하는 것은, 대승을 두루 통섭하지 못한다. 『십지론十地論』과 『섭대승론攝大乘論』 등에서 계위를 판별하는 것은, 별도로 하나의 길을 서술하여 뜻이 함께 포함되지 못한다. 방등의 모든 경에서 계위를 밝히는 가운데 『영락경瓔珞經』은 이미 깊고 얕음을 판별하고 있다. 반야의 모든 경에서 계위를 밝히는 가운데 『인왕반야경仁王般若經』은 높고 낮음을 이야기한다. 그러나 추麤와 묘妙를 드러내지는 못한다. 『법화경』은 계위의 명칭을 나타내지 않았더라도 뜻은 소승과 대승을 겸하고 있어서 대략 방편과 진실을 판별한다. 그런데 범문에서는 다 포함하고 있지 않으나, 한역『법화경』에서는 반드시 다 포함하고 있다.[2]

이처럼 천태지의에 따르면 계위의 논설과 정리는 『법화경』이 아닌 『성실론成實論』이나 논장論藏, 『대지도론大智度論』, 『섭대승론』, 『방

---

[2] 『妙法蓮華經玄義』卷4(T33, p.726b13-18), "但位有權實 布在經論 若成論毘曇判位 言不涉大地攝等論判位 別敍一途 義不兼括 方等諸經明位瓔珞已判淺深 般若諸經明位仁王盛談高下而未彰麤妙 今經位名不彰 而意兼小大 粗判權實 然梵文不盡度本經必有"

등경』,『반야경』 등에서도 서술되어 있고 의미가 있다는 것이다. 그리고『법화경』의 산스크리트본에는 계위의 명칭이 다 나타나 있지 않으나, 한역『법화경』에는 계위와 명칭이 모두 포함되어 나타나 있다는 것이다. 지의는 다른 경전에 비해『법화경』의 계위가 특별한 이유는 진리(實)를 포섭하여 추麤와 묘妙로써 삼승에 대한 모든 계위와 방편(權)을 드러내기 때문이라고 강조하고 있다.

『법화경』에는 삼승을 포용하여 일승을 지향하는 회삼귀일이라는 중심 교설이 있다.『법화경』은 부파불교에 반하는 초기 대승불교 시대에 석가모니불의 정신을 재구성한 경전이며, 불교의 궁극적인 깨달음에 대하여 재해석한 경전이다.『법화경』은 부파불교가 가지고 있던 삼승에 대한 개별적이고 닫혀 있는 수행과 증득에 대한 입장을 대립과 갈등이 아닌 포용과 융합의 입장에서 해석하고 있으며, 일체중생을 포함하여 불교가 가야 할 방향과 수행 방법에 대하여 명확히 제시하고 있다. 이는 초기 대승불교에서 가지고 있던 부파불교에 대한 개혁의 문제뿐만 아니라 인간이 가지고 있는 실존적 문제와 삶의 가치 추구의 문제를 해결하는 대통일장 이론이기도 하다. 그렇기 때문에 회삼귀일의 대통일장 이론을 지닌『법화경』은 초기 대승불교 시대에 이어 현대에까지 신앙되고 있는 이유인 것이다.『법화경』에서 기술하고 있는 삼승의 수행과 증위의 중요성은 이러한 이유 때문인 것이다. 이에 본 연구자는 이러한『법화경』 본연의 뜻으로『법화경』의 일불승을 향한 삼승에 대한 수행과 증위에 관해 연구하고자 하였다.

제1장에서『법화경』의 이해를 높이고자『법화경』의 성립 과정과 구성, 원전과 번역본, 논서 그리고 중심 교설인 일불승一佛乘설과

회삼귀일會三歸一설, 구원본불久遠本佛설, 제불본원諸佛本願설 등을 연구하여 『법화경』의 형성 과정과 주요 교설을 이해하고 올바른 수행 목적을 밝히고자 하였다.

제2장에서는 여러 학자의 대승불교 흥기설을 살펴보고, 『법화경』의 중심 교설인 일불승설과 회삼귀일설의 배경이 되는 대승 교설의 정립 과정과 견해를 조사하였다. 회삼귀일설은 삼승을 융합하여 일승으로 나아가게 하는 부처의 가르침으로, 회삼귀일설이 대두될 수밖에 없었던 부파불교 시대의 문제점과 이를 해결하기 위한 대승불교의 대두 및 그 역사적 배경을 검토하였다.

제3장에서는 『법화경』에서 근본적으로 추구하는 일불승에 대한 수행과 의의를 살펴보고 점차적인 수행으로 성문승, 연각승, 보살승 등의 수행과 증득 과정을 설명하였다. 또한 대승불교 경전과 논전에서 주석하고 있는 일불승과 삼승의 수행과 증득의 내용을 함께 비교·분석하였다. 그리고 『법화경』의 수행계위를 천태지의의 『법화현의法華玄義』 위묘位妙 부분을 중심으로 정리하고 대승경전에서 나타나 있는 수행계위와 비교하여 설명하였다. 이는 『법화경』의 일불승과 회삼귀일설에 해당하는 수행과 증득의 과정을 밝혀 『법화경』 수행과 대승불교의 수행에 대한 지도를 제시하고 『법화경』 수행자들이 올바른 수행의 목적과 방향성에 대해 이해를 하고 수행할 수 있도록 연구하였다.

제4장에서는 『법화경』의 중심 교설과 사회적 실천의 문제를 다루었다. 대승불교는 불교 본연으로 돌아가 중생의 고통을 구제하고 부처의 깨달음을 사회대중과 소통하며 종교적 생명력을 회복하고자 하는 사회 실천적 성격을 지니고 있다. 이러한 대승불교의 정신은 현대불교

로 이어져 최근 불교의 사회적 실천이 큰 쟁점이 되고 있다. 사회참여 불교라는 것은 Engaged Buddhism의 약어로, 베트남의 승려인 틱낫한에 의해 1963년에 최초로 사용되었다. 사회참여 불교가 연구자에 의해 주목받게 된 것은 1990년에 아메리카 종교학회에서 사회참여 불교를 주제로 한 패널이 열리게 된 것에 의해서였다. 그것을 기초로 하여 1996년에 크리스토퍼 퀸과 샐리 킹의 공동편찬으로 논문집『사회 참여 불교』가 간행되고, 불교 연구자에게 큰 주제로서 주목받게 되었다.[3] 또한 이러한 영향은 한국 불교계에도 영향을 미쳐서 '깨달음의 사회화', 또는 '불교의 사회화'의 담론이 이어지고 있다.[4] 이러한 불교의 사회 실천이라는 새로운 흐름에서 대승불교의 사상을 잇고 있는 경전인『법화경』의 중심 교설과 수행을 어떻게 사회와 연결하여 실천할 수 있는지에 대한 연구는 그 의미가 크다고 하겠다. 이러한『법화경』의 가르침이 현대에 와서 어떠한 불교의 사회적 실천의 의미를 갖는지에 대하여『법화경』의 중심 교설과 사회적 실천을 개인의 실천, 타인과의 관계성, 사회적인 영향력의 세 가지 측면으로 설명하였다. 이를 통해『법화경』에 근거한 수행과 증득에 대한 내용이 어떻게 사회적 실천 문제로 연결될 수 있는지 함께 살펴보았다.

  불교에서 진리를 향한 가르침이란 개념과 틀을 깨는 것이기 때문에 불교 수행을 하나의 틀로 제시할 수는 없다. 또한 평등법계에는 차별이 없지만, 현상과 경험이라는 차별이 있기에 부사의한 계위는 논할 수 있는 것이다. 이러한『법화경』의 불지견으로서의 일불승 수행과

---

[3] 스에키 후미히코외 저, 김재권 역(2016), pp.18~19.
[4] 박경준(2009).

방편으로써의 삼승 수행을 논하지 않는다면, 『법화경』을 신앙하며 수행하는 불자들이 수행의 개념과 방향성을 이해하지 못하여 수행해도 역행을 하거나 수행이라는 틀 자체조차 알 수 없어 아예 시도조차 하지 못할 것이다.

이에 이 책에서 대승경전 중에서 현대 불자들이 가장 신앙하는 『법화경』을 중심으로 『법화경』의 성립 시기인 초기 대승불교 시기의 경전과 논전을 비교하여 삼승에 대한 수행과 증득의 체계를 연구하고 정리하여 설명하였다. 그러나 『법화경』 경전 자체에는 일불승과 보살승의 수행에 대해서는 기술되어 있지만, 성문승과 연각승의 수행에 대해서는 자세히 서술되어 있지 않으므로 부파불교의 논전에서 성문승과 연각승의 수행과 증위의 내용을 부가적으로 더하여 『법화경』에서 말하는 일불승과 삼승의 수행과 증위에 대하여 연구하여 전반적인 수행의 지도를 제시하고자 하였다. 이러한 대승불교 시기에 성립된 『법화경』에서 말하고자 하는 일승의 수행이 무엇인지, 삼승의 수행과 증위는 무엇인지를 연구하여 정리한다면, 앞에서 기술한 『법화경』을 신앙하며 수행하는 현대 한국 불자들의 수행하는 바를 이해하고 수행 공백을 메워주는 역할을 하리라 생각한다.

제1장 『법화경』과 중심 교설

1. 『법화경』 경전의 의미와 구성

『법화경』의 산스크리트 경명은 『삳다르마 뿐다리까 수트라(Saddharma-puṇḍarīkasūtra)』이다. 삳(Sad)은 '정正' 또는 '묘妙'의 의미이고, 다르마(dharma)는 '법法'이며, 뿐다리까(puṇḍarīka)는 '흰 연꽃'을 나타내고, 수트라(sūtra)는 성인의 말씀을 적어놓은 '경經'을 의미한다.[1] 직역하면 '최상의 바른 흰 연꽃과도 같은 가르침'이라는 뜻이 된다. 『법화경』은 묘법妙法을 설한 경이다. 절대로 부서지지 않는 영원의 진리를 '법'이라는 모습으로 드러내고 있는 것이다. 어떤 것과도 견줄 수 없는 뛰어난 진리를 설하는 경으로 마치 연꽃과 닮아 연꽃에 비유하여 『묘법연화경妙法蓮華經』이라고 하였다.

---

1 길상(1998), p.614.

286년 서진의 축법호竺法護는 산스크리트로 된 경명을 『정법화경正法華經』이라 번역하였고, 406년 요진의 삼장 구마라집鳩摩羅什은 『묘법연화경妙法蓮華經』이라고 하였으며, 601년 사나굴다闍那崛多와 달마급다達摩笈多는 『첨품묘법연화경添品妙法蓮華經』으로 번역하였다. 현재는 구마라집의 번역본 『묘법연화경』을 널리 사용한다.

『묘법연화경』은 총 7권 28품으로 되어 있는데 『묘법연화경』의 구성에 대하여 전통적으로 사용되고 있는 해석 중 하나로 천태지의天台智顗의 과문을 들 수 있다. 지의는 『묘법연화경』 28품을 적문迹門과 본문本門 이 둘로 구성되어 있다고 분류하였는데, 전반 14품을 적문이라고 하고 후반 14품을 본문이라 하여 따로 분류하였다. 그리고 적문을 서분, 정종분, 유통분으로 나누고, 본문 또한 서분, 정종분, 유통분으로 나누었다.

그중에서 적문의 서분은 제1 「서품序品」과 제2 「방편품」의 일부로 하고, 정종분은 제2 「방편품」으로부터 제9 「수학무학인기품」까지로, 유통분은 제10 「법사품」에서부터 제14 「안락행품安樂行品」까지로 분류하였다.

본문의 분류는 서분이 제15 「종지용출품從地涌出品」이고, 정종분은 제16 「여래수량품如來壽量品」에서 제17 「분별공덕품分別功德品」까지로, 유통분은 제18 「수희공덕품隨喜功德品」에서 제28 「보현보살권발품」까지로 분류하였다.

〈표 1〉 천태지의의 『묘법연화경』 총과[2]

묘법연화경 이경육단二經六段	적문	서분			서품	서분	묘법연화경 일경삼단一經三段
		정종분	약개삼현일略開三顯一		방편품	정종분	
			광개삼현일廣開三顯一	법설주法說周	정설正說	비유품	
					영해領解		
					술성述成		
					수기授記		
				비유주譬喩周	정설正說	신해품	
					영해領解	약초품	
					술성述成	수기품	
					수기授記		
				인연주因緣周	정설正說	화성품	
					영해領解	오백품	
					술성述成	인기품	
					수기授記		
		유통분	널리 유통하는 공덕의 깊이를 밝혀 미래의 유통을 관한다.		법사품		
					보탑품		
		왕사往事를 밝혀 유통을 증명한다.			제바품		
		타방他方과 이 국토의 유통을 권한다.			권지품		
		초심자를 위해 안락행安樂行을 설한다			안락품		
	본문	서분			통출품		
		정종분	약개근현원略開近顯遠		수량품		
			광개근현원廣開近顯遠	개근현원開近顯遠	분별품		
				법신法身의 수기를 받다.			
				영해領解를 원하다.			
		유통분	멸후滅後의 공덕을 설해 유통케 한다.	초품의 인因의 공덕	수희품	유통분	
				초품의 과과果의 공덕	공덕품		
				신훼信毁의 죄복罪福	불경품		
			유통을 부촉한다.	촉루유통囑累流通	별부촉別付屬	신력품	
					총부촉總付屬	촉루품	

---

2 츠카모토 게이쇼(塚本啓祥), 이정수 역(2010), p.543.

		고행苦行	약왕품
화타유통 化他流通	삼매三昧	묘음품
			보문품
	총지總持	신주품
	서원誓願	엄왕품
자행유통 自行流通	신통神通	권발품

위의 내용을 정리하여 보면 다음과 같다. 적문에서는 일불승一佛乘의 가르침을 중심으로 하여 대고중對告衆이 성문인 데 반하여 본문에서는 부처님의 영원성의 가르침을 중심으로 하여 대고중이 보살로 등장하고 있다. 또 적문의 정종분 내용을 '삼승을 열어 일승을 드러낸다(삼승 전체가 성불의 의미가 있는 것)'라는 의미의 개삼현일開三顯一로 해석하였고, 본문의 정종분의 내용을 '석가모니불은 보리수 아래에서 처음으로 성불한 것이 아니라 아득히 먼 과거에 이미 성불한 본불의 자취이며 그 본불을 드러냈다'라는 의미의 개근현원開近顯遠으로 해석하였다.[3]

2. 『법화경』의 원전과 번역본

1) 『법화경』의 원전

『법화경』이 구체적으로 어떻게 형성되었는지 불분명하지만, 학자들 사이에서는 오랜 시간에 걸쳐 증보 개정되었다고 추정한다. 이러한 『법화경』 텍스트는 크게 산스크리트 원전과 번역본으로 나눌 수 있다. 『법화경』 텍스트의 원전은 산스크리트본인데, 현재 산스크리트 사본

---

[3] 히라가와 아키라(平川彰), 차차석 역(1996), pp.38~47 요약.

들은 문헌적 계보에 따라 크게 네 가지 유형으로 분류한다.

이 네 가지 유형은 ①네팔본, ②길기트본 또는 카슈미르본, ③중앙아시아본 또는 서역본, ④아프가니스탄본이다. 이 중에서 네팔본만이 완본完本으로 전해지고 있고, 나머지 3본은 단편으로 전해진다. 이 중 가장 많은 수로 전해지는 것은 네팔에 보존된 필사본들이며, 이 중 다수가 전사본 형태로 출판되었고, 또한 츠카모토 게이쇼(塚本啓祥) 외 연구진(1977~1982)에 의해 영인본으로도 출간되었다. 이 네팔 필사본들이 남아 있는 주된 이유는, 『법화경』이 네팔의 '구부九部' 가운데 하나로서 예로부터 네팔에서는 『법화경』이 의례적으로 매우 중요한 경전이었기 때문에 이로 인해 끊임없이 필사되어 오늘날까지 전해지게 된 것이다.

더 오래된 필사본들은 기원후 5세기경까지 거슬러 올라가는 것도 있으며, 인도 동북아 대륙과 중앙아시아 여러 지역에서 발견되었다. 카슈가르본, 특히 마르부르거 단편(Marburger fragments)본 및 『법화경』에 대한 연구(카라시마, 1992; 1998)에 따르면, 과거에 북서 인도계 중인도어 방언으로 된 『법화경』 버전이 존재했을 가능성이 높지만, 아직까지 그에 대한 직접적인 문헌 증거는 발견되지 않았다. 그 이후의 필사본들은 대부분 산스크리트어로 되어 있으며, 특히 네팔 필사본처럼 불교 하이브리드 산스크리트어(Buddhist Hybrid Sanskrit)로 작성된 것이 많다. 이렇게 『법화경』의 사본의 형태와 유포 지역이 다양하다는 것은 그만큼 법화 신앙이 널리 유행하여 '법화 문화'를 형성하였다는 사실을 반영하는 것이다.

네팔본은 서사본이 영국, 프랑스, 인도, 일본 등 도서관에 약 20여본이 전해지고 있다. 이 산스크리트 사본은 성립 연대가 일치하지 않기 때문에 네팔본에 한하더라도 그 원초 형태를 결정하기가 어렵고, 산스크리트본을 대조하여 연구하기에는 산스크리트본에 대한 언어적 연구가 기반이 되어 있어야 하기에 어려운 점이 있다.[4]

길기트본은 1932년 6월 카슈미르의 길기트 북방 20km 지점에 있는 스투파의 유지에서 불전의 사본이 많이 발견되었다. 그중에 『법화경』의 사본이 있었는데 1932년 실뱅 레비(Sylvain Lévi, 1863~1935)에 의해, 1938년 바루후(W. Baruch)에 의해 일부가 소개되었다. 1959년에는 류코쿠(龍谷)대학의 고지마 분포(小島文保) 교수가 5엽葉에 대해 발표했다.

더트 교수에 의하면 길기트 사본의 엽 수는 약 150개이며, 글씨체는 직립의 굽타문자로 기록되어 있다고 한다. 이것은 전체의 4분의 3에 해당하는 5~6세기의 것으로 간주되며, 네팔본과 많은 점에서 일치한다. 1972년에 히라가와 아키라(平川彰, 1915~2002)가 인도정부의 허락으로 길기트 사본의 사진을 입수했으며, 와타나베 쇼코(渡邊照宏, 1907~1977)의 교정본이 1975년에 영우회 『법화경』 원전간행회에서 출판되었다.

중앙아시아본은 전세기 말부터 금세기 초에 걸쳐 빈번하게 행해진 중앙아시아의 탐험 결과 각지에서 가져온 범어 원전의 단편들이다. 일반적으로 원전명은 발견지나 가져온 사람의 이름으로 지칭된다. 그 가운데 단편 수가 월등히 많은 것은 제정 러시아의 카스갈 총영사인

---

[4] 김선근(2009), p.275.

페트로프스키가 1903년에 입수한 것으로서 현재 레닌그라드 박물관에 있다. 이는 7~8세기의 서사로 되어 있으며, 능서체能書體 굽타문자로 쓰였는데 전 텍스트의 약 5분의 2에 해당한다.

기타로는 카달릭(Khadalik)본(코탄의 동쪽 약 113km 지점에 있는 카달릭 출토의 단편으로 스타인 수집본), 만너하임본(G. Mannerheim 남작 수집본), 트린클러본(E. Trinkler가 코탄에서 수집), 투르판(Turfan)본(Grunwedel 과 Le Coq이 코탄에서 수집), 오오타니본(서본원사의 대곡탐험대가 가져온 것, 원래 여순박물관에 있었는데 현재는 소재불명) 등의 단간본이 알려져 있다.[5]

『법화경』은 19세기 전반 영국의 네팔 주재 공사였던 호지슨(B. H. Hodgson, 1800~1894)이 산스크리트 불전의 사본을 수집하기 시작해서 현재까지 수많은 사본이 수집되어 알려지게 되었는데, 『법화경』의 사본으로 알려진 것만도 20여 종에 이른다. 이것들은 모두 11세기나 12세기의 사본에 해당된다.

1880년대 초기에 막스 뮬러(Max Müller, 1823~1900)에게서 산스크리트어를 연수한 일본의 난조 후미오(南條文雄, 1849~1927)가 런던의 왕립아시아 협회에 소장된 사본을 서사한 후, 케임브리지 대학에 소장된 2종, 왓터스(Watters, 1840~1901)가 입수한 사본, 가와구치 에카이(河口慧海, 1866~1945)가 입수한 여러 사본을 대조하여 『법화경』의 산스크리트 원전을 교정했고[6] 이 원고가 케른에게 위탁되었다.

---

[5] 히라가와 아키라, 차차석 역(1996), pp.62~63.; 강영미(현수)(2023), p.41에서 재인용.

[6] 김선근(2009), p.275.

케른이 당시 러시아의 카슈가르 총영사였던 페트로프스키(N. F. Petrowski)가 입수한 코탄에서 출토된 사본을 올덴부르크(S. F. Oldenburg, 1863~1934)의 호의로 차용하고, 중앙아시아에서 전수된 이 사본의 다른 내용을 주기注記하고 편집하여 출판한 것이 아래의 ①이다.[7] 그러나 이 작업은 후에 서로 다른 전승 계열을 혼합한 것이라는 비판을 받기도 했다. 그러나 케른의 의도는 서로 다른 판본들을 조합하여 본래 경전의 통일적 형태를 복원하고, 네팔 필사본의 오류를 보정하는 데 목적이 있었다. 현재까지 이 초판은 여전히 가장 널리 사용되는 판본이며, 산스크리트 원전에 대한 많은 연구가 이루어졌음에도 불구하고 아직까지 전체를 포괄하는 최신 교정판은 출간되고 있지 않다.

다음 ②에 해당하는 내용으로 프랑스의 보르노프(Eugène Burnouf, 1801~1852)가 헛슨이 보낸 사본을 기초로 프랑스 역본을 완성(1852)했는데 그의 사후에 제자 몰(Julius von Mohl, 1800~1876)에 의하여 출판되었고, 폴란드의 케른(Hendrik Kern, 1833~1917)은 1884년에 영어 번역본을 발표했다.[8]

① 『Saddharmapuṇḍarīkasūtra』, ed. by H. Kern and B. Nanjio, St. Petersbourg, 1908~1912.
　이 산스크리트본은 최초의 출판본으로서, 『법화경』 원전을 연구할 때 인용하는 원전의 기준이 되고 있다.

② 『Le Lotus de la Bonne Loi』

---

[7] 앞의 논문, p.275.
[8] 히라가와 아키라(平川彰), 차차석 역(1996), p.62.

프랑스의 보르노프는 헛슨의 사본에 기초하여 불어로 번역한 것(1852)을 그의 사후에 제자인 몰이 출판하였다. 풍부한 주석을 붙여 경전을 번역하여 오늘날까지 학문적 이정표로 평가받고 있다.

③ 『The Saddharmapuṇḍarīka』 or 『the Lotus of the True Law』, tr. by H. Kern, Oxford, 1909.(Sacred Books of the East, Vol.XXL).
케른이 ①의 판본을 영어로 번역한 것이다.

④ 『Saddharmapuṇḍarīkasūtra』(이하 WR)
: Romaniged and Revised Text of the Bibliotheca, Buddhica Publication by consulting a SKT. MS & Tibetan and Chinese translations by Prof. U. Wogihara and Tsuchida, Tokyo, 1934-1935.
하구본河口本이 입수한 판본, 티벳(Tibet)어 번역본, 한역漢譯본을 참조하고, 케른과 난조의 산스크리트본을 교정하여 오기하라 운라이(荻原雲來)와 츠치다 카즈야(土田勝彌)가 1934~1935년에 출판하였다.

⑤ 더트(Nalinaksa Dutt, 1893~1973)가 간행본으로 1953년에 캘커타(Calcutta)에서 출판하였다.[9]

『법화경』은 앞서 언급한 보르노프의 불어 번역과 함께 여러 차례 서구 언어로 번역되었지만, 대부분은 산스크리트어가 아닌 구마라집

---

9 김선근(2009), pp.275~276.

의 한역본을 바탕으로 이루어졌다. 대표적인 예로는 허비츠(Hurvitz, 1976), 왓슨(Watson, 1993), 로베르(Robert, 1997), 디그(Deeg, 2009) 등이 있다.

다음은 발견된 산스크리트어『법화경』원전과 사본에 대하여 시기별로 정리된 도표이다.

〈표 2〉 산스크리트어『법화경』사본과 내용[10]

구분	시기	재질	약어	사본 시기	발견 장소	소장 장소	전사본
중앙아시아본	초기사본		La	5~6세기 중엽	투르판, 호탄 등	중국 베이징, 뤼순 박물관	(1)
			M	5~6세기 중엽		더트 사본의 주석	(2)
			FB	6세기	파르하드 베이그	런던의 인도 사무국 도서관	(3)
			Khā		카달리크, 호탄, 카지역, 투르판	베를린 국립도서관, 독일 박물관, 영국 도서관	(4)
			F1	기원 미상	카슈가르	레닌그라드의 러시아 과학아카데미	(5)
			F2		카달릭	런던의 인도 사무국 도서관	(6)
			F3		도모코와 카달리크	런던의 인도 사무국 도서관	(7)
			F4		카달릭	런던의 인도 사무국 도서관	(8)
			F5		미상	런던의 인도 사무국	(9)

---

10 산스크리트본과 한역본『법화경』에 대한 연구 사이트
   https://www.cari-saddharmapundarika.com/sp-1

제1장 『법화경』과 중심 교설 **33**

					도서관	
	후대사본		F6		카슈가르	런던의 인도 사무국 도서관	(10)
			O	9~10세기	코탄	러시아 과학아카데미(레닌그라드), 베를린 국립도서관, 독일 박물관(뮌헨), 영국 도서관(런던)	Th
네팔길기트본	초기사본	흰자작나무껍질	D1	6~7세기	길기트	인도 국립문서보관소, 뉴델리	(11)
			D2a				TC
			D2b				(11)
			D3a				TC
			D3b				
			D4			시르 프라탑 싱 박물관, 스리나가르(인도)	(12)
	중기사본	다라엽	K	1069~1070년	네팔	가와구치 에키의 사본, 도쿄 동양문고	TC
			Pk	1082년		No. 0004. 베이징 민족문화궁 도서관	(13)
			C3	10~11세기		Add. 1682, 케임브리지 대학교 도서관	TC
			C4	1039년		Add. 1683. 케임브리지 대학교 도서관	
			C5	1064~1065년		Add. 1684. 케임브리지 대학교 도서관	(14)
			C6	1091~1092년 또는 1685~1686년		Add. 2197. 케임브리지 대학교 도서관.	TC
			C7	1066년		Add. 2197. 케임브리지 대학교 도서관.	
			B	11~12세기		동양 문헌 번호 2204번, 영국 도서관, 런던	(15)

		T2	11세기		No. 408. 도쿄대학교 도서관, 도쿄	
		T6	11세기		No. 412. 도쿄대학교 도서관, 도쿄	
		T7			No. 413. 도쿄대학교 도서관, 도쿄	
		N1	1151년		No. 4/21. 네팔 국립문서보관소, 카트만두	(16)
		N2	기원 미상		No. 3/622. 네팔 국립문서보관소, 카트만두	TC
		N3			No. 5/144. 네팔 국립문서보관소, 카트만두	
		N4			No. 3/737. 네팔 국립문서보관소, 카트만두	
		N5			No. 4/21. 네팔 국립문서보관소, 카트만두	
후대사본	종이	C1	기원 미상		Add. 1032. 케임브리지 대학교 도서관.	
		C2	기원 미상		Add. 1324. 케임브리지 대학교 도서관.	
		A1	1680~1681년		No. G-4079. 캘커타 아시아 학회	(17)
		A2	1713~1714년		No. G4199. 캘커타 아시아 학회	TC
		A3	기원 미상		No. B7. 캘커타 아시아 학회	
		R	1803~1804년		영국왕립아시아학회, 런던	(18)
		T1	기원 미상		No. 102(1). 도쿄대학교 도서관, 도쿄	TC

		T3	19세기		No. 409. 도쿄대학교 도서관, 도쿄	
		T4	1807~1808년		No. 410. 도쿄대학교 도서관, 도쿄	
		T5	기원 미상		No. 411. 도쿄대학교 도서관, 도쿄	
		T8	17~18세기		No. 414. 도쿄대학교 도서관, 도쿄	(19)
		P1	19세기		No. 138-139. 프랑스 국립도서관, 파리	TC
		P2	1826년		No. 140-141. 프랑스 국립도서관, 파리	
		P3	19세기		No. 2. 프랑스 아시아학회, 파리	(20)
		Af	15~16세기	아프가니스탄	쇠이엔 소장품(노르웨이의 개인 소장품)	(21)
개정판본	혼합사본	KN	9~19세기		O, C4, C5, T8, B, R 및 기타 2개의 G-N 사본이 혼합된 것	
		WT			KN 개정판: KN본, 한역 『법화경』, 티베트어 『법화경』이 혼합된 판	
		D			KN 개정판	
		V			KN 개정판	

산스크리트어 『법화경』 사본의 개정판본 약어와 내용

KN	Ed. Kern, H. and Nanjio, B. 1908-1912. Saddharmapundarika, Bibliotheca Buddhica X. St. Pétersbourg.
WT	Ed. Wogihara, U and Tsuchida, C. 1934-1935. Saddharmapundarikasūtram, Romanized and Revised Text of the Bibliotheca. Buddhica Publication by Consulting a Sanskrit MS. and Tibetan and Chinese Translations. Tokyo. MSS. Bibliotheca India.
D	Ed. Dutt, N. 1953. Saddharmapundarikasūtram, with N. D. Mironov's Readings from Central Asian A Collection of Oriental Works, Work No. 276, Issue No. 1565. Calcutta.

V	Ed. Vaidya, p.L. 1960. Saddharmapundarikasūtram. Buddhist Sanskrit texts No.6.Darbhanga.

산스크리트어 『법화경』 사본의 로마자 전사본 약어와 내용

Th	Ed. Toda, H. 1983. Saddharmapundarikasútra, Central Asian Manuscripts. Romanized Text. Tokushima.
TC	Ed. Kotsuki, H. with the collaboration of Mizufune, N. "A Concordance of Romanized Texts of the Saddharmapundarikasūtra Manuscripts Transliterated by Prof. Hirofumi Toda in Reference to Kem-Nanjio's Edition 2002."
SM SR	Eds. Tsukamoto, K., Taga, R., Mitomo, R., Yamazaki, M., and Kawazoe, Y. 1986-1988. Sanskrit Manuscripts of Saddharmapundarika, Collected from Nepal, Kashmir and Central Asia Romanized Text and Index Vol.I-II. Tokyo.
(1)	Ed. Zhongxin, J. 1997. Sanskrit Lotus Sutra Fragments from the Lushun Museum Collection Facsimile Edition and Romanized Text. Tokyo.
(2)	Notes of N. D. Mironov's Reading from Central Asia in Dt.
(3)	Th Part Two: the Farhad-Bēg Manuscript.
(4)	Ed. Wile, K. 2000. Fragments of a Manuscript of the Saddharmapundarikasūtra from Khādaliq with Romanized Text. Tokyo.
(5)	Th Part Three Central Asian Manuscript II.
(6)	Th Part Three Central Asian Manuscript III.
(7)	Th Part Three Central Asian Manuscript IV.
(8)	Th Three Central Asian Manuscript V.
(9)	Th Three Central Asian Manuscript VI.
(10)	Th Three Central Asian Manuscript VII.
(11)	Ed. Watanabe, S. 1975. Saddharmapundarikasútra. Manuscripts Found in Gilgit II.Tokyo.
(12)	Ed. von Hinüber, O. 1982. A New Fragmentary Gilgit Manuscript of the Saddharmapundarikasūtra. Tokyo.
(13)	Ed. Zhongxin, J. 1997. A Sanskrit Manuscript of Saddharmapundarika: Kept in the Library of the Cultural Palace of the Nationalities Romanized Text. Beijing.

(14)	Ed. Kotsuki, H. 2010. Sanskrit Lotus Sutra Manuscript from Cambridge University Library (Add. 1684) Romanized Text. Tokyo.
(15)	Ed. Mizufune, H. 2011. Sanskrit Lotus Sutra Manuscript from the British Library. (Or. 2204) Romanized Text.Tokyo.
(16)	Ed. Toda, H. 2001-2004. Sanskrit Lotus Sutra Manuscript from the National Archives of Nepal. (No. 4-21) Romanized Text.Tokyo.
(17)	Ed. Kotsuki, H. 2014. Sanskrit Lotus Sutra Manuscript from the Asiatic Society, Kolkata. (No. 4079) Romanized Text. Tokyo.
(18)	Ed. Kotsuki, H. 2007. Sanskrit Lotus Sutra Manuscript from the Royal Asiatic Society of Great Britain and Ireland. (No. 6)
(19)	Ed. Kotsuki, H. 2003. Sanskrit Lotus Sutra Manuscript from University of Tokyo General Library. (No. 414) Romanized Text. Tokyo.
(20)	Ed. Kotsuki, H. 2008. Sanskrit Lotus Sutra Manuscript from the Société Asiatique. (No. 2) Romanized Text. Tokyo.
(21)	Ed. Toda, H. 2002. 'Saddharmapundarikasūtra.' In Braarvig, J., Harrison, P., Hartmann, J-U., Matsuda, K. and Sander, L. Buddhist Manuscripts Vol.Ⅱ, Maniscripts in the Schøyen Collection Ⅲ. Hermes Publishing. Oslo: 69-95.

2) 『법화경』의 번역본

『법화경』 번역본으로 대표적인 번역본은 한역본과 티벳역본이 있다. 한역으로 해석된 것은 16편이 있으나 완석으로 현존하는 것은 3편만 남아 있다. 그리고 그 밖의 조선언문朝鮮諺文 역 및 4편[11]이 더 있다. 『법화경』의 한역본으로는 다음과 같이 현존하는 3종의 완역본과 1종의 소역본, 그리고 2종의 흠역본 등이 있다.[12]

티벳역본은 1편으로 간쥬르(Kanjur)에 『담빠이 초 파드마 카르포(Dam pa'i chos padma dkar po)』라는 제목으로 수록되어 있으며, 수렌드

---

11 조선언문 역, 만주어 역, 몽고어 역, 안남어 역, 서하어 역 등이 있다.
12 강영미(현수)(2023), p.41.

라보디(Surendrabodhi)와 스나 남 예셰스 데(Sna nam Ye shes sde)에 의해 번역되었다. 번역은 8세기 말에서 9세기 초에 걸쳐 번역되었다.[13]

역사적으로 동북아시아 불교에 가장 큰 영향력을 미친 『법화경』의 번역본은 단연코 한역본漢譯本이라 할 수 있다.

① 현존 한역본 완역 3본
   - 축법호竺法護 역: 『정법화경』 10권 27품(태당太唐 7년: A.D. 286)
   - 구마라집鳩摩羅什 역: 『묘법연화경』 7권(또는 8권) 28품(홍시弘始 8년: A.D. 406)
   - 사나굴다闍那崛多·달마급다達摩笈多 공역: 『첨품묘법연화경』 7권 27품(인수仁壽 원년: A.D. 601)

② 현존 한역본 소역 1본
   - 실역: 『살담분다리경薩曇分陀利經』 1권(서진대西晉代: A.D. 265~316)

③ 한역본 흠역 2본
   - 지겸(支謙, ?~?) 역: 『불이삼차환경佛以三車喚經』 1권
   - 지강양접(支疆梁接, 255~265) 역: 『법화삼매경法華三昧經』 6권 위대魏代

『법화경』은 대승경전들 가운데 비교적 일찍이 성립되었는데, 가장 오래된 역출은 태당 7년(286)에 축법호가 번역한 『정법화경』으로

---

13 히라가와 아키라, 차차석 역(1996), p.63.

10권 27품으로 구성되어 있다. 이는 「제바달다품提婆達多品」이 하나의 품으로 별도 구성되어 있지 않고 그 앞의 「칠보탑품七寶塔品」에 포함되어 있기 때문이다. 하지만 축법호의 『정법화경』은 산스크리트본 사본을 그대로 직역한 듯한 번역으로 번역이 난해하고 음독이 일정치 않은 것이 단점이다.

『법화경』의 다른 역본으로 홍시 8년(405)에 구마라집이 번역한 7권(또는 8권) 28품으로 구성된 『묘법연화경』은 문장도 간결하고 음률이 잘 짜여 있어 독송하기 좋도록 번역되어 있다. 그런 이유로 구마라집의 『묘법연화경』 번역본은 이후 논서에 주로 인용되거나 널리 유통되어 왔다.

『법화경』의 또 다른 역본으로 인수 원년(601)에 사나굴다와 달마급다가 공역한 『첨품묘법연화경』이 있다. 사나굴다와 달마급다가 공역한 『첨품묘법연화경』은 구마라집 번역본의 개정판에 해당하며, 설명이 주석으로 덧붙여진 형태를 지니고 있다.

『살담분다리경』은 산스크리트어 'Saddharmapuṇḍarīka'를 음역한 제목이며, 『법화경』 제1 「서품」에 해당하는 내용만을 담은 단편 번역본이다.

〈표 3〉 『법화경』 산스크리트본과 한역본별 목차 구성 비교

산스크리트본(WR)	정법화경	묘법연화경	첨품묘법연화경
1. Nidāna.(序品)	제1 광서품 光瑞品	제1 서품序品	제1 서품序品
2. Upāyakauśalya. (方便品)	제2 선권품 善權品	제2 방편품方便品	제2 방편품方便品

3. Aupamya.(譬喩品)	제3 지품持品	제3 비유품譬喩品	제3 비유품譬喩品
4. Adhimukti.(信解品)	제4 시약품信樂品	제4 신해품信解品	제4 신해품信解品
5. Oṣadhī.(藥草喩品)	제5 약초품藥草品	제5 약초유품藥草喩品	제5 약초유품藥草喩品
6. Vyākaraṇa.(授記品)	제6 수성문결품授聲聞決品	제6 수기품授記品	제6 수기품授記品
7. Pūrvayoga.(化城喩品)	제7 왕고품往古品	제7 화성유품化城喩品	제7 화성유품化城喩品
8. Pañcabhikṣuśatavyā-karaṇa.(五百弟子受記品)	제8 수오백제자결품授五百弟子決品	제8 오백제자수기품五百弟子受記品	제8 오백제자수기품五百弟子受記品
9. Vyākaraṇa.(授學無學人記品)	제9 수아난라운결授阿難羅云決品	제9 수학무학인기품授學無學人記品	제9 수학무학인기품授學無學人記品
10. Dharmabhāṇaka.(法師品)	제10 약왕여래품藥王如來品	제10 법사품法師品	제10 법사품法師品
11. Stūpasaṃdarśana. (見宝塔品, 提婆達多品 포함)	제11 칠보탑품七宝塔品, 제바달다품提婆達多品 포함	제11 견보탑품見宝塔品 제12 제바달다품提婆達多品	제11 견보탑품見宝塔品
12. Utsāha.(勸持品)	제12 근설품勤說品	제13 권지품勸持品	제12 권지품勸持品
13. Sukhavihāra.(安樂行品)	제13 안행품安行品	제14 안락행품安樂行品	제13 안락행품安樂行品
14. Bodhisattvapṛthivī-vivarasamudgama.(從地涌出品)	제14 보살종지용출품菩薩從地涌出品	제15 종지용출품從地涌出品	제14 종지용출품從地涌出品
15. Tathāgatāyuṣpramā-ṇa.(如來壽量品)	제15 여래현수품如來現壽品	제16 여래수량품如來壽量品	제15 여래수량품如來壽量品
16. Puṇyaparyāya.(分別功德品)	제16 어복사품御福事品	제17 분별공덕품分別功德品	제16 분별공덕품分別功德品
17. Anumodanāpuṇyanir-deśa.(隨喜功德品)	제17 근조품勤助品	제18 수희공덕품隨喜功德品	제17 수희공덕품隨喜功德品

18. Dharmabhāṇakānu-śaṃsā.(法師功德品)	제18 탄법사품歎法師品	제19 법사공덕품法師功德品	제18 법사공덕품法師功德品
19. Sadāparibhūta.(常不輕菩薩品)	제19 상피경만품常被輕慢品	제20 상불경보살품常不輕菩薩品	제19 상불경보살품常不輕菩薩品
20. Tathāgataṛddhyabhi-saṃskāra.(如來神力品)	제20 여래신족품如來神足品	제21 여래신력품如來神力品	제20 여래신력품如來神力品
21. Dhāraṇī.(陀羅尼品)	제21 약왕보살품藥王菩薩品	제22 촉루품囑累品	제21 다라니품陀羅尼品
22. Bhaiṣajyarājapūrva-yoga.(藥王菩薩本事品)	제22 묘후보살품妙吼菩薩品	제23 약왕보살본사품藥王菩薩本事品	제22 약왕보살본사품藥王菩薩本事品
23. Gadgadasvara.(妙音菩薩品)	제23 광세음보문품光世音普門品	제24 묘음보살품妙音菩薩品	제23 묘음보살품妙音菩薩品
24. Samantamukha.(觀世音菩薩普門品)	제24 총지품總持品	제25 관세음보살보문품觀世音普門品	제24 관세음보살보문품觀世音菩薩普門品
25. Śubhavyūharājapūr-vayoga.(妙莊嚴王本事品)	제25 정복정왕품淨復淨王品	제26 다라니품陀羅尼品	제25 묘장엄왕본사품妙莊嚴王本事品
26. Samantabhadrotsā-hana.(普賢菩薩勸發品)	제26 난보현품樂普賢品	제27 묘장엄왕본사품妙莊嚴王本事品	제26 보현보살권발품普賢菩薩勸發品
27. Anuparīndanā.(囑累品)	제27 촉루품囑累品	제28 보현보살권발품普賢菩薩勸發品	제27 촉루품囑累品

츠카모토 게이쇼(塚本啓祥)는 축법호의 『정법화경』(286역)과 구마라집의 『묘법연화경』(406역)의 두 가지 번역을 구성상으로 살펴볼 때 번역본의 원본은 『묘법연화경』이 『정법화경』보다 오래된 형태를 지니고 있다고 주장한다. 『첨품묘법연화경』에서는 「관세음보살보문품」 이후에 있었던 「다라니품」을 「여래신력품」의 뒤로 옮기고 「제바달다품」의 상당 부분을 「견보탑품」의 말미에 편입시키는 등의 조정을 했다. 그 개편이 필요했던 이유에 대해서는 경의 서문에 다음과 같이

제시하고 있다.[14]

지난날 돈황의 사문 축법호竺法護가 진무晉武의 시대에 『정법화경』을 번역했고, 후진後秦의 요흥姚興은 다시 구마라집에게 요청해 『묘법연화경』을 번역하게 하였다. 이 두 가지 번역본을 비교 검토해 보니 확실히 동일한 원본이 아니었다. 축법호의 번역 원본은 '다라엽본'인 듯하고, 구마라집의 그것은 '구자국의 글(龜茲之文)'과 닮아 있다. 우리가 경장經藏을 검토해서 두 가지 본을 보았는데, 다라엽본은 『정법화경』과 부합했고, 구자국의 글은 『묘법연화경』과 매우 동일했다. 축법호의 다라엽본은 오히려 남는 바가 있고, 구마라집의 구자국의 글은 번뇌가 없는 듯하다. 축법호의 번역본에서 다라엽본에서 누락된 부분은 「보문품」의 게송이고, 구마라집의 역본에서 빠진 부분은 「약초유품」의 후반과 「부루나」와 「법사」 등 두 품의 첫 부분, 「제바달다품」, 「보문품」의 게송이다. 구마라집은 「촉루품」을 이동시켜서 「약왕보살본사품」 앞에 배치하였다. 두 한역본은 똑같이 「다라니품」을 「관세음보살보문품」 뒤에 배치했는데, 그 사이의 같고 다름은 말로 다할 수 없다.[15]

---

14 츠카모토 게이쇼(塚本啓祥), 이정수 역(2010), p.544.
15 『添品妙法蓮華經』 卷1(T09, p.134c2-11), "昔燉煌沙門竺法護 於晉武之世 譯正法華 後秦姚興 更請羅什譯 妙法蓮華 考驗二譯 定非一本 護似多羅之葉 什似龜茲之文 余撿經藏 備見二本 多羅則與 正法 符會 龜茲則共 妙法 允同 護葉尙有所遺 什文寧無其漏 而護所闕者 普門品偈也 什所闕者 藥草喩品之半 富樓那及 法師等 二品之初 提婆達多品 普門品偈也 什又移囑累在藥王之前 二本陀羅尼並置普門之後 其間異同 言不能極"

츠카모토 게이쇼는 이러한 정황으로 볼 때, 『묘법연화경』(406)이 구성 내용면에서 『정법화경』(286)보다 오래된 형태를 지니고 있다고 하고 있다. "타클라마칸 사막의 북도를 경유하여 구자에 전해진 『묘법연화경』의 원본은 아마 그 지방에 남겨졌고, 그 후에 새로운 형태를 가진 『정법화경』의 원본이 사막의 남도(호탄)를 경유해 돈황에 도달하여 축법호에 의해 번역된 것으로 생각한다. 그 후 구자에서 중국에 들어온, 오래된 형태의 『묘법연화경』 원본을 가져와 구마라집이 한역했기 때문에 축법호의 번역보다도 누락이 많은 한역본이 되었다고 추정할 수 있다"[16]라고 하고 있다.

학자들 사이에서는 『첨품묘법연화경』의 원본은 『정법화경』의 원본과 동일한 다라엽본으로 추정하지만, 오히려 『묘법연화경』의 문구들을 그대로 인용하고 있는 사례가 대부분이라고 보고 있다. 이것은 『법화경』의 원형은 하나이지만, 그 사본이나 역본들은 여러 종류임을 암시하고 있다.

원형 『법화경』에서 파생된 『법화경』의 제본들은 여러 종류이지만, 원형 『법화경』은 하나이기 때문에 법화 제본의 내용은 거의 동일하다. 다만 게송 부분에 있어서 증보의 차이나 목차 구성에 있어서 「제바달다품」을 「견보탑품」에 포함시키거나, 아니면 별개의 목차로 독립시키고 있는가 하는 차이와 후 6품의 목차 구성만 제외한다면, 「서품」에서 「촉루품」까지 총 21품으로 구성된 법화 제본은 원형 『법화경』의 내용과 거의 일치한다고 볼 수 있다. 이처럼 별개의 목차로 독립시키고

---

16 츠카모토 게이쇼(塚本啓祥), 이정수 역(2010), p.546.

있는가 하는 차이와 후 6품의 목차 구성만 제외한다면, 「서품」에서 「촉루품」까지 총 21품으로 구성된 법화 제본은 원형 『법화경』의 내용과 거의 일치한다는 의견도 있다. 이처럼 법화 제본은 게송의 증보나 목차 구성이 약간 다를 뿐, 내용은 거의 변함이 없다. 이러한 점으로 볼 때 서북인도에서 법화 제본의 모태가 되는 원형 『법화경』이 성립되었던 것으로 추측할 수 있다.

『법화경』의 내용 구성상의 성립에 대해서는 일본 학자들 간에도 자신들의 종파를 주장하기 위해 다양한 의견들이 있지만, 츠카모토 게이쇼가 원시 『법화경』과 부가분으로 나누어서 제1류, 제2류, 제3류로 분류한 것이 일반적이다.[17] 그는 『법화경』의 제1류는 서기 50년경에 성립되었고 제2 「방편품方便品」에서 제9 「수학무학인기품授學無學人記品」까지이며, 『법화경』의 가장 원형으로 원시 8품이라 하였다. 이 8품 중에서도 제2 「방편품」과 제3 「비유품」 등이 가장 원형에 속하는 『법화경』이며, 특히 「방편품」이 가장 원형에 속한다는 것이 대부분의 학자들이 인정한다[18]라고 주장한다. 그리고 『법화경』의 제2류는 서기 100년경에 성립되었고 제10 「법사품法師品」에서 제22 「촉루품囑累品」까지로 보았다. 그리고 『법화경』의 제3류를 부가분으로 보고 제3류의 성립 시기를 서기 150년경으로 추정하고 제23 「약왕보살본사품」부터 제28 「보현보살권발품」까지로 보았다.[19]

다른 한역본으로는 비장방費長房이 쓴 『역대삼보기歷代三寶記』에

---

17 이영자(2007), p.84.
18 히라가와 아키라(平天彰), 혜학 역(1997), p.32.
19 이영자(2007), p.84.

따르면 지겸이 『불이삼차환경佛以三車喚經』 1권[20]을, 지강양접은 『법화삼매경法華三昧經』 6권[21]을 번역했다고 되어 있는데 양본 모두 결본이다. 뿐만 아니라 타 경록에는 기재되어 있지 않은 점 등, 방증이 없기에 많은 학자는 역출의 사실을 인정하지 않고 있다.

3. 『법화경』의 논서

중국에서 『법화경』의 주소注疏 중에서 가장 오래된 것이 도생(道生, 372~434)의 『법화경소』 2권인데, 현재 남아 있는 주소로서 학계에서는 주목을 받고 있다. 도생은 구마라집의 많은 제자 중의 한 명으로, 그의 『법화경소』는 구마라집의 『묘법연화경』 번역본의 원형을 가장 잘 보존하고 있다. 도생의 법화 연구는 중국에 돈오성불頓悟成佛 사상을 처음으로 유행시켰는데, 그것이 중국불교의 커다란 전환점이 되었다.[22]

도생 이후 약 100년 후에 양梁의 삼대법사三大法師로 일컬어진 학자로 법운(法雲, 467~529)이 있다. 법운은 특히 양무제梁武帝의 귀의를 받아 『법화경』 강의를 내전內殿에서 하면서 상서祥瑞로움을 보였다고 한다. 법운은 『법화의기』를 지었는데, 『법화의기』 8권 중에는 「제바달다품」 해석이 없다는 점이 주목할 만하다. 천태지의(天台智顗, 538~597)의 『법화문구法華文句』에는 『법화경』의 28품이 구마라집 당시에

---

20 『歷代三寶紀』 卷5(T49, p.58c3), "佛以三車喚經一卷"
21 『歷代三寶紀』 卷5(T49, p.56c19), "法華三昧經六卷"
22 이영자(2007), pp.9~10.

있었다고 하는데, 이 『법화의기』에서는 결여되어 있다. 이 『법화의기』
는 일본의 성덕태자聖德太子 저작으로 일컬어지는 『법화의소法華義疏』
에서 중요시되고 있다. 성덕태자의 『법화의소』에도 「제바달다품」이
결여되어 있다.[23]

혜사(慧思, 515~577)는 대소산大蘇山에서 지의에게 『법화경』의 보
현도량普賢道場을 열고, 사안락행四安樂行에 대해 강설했다. 보현도량
이란 『법화경』의 「보현보살권발품」에 따라서 경을 독송하는 유상행有
相行을 말하고, 사안락행이란 『법화경』 「안락행품」에 근거하여 수선修
禪하는 무상행無相行을 말하는 것이다. 이것이 혜사가 저술한 『안락행
의安樂行義』의 내용이다. 그는 이 책의 권두에서 이렇게 말한다.

> 『법화경』이란 대승돈각大乘頓覺이요 무사자오無師自悟로서 단박
> 에 성불成佛하는 것이다. … 법화삼매法華三昧를 부지런히 닦아라.[24]

지의는 이 혜사 문하에서 법화삼매를 증득하였는데, 「약왕보살본사
품」의 소신공양燒身供養에 대한 경구에서 활연대오豁然大悟하였다고
한다. 혜사는 『법화경』의 「안락행품」은 무상행이라 보았고, 신묘한
선정을 닦는 것이며 여기서 삼매를 증득한다고 하였다.[25]

지의의 『법화문구法華文句』와 『법화현의法華玄義』・『마하지관摩訶

---

[23] 앞의 책, p.10.
[24] 『法華經安樂行義』(T46, p.697c19-22), "法華經者大乘頓覺 無師自悟疾成佛道 … 專心勤學法華三昧"
[25] 이영자(2007), p.11.

止觀』을 천태삼대부天台三大部라 한다. 이 천태삼대부는 지의가 강의한 내용으로 『법화문구』 10권은 광택사光宅寺에서 강의한 내용이고 (587), 『법화현의』 10권은 옥천사玉泉寺에서 강의한 내용이며(593), 『마하지관』 10권도 옥천사에서 강의한 내용이다(594). 이 강의한 내용을 제자인 관정(灌頂, 561~632)이 기록한 것이 현행 천태삼대부이다.

『법화문구』 제8권에는 구마라집 역의 27품에 「제바달다품」이 추가되어 28품을 채용하고 있다. 이후 동아시아에서 『법화경』의 유행은 28품의 구마라집 역이 된다. 『법화문구』는 지의의 초기 작품으로 알려져 있는데 『법화경』을 4종석인 인연석·약교석·본적석·관심석으로 해석하고 있다.

『법화현의』는 총 10권으로 1권에서는 통석通釋과 별석別釋으로 나누어 설명하고 있다. 먼저 통석은 칠번공해七番共解로 해석하는데, 표장標章·인증引證·생기生起·개합開合·요간料簡·관심觀心·회이會異의 일곱으로 나누고 있으며 이는 총설에 해당한다. 그리고 별석別釋은 오중각설五重各說로 해석한다. 즉, 석명釋名·변체辨體·명종明宗·논용論用·판교判敎의 다섯이다. 그러나 전체적인 양으로 보면, 이 저술의 2/3는 제1의 석명釋名에 해당되고 석명 중에서도 묘법妙法의 해석에 초점을 맞추고 있다.

『법화현의』[26]의 내용을 살펴보건대, 지의의 『법화경』 사상의 핵심은 『묘법연화경』이라는 제명題名에 초점을 맞추고 있음을 알 수 있다. 『법화경』 사상의 핵심은 제법실상諸法實相이라고 보고서 이를 상징적

---

26 『妙法蓮華經玄義』(T33, p.681c26).

으로 나타내는 것이 연화蓮華라고 한다면, 이 연화는 바로 묘법妙法을 비유한다고 지의는 해석한 것이다.[27]

『법화현의』에서는『법화경』을 적문과 본문으로 나누어 적문은 적문 십묘+妙로, 본문은 본문 십묘로 나누어 구체적으로 열거하고 있다. 먼저 적문 십묘란 제2「방편품」으로 말미암아 세운『법화경』적문 14품에 있는 불가사의한 십묘를 말한다. 이것은 법화 이전의 제경諸經들이 열 가지 거친 모습이었다고 보고, 이에 비해서 법화에서 설한 열 가지 경계와 지혜 등이 다 절묘하여 불가사의하다고 자세히 설명한 것이다. 또 본문 십묘란 제16「여래수량품」으로 말미암아 세운『법화경』본문 14품에 있는 불가사의한 십묘를 말한다. 여기에는 본인本因의 묘함 내지 본이익이 묘함이 불가사의한 것을 나타낸다는 것이다. 이들은 적문의 내용이 본문에 비해 열 가지 거친 내용이라 보고, 본문의 인과 등 열 가지가 모두 불가사의하다고 자세히 설한 것이다.[28]

적문 십묘는 경묘境妙, 지묘智妙, 행묘行妙, 위묘位妙, 법묘法妙, 감응묘感應妙, 신통묘神通妙, 설법묘說法妙, 권속묘眷屬妙, 공덕이익묘公德利益妙로 열 가지 불가사의함을 드러냈다는 것이다.[29] 이 중 지의는『법화경』의 계위에 대해서 적문 십묘 가운데 네 번째 위묘位妙에서 구체적인 계위론을 설명하고 있어, 뒤에서『법화경』의 계위와 수행에 대해서 논할 때 지의의『법화현의』의 위묘를 중심으로 비교하며 논하고자 한다.

---

27 이영자(2007), p.12.
28 이기운(2010), p.378.
29 앞의 책, p.378.

길장(吉藏, 549~623)은 정영사淨影寺 혜원慧遠과 지의와 더불어 수隋의 삼대법사로 일컬어진 대학자였다. 삼론三論을 중흥한 가상사嘉祥寺 길장이라고 불린 그는 현존하는 저서만 24부 130권에 이르는데, 그중에서 법화부만 보면 다음과 같다.

① 『법화유의法華遊意』 2권
② 『법화현론法華玄論』 10권
③ 『법화의소法華義疏』 12권
④ 『법화통략法華統略』 6권
⑤ 『법화론소法華論疏』 3권

『법화현론』 10권은 6문門으로 나누고 있는데, 1권 홍경방법弘經方法·대의大意, 2권 석명釋名·입종立宗, 3권에 결의決疑, 4권에서 7권까지는 수문석의隨文釋義를 밝히고 있다. 『법화론소法華論疏』는 세친(世親, vasubandhu 400~480)의 『묘법연화경우바제사妙法蓮華經優波提舍』에 대한 유일한 소疏이다.[30] 『묘법연화경우바제사』는 『법화경』의 제1품, 제2품, 제3품을 세친이 주석한 것이다. 산스크리트 경명은 『Saddharma puṇḍarīkasūtra-upadeśa』이고, 줄여서 『묘법연화경론妙法蓮華經論』·『법화경론法華經論』이라고도 한다. 『묘법연화경우바제사』의 원본인 산스크리트본은 산실되었고, 현전하는 본은 보리유지와 담림 등의 공역본과 늑나마제와 승랑의 공역본 2본이 전해진다.

---

30 이영자(2007), p.13.

보리유지와 담림의 공역본은 『묘법연화경우바제사』이고, 중국 후위 後魏 시대인 508년에서 535년 사이에 업하鄴下에서 한역되었다. 줄여서 『묘법연화경론』・『법화경론』・『법화론法華論』이라고 한다. 『묘법연화경우바제사』의 주해서에는 중국 길장의 『법화론』 3권, 신라 의적 義寂의 『법화경론술기法華經論述記』 1권, 일본의 원진圓珍의 『법화론기法華論記』 10권 등이 있다. 늑나마제와 승랑의 공역본은 『묘법연화경론우바제사妙法蓮華經論優波提舍』이고, 중국 원위元魏 시대 508년에 낙양전洛陽殿에서 한역되었다.

『묘법연화경우바제사』는 『묘법연화경』을 세친이 주석한 것인데, 경의 전체를 다루지 않고 다만 제1 「서품」, 제2 「방편품」, 제3 「비유품」만을 주석하고 있다. 진제(眞諦, 499~569)에 따르면 인도에서 『법화경』에 대한 주석을 쓴 사람은 용수(龍樹, Nāgārjuna, 150?~250?)와 견의堅意 등 모두 50여 명에 이른다고 하는데, 인도에서 제작된 여러 주석서 가운데 『묘법연화경우바제사』가 유일하게 한역되었다. 세친의 주석이라는 점에서 옛날부터 중국에서는 『법화경』 연구에 가장 중요한 자료로 취급되었다.[31]

세친은 『묘법연화경우바제사』에서 『법화경』의 17가지 이명을 들어 경의 내용이 얼마나 훌륭한가를 설명하고 있다. 그 이명은 곧 『무량의경無量義經』・『최승수다라最勝修多羅』・『대방광경大方廣經』・『교보살법教菩薩法』・『불소호념佛所護念』・『일체제불비밀법一切諸佛秘密法』・『일체제불지장一切諸佛之藏』・『일체제불비밀처一切諸佛秘密處』・『능

---

31 정승석(1998), p.408.

생일체제불경能生一切諸佛經』・『일체제불지도량一切諸佛之道場』・『일체제불소전법륜一切諸佛所轉法輪』・『일체제불견고사리一切諸佛堅固舍利』・『일체제불대교방편경一切諸佛大巧方便經』・『설일승경說一乘經』・『제일의주第一義住』・『묘법연화경妙法蓮華經』・『최상법문最上法門』이다.[32] 세친은 이 같은 경명 하나하나를 들고, 그 경명에 담긴 문장을 통하여 『법화경』의 내용을 찬탄하고 있다.

경의 법문 중 제1 「서품」에서는 『묘법연화경』의 인연을 중성취衆成就 등 일곱 가지 공덕이 성취되었음을 밝히고 있고, 제2 「방편품方便品」

---

[32] 『妙法蓮華經憂波提舍』卷1(T26, pp.2c13-3a18), "此大乘修多羅有十七種名 顯示甚深功德應知 何等十七 云何顯示 一名無量義經者 成就字義故 以此法門說彼甚深法妙境界故 彼甚深法妙境界者 諸佛如來最勝境界故 二名最勝修多羅者 於三藏中最勝妙藏 此法門中善成就故 三名大方廣經者 無量大乘門中善成就故 隨順衆生根住持成就故 四名敎菩薩法者 以爲敎化根熟菩薩隨順法器善成就故 五名佛所護念者 以依如來有此法 六名一切諸佛祕密法者 此法甚深唯佛知故 七名一切諸佛之藏者 如來功德三昧之藏在此經故 八名一切諸佛祕密處者 以根未熟衆生等非受法器不授與故 九名能生一切諸佛經者 聞此法門能成諸佛大菩提故 十名一切諸佛之道場者 以此法門能成諸佛阿耨多羅三藐三菩提 非餘修多羅故 十一名一切諸佛所轉法輪者 以此法門能破一切諸障礙故 十二名一切諸佛堅固舍利者 謂如來眞實法身於此修多羅不敗壞故 十三名一切諸佛大巧方便經者 依此法門成大菩提已 爲衆生說天人聲聞辟支佛等諸善法故 十四名說一乘經者 以此法門顯示如來阿耨多羅三藐三菩提究竟之體 彼二乘道非究竟故 十五名第一義住者 以此法門卽是諸佛如來法身究竟住處故 十六名妙法蓮華經者 有二種義 何等二種 一者出水義 以不可盡出離小乘泥濁水故 又復有義 如彼蓮華出於泥水喩諸聲聞得入如來大衆中坐 如諸菩薩坐蓮華上 聞說如來無上智慧淸淨境界 得證如來深密藏故 二華開義 以諸衆生於大乘中其心怯弱不能生信 是故開示諸佛如來淨妙法身令生信心故 十七名最上法門者 攝成就故"

에서는 사리불이 깊은 지혜가 있기 때문에 부처님께서 사리불에게 말하고 다른 성문에게는 말씀하시지 않은 것이며, 여래의 설법은 네 가지 의심을 끊기 위함이라고 설명한다. 제3 「비유품譬喩品」에서 7종의 비유를 설하신 것은 7종의 증상만심增上慢心을 대치對治하기 위함이라고 설명하고, 법력法力과 수행력修行力에 대해서도 해설하고 있다.

현전하는 『법화경』의 세친의 논서에 대하여 보리유지와 담림 등의 공역본 『묘법연화경우바제사』와 늑나마제와 승랑의 공역본 『묘법연화경론우바제사』 2본이 있다. 2본 중에 늑나마제와 승랑본은 귀경게송이 없고, 보리유지와 담림의 한역본에 귀경게송에 들어 있는데 이 두 본은 내용상으로는 큰 차이가 없다. 또한 보리유지와 담림이 한역한 『묘법연화경우바제사』에 대해서는 중국 길장과 의적, 일본의 원진의 주해서가 있으므로 보리유지와 담림의 『묘법연화경우바제사』를 삼승의 수행과 증위에 대해 논증할 때 참고하고자 한다.

자은사慈恩寺 규기(窺基, 632~682)는 현장(玄奘, 602~664)의 직제자로서 법상종의 기초를 확립한 학자이다. 규기는 『묘법연화경현찬妙法蓮華經玄贊』을 지었는데, 이 『묘법연화경현찬』은 6문으로 나누어 『법화경』을 설명하고 있다. 6문은 ①연기緣起 ②종지宗旨 ③품명品名 ④폐립廢立 ⑤품차品次 ⑥석문釋文의 요간을 말하고 있다.

이러한 『법화경』의 논서들을 통하여 법화사상을 이해하는 데 중요 쟁점이 있는데, 그것은 삼거三車와 사거四車설에 대한 논점이다. 법운과 지의는 회삼귀일會三歸一의 일불승一佛乘의 사거설이라는 입장이고, 길장과 규기는 회이귀일會二歸一의 삼거설을 주장하는 입장이어서, 논점에 대한 입각점이 다르다. 말하자면 지의는 법화일승法華一乘을 해석하기를 일불승一佛乘의 불과佛果에 두고 설명하지만, 삼론三論의 길장과 법상法相의 규기는 함께 보살일승菩薩一乘에 두고 설하고 있다.[33] 이러한 삼거설과 사거설의 입장에 따라 수행과 증득의 관점이 달리 설명될 수 있다.

4. 『법화경』의 중심 교설

『법화경』은 전통적으로 지의의 견해에 따라 크게 두 부분으로 나누어 해석된다. 앞에서 기술한 바와 같이 전체 28품 중에서 전반 14품은 적문迹門이라 하고, 후반 14품은 본문本門이라고 한다.

적문이란 '흔적에 관한 부분'이라는 뜻으로 적불迹佛, 즉 '흔적이 있는 부처님'인 석가모니불이 역사적으로 이 세상에 출현하여 중생을 교화한 것을 말한다. 적문의 핵심은 일불승에 대한 교설이다. 그래서 일불승 교설을 가장 명확히 드러내고 있는 제2 「방편품」이 적문의 중심 부분으로 평가된다.

본문이란 '근본에 관한 부분'이라는 뜻으로, 이 세상에 출현하여 중생을 교화하신 적불의 본체인 '본래 부처', 즉 본불本佛에 대해 논한 것을 말한다. 후반부인 본문에서는 석가모니불은 이미 아득한 과거세에 성불하신 분이며, 부다가야에서 최초로 진리를 깨닫고 훗날 입멸한 것은 중생교화의 한 방편에 불과한 것으로 보아, 부처의 영원성을

---

33 이영자(2007), pp.13~14.

인정하여 신앙의 대상을 확립하고자 하는 구원본불久遠本佛 사상을 지니고 있다. 다음에서 『법화경』이 설하고자 하는 핵심 교설을 밝혀 이해하고자, 적문과 본문의 구분에 따라 정리하여 기술하였다.

1) 일불승一佛乘설과 회삼귀일會三歸一설

일불승설이란 삼승이 일승에 귀착한다(會三歸一)는 교설이자, 모든 사람을 성불로 인도하는 것이 부처의 자비이므로 성불의 가르침만이 있을 뿐[34]이라고 보는 것으로, 삼승인 성문승聲聞乘, 연각승緣覺乘, 보살승菩薩乘의 가르침은 방편일 뿐 성불로 인도하는 가르침은 일승이라는 것이다.[35] 이것은 곧 성문·연각·보살의 가르침이 각각 따로 존재하는 것이 아니고 성불하게 하는 한 가지 가르침이 있을 뿐이며, 삼승의 가르침은 결과적으로 '일승으로 끌어들이기 위한 방편에 지나지 않는다'라는 것이다. 제2 「방편품」에서는 "시방불토十方佛土 중에는 오직 일승법一乘法만 있으며, 둘도 없고, 또한 셋도 없다"[36]라고 하고 있으며, "일승을 위하여 삼승을 분별하여 연설하였다"[37]고 설해져 있다. 이것은 부처가 일승을 위하여 중생의 수준이나 능력에 따라 그들을 잘 교화할 수 있는 여러 가지 훌륭한 수단과 방법의 선교방편善巧方便이

---

34 『妙法蓮華經』卷1(T09, p.7a23-28), "諸佛世尊 欲令衆生開佛知見 使得淸淨故 出現於世 欲示衆生佛之知見故 出現於世欲令衆生悟佛知見故 出現於世 欲令衆生入佛知見道故 出現於世 舍利弗 是爲諸佛以一大事因緣故出現於世"

35 지창규(2003), pp.16~21.

36 『妙法蓮華經』卷1(T09, p.8a17-18), "十方佛土中 唯有一乘法 無二亦無三"

37 『妙法蓮華經』卷1(T09, p.7b26-27), "於一佛乘分別說三"

바로 삼승교三乘敎이며, 이 가르침에 의지하여 일승에 도달한다는 것이다.

그렇다면 부처는 '왜 처음부터 성불의 가르침을 설하지 않는 것일까' 하는 의문이 생길 수 있다.[38] 그것은 중생들은 근기가 부족하여 처음부터 큰 가르침을 들으면 절망하거나 외면할 것이기 때문에 부처는 중생들의 근기에 맞추어서 삼승을 설하는 것이다. 『법화경』은 이러한 회삼귀일의 가르침을 여러 비유를 통해 설득력 있게 제시한다.

이러한 회삼귀일의 교설을 가장 극적으로 보여주는 것이 바로 첫 번째, 『법화경』 제3 「비유품」에 나오는 화택의 비유이다.

(1) 화택의 비유(火宅譬喩)

불난 집의 비유는 화택유火宅喩 혹은 화택삼거유火宅三車喩라고도 한다. 화택의 비유는 『법화경』 제3 「비유품譬喩品」에 나오는 내용이다.

① 설법주

『법화경』 제2 「방편품方便品」에서 개권현실開權顯實과 개삼현일開三顯一의 사상이 설해지고, 제3 「비유품」에 이르러 환희한 사리불에 대하여 석가모니불이 수기를 주자 사리불이 그 인연을 설해 달라고 간청한다. 이에 대하여 석가모니불이 설한 것이 화택의 비유이다.

---

[38] 강영미(현수)(2023), p.43.

② 내용

한 나라에 큰 재벌 장자가 있었다. 그는 늙었지만 재산은 무량하여 전답과 가옥 그리고 하인들이 매우 많았다. 그가 사는 집은 아주 넓고 컸는데 낡을 대로 낡아 담벼락은 내려앉았으며, 기둥은 썩고 대들보는 기울었으며 문은 오직 하나뿐이었다. 그러나 재벌 장자에게는 식구가 많아서 재벌 장자의 식구 500명이 전부 그 안에서 같이 살고 있었다.

그런데 어느 날 별안간 집에 불이 나서 집을 태우기 시작하였고 사면에서 불이 한꺼번에 일어났다. 마침 외출에서 돌아온 아버지가 보니 사방에서 불이 타오르는 것을 보고 '이 집은 문은 오직 하나뿐인데다가 좁고 아이들은 아직 어려 놀이에 정신이 팔려 있어 지금 집에 불이 난 줄을 알지 못한다'고 생각하여 "불이 났으니 빨리 집 밖으로 나오너라!"고 외쳤으나 아이들은 놀이에 정신이 팔려 아버지의 말을 믿지 않고 들은 척도 안 하고 불이 났다는 말에 놀라지도 않고 무엇을 잃게 되는지도 알지 못한 채, 밖으로 나올 생각도 없이 무심코 아버지를 쳐다보기만 하였다.

그러자 아버지는 아이들이 이전부터 가지고 싶어 했던 진귀한 장난감이라면 반드시 좋아할 것이라 생각하여 "너희들이 갖고 싶어 했던 장난감을 얻고자 한다면 지금 바로 나와서 갖지 않는다면 반드시 후회할 것이다. 지금 대문 밖에 양이 끄는 수레(양거羊車), 사슴이 끄는 수레(녹거鹿車), 소가 끄는 수레(우거牛車)가 있다. 그것을 가지고 노는 것이 좋으니 너희들은 빨리 불타는 집에서 나오너라. 나는 너희들이 달라는 대로 전부 줄 것이다"라고 말했다. 수레를 준다는 아버지의 말을 듣고 아이들은 앞다투어 나와 무사히 그 불타는 집을 빠져나올 수 있었다.

장자는 아이들이 안전한 것을 확인하고는 기뻐하여 아이들에게 똑같이 훌륭한 흰 소가 끄는 큰 수레(大白牛車)를 주었다. 그 하얗고 힘센 큰 소가 끄는 수레는 높고 넓으며 온갖 보배로 장식되었고 붉은 비단 쿠션이 놓여 있었다. 장자는 '나의 재물은 한량없이 많은데 변변치 않은 작은 수레를 아이들에게 줄 것이 뭐 있겠나. 더욱이 이 아이들은 다 나의 자식이거늘 사랑함에 차별이 있어서야 말이 되겠는가! 나에게 이처럼 칠보로 만든 큰 수레들이 많으니, 응당 평등한 마음으로 똑같이 나누어주리라'라고 생각하며 공평하게 희고 큰 소가 끄는 멋진 수레를 각각 선물했다. 아이들은 제각기 큰 수레를 타고는 일찍이 없던 희유함을 느끼며 매우 기뻐했다.

③ 비유 분석

화택의 비유에서 장자는 석가모니불을 나타내고 있으며 무량한 재산은 모든 번뇌를 여의고 무량한 지혜와 공덕을 성취하고 바라밀을 구족하고 있음을 나타내고 있다. 불난 집이란 모든 존재가 거주하고 있는 삼계(三界: 욕계·색계·무색계)를 지칭한다. 즉 삼계는 불난 집처럼 편안하게 안주할 수 없는 집이란 점에서 붓다가 삼계에서 태어난 것은 중생의 생로병사와 삼독의 불에서 나오도록 교화하여 붓다와 같은 무상정등각無上正等覺을 얻게 하려 함이다.

화택의 비유에서 장자가 아이들에게 양이 끄는 수레, 사슴이 끄는 수레, 소가 끄는 수레가 문밖에 있다고 말해 불타는 집에서 나오도록

한 것은 여래가 지혜 방편으로 삼계의 화택에서 중생을 구제하기 위하여 성문·연각·보살의 삼승을 설하여 방편에 의해 중생에게 권하는 것이다. 세 가지의 수레는 삼승三乘에 대한 비유로, 희고 큰 소가 끄는 수레는 일승一乘으로 해석한다. 또 양이 끄는 수레는 성문, 사슴이 끄는 수레는 연각, 소가 끄는 수레는 보살을 의미한다고 본다. 이때 성문은 사성제四聖諦로 수행하고, 연각은 십이연기十二緣起로 수행하며, 보살은 육바라밀六波羅蜜을 실천하며 수행한다고 하고 있다. 그렇지만 이러한 가르침은 각각 개성과 기질의 문제이며, 근본적인 차이가 될 수 없어 어떠한 가르침을 중시하고 따르더라도 결국 일불승一佛乘으로 귀착하게 된다고 보는 것이다. 장자가 아이들이 불타는 집에서 나와 안전한 곳에 이르는 것을 보고 스스로 재산이 무량한 것을 생각하고 평등하게 큰 수레를 아이들에게 주는 것은, 여래가 일체중생의 아버지로 붓다의 가르침의 문을 통해 삼계의 고통에서 나와 열반락을 얻는 것을 보고 여래의 지혜와 선정, 해탈 등을 주고자 함이다. 이것은 모두 한 모습, 한 종류이고 청정하고 묘한 제일의 낙을 생겨나게 하는 것이다. 이때 장자가 처음에는 세 수레로 아이들에게 권하고 나중에 큰 수레만을 준 것은 여래가 처음에 삼승을 설하여 중생을 인도하고 나중에 대승에 의해 도달케 함을 의미하며, 여래는 무량의 지혜 힘·무소외·모든 법장이 있어 일체중생에게 대승법을 주고자 하는 것이다. 이것은 모든 부처의 방편력에 의해 일불승으로 이끌고자 삼승을 설하는 것이다.

다만 중국에서 종파불교가 전개되면서 이 비유에 나오는 수레에 대한 해석을 둘러싸고 다른 주장이 등장한다. 그것은 소가 끄는 수레와 희고 큰 소가 끄는 수레를 동일한 것으로 볼 것인가 아니면 다른 것으로 볼 것인가 하는 문제였다. 삼론종과 법상종은 동일하다고 보는 점에서 삼거가三車家라 하고, 천태종이나 화엄종은 다르다고 보는 입장에서 사거가四車家라 한다. 천태종이나 화엄종이 방편과 진실은 동일할 수 없다고 보았다면, 삼론종과 법상종은 방편과 진실이 다른 것이 될 수 없다는 입장을 나타내고 있다.

(2) 장자궁자의 비유(長者窮子喩)

부자 아버지와 가난뱅이 아들의 비유는 장자궁자長者窮子의 비유 혹은 궁자유窮子喩라고도 한다. 장자궁자의 비유는 대승의 가르침을 중생들에게 베풀고자 하는 부처의 마음이 모든 재산을 아들에게 상속하고자 하는 부자 아버지의 마음으로 표현하고 있다. 장자궁자의 비유는 『법화경』 제4 「신해품信解品」에 나오는 비유이다.

① 설법주

제4 「신해품」에서는 수보리, 가전연, 마하가섭, 마하목건련 등 4인의 대성문들이 화택의 비유를 통해 석가모니불의 뜻을 이해했음을 밝힌다. 이들은 자신들이 이제야 석가모니불의 진정한 뜻을 깨달았음을 비유를 들어 설명하는데, 그것이 바로 장자와 궁자의 비유이다. 즉, 제자들이 석가모니불의 가르침을 어떻게 이해했는지를 스스로 설하는 형식이다.

②내용

어떤 부자 상인이 자신의 어린 아들을 길에서 잃어버렸다. 그 어린 아들은 50년 동안 타국을 떠돌면서 가난과 싸우며 생계를 유지하기 위해 품팔이를 하며 살아가다가, 우연히 일자리를 구하기 위해 어느 큰 성에 이르렀다. 그곳에서 그는 매우 부유한 한 장자를 보게 되었는데, 그가 바로 자신의 아버지인 줄은 꿈에도 생각지 못했다. 아들은 장자의 엄청난 위세와 호화로운 저택에 기가 눌려 두려운 마음에 도망치려 했다.

한편 장자는 문밖의 남루한 사내를 보자마자 단번에 자신의 잃어버린 아들임을 알아보았다. 그는 즉시 사람을 보내 아들을 데려오려 했지만, 아들은 자신을 잡아가려는 줄 알고 기절을 하고 말았다. 이를 본 장자는 아들의 마음이 아직 너무나 비천하여 자신의 지위와 재산을 감당할 수 없음을 깨닫고 방편을 쓰기로 한다. 그는 허름한 옷을 입은 하인 두 명을 보내 "저 사람에게 품삯을 두 배로 줄 테니 우리 집에서 똥 치우는 일을 하지 않겠느냐?"라고 제안하게 했다. 아들은 기쁘게 그 제안을 받아들여 20년간 성실하게 똥을 치우며 지냈다.

장자는 종종 허름한 옷으로 갈아입고 아들에게 다가가 함께 일하며 "너는 참 성실하구나. 이제부터 너를 내 아들처럼 여기겠다"라고 격려하며 신뢰를 쌓았다. 시간이 흘러 아들의 마음이 점차 넓어지고 천한 마음을 벗어나자, 장자는 그에게 집안의 재물 창고를 관리하는 일을 맡겼다. 마침내 장자가 임종에 가까워지자, 왕과 친족, 모든 사람을 불러 모은 자리에서 공식적으로 선언을 했다. "이 사람은 실은 나의 친아들이다. 나는 50년 전에 이 아이를 잃어버렸다가 이제야 찾았다.

나의 모든 재산은 이제 전부 이 아이의 것이다." 아들은 그때서야 자신이 장자의 아들이었음을 알고, 생각지도 못했던 막대한 재산을 물려받게 된 것에 크게 환희했다.

③ 비유 분석

장자궁자의 비유에서 부자 아버지인 장자는 석가모니불을, 가난뱅이 아들인 궁자는 중생을 나타낸다. 가난뱅이 아들이 자신이 본래 부자 아버지의 아들임을 알지 못하는 것은, 중생이 자신에게 본래 부처가 될 수 있는 가능성이 내재되어 있음을 깨닫지 못하고 스스로를 비천하게 여기는 것과 같다.

장자가 아들의 근기를 고려하여 처음부터 부자 관계를 밝히지 않고, 가장 천한 똥 치우는 일을 맡긴 것은 석가모니불이 중생의 낮은 근기에 맞춰 이승의 가르침으로 먼저 번뇌를 정화하고 마음을 닦게 하는 방편을 의미한다. 이후 점차 신뢰를 쌓고 재산 관리를 맡기는 것은 중생의 마음이 점차 열리면서 대승의 가르침으로 나아가도록 이끄는 과정을 상징한다. 마지막에 모든 재산을 물려주는 것은 중생이 마침내 자신에게 불성이 있음을 깨닫고 일불승의 가르침을 받아들여 부처의 지혜와 공덕을 남김없이 계승하게 됨을 나타낸다. 이 비유는 중생의 근기에 맞춰 점진적으로 이끌어가는 부처의 자비와 지혜로운 방편을 잘 보여준다.

이 외에도 부처의 가르침은 하나이지만 중생의 근기에 따라 다르게 받아들여짐을 보여주는 약초의 비유, 모든 중생에게 본래 불성이 내재되어 있음을 일깨우는 의중보주衣中寶珠의 비유, 그리고 『법화경』
의 일불승 가르침이야말로 가장 존귀한 최상의 진리임을 강조하는
계중명주髻中明珠의 비유 등이 회삼귀일의 사상을 다각적으로 뒷받침
한다.

(3) 약초의 비유(藥草喩)

약초의 비유는 삼초이목유三草二木喩 또는 운우유雲雨喩라고도 한다.
이 비유는 『법화경』 제5 「약초유품藥草喩品」에 나오는 내용이다.

① 설법주

제4 「신해품」에서 4인의 대성문이 '장자와 궁자의 비유'를 들어 자신들
의 이해를 밝히자, 석가모니불은 제5 「약초유품」에서 그들의 이해가
올바름을 인정하고 자신의 설법이 어떠한 방식으로 중생에게 전해지는
지를 다시 비유를 들어 설명한다. 이는 부처의 설법이 모든 중생에게
평등하게 베풀어지지만, 중생의 근기에 따라 받아들이는 이익이 다름
을 보여주기 위함이다.

② 내용

비유하면 삼천대천세계三千大千世界 속의 산과 강, 계곡과 땅에서 나고
자라는 모든 풀, 나무, 숲, 약초는 종류도 많고 이름과 모양도 각각
다르다. 큰 구름이 온 세상을 뒤덮고 동시에 똑같은 비를 대지에
내린다. 그 비는 차별 없이 모든 초목과 숲, 약초들에게 공평하게
내린다. 그러나 땅에 뿌리내리고 있는 작은 약초, 중간 약초, 최상의

약초와 작은 나무, 큰 나무 등은 각각 자신의 본성과 크기에 따라 그 빗물을 다르게 흡수한다.

비록 같은 땅에서 나고 같은 비를 맞지만, 초목들은 제각기 다른 모습과 크기를 가지고 있다. 각각의 초목은 자신의 역량에 맞게 수분을 빨아들여 꽃을 피우고 열매를 맺으며 무성하게 자라난다. 비는 하나이지만, 그 비로 인해 초목들은 각자의 개성에 따라 다채롭게 성장하며 대지에 생명력을 더한다.

③ 비유 분석

약초의 비유에서 하나의 비(一雨)는 부처의 평등하고 차별 없는 가르침을 상징한다. 부처님의 설법은 마치 단비(法雨)와 같아서 일체중생에게 치우침 없이 공평하게 베풀어진다.

세 종류의 약초와 두 종류의 나무(三草二木)는 각기 다른 근기와 이해력을 가진 중생들을 비유한다. 작은 약초는 인간과 천상의 세계를, 중간 약초는 성문과 연각을, 최상의 약초와 작은 나무, 큰 나무는 보살의 여러 단계를 상징한다.

이 비유는 부처의 설법은 본질적으로 하나이지만, 그것을 받아들이는 중생의 근기根機에 따라 그 이해와 얻는 이익이 다를 수밖에 없음을 보여준다. 하지만 중요한 것은, 어떤 근기의 중생이라도 부처의 가르침을 통해 반드시 자신의 수준에 맞는 이로움을 얻고 깨달음을 향해 성장할 수 있다는 점이다. 이는 부처의 가르침이 가진 보편성과 평등성을 강조하며, 모든 중생이 결국 성불할 수 있다는 가능성을 보여준다.

(4) 의중보주의 비유(衣中寶珠喩)

옷 속에 보배 구슬을 매다는 이 비유는 의주유衣珠喩라고도 한다. 이 비유는 『법화경』 제8 「오백제자수기품五百弟子授記品」에 나오는 내용이다.

① 설법주

제8 「오백제자수기품」에서 부루나를 비롯한 500명의 아라한들이 석가모니불로부터 미래에 성불하리라는 수기를 받는다. 이에 이들은 크게 환희하며, 이전까지 자신들이 소승의 작은 깨달음에 만족하여 더 높은 대승의 가르침이 있는 줄 몰랐던 어리석음을 고백한다. 자신들의 상태를 비유를 들어 설명하는데, 그것이 바로 의중보주 비유이다.

② 내용

어떤 가난한 사람이 부유한 친구의 집에 가서 대접을 받으며 술을 마시고 깊이 취해 잠이 들었다. 급한 일이 생겨 먼 길을 떠나야 하는 상황이 된 부자 친구는 잠든 가난한 친구를 안타깝게 생각하여 친구의 옷 속에 값을 매길 수 없는 귀한 보배 구슬(寶珠)을 몰래 꿰매주고는 떠났다.

잠에서 깬 가난한 사람은 친구가 자기 옷 속에 보물을 넣어준 사실을 전혀 알지 못한 채, 다시 정처 없이 떠돌아다니며 의식주를 해결하기 위해 온갖 고생을 하며 비참하게 살았다. 오랜 세월이 흐른 뒤, 그는 우연히 옛 친구와 다시 마주쳤다. 친구는 그의 남루하고 곤궁한 모습을 보고 깜짝 놀라며 꾸짖었다. "여보게, 자네는 어찌하여 아직도 저렇게 가난하게 사는가? 내가 오래전에 자네가 편안히 살 수 있도록 값진 보배 구슬을 자네 옷 속에 꿰매주지 않았는가! 그것은 아직도 분명히 거기 있을 것이네. 자네는 그것도 모르고 저렇게 고생만 하고 있었단 말인가!"

그 말을 들은 가난한 사람은 그제야 자신의 옷 속을 더듬어 보배 구슬을 발견하고는 놀라움과 함께 큰 기쁨을 얻었다.

③ 비유 분석

의중보주 비유에서 가난한 사람은 중생, 특히 열반의 깨달음에 만족하여 더 이상의 가르침을 구하지 않았던 성문 제자를 상징하고, 부자 친구는 부처를 상징한다. 옷 속에 감춰진 보배 구슬은 모든 중생에게 본래 갖추어져 있는 부처가 될 수 있는 무한한 가능성, 즉 일불승의 진리를 의미한다.

자신에게 보배 구슬이 있는 줄도 모르고 가난하게 사는 것은, 중생들이 자신 안의 위대한 불성을 깨닫지 못한 채 스스로를 미혹하고 비천하게 여겨 생사의 고통 속을 헤매는 모습을 비유한다. 친구가 보배 구슬의 존재를 알려주는 것은, 석가모니불이 『법화경』을 설하여 중생들이 자신의 불성을 깨닫고 성불의 길로 나아가도록 일깨워 주는 것을 의미한다. 이 비유는 깨달음이란 밖에서 구하는 것이 아니라 이미 자신 안에 갖추어져 있음을 발견하는 것임을 강조한다.

(5) 계중명주의 비유(髻中明珠喩)

상투 속의 보배 구슬에 대한 비유는 계주유髻珠喩라 부르기도 한다.

이 비유는 『법화경』 제14 「안락행품安樂行品」에 나오는 내용이다.

① 설법주
제14 「안락행품」은 『법화경』을 수행하는 보살이 어떻게 몸과 마음을 편안하게 유지하며 법을 설해야 하는지를 설명하는 품이다. 제14 「안락행품」에서 석가모니불은 『법화경』의 가르침이 얼마나 존귀하고 설하기 어려운 최상의 가르침인지를 강조하기 위해 계중명주 비유를 든다. 즉, 다른 가르침들과 『법화경』의 위상 차이를 명확히 하기 위해 설해진 비유이다.

② 내용
강력한 힘을 가진 전륜성왕轉輪聖王이 있었다. 그는 자신을 위해 싸우는 병사들의 공을 치하하여 논밭, 집, 마을 등 여러 가지 상을 내리고 금, 은, 보석 등 온갖 귀한 보물을 아낌없이 나누어 주었다. 하지만 왕은 단 한 가지, 자신의 상투 속에 감추어 둔 밝은 구슬(明珠)만은 결코 함부로 주지 않았다. 이 구슬은 세상에 단 하나뿐인 가장 귀하고 신비로운 보물이었기 때문이다. 왕은 오직 모든 적을 물리치고 가장 큰 공을 세운, 가장 용맹한 병사에게만 비로소 이 상투를 풀고 구슬을 꺼내어 하사했다.

③ 비유 분석
계중명주 비유에서 전륜성왕은 석가모니불을 상징한다. 여러 병사들은 부처님의 제자들을, 왕이 내린 다양한 보물들은 방편으로 설해진

여러 가르침을 의미한다.

　왕이 상투 속에 감추어 두었던 밝은 구슬은 부처님의 가르침 중에서도 가장 핵심적이고 궁극적인 진리, 즉 『법화경』의 일불승 가르침을 상징한다. 부처님께서는 중생의 근기가 성숙하기를 기다려 여러 방편의 가르침을 먼저 설하셨지만, 가장 존귀한 『법화경』의 진리는 함부로 드러내지 않으셨다. 이는 마치 왕이 가장 큰 공을 세운 병사에게만 최상의 보물을 주는 것과 같다. 이 비유는 『법화경』이 모든 경전 중의 왕이며, 부처님께서 때가 무르익어 비로소 설하신 최상의 진리임을 강력하게 드러낸다.

　『법화경』의 회삼귀일에 대한 교설은 부파불교 시대에 아라한의 경지만을 추구하는 사상과 석가모니불의 전생만이 보살이고 보살만이 부처가 될 수 있다는 제한적인 개념에서 누구나 성불할 수 있는 잠재적인 가능성이 있고 노력 여하에 따라 누구나 성불할 수 있다는 길을 열어준 교설이었다. 이 『법화경』의 회삼귀일의 교설은 우주법계(십법계)의 모든 존재가 가진 한계성을 뛰어넘는 불교의 원융화합의 정신이다. 『법화경』에서는 석가모니불이 보살뿐 아니라 성문·여자·축생·지옥 중생에게도 성불한다는 수기를 하며, 나아가 불탑에 공양하고 예배만 해도 성불의 가능성이 있다고 시사하고 있다. 그러므로 회삼귀일의 교설에는 대자비의 정신이 용해되어 모든 중생을 성불로 이끌겠다는 부처의 염원이 천명되어 있다고 볼 수 있다.

　『법화경』에서는 제법실상諸法實相을 모든 존재의 진실한 모습을 말하는 것이라고 하는데, 제법이 실상이요, 실상이 제법이라고 설명하기도 한다.[39] 또 『법화경』 제2 「방편품」에는 제법실상을 '십여시十如是'로 설하고 있다. 산스크리트본에는 '십여시'에 대한 직접적인 표현이 없기에, 구마라집이 '십여시'라는 것을 사물의 존재나 생기生氣에 대한 범주로 수집 정리한 것으로 보인다.

'십여시十如是'의 '여시如是'라는 것은 '진실을 있는 그대로 파악하였다'는 의미이며, 제법이라는 것은 상相·성性·체體·역力·작作·인因·연緣·과果·보報·여시본말구경如是本末究竟 등으로 일체가 돼서 융합하고 있다는 것이다. 상이라고 하는 것은 생명의 외적인 형상, 성은 내적인 성질, 마음·지혜·정신 등을 가르치는 것이며, 체는 본체, 역은 생명 자체에 내재하는 능력, 작은 드러난 힘의 작용이며, 인과 연은 직접원인과 간접원인을 말함이며, 과는 직접결과, 보는 간접결과를 말한다. 여시본말구경 등은 제1의 상에서부터 제9 보까지 연관하여 일관되게 존재하는 것으로 생명의 통합성과 조화성을 가리키며, 다양한 사물 내지는 그것을 지탱하는 규범의 구체적인 상태가 십여시의 관계에서 서로 의지하고 서로 돕고 인과가 되어 존재하는 연기법을 말한다.[40] 따라서 『법화경』의 사상은 제법실상이라는 한마디로 정의할 수 있는데, 『반야경般若經』에서의 공空 또는 진여眞如와 같은 내용으로 본다.

이상의 일승과 제법실상의 관계에 대하여 살펴보면 다음과 같다. 일승과 제법실상에 해당하는 말은 제2 「방편품」에 등장하는데, 이는 '일승은 불지혜佛智慧이고, 묘법화妙法華의 제법실상이다'라고 하고

---

[39] 지창규(2003), pp.14~15, pp.57~58.
[40] 다무라시로 외, 이영자 역(1994), pp.85~86.

있다. 또 이 제법실상은 다시 묘법화를 가리키는 말들로 이행되어, 결국 제2「방편품」의 목적은 일승을 설하는 것이 된다. 부처가 이 세상에 출현하는 것은 중생들에게 불지견을 깨닫게 하는 것, 즉 중생을 불승이 되게 하는 것, 그것이 바로 일승인 것이다. 여기에서 말하는 제법실상과 묘법화, 불지견 등 모든 이법理法은 일승으로 통일되고 있다.[41]

　이제 일승의 교설과 제법실상과 보살사상이 어떤 관계가 있는지를 간략하게 정리하면 다음과 같다. 첫째, 일승은 일체중생에게는 불지견 佛知見, 즉 부처님과 같은 깨달음이 있고 이것을 터득케 하는 일이다. 어떤 특정한 사람에게만 불지견이 있는 것이 아니라 모든 중생에게 불지견이 있고, 이것을 증득케 하는 일이 일불승의 가르침이라고도 한다. 일불승이란 성문·연각·보살의 셋을 구별하는 고정된 관념에서 과감하게 벗어나 삼승을 열어서 일승을 드러낸다는 것을 말한다(開三顯一). 부파불교에서는 성문·연각·보살을 상반된 존재로 이해하였으나, 초기 대승불교 시기에 나온 『법화경』에서는 이 성문·연각·보살의 존재가 서로 상반 관계에 있는 것이 아니라 일승으로 나아가기 위한 방편이며, 삼승은 결국 모두 일승으로 나아간다는 것이다. 즉 일승은 일불승, 유일의 불승으로 누구나 융통한다는 의미이며, 이것이 바로 『법화경』의 원융화합 개념의 일불승의 교설인 것이다.

　둘째, 제법실상은 타인과 자신이 어떻게 관계하고 있는가에 대한 원리를 밝혀, 그것을 우주의 전 생명으로 확대하는 논리이다. 제법실상

---

[41] 서성우(1997), p.182.

이라고 함은 『법화경』의 발전된 형태의 연기로 볼 수 있다. 모든 존재는 유기체적인 관계이므로, 세계의 모든 현상이 자신과 관계되지 않는 것이 없음을 아는 지혜가 제법실상에 기반한 지혜인 것이다. 그리고 이러한 제법실상의 지혜를 갖추고 일체중생을 성불로 이끌기 위하여 모든 존재에 대하여 자비를 행하는 자가 보살인 것이다. 이러한 사상적 배경이 보살사상이며 이러한 일승을 향한 보살의 실천행이 보살도의 구현인 것이다.

제3 「비유품」에서는 성문승·연각승·보살승을 양거·녹거·우거의 삼거로, 일승을 대백우거로 비유하여 설명하고 있다. 이것은 성문·연각·보살의 삼승이 다 일승으로 들어갈 수 있다는 사거가四車家의 정신이고, 이것이 바로 "삼승을 열어 일승을 현현하게 한다"라고 하는 『법화경』의 일불승의 교설이다. 그래서 『법화경』의 일불승의 교설은 부파불교의 삼승설을 타파했을 뿐 아니라 보살사상의 확대를 가져오게 되었다.[42]

결론적으로 『법화경』의 일불승의 교설은 누구나 부처가 될 수 있다는 것이고, 또 그것은 언제나 유효하다는 것이다. 그러므로 누구나 일승에 대한 발심發心을 하면, 언제든지 성불할 수 있다고 주장하며 무연자비無緣慈悲와 일승에 대하여 설하고 있는 것이다. 따라서 일불승은 제법실상과 무차별 평등성과 연기실상인 공성과의 관계를 맺게 함으로써, 한 걸음 더 나아가 보살사상까지도 연계하는 것이다.

---

[42] 차차석(1993), p.114.

2) 구원본불久遠本佛설

『법화경』의 전반부인 적문에서는 삼승이 일승으로 돌아가는 도리를 밝혀, 지금까지 존재한 모든 경전을 체계화하였다. 그리고 후반부인 본문에서는 석가모니불이 부다가야에서 최초로 진리를 깨닫고 훗날 입멸한 삶은 중생교화의 한 방편에 불과한 것이고, 원래 석가모니불은 아득한 과거세에 이미 성불했다는 것으로, 부처라는 신앙의 대상에 대해 영원성을 가진 존재라는 개념을 확립하였다.

『법화경』의 본문에서 본불本佛을 가장 잘 드러내고 있는 중심 부분은 제16「여래수량품如來壽量品」이라고 평가된다. 여래수량如來壽量이란 '부처의 수명이 무한하다'라는 뜻으로, '부처는 영원한 존재'라는 것을 의미한다. 제16「여래수량품」에서는 다음과 같이 표현하고 있다.

> "너희들은 여래의 비밀한 신통력을 자세히 들으라. 일체 세간의 하늘과 인간 그리고 아수라들은 모두 석가모니불은 석씨 왕성을 나와 가야성 가까운 도량에 앉아 아뇩다라삼먁삼보리를 얻었다고 생각하지만, 그러나 선남자들아, 내가 성불한 지는 한량없고 가없는 백천만억 나유타 겁이니라. … 선남자들이여, 여래는 모든 중생들이 작은 법을 즐겨 덕이 엷고 업장이 무거운 것을 보고, 이런 사람을 위하여 나는 젊어서 출가하여 아뇩다라삼먁삼보리를 얻었다고 말하였느니라. 그러나 내가 성불한 지는 이와 같이 오래이고 멀지만, 방편으로 중생을 교화해서 부처님 도에 들게 하려고 이렇게 말하였느니라."[43]

---

[43] 『妙法蓮華經』 卷5(T09, p.42b8-c9), "汝等諦聽 如來祕密神通之力 一切世間天

부처란 원래 태어남도 죽음도 없는 영원한 존재인데, 석가모니불은 룸비니 동산에서 태어나 35세에 부다가야에서 성불하고, 45년간 설법하다 80세에 열반에 드는 모습을 보인 것은 중생을 제도하기 위한 방편이라는 것이다. 이러한 부처님의 방편과 영원한 생명력을 가장 잘 보여주는 것이 바로 '의사의 비유'이다.

(1) 의사의 비유(醫師喩)
의사의 비유는 의자유醫子喩 혹은 의사유醫師喩라 한다. 이 비유는 『법화경』 제16 「여래수량품如來壽量品」에 나오는 내용이다.

① 설법주
『법화경』의 심장부로 불리는 제16 「여래수량품」에서 석가모니불은 법회에 참석한 대중들에게 선언을 한다. 그 선언이란 자신이 인도의 가야성에서 처음 깨달음을 얻은 것이 아니라, 실은 한량없는 과거(五百塵點劫)에 이미 성불하였으며, 그 수명은 영원하다는 것이다. 석가모니불은 중생들이 본인이 열반에 들 것이라 생각하지만, 이는 중생을 구제하기 위한 방편일 뿐 그 수명은 영원하다는 것을 의사의 비유를 들어 설명한다.

人及阿修羅 皆謂 今釋迦牟尼佛 出釋氏宮 去伽耶城不遠 坐於道場 得阿耨多羅三藐三菩提 然 善男子 我實成佛已來無量無邊百千萬億那由他劫 … 諸善男子 如來見諸衆生樂於小法 德薄垢重者 爲是人說 我少出家 得阿耨多羅三藐三菩提 然我實成佛已來久遠若斯 但以方便 敎化衆生 令入佛道 作如是說"

② 내용

지혜롭고 의술이 뛰어난 의사에게 10명, 20명 혹은 100명의 많은 아들이 있었다. 의사가 먼 길을 떠난 사이, 집에 남은 아들들이 실수로 독약을 마시고는 고통에 몸부림치며 땅바닥을 뒹굴었다. 집에 돌아온 의사는 즉시 색과 향과 맛이 모두 좋은 최상의 해독제를 만들어 아들들에게 주며 먹으라고 했다.

그중 마음이 아직 온전한 아들들은 약을 받아먹고 즉시 병이 나았지만, 독이 너무 깊이 퍼져 정신을 잃은 아들들은 약이 아무리 좋아도 완강히 먹기를 거부했다. 아버지는 이들을 가엾게 여겨 한 가지 방편을 생각해 냈다. 그는 "나는 이제 늙고 쇠약해 죽을 때가 다 되었다. 이 좋은 약을 여기에 남겨둘 테니 너희는 반드시 챙겨 먹고 병을 고치도록 해라"라는 말을 남기고 다시 타국으로 떠났다. 그리고는 사람을 보내 "너희 아버지는 타국에서 이미 세상을 떠났다"고 거짓 소식을 전하게 했다.

아버지의 부고를 들은 아들들은 하늘이 무너지는 듯한 슬픔과 충격에 빠졌다. '이제 우리를 돌봐줄 아버지가 돌아가셨으니 우리는 의지할 곳이 없구나'라고 비탄하며 비로소 제정신을 차렸다. 그들은 아버지가 남기고 간 좋은 약을 생각해 내고는 그것을 먹어 마침내 모두 병에서 완전히 회복되었다. 아들들이 모두 건강해졌다는 소식을 들은 의사는 다시 그들 앞에 모습을 드러냈다.

③ 비유 분석

의사의 비유에서 훌륭한 의사는 석가모니불을, 그의 아들들은 모든 중생을 상징한다. 아들들이 마신 독약은 탐욕·성냄·어리석음(三毒) 등의 번뇌와 망상을 의미한다. 의사가 만든 좋은 약(해독제)은 중생을 모든 고통에서 구제하는 부처님의 위대한 가르침, 즉 『법화경』의 묘법妙法을 나타낸다.

의사가 거짓으로 죽었다고 알린 것은 이 비유의 핵심으로, 석가모니불이 중생을 제도하기 위한 방편으로 열반涅槃에 드는 모습을 보이는 것을 상징한다. 석가모니불이 항상 곁에 계신다고 생각하면 중생들은 나태해져서 법을 구하려는 마음을 내지 않기 때문에, 석가모니불은 '열반'이라는 방편을 통해 중생들에게 위기감과 절실함을 느끼게 하여 스스로 법을 구하고 수행에 정진하도록 이끄는 것이다. 의사가 죽지 않고 다시 돌아온 것처럼, 부처의 법신法身은 영원하여 결코 사라지지 않으며 항상 중생과 함께하고 있음을(久遠實成) 이 비유는 극적으로 보여주는 것이다.

즉, 석가모니불은 이미 무량겁 이전에 성불하였고 수명은 무량하여 불멸이기 때문에 영원히 상주하여 중생과 함께 존재한다는 것이다. 그러므로 부다가야에서 성불한 석가모니불은 구원본불의 화신이고, 더 나아가 시방삼세의 제불보살은 구원본불인 석가모니불의 분신이며 사도인 것이다.[44]

3) 제불본원諸佛本願설

석가모니불이 방편으로 이 세상에 출현한 이유는 중생을 구제하기

---

[44] 종석(2003), p.177.

위해서이다. '중생을 구제한다'라는 것은 중생을 교화하여 불도에 들게 하기 위한 것인데, '불도에 들게 한다'라는 것은 '중생이 지금 이대로 영원한 구원본불임을 깨닫고 부처로 살게 한다'라는 뜻이다. 이것이 바로 모든 부처의 본원(諸佛本願)설이다.[45]

중생들이 그것을 믿지 못하고 수용하지 못하자 석가모니불은 중생에게 가장 시급한 문제인 온갖 번뇌와 생사의 고통으로부터 벗어나는 가르침을 먼저 주었다.[46] 그에 따라 성문과 연각의 이승들은 그것이 석가모니불의 가르침의 전부인 줄 오해하고, 거기에 안주한다. 석가모니불은 그곳은 중간 경유지일 뿐 최종 목적지가 아니라고 하며, 일승의 가르침으로 이끈다. 이러한 내용을 비유로 표현한 것이 다음의 제7 「화성유품化城喩品」의 비유이다.

(1) 화성의 비유(化城喩)

화성의 비유는 화성보처유化城寶處喩라고도 한다. 이 비유는 『법화경』 제7 「화성유품化城喩品」에 나오는 내용이다.

---

[45] 안병근(2021), pp.79~83.
[46] 『妙法蓮華經』 卷1(T09, p.8b8-27), "若我遇衆生 盡敎以佛道 無智者錯亂 迷惑不受敎 我知此衆生 未曾修善本 堅著於五欲 癡愛故生惱 以諸欲因緣 墜墮三惡道 輪迴六趣中 備受諸苦毒 受胎之微形 世世常增長 薄德少福人 衆苦所逼迫 入邪見稠林 若有若無等 依止此諸見 具足六十二 深著虛妄法 堅受不可捨 我慢自矜高 諂曲心不實 於千萬億劫 不聞佛名字 亦不聞正法 如是人難度 是故舍利弗 我爲設方便 說諸盡苦道 示之以涅槃 我雖說涅槃 是亦非眞滅 諸法從本來 常自寂滅相 佛子行道已 來世得作佛 我有方便力 開示三乘法"

① 설법주

『법화경』 제7 「화성유품」에서 석가모니불은 제자들에게 자신의 가르침이 먼 과거세로부터 이어져 왔음을 보여주기 위해 대통지승불大通智勝佛 시대의 인연을 설한다. 이 과정에서 중생을 궁극적인 깨달음으로 이끌기 위해 방편을 사용하는 것이 필수적임을 설명하기 위해 화성의 비유를 든다. 이는 석가모니불의 구원이 오랜 시간 동안 계획된 것임을 밝히는 장대한 서사의 일부이다.

② 내용

아주 먼 옛날, 한 명의 뛰어난 길잡이가 많은 사람들을 이끌고 500유순이나 되는 험하고 머나먼 길을 떠났다. 그들의 목적지는 온갖 보물이 가득한 곳(寶所)이었다. 그러나 길이 너무 험난하고 끝이 보이지 않자 사람들은 극심한 피로와 절망에 빠져 길잡이에게 말했다. "우리는 너무 지쳐서 더 이상 나아갈 수 없습니다. 차라리 여기서 되돌아가겠습니다." 사람들이 중도에 포기하려는 것을 안타깝게 여긴 길잡이는 지혜로운 방편을 생각했다. 그는 신통력을 발휘하여 길 중간에 장엄하고 아름다운 성 하나를 만들어낸 뒤 사람들에게 말했다. "여러분, 저기를 보시오. 저 큰 성에 들어가면 편안히 쉬고 온갖 즐거움을 누릴 수 있습니다. 저기까지만 가면 되니 조금만 더 힘을 냅시다."

　사람들은 환상의 성(化城)을 보고 크게 기뻐하며 나아가 그곳에서 편안하게 휴식을 취했다. 이제 충분히 쉬었다고 생각한 길잡이는 그 성을 홀연히 사라지게 한 뒤 사람들에게 다시 말했다. "여러분, 이 성은 내가 여러분을 쉬게 하기 위해 잠시 만든 환상의 성일 뿐입니다.

우리의 진짜 목적지인 보물이 있는 곳은 바로 저기 가까이에 있습니다." 사람들은 휴식을 통해 기력을 회복했으므로, 다시 힘을 내어 마침내 최종 목적지에 도달할 수 있었다.

③ 비유 분석

화성의 비유에서 길잡이는 부처를, 사람들은 깨달음을 향해 나아가는 중생, 화성은 중간 귀착지로, 최종 목적지는 보물이 있는 곳은 궁극적인 깨달음의 경지인 일불승을 상징한다. 길잡이는 긴 여행에서 사람들이 피로에 지쳐 목적지에 가는 것을 중도에 포기하고자 할 때 짐짓 목적지인양 중간 귀착지를 설정하여 심기일전하는 계기로 삼고, 마침내 목적지에 도달하게 한다. 길잡이가 중간에 만들어낸 화성은 부처가 중생들이 너무 힘들어 포기하지 않도록 방편으로 제시한 이승의 열반을 비유한다. 즉, 성문과 연각이 목표로 삼는 아라한의 경지는 완전한 깨달음이 아니라, 궁극적인 성불의 과정에 있는 임시적인 휴식처와 같다는 것이다. 만약 이 방편의 목표마저 없었다면 중생들은 너무나 멀고 험한 일불승을 향한 수행을 감히 시작하지 못하고 중도에 포기했을 것이다. 이 비유는 소승의 가르침이 그 자체로 완전한 것이 아니라, 모든 중생을 일불승이라는 진실한 보배의 장소로 이끌기 위한 부처의 지혜롭고 자비로운 방편임을 비유를 통해서 보여준다.

　화성은 보물이 있는 최종 목적지가 아니다. 지혜로운 도사는 중생들이 보물이 있는 최종 목적지에 곧바로 가기가 벅차다는 것을 알기 때문에 중간 경유지에 편안하고 안락한 화성을 만든 것이다. 『법화경』을 최고의 경전이라고 평가하는 이유도 여기에 있다. 열반, 즉 화성은 중간 경유지에 불과하며, 일불승이 최종 목적지라는 것을 밝히고 있기 때문이다. 화성에 안주하지 않고 최종 목적지로 간다는 비유는 번뇌와 생사로부터 벗어나는 열반에 안주하지 말고 일불승, 즉 본래 부처라는 깨달음을 얻기 위해 더욱 수행 정진해야 한다는 의미이다. 동시에 자신에게만 이익이 되는 깨달음을 얻어 거기에 안주하는 성문과 연각의 이승이 아니라, 다른 사람들에게도 깨달음을 얻도록 하여 고통에서 벗어나게 하는 것이 본래 그들이 부처라는 깨달음을 얻도록 돕는 것, 즉 보살의 길을 가는 것을 의미한다.

보살은 중생들이 열반을 얻어 번뇌와 고통에서 벗어나고, 본래 부처라는 깨달음을 얻도록 돕는 것을 수행으로 삼는데, 최종 목적지에 도달한 부처는 더 말할 것도 없다. 다음의 『법화경』 제2 「방편품」에서 석가모니불이 이와 같은 내용을 설하고 있다.

"사리불아, 어찌하여 부처님 세존들께서는 다만 일대사인연으로써 이 세상에 출현하신다고 말하느냐? 부처님 세존들께서는 중생으로 하여금 부처님의 지견知見을 열어(開) 청정케 하려고 세상에 출현하시며, 중생에게 부처님의 지견을 보이려는(示) 연고로 세상에 출현하시며, 중생으로 하여금 부처님의 지견을 깨닫게 하려는(悟) 연고로 세상에 출현하시며, 중생으로 하여금 부처님의 지견의 도에 들게 하려는(入) 연고로 세상에 출현하시느니라. 사리불아, 이것을 부처님들께서 일대사인연 때문에 세상에 출현하시는 것이라 하느니라."[47]

---

[47] 『妙法蓮華經』 卷1(T09, p.7a22-28), "舍利弗 云何名諸佛世尊唯以一大事因緣故

이것이 바로 석가모니불이 『법화경』 제2 「방편품」에서 설하는 일대사인연一大事因緣이다. 즉, 모든 부처가 이 세상에 출현한 것은 중생들에게 지금 이대로 본래 부처라는 사실을 열어주고(開), 보여주고(示), 깨닫게 해주고(悟), 부처로서 살게(入) 해주기 위해서라는 것이다. 이 '개시오입開示悟入 불지견佛知見'은 모든 부처가 출현한 이유이고 목적인 동시에 모든 부처의 간절한 소원이기도 하다. 이러한 모든 부처의 서원誓願을 석가모니불이 『법화경』의 제2 「방편품」에서 설하고 있다.

"사리불아, 내가 본래 서원誓願을 세운 것은 모든 중생이 나와 같이 다름없게 하려고 하였더니, 오래전에 품은 소원 이제 만족하나니 일체중생 교화하여 불도에 들게 하네."[48]

이와 같이 "나와 같이 다름없게 함이며 일체중생을 불도에 들게 하는 것", 즉 모든 중생이 영원한 구원본불임을 깨닫고 부처로서 살게 하는 것이 여러 부처의 본래 서원이다. 이것을 본원本願사상이라고 한다. 『법화경』은 이러한 부처의 본원을 실현하는 데 경의 많은 품을 할애하고 있다. 중생구제라는 부처의 본원 실현은 보살들의 몫이다.

出現於世 諸佛世尊 欲令衆生開佛知見 使得淸淨故 出現於世 欲示衆生佛之知見故 出現於世 欲令衆生悟佛知見故 出現於世欲令衆生入佛知見道故 出現於世 舍利弗 是爲諸佛以一大事因緣故出現於世

[48] 『妙法蓮華經』卷1(T09, p.8b4-7), "舍利弗當知 我本立誓願 欲令一切衆 如我等無異 如我昔所願 今者已滿足 化一切衆生 皆令入佛道衆"

『법화경』제22「촉루품囑累品」에서 석가모니불은 다음과 같이 보살들에게 중생구제를 부촉하고, 보살들은 이를 기꺼이 수용한다.

그때 석가모니불께서 법의 자리에서 일어나 큰 신통력을 나타내시어 오른손으로 한량없이 많은 보살마하살들의 머리를 어루만지시고 이렇게 말씀하셨다.
"내가 한량없는 백천만억 아승기겁에 이 얻기 어려운 아뇩다라삼먁삼보리를 닦고 익혀 지금 너희들에게 부촉付囑하나니, 너희들은 마땅히 일심으로 이 법을 널리 펴서 이롭게 하여라." … 그때 여러 보살마하살들이 부처님께서 이와 같이 말씀하시는 것을 듣고 몸 가득히 기쁨이 차서 더욱 공경하고, 허리를 굽히고 머리를 숙여 예배하고 부처님을 향하여 합장하고 다 같이 여쭈었다.
"세존께서 분부하신 바와 같이 마땅히 갖추고 받들어 행하겠사오니, 원컨대 세존이시여, 걱정하지 마옵소서."[49]

중생구제의 본원을 실천하기 위해 보살들은 자진해서 이 사바세계에 태어난다. 이러한 보살의 원생願生에 대해『법화경』제10「법사품」에서는 다음과 같이 나타나고 있다.

---

[49] 『妙法蓮華經』卷6(T09, p.52c4-26), "爾時 釋迦牟尼佛從法座起 現大神力 以右手摩無量菩薩摩訶薩頂 而作是言 我於無量百千萬億阿僧祇劫 修習是難得阿耨多羅三藐三菩提法 今以付囑汝等 汝等應當一心流布此法 廣令增益 … 時諸菩薩摩訶薩 聞佛作是說已 皆大歡喜遍滿其身 益加恭敬 曲躬 低頭 合掌向佛 俱發聲言 如世尊勅 當具奉行 唯然 世尊 願不有慮 諸菩薩摩訶薩衆 如是三反 俱發聲言 如世尊勅 當具奉行 唯然 世尊 願不有慮"

제2장 대승 교설의 정립과
일불승 교설의 배경

『법화경』은 대승불교를 대표하는 경전 중의 하나로 초기 대승불교 운동의 흐름과 방향을 탐구해 볼 수 있는 중요한 경전 중의 하나이다. 경전의 성립사 측면에서 보면, 부파불교에 대한 대립과 갈등을 비롯하여 불교의 근본정신을 구현하는 데 목적을 두고 있는 최초의 대승경전은 아니다. 하지만 대승불교 운동의 확산 이후 기존의 부파 교단에 대한 문제점과 대승불교 운동의 비정통성에 대한 문제점 등의 대립·갈등이 심화된 무렵에 근본적인 불교의 정신을 밝혀 이 문제들을 융합하고자 성립된 경전이라고 볼 수 있다.[1]

---

[1] 히라가와 아키라(平川彰), 차차석 역(1996), p.27. "『반야경』이나 『유마경』의 대승은 대소승 대립의 대승으로 소승불교를 일방적으로 무시해 버려 소승불교도는 구제될 수 없었고, 특히 성문을 패종으로 배척하는 『유마경』에서는 아라한이 된 성문은 영원히 대승에서 배제당하게 된다. … 성문승이나 연각승을 구제할 수 없는 대승은 완전한 대승이라 할 수 없었고 일체중생을 구하는 것이 불타의

대승불교 경전은 현실적인 세계와 괴리되거나 과장된 요소, 그리고 불교 외적인 요인이나 사상적 흔적이 보인다고 비판하기도 한다. 그렇다 하더라도 대승불교 운동가들이 주장하는 '불교의 근본정신에 대한 회복' 운동에 중요한 의의가 있다고 생각한다. 또한 사무량심, 육바라밀, 십바라밀은 초기불교 경전의 근본정신에 대한 핵심 내용을 중심으로 시대성을 살리기 위해 재구성된 것이라고 할 수 있지만, 대승불교 운동가들의 입장에서 불교의 수행과 증득, 그리고 그것을 사회적 의의로 실천하기 위한 실천적인 요소로 재구성하고 있는 것이다.

대승불교 경전으로서 『법화경』도 그러한 점에서는 그 흐름을 같이 하고 있다. 『법화경』에서도 근본적으로는 초기불교의 부처님의 근본정신을 추구하지만, 시대에 알맞게 표현되거나 구현한 부분들을 발견할 수 있다. 그리고 시대가 필연적으로 요구하는 대승불교의 대중성, 실천성, 실질성, 사명감, 진취성 등을 고양시키는 내용으로 경전을 구성하고 있다. 그런 점에서 『법화경』은 석가모니불의 정신을 재구성한 경전이며, 불교의 궁극적인 깨달음에 대하여 재해석한 경전이라고 할 수 있다. 『법화경』은 부파불교가 가지고 있던 삼승에 대한 개별적이

대자비이며, 그러한 불타의 위대한 자비를 설하는 것이 대승불교이므로 불타의 자비에는 성문이나 연각까지도 포함되어야 하는 것이다. 만일 성문이나 연각을 제외한다면 불타의 자비는 완전할 수가 없었다. 이런 점들을 반성하고 참된 대승은 소승불교도도 구제되어야 한다고 생각하였다. 이러한 반성 속에서 일단의 대승 교도가 일체개성불을 설하는 일불승을 주장하게 된 것이다. 생각이 여기까지 이르자 일승의 가르침에는 다른 보살상의 교도들도 제외할 수 없어서 '삼승을 모아서 일승으로 돌아간다'는 일승의 교리가 주장되었다고 사료된다."

고 닫혀 있는 수행과 증득에 대한 입장을 대립과 갈등이 아닌 포용과 융합의 입장에서 해석하고 있으며, 일체중생을 포함하여 불교가 가야 할 방향과 수행 방법에 대하여 명확히 제시하고 있다. 그러므로 대승불교 경전 중에서도 이러한 포용과 융합의 입장이 대표적인 『법화경』을 대상으로 『법화경』이 나올 수밖에 없었던 부파불교의 사상적 영향에 대하여 『법화경』 전편에서 확인하고자 한다. 이러한 작업은 『법화경』이 현대까지 왜 중요시되는 대승경전인지, 『법화경』이 전개했던 불교 운동들 사이의 사상적 지향점과 대승불교 불자들의 수행 방향성에 대하여 지향하는 바가 무엇인지 알 수 있는 발판이 될 것으로 생각한다.

1. 대승 교설의 정립 과정에 대한 기존의 견해

일반적으로 인도불교의 역사는 초기불교, 부파불교, 대승불교의 세 단계로 구분된다. 석가모니불의 입멸 후 100년이 지날 무렵, 그때까지 단일성을 유지해 오던 불교 교단은 계율 해석의 차이에 따라 상좌부上座部와 대중부大衆部로 근본 분열을 하고, 다시 3차례에 걸쳐 분열에 분열을 거듭한 끝에 18~20개 부파로 지말 분열을 하게 되는데 이 시기의 불교를 부파불교部派佛敎라 하고, 그 이전 시기의 불교를 초기불교 혹은 원시불교라고 한다.

 석가모니불의 입멸 후, 부파불교의 수행자들은 교법을 결집하고 해석 연구하는 데 몰두하였다. 그들은 부처의 교법에 관해 깊이 연구하여 이른바 아비달마(abhidharma)로 일컬어지는 방대한 논서를 작성하였는데, 이로 인해 이 시기의 불교를 아비달마 불교라고 하기도 한다.

그러나 그들은 폐쇄된 승원 깊숙한 곳에서 욕망을 억제하며 교법을 해석 연구하고, 교법 해석을 통한 이해로 일체 괴로움의 원인인 자신의 무지와 번뇌를 소멸함으로써 적정열반寂靜涅槃을 획득하고자 노력하였다. 부파불교의 수행자들은 철저하게 배우는 불교이면서 수동적인 불교였다.

그래서 기원 전후 무렵, 이 같은 불교에 반발하여 보살의 이타행을 표방하고 나선 대승불교로부터 자리自利의 성문 불교, 출가자들만을 위주로 하는 엄격한 계율주의 불교, 부처의 교법에 대한 형식적이고 무의미한 논의의 불교라는 뜻의 소승(hīna-yāna)이라 비난받게 되었다.

역사가들은 대승불교가 흥기한 시기를 대략 기원전 1세기 이전으로 추정한다. '대승(大乘, mahā-yāna)'이란 말이 최초로 보이는 예는 『도행반야경道行般若經』 1권 「도행품道行品」에 나오는 '마하연摩訶衍'[2]으로 산스크리트어로 '마하야나(mahā-yāna)'를 음역한 것으로 보인다. 대승은 소승에 상대되는 단어로, '커다란 탈 것'을 의미한다. 이에 상대되는 단어인 소승의 의미는 '작고 열등한 탈 것'이라는 뜻이며, 대승불교가 처음 일어났을 때 그 이전의 모든 불교를 일괄하여 소승이라고 낮추어 부른 것이다. 따라서 대승 교도들이 폄하하여 부르는 명칭을 소승 교도들은 인정하지 않았다.[3]

소승이란 말은 성립이 늦어 『도행반야경』에는 보이지 않고 구마라

---

2 『道行般若經』 卷1(T08, p.427b29-c1), "何因呼菩薩爲摩訶僧那僧涅 摩訶衍三拔致"

3 우에다 요시부미(上田義文), 박태원 역(1992), p.207.

집이 번역한 『소품반야경小品般若經』에 보인다.[4] 대품반야경 계통에서도 『방광반야경放光般若經』이나 『대품반야경大品般若經』에는 보이지 않고 다만 축법호가 번역한 『광찬반야경光讚般若經』 권7에서는 "소승을 행하는 자는 불도에 따르지 않는 것이다"[5]는 등의 표현이 사용되고 있다. 『광찬반야경』은 286년에, 『방광반야경』은 291년에 번역된 것을 미루어 보아 '소승'이라는 말이 성립된 것은 '대승'의 사용보다 훨씬 후대인 3세기쯤으로 추정된다.[6]

이처럼 소승이란 말의 성립은 늦지만, 대승이란 말은 대승불교 성립 초기부터 있었다고 볼 수 있다. 오히려 대승이란 말로 자신들의 입장을 표명하려 했던 점에서 대승불교가 성립했다고 보아야 한다. 따라서 소승이란 말이 성립되기 전이라 하더라도 초기의 대승불교는 대·소승 대립의 대승이었다고 볼 수 있다. 대승불교가 뛰어나다고 하는 것은 대승이라는 진실한 깨달음으로 특정한 사람뿐만이 아니라 누구나 함께 운반해 주는 탈 것이기 때문이다. 대승불교는 이렇게 일체중생을 성불로 인도할 목적으로 흥기했다고 볼 수 있다.

'대승'이라는 단어가 발생한 이유를 추정해 보면 다음과 같다. 우선, 부파불교에 대한 강한 불만이 있었다는 점이다. 1세기에 이르면 부파 교단의 비구들은 그 소속의 승원 안에 정주定住하고 기부된 풍요한 재산을 바탕으로 불전의 주석적 연구에 전념하게 되었다. 그들은

---

[4] 『小品般若波羅蜜經』 卷9(T08, p.578a28-29), "汝若因小乘法 爲小乘人說 三千大千世界衆生 皆以是法 證阿羅漢"

[5] 『光讚經』 卷7(T08, p.198a3), "行小乘者不順佛道"

[6] 히라가와 아키라(平川彰) 외, 정승석 역(2005), p.29.

세속사회와 분리된 승원 안에서 둔세적인 성문도의 체계를 수립하는 데에 몰두하였다. 물론 부파 교단이라고 할지라도 세속 신자의 교화를 경시하지 않으며 신자에 큰 영향력을 갖는 부파의 고승도 있었다. 그러나 대체로 '소승'이라고 불리는 부파불교는 자신의 구제에만 전념하고 타인의 구제에 대해서는 관심을 갖지 않았다. 실제로 소승불교에서 제자나 신도를 교화하기도 했기 때문에 자리自利 일변도로만 흘렀던 것은 아니지만, 교리의 주된 방향은 자기 수행에 있었다. 이에 대해 대승불교는 타인을 위한 활동이 바로 자리를 위한 수행으로 완성된다는 교리를 주창하였다. 자리와 이타를 겸비하고 있다는 데에 대승불교를 '대승'이라고 부르는 이와 같은 이유가 있는 것이다.[7]

대승불교의 연구가들은 최초의 대승경전을 원시 반야경(현존 『반야경』의 원시 형태)일 것이라고 추측하고 있다. 그리고 아직까지 대승경전 이외에 대승의 성립을 알리는 확실한 자료는 없다.[8] 최초의 대승경전의 성립이 원시 반야경이라고 생각하더라도 그때까지 불교도들이 전혀 생각지도 않았던 '대승'이라는 개념이 어떻게 새로 생겼는가 하는 것은 대승의 성립에 대한 근본 문제가 될 것이다.

대승의 기원설은 부파불교의 대중부에서 성립했다는 학자들의 주장에서 불전문학과 불탑신앙에서 기원했다는 의견을 거쳐, 최근 대승불교가 형성되기 시작했던 시기에 깨달음의 경지에 오른 각자覺者의 수행승에 의해 대승경전이 저작되어 대승불교의 세력이 형성되었다는 주장이 받아들여지고 있다. 이와 같이 대승불교의 기원에 대한 학자들

---

7 앞의 책, p.14.
8 우에다 요시부미(上田義文), 박태원 역(1992), p.211.

의 의견은 다음과 같다.

1) 대중부 성립설

일본의 마에다 에운(前田慧雲, 1857~1930)은 초기 대승불교의 교단의 성립을 부파불교의 대중부로부터 시작되었다고 보는 견해를 내세운 이로, 메이지 36년(1903)에 『대승불교사론』에서 대승비불설을 반박하였다. 그는 자신의 견해를 논증하기 위하여 제1 결집 전설과 부파불교의 자료 등에 보살장이 존재하였음을 주장하고 그 원류를 부파불교와의 관계에서 찾았다. 부파의 교리와 대승불교의 교리적 유사점 및 『부집이론소部執異論疏』에 보이는 "대중부가 법화·열반 등의 경전을 가지고 있다"라는 기술 등을 근거로 '대승불교 대중부 기원설'을 주장하였다.[9] 이것은 그의 커다란 연구 성과로, 후대 불교학자들에게 큰 영향을 미쳤다. 마에다의 한역 경전의 치밀한 논증에 반론을 제기하는 자가 나타나지 않았고, 대승불교가 부파의 대중부로부터 일어났다고 보는 견해가 학계의 통설이 되었다.

이러한 견해는 서양학자들의 견해와도 일치하여 날리낙샤 더트(Nalinaksha Dut, 1893~1973),[10] 체르바스키(Theodor. Stcherbatsky, 1866~1942),[11] 케른(H. Kern, 1833~1917)[12]은 모두 부파불교의 대중부가 대승불교의 시작점일 것이라는 견해를 가지고 논거를 들고 있으면서

---

[9] 이자랑(2003), p.22.
[10] Dutt(1930), pp.26~30.
[11] Stcherbatsky(1977), pp.61, 51, 28.
[12] Hendrik(1896), p.122.

도, 한편으로는 대승이 『바가바드기타(Bhagavad Gītā)』[13]에 많은 영향을 받고 있다고 한다. 『바가바드기타』와 『법화경』의 유사한 게송 구절을 대조함으로써 『바가바드기타』의 박티(Bhakti, 信愛) 신앙이 대승경전 불탑신앙 성립에 영향을 미쳤다고 보고 있다. 그러나 무르티 (T.R.V. Murti, 1902~1986)[14]는 박티 신앙이 영향을 미쳤다는 사항은 직접적인 증거가 없다는 점에 의문을 표명하였고, 그는 단지 불교사상에 내재되어 있는 역동성이 일원론과 범신론으로 향한 것처럼 보인다고 하였다. 에드워드 콘즈(Edward Conze, 1904~1979)도 불신론, 아라한을 인간적으로 보는 점, 공사상空思想, 법무아法無我 등을 설한 점 등을 들어 대중부가 대승의 기원에 기여하고 있음을 제시하고 있다.[15] 이처럼 많은 학자들이 부파불교의 대중부와 대승불교의 교리적인 공통점을 들어 한동안 대중부가 대승불교의 원류라는 것을 정설로 받아들였다.

 그러나 이러한 대중부 원류론에 히라가와는 명확한 반론을 제기하였다. 그는 교리와 사상의 영향은 대립하는 학파 사이에도 발생할 수 있으므로 단지 교리의 유사성만으로 대승이 대중부에서 흥기하였다는 것은 충분한 설명이 되지 못함을 지적하였다. 그리고 대승의 기원은 교리의 기원임과 동시에 교단의 기원이기 때문에 교단으로서의 대승불교가 초기에 어떠한 형식으로 존재하였으며, 무엇과 관계를 맺고

---

[13] 힌두교의 3대 경전(『베다(Vedas)』, 『우파니샤드(Upaniṣad)』, 『바가바드기타(Bhagavad Gītā)』) 중 하나.

[14] T.R.V. Murti(1955), pp.80~81.

[15] 신성현(1991), p.49.

있었는가를 규명해야 한다고 하여, 대승의 '교단으로서의 기원'을 문제 삼았다.[16]

2) 불전문학의 보살

히라가와는 보살이 출현함으로써 대승불교가 성립하는 데 중요한 계기가 되었다고 보고 보살의 관념에 대한 발생을 초기불교 경전부터 『자타카』와 대승경전 등을 통해 검토하였다.[17] 그의 연구 조사 결과, 보살이라는 관념은 초기불교와 부파불교에서(심지어 대중부까지) 도출되지 않음을 결론지었고, 설사 존재하더라도 그것은 후대의 전승 과정에서 혼입된 결과임을 밝히고 있다. 다음에 그는 대승불교의 발생 과정에서 보살사상의 영향력에 대한 문제를 불전문학인 『자타카』에서 연등불 수기 사상과 자료를 통해 고찰해 나간다.[18] 여기서 연등불 수기에서 처음으로 보살이라는 관념이 나타남과 동시에 불탑신앙에서도 보살이라는 관념의 출현을 찾고 있다.

같은 불전문학 속에서도 『자타카』는 석가모니불의 전생담으로 전생에 여러 가지로 몸을 바꾸면서 수행했던 당시의 덕행과 선행을 담은 이야기이다. 『자타카』에서 연등불의 수기 이야기는 먼 과거세에 수행자였던 석가모니불이 연등불(Dipamkara Buddha)을 보고서 "나도 반드시 부처가 되리라"라고 서원을 세우자 연등불이 "그대는 미래세에 석가모니라는 부처가 되리라"라며 수기를 주었다는 이야기이다. 이

---

16 시즈타니 마사오·스구로 신죠오, 정호영 역(1994), p.109.
17 히라가와 아키라(平川彰) 외, 정승석 역(2005), pp.32~33.
18 앞의 책, pp.32~33.

불전문학을 히라가와는 강조하는데, 불전문학의 보살과 대승경전의 보살이 의미하는 바가 크게 다르다고 하고 있다. 불전문학에서의 석가모니는 장차 성불하리라는 수기를 받은 보살로 성불이 보장된 보살이고, 대승불교에서의 보살은 대부분 불퇴전에 이르지 못한 보살로 성불이 결정되어 있지 않은 범부 보살이라고 하고 있다. 히라가와는 대승불교에서의 보살 개념은 '보리심을 일으킨 자'로 변한다고 하고 있다.

보살은 부처로부터 수기를 받으면 성불한다는 보증으로 인해 성불에 대한 자신을 가질 수 있게 된다. 대승불교에서 보살이 연등불의 수기를 중요시하는 것은 나도 석가보살을 본받아 석가보살과 같은 길을 걷고자 하는 '결심'을 일으켰음을 의미하는 것이다. 또 히라가와는 "소승불교에서는 '나도 석가보살을 본받아 보살의 수행을 하겠다'라고 결심하는 자가 없고, 이 같은 사항은 대중부까지 포함하여 부파불교 내에서 존재하지 않았다"[19]라고 견해를 밝히고 있어, 불전문학에서 "석가보살을 본받아 부처가 되리라"라는 결심 부분에 대승불교의 보살 관념의 시작점으로 보고 있다. 이와 같은 히라가와의 견해는 대중부에서 대승불교가 영향력을 받아서 파생되었다는 견해와 다른, 불전문학에 나오는 수기보살의 영향을 받아 대승불교 보살사상이 발생했다는 견해이다.

---

19 히라가와 아키라(平川彰) 외, 정승석 역(2005), pp.32~34 요약.

3) 불탑숭배의 영향

또 다른 대승불교의 기원설은 불탑숭배의 영향으로 발생했다는 설이다. 인도불교의 유적을 자세히 살펴보면, 하나의 가람은 기본적으로 탑당과 승방이라는 두 가지 형태를 갖추고 있음을 알 수 있다. 이의 구성요소와 성립 과정은 달랐고 예배 대상의 원초적인 형태로는 불탑(스투파)을 들 수가 있다. 스투파(stūpa)는 본래 분묘의 성격을 가진 것으로서 그 기원은 불교 이전으로 거슬러 올라간다. 스투파는 산스크리트어로 '쌓다'라는 의미이다. 한역 경전에서는 '탑' 등으로 음사되고, 번역하여 묘廟·총塚 등으로 표기한다. 불탑의 시초는, 불멸후 마가다의 아자타삿투(?~B.C. 461) 왕을 선두로 한 왕들이 석가모니불의 사리를 분배받아 8개의 사리탑 및 병탑甁塔·회탑灰塔을 건립하여 공양했던 것에서 비롯한다. 그러나 빠세나디 왕이 가섭불의 탑을 건립했다는 것으로 보아 부처님 당시에도 이미 탑이 존재했었던 것 같다. 『마하승기율摩訶僧祇律』에 의하면 사리가 있는 것을 탑이라 하고 사리가 없는 것을 지제支提라고 한다.[20]

부파에서 비구 승가의 주거는 보통 상가라마(samgha-arama, 승가람), 위하라(vihāra, 精舍·僧坊)로 불리며, 이러한 출가비구의 승원은 전혀 불탑과는 관계없이 독립적으로 존재하였다. 후에 불탑이 인접하여 건립되었을 때도 불탑과 승원은 명확히 구분되어 배치되었으며, 상호 교류하지 않는 원칙이 지켜졌다. 불탑이 재가신자가 자유로이 출입할 수 있는 개방된 장소이었음에 반해, 승원은 출가자만의 폐쇄된 공동생

---

20 홍순우(신해), pp.207~208.

활의 장소였다. 이 승원의 독립성은 부파 교단에 공통된 전통으로, 이는 불탑 공양의 공덕을 강조하는 법장부나 불신佛身의 초인성을 주장하는 대중부계의 모든 부파에서도 유지되었다. 그러므로 출가의 보살이 승원이 아니라, 거처를 부설한 불탑에 거주하였다는 것은 그들이 구족계를 지키지 않았다는 것이며 부파의 비구와는 이질적인 종교인이었음을 말하는 것이 된다.

히라가와가 대중부 원류론을 반대한 이유는 대중부가 초기 대승 교단의 이러한 재가불교적 성격과 관계가 없다는 점이다. 대중부도 다른 부파와 마찬가지로 아라한의 깨달음을 이상으로 하는 출가불교로서, 특히 대중부가 재가불교를 표방하였다는 증거는 없다. 이에 따라 히라가와는 대승불교의 원류는 재가불교의 신앙집단의 방향에서 추구되어야 할 것으로 생각하여 불탑을 거점으로 하는 승속의 불탑신앙자 집단이 큰 원류의 하나라고 주장하였다.[21] 이 주장은 초기 대승경전의 주도면밀한 조사를 바탕으로 한 것으로, 종래 거의 규명되어 있지 않았던 교단사의 측면에 새로운 이슈를 던졌다.

이것은 대승불교의 대중부 성립설과 대승불교의 창시자는 출가자들일 것이라는 가설을 전면적으로 뒤엎는 획기적인 이론으로서 그의 연구의 독창성을 인정받게 된다. 그러나 시즈타니 마사오(精谷正雄, 1916~)는 히라가와의 이와 같은 견해를 전면적으로 받아들이면서 그것에서 한 걸음 더 나아가 '원시대승'이라는 가설을 세웠다. 그는 원시불교의 시기를 『소품반야경』이 쓰이기 이전 시기로, 『소품반야

---

[21] 시즈타니 마사오·스구로 신죠오, 정호영 역(1994), p.110.

경』에서는 처음으로 '대승'이라는 단어가 나타나고 부파불교의 소승에 대한 비판이 명시되지만, 그 이전에는 '대승'이라는 단어가 나타나지 않으며, 보살도를 행해야 함을 강조하면서도 아라한의 성자임을 이상으로 하는 부파불교의 입장을 비난하지 않는 입장이 존재하는 시기라고 주장하고 있다. 그리고 그는 원시불교 시기의 사람들은 자신의 입장을 '보살도', '보살 승려', '불승' 등으로 불렀다고 하고 있다. 또 경전상 시대별로 증보되거나 변경되는 자료에서 나타나는 사상적 변화 등을 미루어 보아 원시 대승불교와 초기 대승불교의 사상적인 차이가 있다고 주장하고 있다.[22] 폴 윌리엄스(Paul Williams, 1950~) 또한 히라가와의 견해를 받아들이고 있다.[23] 이러한 히라가와의 불탑숭배에 따른 대승기원설은 설득력 있는 주장으로 받아들여져 왔으나, 최근 들어 이에 대하여 초기 대승경전 불설의 논란에 따라 이 주장도 비판이 제기되고 있다.

4) 보살 교단의 조직

대승경전에는 보살의 교단 조직을 나타내는 '보살중(菩薩衆, 보디삿트바 가나)' 혹은 '보살승(菩薩乘, 보디삿트바 상가)'이라는 용어가 보이는데, 이것은 부파 교단을 나타내는 '성문 승가(聲聞乘伽, 쉬라바카 상가)'에 대비된다.

히라가와는 초기의 대승 교단에서 출가한 보살이 성문 승가에서 구족계를 받고 성문 승가의 일원이 되었다고 한다면 성문승 이외에

---

22 靜谷正雄(1990), pp.39~50.
23 P. Williams(1990), p.20.

다른 보살승은 없는 것이 되기 때문에 '보살승'이라는 용어의 성립은 부파불교가 아닌 보살 교단에서 출현하였음을 나타낸다는 견해를 제시하고 있다.

대승의 보살들이 부파의 비구 승가와는 다른 집단을 구성하고 있었던 것은 대승경전에 반영되어 있다. 많은 대승경전에서 보통 첫머리에 '대비구중 1,250, 보살 5,000' 등과 같은 내용이 열거되는데, 이를 살펴보면 비구와 보살을 따로따로 열거하며 기술하고 있다.

히라가와는 보살 가나가 최초엔 재가 보살과 출가 보살의 양쪽을 포함하고 있었다고 주장하고 있다. 그렇기에 대승경전에서 계가 중요시되고 다양하게 설해져 있으나 율에 대한 설명이 보이지 않는다는 것이다. 만일 보살 가나가 처음부터 출가 보살만으로 조직되어 있었다면 독립된 단체 규칙이 가능하였을 것이나, 재가와 출가의 공동체였기 때문에 그 의식주를 일의적一義的으로 규정하는 규칙이 성립하지 않았다는 이유를 제시하고 있다.

『법경경』, 『보살본업경菩薩本業經』, 『십주비바사론十住毘婆沙論』 등에서도 재가 보살과 출가 보살의 수행 방법을 언급하고 있다.' 이 경들에서 출가 보살의 생활 기반이 탑사와 아란야이고, 걸식을 주로 하며, 옷은 가사이고, 화상·아사리 등의 지도자가 있으며, 250계를 지키고 있었음을 알 수 있다.

다만 성문의 승가에서 중요한 것은 승가에 들어온 보시물을 공평히 분배하는 것과 승가의 회의를 갈마작법으로 실행하는 것인데, 이러한 점들이 보살 가나에서는 보이지 않는다고 하고 있다.

5) 대승경전의 불설

히라가와가 대승불교 성립의 기원을 불전문학의 보살의 출현과 불탑신앙으로 인한 보살 가나의 형성으로 확신하였다. 히라가와의 이러한 견해는 설득력 있는 주장으로 받아들여져 왔으나, 최근 들어 이에 대한 비판이 제기되고 있다.

우에다 요시부미(上田義文, 1904~1993)는 불탑숭배 중심으로 대승불교가 발생했다는 설에 비판을 제기하는데, 그는 초기의 대승경전이 재가신자들에 의해 편찬 내지 결집되었다는 설에 의문을 표하고 있다. 그는 "신자나 재가인은 부처에 귀의하여 '불설'을 믿고 받아들이는 입장에 있으므로 경전을 쓰고 자신이 쓴 글을 불설이라고 한다는 것은 생각도 못할 일이었다. 또 소위 재가인이 가령 재가적 구도자로서의 보살이라 하여도 그들도 또한 구도자이며 이미 도에 다다른 사람이 아니다. 스스로 자각을 갖지 않은 자가 각자覺者라는 입장에서 쓰인 대승경전을 저작하였다는 것은 생각할 수도 없다"[24]라고 하여 히라가와의 불전문학과 불탑신앙에 대한 대승기원설에 대하여 정면으로 비판을 제기하였다.

기무라 다이켄(木村泰賢, 1881~1930)도 "그들(대승운동을 일으킨 사람들) 자신이 부처의 진의라고 확신한 사상을 부처에 가탁하여 결집하고, 더욱 종래의 성전(소승의 경·율·론) 이상으로 부처의 진의를 대표하는 것이 대승경전이다"라고 한 주장을 반박하면서 그는 대승경전이 스스로 아직 부처에 이르지 못한 자가 부처의 진의를 확신한 사상을 부처에

---

[24] 우에다 요시부미(1992), pp.222~223.

가탁한 작품이 아니라 스스로 부처가 되었다고 하는 자각을 가진 사람이 스스로 깨달은 것, 즉 자기의 경험을 사상으로써 표현한 것이라고 하고 대승경전 작가가 스스로 각자가 되었다는 논거로서 미륵의 『대승장엄론경大乘莊嚴論經』 및 그에 대한 세친世親 석의 기술을 근거로 제시하고 있다.

> '(논에) 성립하고 있으므로(siddhes)'라는 것은 만약 다른 사람이 정각하여(abhisambuddyha) 설하고 그것이 불설인 것(Buddha-vacanatva)으로서 성립하고 있으면 지금 정각하여 이와 같이 설하는 자는 곧 부처(Buddha)이다.[25]

그는 세친의 말을 인용하여 대승경전이 자기는 정각正覺한 자, 즉 자신이 부처라는 자각을 지녔던 사람들에 의해 쓰였다는 것이고, 그러한 의미에서 그 책이 불설이라는 체제를 갖고 있다는 것을 강조한다. 이는 대승경전은 부처를 믿는 입장에서 쓴 것이 아니라 부처가 된 입장에서 쓴 것이기 때문이며, 기존 연구의 공통된 잘못은 바로 이 점을 무시하고 대승불교를 이해하는 데에 부처가 된다는 입장을 버리고 부처를 믿는 입장에서 그것을 받아들여 이해한 결과라고 비판하는 것이다. 그의 주장은 기존에 간과했던 면을 예리하게 지적한 점에서 상당히 가치가 있다고 여겨지지만, 대승불교의 기원에 대한 답으로는 충분하지 못한 점이 있다.

---

25 앞의 책. p.223.

또한 근래 서구의 그레고리 쇼펜(Gregory Schopen),[26] 폴 해리슨(Paul Harrison)[27] 등은 불탑을 중심으로 한 재가불자에 의한 운동이라는 히라가와의 의견을 비판하고 있다. 쇼펜은 "대승에 속하는 비문의 명문과 같은 고고학적 자료에서 70퍼센트 이상의 시주자들이 비구·비구니인데 그 가운데 대부분이 비구들이며 재가자들은 아주 극소수였다고 밝히고 이러한 증거들은 불상숭배가 주로 사찰과 관련되고, 게다가 출가 의식과 관련되었다고 밝혔다. 그리고 그 증거를 바탕으로 대승불교 운동은 출가수행자 집단에서 수행한 것이다"[28]라고 주장하고 있다.

뷰테넌(Buitenen)은 "초기 대승을 주창한 용수龍樹와 같은 승려들의 이름은 많이 볼 수 있지만, 경전들에 등장하는 신화적인 남자나 여자 재가신자들을 제외하고는 대승의 교리적 기원에 공헌한 재가신자들의 이름은 볼 수 없으며, 비록 출가 승려들이 정법에 대한 견해에서 재가자들의 영감을 받아들이고, 엘리트 승려 또는 극히 보수적인 다른 승려들에 대한 비판을 구체화하기 위해서 경전에서 재가자를 등장인물로 채택했지만, 대승경전들은 분명히 출가 승려들의 작품이다"[29]라고 하여 대승경전을 중심으로 깨달은 승려들이 저작한 것이라 주장하고, 이를 기반으로 대승불교가 발생하고 전파되었다고 주장하고 있다.

위와 같은 주장을 기반으로 폴 윌리엄스(Paul Williams)도 "기원전

---

[26] 폴 윌리엄스, 조환기 역(2000), pp.40~41.
[27] Paul Harrison(1995), p.65.
[28] Schopen, G.(1975), pp.25~30. 재인용. 조환기 역, pp.40~41.
[29] 폴 윌리엄스, 조환기 역(2000), pp.40~41.

1세기경 엘리트 승려들에 의해 대승경전이 저작되고, 이러한 새로운 문헌을 받아들인 비구와 비구니, 소수의 재가신자들이 일련의 예배의식을 형성했던 것으로 의견을 함께하고 있다"[30]라고 하고 있다.

이러한 대승불교가 시작된 기원에 대해서는 학자 간에 의견이 분분하지만, 대승불교가 흥기함에 따라 부파불교는 소승불교로 폄하되었고, 보살승 운동과 함께 다른 개념의 삼승(보살승·연각승·성문승)이 대두되었다.

2. 삼승과 일불승 교설의 발생

대승불교에서 내세운 삼승은 보살승·연각승·성문승으로 기존의 초기불교와 부파불교에서 쓰이던 삼승의 개념과 달랐으며, 시기에 따른 개념에 따라 삼승의 수행 방법도 각각 다르게 전개되었다. 대승불교에서 사용하는 삼승은 부파불교의 수행자는 성문·연각의 이승으로 소승이라 국한해 폄하하여 불렀고, 대승이 추구하는 방향성으로 사는 수행자를 보살승으로 불렀다. 이러한 대승불교의 삼승에 대한 개념의 성립이 초기불교와 부파불교에서는 어떻게 전개되었는지 살펴보고자 한다.

1) 초기불교의 삼승

초기불교 시기에는 대승불교 시기에서 말하는 삼승의 개념처럼 명확히

---

[30] 앞의 책, pp.53~54.

나누어져 있지 않았으며, 각기 수행 경지나 상황에 따라 불, 벽지불, 보살, 아라한, 성문이라는 단어가 따로따로 쓰였다.

초기불교 빠알리 경전에서 '부처'의 종류는 크게 정등각자(正等覺者, Sammāsambuddha)와 독각불(獨覺佛, Paccekabuddhā)과 같은 두 가지 종류로 나타난다. 하지만 빠알리의 초기불교 경전에 독각불은 정등각자에 비해 그렇게 많은 횟수로 나타나지는 않으며 주로 같은 니까야에서 그 성립 시기가 상대적으로 늦은『앙굿따라니까야(Aṅguttara-Nikāya)』나 이후 후기 문헌에 주로 나타난다.[31]

그리고 또 다른『쌍윳따니까야(Saṁyutta-Nikaya)』나『앙굿따라니까야』의 주석서에서는 네 가지 종류의 부처를 언급하는데, 일체지자인 일체지불(Sabbaññu-Buddha, 一切知佛), 독각불(Pacceka-Buddha, 獨覺佛), 사제불(Catusacce-Buddha, 四諦佛), 그리고 다문불(Bahussuta-Buddhas, 多聞佛)이 그것이다. 모든 아라한은 사성제를 깨달은 사제불로 불렸다. 그리고 배움을 갖춘 모든 사람을 다문불이라 하였다. 더 나아가 독각불은 2아승기에 100천 겁 동안 10바라밀을 닦는 존재로, 그리고 일체지불은 과거 6불이나 석가모니불과 같은 정등각자로 설명한다.[32] 이것은 점차 석가모니불과 같이 깨달은 자를 일체지자, 독각불은 벽지불, 사제불은 연각, 다문불은 부처님의 제자들로 성문이라는 단어로 불리게 된 것으로 추측된다.

초기불교 경전에는 정등각자는 다수의 독각불 가운데 단 하나의

---

31 Kloppenborg(1974), pp.13~16.

32 Sāratthappakāsinī(Saṁyutta 주석서) I, p.25; Manorathapūraṇī(Aṅguttara 주석서) I, p.115.

부처이며, 부처만이 일체 모든 것을 아는 전지능력全知能力을 가졌으며, 그리고 그만이 깨달은 법法을 다른 사람들에게 가르칠 수 있는 능력을 지녔다고 강조하고 있다. 즉 정등각자는 법을 스스로 깨달았으며 다른 사람을 깨닫게 하는 데 반해 독각불의 경우는 정등각자와 같이 스스로 법을 깨달았지만, 다만 다른 사람들을 깨닫게 하기 위한 법을 설할 수 없다는 것으로 구분 지어진다. 그리고 정등각자가 이 세계에 출현하면 모든 독각불은 자연히 사라지거나[33] 또는 공중에서 그들 스스로 모두 분신焚身하여 반열반般涅槃에 드는 것으로 나타난다.[34] 그 이유는 세상에는 두 부처의 이름이 있을 수 없기 때문이라 한다. 결론적으로 이러한 부처의 개념은 다음의 일국토一國土 일불설一佛說의 개념이 되었다.[35]

최종적으로 한 부처의 불계는 삼천대천세계의 범위로, 무상정등각자는 독각불, 아라한, 보살, 그리고 다른 어떤 존재들과도 비교할 수 없는 다른 존재가 되었다. 이러한 불계 개념과 함께 '같은 세계, 같은 시간에는 단 한 부처만이 존재할 수 있다'라는 부처의 개념이 강조되었다. 이는 같은 세계, 같은 시간에 여러 부처가 동시에 공존할 수 없다는 의미이다. 다시 말해 같은 세계, 같은 시간에 두 명의 부처가

---

[33] M. III, 68.

[34] 『方廣大莊嚴經』卷1(T03, p.541c4-13), "復有天子 下閻浮提 告辟支佛作如是言 仁者應捨此土 何以故 十二年後當有菩薩降神入胎 是時王舍城尾盤山中 有辟支佛名曰摩燈 聞是語已 自見其身猶如委土 從座而起 踊在虛空高七多羅樹化火焚身入於涅槃 唯餘舍利從空而下 是故此地名仙人墮處 諸比丘 是時波羅奈國五百辟支聞天語已 亦復如是 化火焚身入於涅槃 唯餘舍利從空而下"

[35] 조준호(2008), pp.314~316.

존재한다는 것은 불가능하다는 것이다. 그렇기에 부처들의 수명이 한정되어 있고 그가 가르침을 베푸는 기간도 한정되어 있다고 하면서 석가모니불 이전의 과거에 각각 다른 시기에 한 부처만이 나타났고, 미래에도 마찬가지로 미륵불과 같은 한 부처의 출현만을 예고하는 것이다.

다음으로 초기불교에서 '보살'이라는 단어는 보리살타菩提薩埵의 축약형으로, 산스크리트어 보디-삿트바(bodhi-sattava)를 음사 표기한 '보리살타'를 약칭한 단어이다. 여기서 보디(bodhi)는 '깨달음'이고 삿트바(sattva)는 '유정有情' 또는 '중생衆生'이라고 번역한다. 즉 '보살'이란 '깨달음을 가진 유정' 혹은 '깨달음을 구하는 유정'이라고 한다.[36] 보살은 깨달음을 이루기 전의 석가모니불과 모든 과거 부처의 전생을 지칭하였다. 경전에서는 석가모니불과 과거 여러 부처가 깨달음을 이루어 부처가 되는 생애의 이전 생에 보살로서 수행하다가 인간으로 태어나기 위하여 모태에 들어 탄생하고 출가하여 성불한다고 하고 있다.[37]

이를 바탕으로 초기 불전에 나오는 보살의 개념을 분류하면 다음과 같이 세 종류의 보살로 분류할 수 있다.

첫째, 보살은 일생보처보살一生補處菩薩로 석가모니불을 포함한 과거 여러 부처가 정각을 이루기 전 전생의 모습을 말한다. 『니까야』에서는 정형구로서 다음과 같이 표현한다.

---

[36] 干馮龍鮮(1978), p.57; 이봉순(1998)에서 각주 21번 재인용.
[37] 『長阿含經』 卷1(T01, p.3c14-16), "當知諸佛常法 毗婆尸菩薩 從兜率天降神母胎 從右脇入正念不亂"

비구들이여, 비바시·세존·응공·정등각자가 정각 전 아직 정각을 이루지 않은 보살이었을 때[38]

이 정형구는 석가모니불 이전 과거 6불(비바시불毘婆尸佛·시기불尸棄佛·비사부불毘舍浮佛·구류손불拘留孫佛·구나함불拘那含佛·가섭불迦葉佛)[39]의 여러 전생을 말할 때 항상 쓰이는 말이다. 이 말이 과거불에게 적용된다는 것은 석가모니불에게도 그대로 적용될 수 있음을 나타내는 것이다. 이렇듯 초기불교의 '보살'은 정각 이전의 석가보살 한 사람만 있는 것이 아니고, 과거불의 전생에도 똑같이 적용하여 7명의 보살이 있었다고 할 수 있다. 하지만 과거 제불은 어디까지나 불전 상의 인물이기 때문에 실제로 초기불교의 보살은 석가보살 단 한 명뿐이었다.[40]

둘째, 현생보살現生菩薩로서 석가모니불이 카필라국의 싯달타(Siddhārtha Gautama) 태자로 태어나 깨달음을 얻기 위해 수행하던 시절을 보살이라고 말한다.

『잡아함경雜阿含經』 권23의 604 『아육왕경阿育王經』에

---

[38] 『相應部經』(『南傳大藏經』 13, p.6, p.12, p.13); 『相應部』 II, p.5, p.10, p.104, p.170; III, p.27; IV, p.97, p.233; V, p.263, p.281, p.317; 『中部』 I, p.11, p.163, p.240; II, p.211; 『中指部』 I, p.258; III, p.82, p.240; IV, p.302, p.439, etc. "pubbe me sambhodā anabhisambuddhassa bodhisattasseva sato."

[39] Vipasyin-Buddha, Sikhi-Buddha, Visvabhi-Buddha, Krakucchanda-Buddha, Kanakamuni-Buddha, kāśyapa-Buddha.

[40] 이봉순(1998), p.33.

이곳의 보살은 32상 80종호를 나타내시고, 그 몸은 자마금색으로 장엄하셨다. 태자께서 태어나, 모든 신들에게 태자를 향하여 예배 하도록 하였을 때, 그 신들은 모두 보살께 예배하였다.[41]

라고 하였고, 또 『장아함경長阿含經』 권1 「대본경大本經」 제1에서는

보살이 태어났을 때 그 목소리는 가릉빈가 새의 소리처럼 맑고 확 트였고 부드럽고 우아하였다. … 보살은 살아있을 때 해가 갈수록 점점 자라나 천정당에 있으면서 도로써 사람들을 교화시켰다. 그 은혜는 뭇 백성들에게 미치어 이름과 덕망이 멀리서도 들렸다.[42]

라고 하였다. 또 『장아함경』 권22 「세기경世紀經」 「세본연품細本緣品」 에서는

백정왕에게 아들이 있었으니 보살이라고 하며, 그 보살에게는 라훌라라는 아들이 있었다.[43]

---

[41] 『雜阿含經』 卷23(T02, p.166c23-27), "此處菩薩現三十二相 八十種好 莊嚴其體紫磨金色 時王向此處作禮 興種種供養 又將王至天寺中 語王言 太子生時 令向彼神禮 時諸神悉禮菩薩"

[42] 『長阿含經』 卷1(T01, p.6a12-20), "菩薩生時 其聲淸徹 柔軟和雅 如迦羅頻伽鳥聲 於是頌曰 猶如雪山鳥 飮華汁而鳴 其彼二足尊 聲淸徹亦然 … 菩薩生時 年漸長大 在天正堂 以道開化 恩及庶民 名德遠聞"

[43] 『長阿含經』 卷22(T01, p.149b1-3), "白淨王有子 名菩薩 菩薩有子 名羅睺羅"

라고 하였으며, 또 『증일아함경增一阿含經』 권34 「칠일품七日品」에는

> 내가 본래 아직 불도를 이루지 못하여 보살행을 하고 있었을 때, 도량의 보리수 밑에 앉아 있었다.[44]

라고 하였다. 이 경문들에 의하면 '보살은 금생에 카필라국에 태어난 고타마 싯달타 태자가 보리를 얻기 위하여 보살행을 하고 있던 모습'을 보살이라고 부르고 있다. 즉 현생의 보살을 묘사하는 것이다.[45]

셋째, 미래보살未來菩薩로 석가모니불로부터 다음 시대에 올 부처로 수기를 받고 현재 도솔천에서 수행하고 있는 미래불의 전생을 보살이라고 말한다. 『증일아함경』 권11 「선지식품善知識品」에서는

> 미륵보살은 30겁을 지나야 비로소 부처가 되어 진정한 정등각에 이르게 될 것이다. 나는 정진하는 힘과 용맹스런 마음으로써 미륵보살보다 앞서게 되었다.[46]

라고 하였다. 이와 같은 경문에서 미래불인 미륵불의 수행 시대도 미륵보살이라고 부르고 있음을 알 수 있다. 이렇게 초기불교 경전에서는 보살을 과거·현재·미래 삼생의 보살로 나타내고 있다. 그러나

---

44 『增壹阿含經』 卷34(T02, p.739a12-13), "我本未成佛道爲菩薩行 坐道樹下"
45 이봉순(1998), p.37.
46 『增壹阿含經』 卷11(T02, p.600a20-22), "彌勒菩薩經三十劫應當作佛 至眞等正覺 我以精進力 勇猛之心 使彌勒在後"

미륵보살을 제외하고는 전생이든 현생이든 모두 석가모니불의 성도 이전을 가리키는 말로 보살이 사용되고 있다. 그리고 보살은 중생을 가엾게 여겨 모든 사람의 이익과 안락을 위하여 이 세상에 출현하였다고 하는 원생설願生說도 이미 초기 경전에 나타나 있음을 볼 수 있다.[47]

다음으로, 초기불교에서 '아라한'은 빨리어로 'arahant'의 음사어이다. 아라한은 '가치 있다, 존경할 만하다'란 의미의 동사어근 √arh에서 파생한 명사이다. 따라서 아라한의 기본적 의미는 '존경할 만한 자'란 의미이다. 초기불교에서는 아라한을, 깨달음에 도달하는 경지를 말하는 사향사과四向四果, 즉 수다원(須陀洹, 혹은 預流), 사다함(斯陀含, 혹은 一來), 아나함(阿那含, 또는 不還), 아라한(阿羅漢, 또는 應供) 중에서 최고 단계에 도달한 수행자를 가리킨다. 따라서 아라한은 더 이상 수행할 것이 없는 성자로서 일반적인 수순으로서의 생사윤회에서 완전히 해방된 존재라고 할 수 있다. 따라서 당시에는 아라한과를 성취하는 것이 모든 수행자의 목표였으며, 아라한은 가장 높은 단계의 수행자이며 출세간의 무학위無學位였다.

초기불교에서 '아라한'은 석가모니불의 가르침을 받고, 인간으로서 완전한 존재로서, 궁극적으로는 괴로움(苦)으로 악순환(再生)되는 중생들의 고리를 단절했음을 확실히 자각하고, 깨달음에 이르면 스스로 일체의 번뇌로부터 자유로워졌음을 분명히 자각[48]하는 존재가 된 수행승을 의미하였다. 그래서 "할 일을 모두 마쳤다"라고 분명히 알며 더 이상 닦아야 할 일이 없음을 분명히 자각한다. 그래서 열반을

---

[47] 이봉순(1998), p.38.
[48] MN. II, p.39 등.

성취한 아라한을 무학無學이라고 하고 있다.

초기불전인 『디가니까야(Dīgha-Nikāya)』, 『맛지마니까야(Majjhima-Nikāya)』 등에서는 이러한 아라한을

> 생生이 다하고, 범행梵行이 완성되었고, 해야 할 일을 다 했고, 현재 삶 다음에 더 이상은 없다.[49]

라고 게송으로써 표현하는데, 이는 아라한 스스로가 생사윤회에서 완전히 해방된 존재라는 것을 선언한 것이었다. 또 『잡아함경』에서는

> 나의 생生은 이미 끝났고, 청정한 범행도 이미 완수하였고, 해야 할 모든 것 또한 이미 다 마쳤으며, 다시는 몸을 받지 않는다는 것을 스스로 안다.[50]

라는 구문이 나오는데, 이도 역시 당시 최고의 깨달음의 단계에 이른 아라한이 스스로 자신이 아라한임을 선언하는 내용이자 아라한의 특징을 나타내는 정형구였다.

이처럼 초기불교에서 아라한은 열반을 성취한 자로서, 일체 번뇌를 끊어 고苦가 다한 경지를 성취하여 더 이상 생사윤회의 세계에 나지 않는 사람이었다.

---

[49] SN.I. 161. "khīṇā jāti vusitaṃ brahmacariyaṃ kataṃ karaṇīyaṃ nāparaṃ itthattāyāti abbhaññāsi."

[50] 『雜阿含經』 卷1(T02, p.1a24-25), "我生已盡 梵行已立 所作已作 自知不受後有"

다음으로, 초기불교에서 '성문'은 산스크리트어로 'śrāvaka', 빨리어로는 'sāvaga'이다. 빨리어의 의미로는 단순히 '듣는 자' 또는 '제자'의 의미이며, 한자어 성문聲聞의 뜻은 '직접적인 가르침(聲)을 듣는다(聞)'라는 의미로, 낱말의 뜻 그 자체로는 석가모니불의 가르침을 듣고 깨달음을 구하는 수행자, 불제자佛弟子, 즉 '불교에 귀의한 사람'을 뜻한다.

『아함경』 등의 초기불교 경전에는 출가자뿐만 아니라 재가신자도 모두 성문이라 불리고 있다. 즉 초기불교 시대에서 성문은 문자의 뜻 그대로 불제자, '불교에 귀의한 사람'을 의미했다. 『장아함경』 권1에서는

> 여래의 큰 지혜는 미묘하고 홀로 높아 지관止觀을 함께 갖추어 최정각最正覺을 이루셨네. 중생을 가엾게 여김으로써 이 세상에서 도를 이루어 네 가지 거룩한 진리로써 성문聲聞을 위해 연설하셨네.[51]

라고 하였다. 여래가 깨닫고 나서 중생을 위하여 설법하는데, 그 중생들을 성문이라고 하였다. 또 『장아함경』 권8에서는

> 부처님께서 범지에게 말씀하셨다. "이 법 가운데에는 또 훌륭한 것이 있다. 나는 항상 이 법으로써 모든 성문聲聞을 교화하였고

---

51 『長阿含經』(T01, p.10a29-b3), "如來大智 微妙獨尊 止觀具足 成最正覺 愍群生故 在世成道 以四眞諦 爲聲聞說"

그들은 이 법으로써 범행梵行을 닦았느니라."[52]

라고 하여 부처의 제자들을 모두 성문이라고 표현하고 있다. 그러나 석가모니불의 입멸 후에는 불교 교단이 분리되어 부파가 발생하면서 부파불교 시대가 성립하고 대승불교가 발생하면서 성문은 출가자만을 의미하는 단어로 사용하게 되었다.

2) 부파불교의 삼승

부파불교 시대에는 불, 보살, 독각, 성문이라는 단어가 따로따로 쓰였다. 이 시대에서 '부처'는 제법의 실상을 깨달아 일체의 지혜를 구현한 자이며, 그것으로써 일체의 번뇌를 끊은 자이다. 세친은 『구사론俱舍論』 귀경게에서 부처는 "일체종의 어두움과 온갖 어두움을 멸하시고 중생을 생사의 늪에서 구하신 분"[53]으로 찬탄하면서 자리의 덕과 이타의 덕을 원만히 갖춘 자로 해석하고 있다. 여기서 '일체종의 어두움'은 해탈의 장애인 불염오무지不染汚無智, '온갖 어두움'은 번뇌의 장애인 염오무지染汚無智를 나타낸다. 즉, 성문과 독각은 단지 염오무지만을 끊었을 뿐이지만, 부처는 두 가지 모두를 영원히 단멸하고 그것의 불생법不生法을 증득하신 분이라는 것이다.

한편 『구사론』 권제27에서는 이상과 같은 부처가 갖춘 일체의 공덕을 원인으로서의 원만한 공덕(因圓德), 결과로서의 원만한 공덕(果圓

---

52 『長阿含經』 卷8(T01, p.49a10-12), "佛告梵志 於此法中復有勝者 我常以此法化諸聲聞 彼以此法得修梵行"

53 『阿毘達磨俱舍論』 卷1(T29, p.1a8-9), "諸一切種諸冥滅 拔衆生出生死泥"

德), 은혜로서의 원만한 공덕(恩圓德)으로 정리하고 있다. 그것에 대한 내용을 간추려 보면 다음과 같다.

'원인으로서의 원만한 공덕'에는 네 가지가 있다. 첫째는 복덕과 지혜의 바탕이 되는 보살행을 남김없이 닦았다는 것이고, 둘째는 3아승기겁을 거치면서 쉼 없이 닦았다는 것이고, 셋째는 찰나찰나 용맹정진하여 결코 멈추는 일이 없었다는 것이고, 넷째는 배워야 할 법을 공경하여 신명을 돌보거나 아끼는 일 없이 부지런히 닦았다는 것이다.

'결과로써의 원만한 공덕'에도 네 가지가 있다. 첫째는 지혜가 원만한 공덕으로, 스승 없이 스스로 깨달았으며, 일체 제법의 보편적 실상을 알았으며, 일체 제법의 개별적인 작용을 알았으며, 어떠한 노력 없이도 알려고 하기만 하면 저절로 안다는 것이다. 둘째는 번뇌의 단멸이 원만한 공덕으로 모든 번뇌를 끊고 택멸을 획득하였으며, 해탈의 장애인 모든 불염오무지마저 끊고 그것의 비택멸을 획득하였으며, 번뇌의 장애와 해탈의 장애를 모두 끊고 물러나는 일이 없으며, 단지 번뇌만을 끊는 것이 아닌 그것의 잠재 세력마저 끊었다는 것이다. 셋째는 위세가 원만한 공덕으로 외적 대상을 변화시키거나 오래 머물게 할 수 있으며, 수명의 길이를 줄이거나 늘일 수 있으며, 허공이나 장애가 있는 곳, 혹은 지극히 먼 곳도 신속히 이를 수 있고, 적은 것과 큰 것이 서로에게 들어가게 할 수 있으며, 세간의 여러 사물의 본성을 이전보다 뛰어나게 할 수 있다는 것이다. 혹은 교화하기 어려운 이를 능히 교화할 수 있으며, 어려운 질문에 답하여 의심을 풀어줄 수 있으며, 가르침을 설하여 괴로움에서 벗어나게 할 수 있으며, 악한 무리를 능히 굴복시킬 수 있다는 것이다. 넷째는 육신이 원만한 공덕으로, 32가지의 신체적 특징과 80가지의 좋은 모습과 크나큰 힘을 갖추었으며, 안으로는 신체의 골격이 금강석보다 견고하고 밖으로는 수천 개의 태양보다 밝은 신비한 광명을 발한다는 것이다.

마지막으로 '은혜로서의 원만한 공덕'에도 역시 네 가지 종류가 있다. 이를테면 3악취(지옥·아귀·축생)와 생사로부터 영원히 해탈하게 하거나, 혹은 선취와 삼승(성문·연각·불)으로 인도하는 것이 바로 그것이다.

이상과 같은 부처의 덕성은 일반적인 경우이고, 그 밖의 각기 개별적인 덕성은 아승기겁을 두고 이야기하더라도 이루 다 말할 수 없다. 그것은 오직 부처만이 아는 것이다. 어리석은 범부들은 자신이 그러한 덕성을 결여하였기 때문에 부처의 공덕과 그가 설한 법을 듣고도 믿거나 존중하지 않지만 지혜로운 자는 그에 대한 믿음과 존중이 골수에까지 사무치니, 이 같은 한 찰나의 마음만으로도 악업을 멸하고, 마침내 열반을 얻게 된다.[54]

나아가 그들의 불타관에서는 부처는 결코 시방 일체의 삼천대천세계에 두 분이 출현할 수 없다고 하였다. 부처의 위신력에는 한계가 없으므로 오직 한 분의 부처만으로도 능히 시방의 일체 세계를 교화할 수 있기 때문이다. 그러나 만약 두 분의 부처가 출현한다면 공덕이 양분되어 원만하지 않다고 해야 할 것이고, 그럴 경우 시방세계를 두루 교화할 수 없게 될 것이며, 어느 한 곳이라도 교화할 수 없는

---

[54] 『阿毘達磨俱舍論』 卷27(T29, pp.140a24-145a10) 요약.

곳이 있다고 한다면 다른 곳 역시 그러하다고 해야 한다. 이 같은 이유에서 그들은 하늘에 두 개의 태양이 있을 수 없듯이 부처 또한 시방의 일체 세계에 한 분만이 출현한다는 '시방계일불설十方界一佛說'을 주장하였다.[55]

다음으로 부파불교 시대의 '보살'은 삼승 중 가장 근기가 예리한 자로서, 부처가 되기 전까지의 유정을 말하였다. 그는 발심하고서부터 3아승기겁 100겁의 수행을 통해 일생보처一生補處의 보살로 태어나고, 마침내 이생에 무상정등각을 이루게 되는 것이다.

설일체유부의 대표 논서인 『대비바사론大毘婆沙論』에서는

살타는 아뇩다라삼먁삼보리를 얻지 않았을 때 강한 의지로써 항상 보리를 수순하고, 보리를 향하여 나아가고, 보리를 친근하고, 보리를 좋아하여 즐기고, 보리를 존중하고, 보리를 갈앙하고, 증득하기 위하여 게으름을 부리지 않고, 쉬지도 않고, 보리를 구하는 마음을 잠시도 버리지 않는다. 그래서 보리살타라고 한다. … 또한 살타는 용맹한 사람이라는 뜻이다. 아뇩다라삼먁삼보리를 얻지 못했을 때 항상 보리에 용맹정진하여 빨리 증득하기를 바라고 구하였기 때문에 보리살타라고 한다.[56]

---

[55] 권오민(2006), pp.327~328. 이에 반해 경량부나 대중부에서는 부처의 수명에는 한계가 있으며, 또한 무수한 세계의 중생은 때와 장소, 근기에 한량없는 차별이 있어 이들을 동시에 구제할 수는 없기 때문에 한 세계에 한 분의 부처가 출현하고, 다수의 세계에 다수의 부처가 출현한다는 '다계다불설多界多佛說'을 주장하였다.

[56] 『阿毘達磨大毘婆沙論』卷176(T27, p.887a27-b10), "此薩埵未得阿耨多羅三藐三菩提時 以增上意樂 恒隨順菩提 趣向菩提 親近菩提 愛樂菩提 尊重菩提 渴仰菩

여기에서 보살은 아뇩다라삼먁삼보리를 증득하기 전 단계의 사람으로 보리를 증득하기 위하여 끊임없이 수행 정진하는 총명하고 지혜로운 사람을 말한다.

또 같은 논서에서 부처는 전생에 보살행을 닦아 32상 80종호와 백복장엄상百福莊嚴相을 갖추어 이상적인 인격자가 된 것이라고 하였고,[57] 보살은 불과증득佛果證得을 목적으로 하지만, 먼저 묘상업妙相業을 닦아야 하는데 묘상업을 닦을 시 다음과 같이 다섯 가지 좋은 일을 얻게 된다고 하고 이 다섯 가지를 얻어야 진실보살이라고 할 수 있다고 한다.

다시 묘상업妙相業을 닦아야 하는데 묘상업을 닦을 시 다음과 같이 다섯 가지 좋은 일을 얻게 된다. 첫째, 악취를 버리고 선취에 태어나며, 둘째, 항상 귀족 가문에 태어나고, 셋째, 항상 남자 몸으로 태어나며, 넷째, 항상 모든 신체가 잘 구족되어 태어나고, 다섯째, 망념을 버려서 항상 자성생념自性生念을 얻게 되는데 이 다섯 가지를 얻어야 진실보살眞實菩薩이라고 한다.[58]

提 求證欲證不懈不息 於菩提中 心無暫捨 是故名爲菩提薩陀 ⋯ 復次薩埵是勇猛者義 未得阿耨多羅三藐三菩提時 恒於菩提精進勇猛 求欲速證 是故名爲菩提薩埵"

57 『阿毘達磨大毘婆沙論』 卷177(T27, p.890a26-b4), "菩薩所起一一福量無量無邊 以菩薩三無數劫積集圓滿諸波羅蜜多已 所引思願極廣大故 唯佛能知 非餘所測 如是所說廣大 量福 具足滿百莊嚴一相 展轉乃至三十二相皆具百福 佛以如是三十二百福莊嚴相 及八十隨好莊嚴其身故於天上人中最尊最勝"

58 『阿毘達磨大毘婆沙論』 卷17(T27, p.887a7-15), "復次修妙相業時 捨五劣事得五

설일체유부의 주요 논서인 『구사론俱舍論』「분별세품分別世品」을 살펴보면 보살은 요컨대 3무수겁을 거치면서 복덕과 지혜의 크나큰 자량資糧이 되는 육바라밀다六波羅蜜多와 수많은 백천의 고행을 닦아 비로소 무상정등보리無上正等菩提를 증득하게 되었다. 그렇기 때문에 결정코 마땅히 오랜 세월 동안 원을 일으켜야 하는 것이다. … 보살은 유정을 구제함으로써 자신의 비심悲心을 성취하니, 그래서 다른 이를 구제하는 것으로써 바로 자신의 이익을 삼는 것이다.[59]

라고 한다. 여기에서 설일체유부의 보살사상을 알 수 있는데, 보살이 성불하기 위해서는 반드시 오랜 세월에 걸쳐 원을 세운 다음, 자리이타행의 육바라밀 등의 많은 수행을 해야 무상정등보리를 성취할 수 있다고 했다.

예컨대 석가보살은 부처가 되기로 발심한 이래 3아승기겁 동안 각각 7만 5천, 7만 6천, 7만 7천의 부처님께 공양하고, 이루 형언할 수 없는 보살행을 닦는다. 눈과 골수를 포함하여 자신의 모든 것을 일체의 유정에게 널리 보시하였지만, 그것은 다만 비심悲心에 의한

勝事 一捨諸惡趣恒生善趣 二捨下劣家恒生貴家 三捨非男身恒得男身 四捨不具根恒具諸根 五捨有忘失念恒得自性生念 由此得名眞實菩薩 未修妙相業時與此相違 是故不名眞實菩薩"

[59] 『阿毘達磨俱舍論』卷12(T29, p.63c15-24), "何緣菩薩發願長時精進修行方期佛果 如何不許願長時修 無上菩提甚難可得 非多願行無容得成 菩薩要經三刧無數 修大福德智慧資粮六波羅蜜多多百千苦行方證無上正等菩提 是故定應發長時願 … 菩薩濟物遂己悲心 故以濟他卽爲己益"

것일 뿐 생천生天의 복을 구한 것이 아니었다. 이렇게 함으로써 보시바라밀을 성취하였다. 혹은 어느 때 신체와 사지가 잘려 나갔지만, 비록 그때는 아직 욕탐을 떠나지 않았을지라도 마음 상에는 어떠한 분노도 없었다. 이렇게 함으로써 지계持戒와 인욕바라밀을 성취하였다. 다시 100겁 동안 선취 중의 고귀한 집에, 감관을 두루 갖춘 남자로 태어나 항상 지난 생을 기억하여 일체유정의 '대가 없는 노복'으로서 정진하면서 부처에 대한 염원에서 32상을 초래할 복덕을 닦는다. 혹 어느 때 보살은 용맹정진하다가 우연히 저사여래底沙如來께서 선정에 든 것을 보고 그 자리에 선 채로 7일간 찬탄하기도 하는데, 이 공덕으로 9겁을 단축하였다고 한다. 이렇게 함으로써 정진바라밀을 성취하였다. 그리하여 마침내 최후신最後身의 보살로 왕궁에 환생하여 출가수행하였으며, 보리수나무 밑의 금강보좌에 앉아 34찰나에 거쳐 모든 번뇌를 끊고서 무상정등각을 성취하였다.

즉 보살은 이미 유루 6행관으로써 무소유처까지의 수혹을 끊었기 때문에 8인忍·8지智의 16찰나에 의해 3계의 견소단의 번뇌를 끊고, 18찰나에 걸친 무간도와 해탈도로써 비상비비상처의 9품의 수혹을 끊고 그것을 증득하여 아라한과를 성취하였으며, 바야흐로 무상정등각자無上正等覺者가 되는 것이다. 그리고 이때 금강유정金剛喩定에 머물면서 진지와 무생지를 낳음으로 말미암아 마침내 선정과 지혜바라밀을 성취하게 된 것이다.[60]

보살이 이처럼 부처가 되기 직전까지 번뇌를 끊지 않은 것은 유정의

---

60 앞의 책, pp.321~322.

이익을 목적으로 삼았기 때문이다. 그러기 위해서는 3계 5취로서의 생을 계속해야 하며, 생을 계속하기 위해서는 생의 동력인 번뇌를 보존해야만 했던 것이다. 이 같은 보살의 길에 대해 『구사론』에서는 다음과 같이 문답으로 제시하고 있다.

어떠한 이유에서 보살은 발원發願하고서 이토록 오랜 세월 동안 정진 수행해야 비로소 불과佛果를 기약할 수 있는 것인가? 어찌 오랜 세월 수행하는 것을 인정하지 않을 것인가?
무상無上의 보리菩提는 참으로 얻기 어려워 많은 원행願行에 의하지 않고서는 획득 성취할 수 없으니, 보살은 요컨대 3무수겁을 거치면서 복덕과 지혜의 크나큰 자량資糧이 되는 육바라밀다와 수많은 백천의 고행을 닦아 비로소 무상정등보리를 증득하게 되었다. 그렇기 때문에 결정코 마땅히 오랜 세월 동안 원을 일으켜야 하는 것이다.
그 밖의 다른 방편으로도 역시 열반을 획득할 수 있을 것인데, 어찌하여 보리를 증득하기 위해 그토록 오랫동안 많은 고행을 닦는 것인가?
일체의 유정에게 이익과 즐거움을 주기 위해서였다. 그래서 그 같은 보리를 구하고자 오랜 세월 동안 '어떻게 하면 내가 크나큰 감당의 능력(大堪能)을 갖추고서 괴로움의 폭류瀑流로부터 모든 함식(含識, 유정)을 구제할 것인가' 하는 원을 일으켰던 것으로, 그렇기 때문에 열반의 도를 버리고 무상의 보리를 구하게 된 것이다.[61]

이와 같이 부파불교의 보살은 지혜롭고 총명한 수행자로 부처가 되기 위해서 무량겁 동안 원행을 세우고 자리이타행의 육바라밀 등 많은 수행을 해야 하며, 불과 증득을 목적으로 먼저 묘상업을 닦아 상호와 복덕을 구족해야 했다.

　부파불교의 '독각'이란 부처의 법문을 듣지 않고 스스로 12연기의 이치를 깨달았지만, 다른 이에게 그것을 설하지 않는 이를 말한다. 독각은 사무애해를 획득하였고, 과거세에 들었던 불타의 가르침을 능히 기억하기 때문에 정법을 연설할 능력이 없는 것도 아니다. 뿐만 아니라 유정을 섭수하기 위한 신통도 획득하였기에 자비심이 없다고도 말할 수 없으며, 나아가 그의 말을 수용할 만한 근기를 지닌 세간의 유정 또한 없었던 것은 아니다. 그런데도 다른 이를 위해 설하지 않은 이유는 과거세의 습기로 말미암아 슬거이 하고자 하는 일이 적을뿐더러, 유정들 또한 생사의 흐름에 순응한 지 이미 오래되어 그 흐름을 거스르기란 참으로 어렵고 심오한 법을 받아들이기도 어렵다는 사실을 알고 있기 때문이며, 무엇보다 시끄럽게 떠드는 것을 싫어하기 때문이다.

　독각에는 부행독각部行獨覺과 인각유독각麟角喩獨覺의 두 가지 유형이 있다. 부행독각이란 일찍이 성문으로 있으면서 불환과를 얻은

---

61 『阿毘達磨大毘婆沙論』 卷12(T29, p.63c15-23), "何緣菩薩發願時精進修行方期佛果 如何不許願長時修 無上菩提甚難可得 非多願行無容得成 菩薩要經三劫無數修大福德智慧資糧六波羅蜜多 多百千苦行方證無上正等菩提 是故定應發長時願 若餘方便亦得涅槃 何用爲菩提久修多苦行 爲欲利樂一切有情 故求菩提發長時願云何令我具大堪能 於苦瀑流濟諸含識 故捨涅槃道求無上菩提"

후 스스로 아라한과를 증득한 이를 말한다. 즉 여러 사람이 한 곳에서, 공동 공간에서 수행하였기에 '부행'이라고 하였다. 이에 대해 인각유독각이란 기린의 뿔이 서로 만나지 않듯이 부처가 존재하지 않던 시대에 오로지 홀로 머물며 깨달음을 증득하였기 때문에 인각유독각이라고 하였다.

독각은 성문보다 근기가 예리하기에 사향사과의 과정을 거치지 않고 바로 무학의 아라한과를 성취한다. 즉, 빠르면 4생, 늦으면 100겁 동안의 수행을 거쳐 유류지로써 욕계 수행을 끊고 견도見道에 들기 때문에 견도 16찰나와, 무간도와 해탈도로서 색·무색계의 9품의 번뇌를 끊는 수도修道 144찰나를 통해 바로 아라한과를 성취하는 것이다. 그리고 인각유독각의 경우, 4선근의 인위에 들게 되면 보살과 마찬가지로 일어나지 않고 그 자리에서 바로 무상의 깨달음을 성취하기 때문에 결코 다른 종성으로 전향할 수 없다[62]고 하고 있다.

다음으로 부파불교의 '성문'을 살펴보면, 성문은 부처의 법문을 듣고서 그에 따라 깨달음의 길로 나아가는 부처의 제자들을 일컬었다. 성문의 궁극적인 목적은 무학의 아라한이었다. 부처 역시 무루의 지혜로써 일체의 번뇌를 끊었으며, 그로 인해 마땅히 공양을 받을 만한 성자가 되었지만, 성문의 아라한은 부처가 아니었다. 미혹의 범부로부터 아라한으로 나아가려는 성문의 길과 부처로 나아가려는 보살의 길은 엄격히 구별된다. 성문의 길은 누구에게든 개방되어 있었지만, 보살의 길은 지극히 한정되어 있었다.

---

[62] 권오민(2003), pp.319~320.

부파불교에서는 수행자들을 그들의 근기에 따라 성문·독각·보살이라는 세 그룹, 즉 삼승으로 나누었는데, 근기가 다른 만큼 깨달음에 이른 방법과 수행 방법 또한 달랐다. 『구사론』에서는 이와 관련하여 이렇게 말한다.

하사下士는 부지런히 방편을 닦아 항상 자신의 즐거움만을 추구하며, 중사中士는 다만 괴로움의 소멸만을 희구할 뿐 즐거움은 희구하지 않으니 괴로움의 근거가 되기 때문이다. 상사上士는 항상 자신은 괴로워도 다른 이의 안락과 아울러 다른 이의 괴로움의 영원한 소멸을 부지런히 추구하니 다른 이의 괴로움을 자신의 것이라 여기기 때문이다.[63]

여기서 하사는 이생 범부를, 중사는 독각과 성문을, 그리고 상사는 보살을 말한다. 즉 성문은 괴로움으로 표상되는 일체의 세계로부터 벗어나기 위해 부처의 법문을 청문하고서 그에 따라 수행하는 자이다. 이 점으로 인해 부파불교는 새로이 흥기한 대승으로부터 자리의 불교, '소승'으로 불리게 된 것이다.

부파불교에서 말하는 성문의 종성은 보살의 전향이 불가능한지에 대한 논의는 다음과 같이 정리된다. 성문이 4선근 중 세 번째 단계인 인위忍位에 이르기 전까지는 보살로의 전향이 가능하지만, 일단 인위에 이르게 되면 전향이 불가능하다는 것이다. 왜냐하면 보살은 유정의

---

63 『阿毘達磨俱舍論』 卷12(T29, p.64a10-13), "下士勤方便 恒求自身樂 中士求滅苦 非樂苦依故 上士恒勤求 自苦他安樂 及他苦永滅 以他爲己故"

이익을 목적으로 삼았기 때문에 유정을 교화하기 위해 반드시 악취로 나아가야 하지만, 인위에 이르면 더는 악취에 떨어지는 일이 없기 때문이다. 그리고 세제일법의 단계는 견도와 일찰나의 간격도 없는 무간無間이기 때문에 이 단계에서는 필시 다른 종성으로 전향하는 일 없이 성문의 4과를 획득하게 된다. 바로 이 같은 이유에서 유가행파에서는 성문을 무상정등각을 성취할 수 없는 종성으로 규정하게 된 것이다.

3) 대승불교의 삼승

대승불교 시대에서는 삼승교 사상이 대두되면서, 부처와 보살·연각·성문에 대한 개념이 다른 양상으로 변천하게 된다. 원래 '부처'라는 말은 일반명사였다. '부처'는 산스크리트어의 '붓다(Buddha)'를 음사한 말로서 '깨달은 사람'을 의미하며 '각자覺者'라고 번역한다. 따라서 진리를 자각한 사람, 진리를 깨달은 사람이 '붓다', '부처'이다. 사실상 깨달음을 얻은 성자를 '부처'라고 칭한 것은 비단 불교에서만이 아니다. 최초의 '부처'는 석가모니불이지만 '부처'라고 하는 것은 진리를 자각한 사람을 의미하므로 진리를 자각하면 누구라도 '부처'가 될 수 있는 것이다. 그렇다면 '부처'의 본질은 바로 진리 그 자체가 되는 것이다. 그리고 진리는 보편적이며 시간과 공간을 초월하고 있다. 요컨대 진리라는 것은 어디까지나 '절대적'이고 '영원한' 것이다.

'부처'로서의 석가모니불에는 두 가지 의미가 있었다. 그것은 육체적인 석가모니불과 진리로서의 부처라는 의미이다. 그리고 석가모니불은 생시에 육체적인 부처에 구애받아서는 안 된다고 설한 바가 있다.

중요한 것은 육체적인 부처가 아니라, 석가모니불이 육체적으로 열반한 후에도 영원히 불멸의 진리로서 남는다는 것이다. 우리가 받들어야 할 것은 육체의 부처가 아니라 진리의 부처인 것이다.

석가모니불은 영원한 진리를 깨달아 부처가 되었지만, 진리가 영원하다면 진리를 깨달은 사람은 석가모니불만이 아니라 석가모니불 이전에도 그러한 진리를 깨달은 사람이 있었을 것이다. 그리고 이러한 논리에 따라 '과거불'의 사상이 대두되었다. 처음에는 '과거 7불', 즉 석가모니불 이전에 6명의 '부처'가 이 세상에 출현하였고, 일곱 번째로 석가모니불이 출현하였다고 하는 교설이 나왔다. 이러한 '과거 7불'의 사상은 자연스럽게 부처의 수를 증가시켜 갔다. '과거 7불'이 '과거 25불'이 되고 더 나아가 '과거 28불'로 발전하였다. 그리고 과거불이 있다면 역으로 미래불이 존재하는 것도 당연하였다. 이렇게 앞으로도 많은 부처가 출현하는 것이 당연시되는 사상이 형성되었다.[64]

이러한 사상을 배경으로 대승불교 시대에서 '부처'는 다불 사상으로 전개가 되었다. 시간의 축 위에서 수많은 부처가 출현할 수 있다는 생각과 공간적으로 수많은 부처가 존재할 수 있다는 사상이 발생하였다. '부처'의 본질은 진리이고, 그 진리는 보편적이기 때문에 그러한 보편성에 따라 현재의 진리는 과거에도 진리였고, 미래에도 진리인 것이다. 따라서 '부처'는 과거에도 존재하였고, 미래에도 존재할 것이라는 것이 '과거불'과 '미래불' 사상이다. 이 같은 논리는 공간적으로 적용되어 우리가 있는 이곳에 진리가 있다는 것은 우주의 저편에도

---

[64] 히로사치야 저, 강기희 역(1994), pp. 203~204.

'부처'가 있다는 것이다. 아득한 서방의 세계나 동방, 북방, 남방에도 '부처'는 존재한다고 생각하였다. 이 사상이 바로 '시방제불十方諸佛' 사상이다.[65]

일반적으로 법신은 비로자나불, 보신은 아미타불, 화신은 석가모니불을 꼽는다. 기원 전후 인도에서는 종교적으로 불교와 힌두교가 세력이 있었고 이 두 종교는 대중들에 의해서 서로 영향을 주고받을 수밖에 없었다. 이 시기 힌두교에서는 '브라마(Brahma)', '비슈누(Visnu)', '쉬바(Siva)'라는 3신을 숭배하는 전통이 있었고 불교도 이 힌두교의 영향을 받아 3신불을 숭배하는 신앙이 생겨났다.[66]

대승불교에서의 '보살'의 대한 의미는 그때까지 석가모니불에게만 한정했던 개념에서 '부처'가 되고자 하는 사람들 모두 '보살'로 보게 되는 개념으로 확장되어 발전하였다. 이러한 사상의 근거에는 시방제불 사상이 있었는데, 수많은 부처에게는 수많은 전생에 대한 보살이 있고 그 보살들이 우리가 사는 현생에도 함께 존재할 수 있다는 개념이 근거가 되었다. 그래서 그때까지 석가모니불에게만 한정했던 '보살'이라는 개념을 넓혀 일체중생에게까지 성불 가능성을 인정함으로써 부처가 되고자 하는 사람들을 모두 보살로 보게 되었다. 그러므로 보살은 반드시 출가자로 한정하지 않고 재가자까지 포함한 개념이 되었다. 이러한 보살은 자기만의 구제보다는 이타를 지향하는 역할을 그 이상理想으로 삼았다.

대승불교의 대표적인 논서인 용수(龍樹, Nāgārjuna)가 쓴 『대지도론

---

[65] 앞의 책, p.206.
[66] 김미숙(2007), pp.55~56.

大智度論』에서는 보살에 대한 정의를 '보리'는 불도, 무상지혜, '살타'는 중생, 큰마음, 용기 있는 마음이라 하고, '보리살타'를 무상지혜를 구하기 위하여 스스로 큰마음을 내고 다른 사람도 무상의 도를 내게 하도록 노력하는 사람이라고 하였다.[67]

또 『법화경』 제3 「비유품譬喩品」을 보면 다음과 같이 대승보살에 대하여 정의하고 있다.

부처님 세존을 따라 법을 듣고 믿으며 부지런히 정진하여 일체지一切智와 불지佛智와 자연지自然智와 무사지無師智와 여래의 지견과 두려움 없음을 구하며, 한량없는 중생들을 가엾게 생각하여 안락하게 하며, 천상·인간을 이익되게 하려고 모든 이를 제도하여 해탈시키려고 하면, 이런 이는 대승보살이라 이름하며, 이런 승乘을 구하므로 마하살이라 한다.[68]

부파불교 시기에 부파 교단 밖에서 불과를 얻고자 뜻을 세운 보살 집단이 생겨나자 그들을 위한 '보살승'의 조직이 생기게 된다. 기본이 된 것은 불전문학에 나타난 석가보살의 성불도(誓願, 六度, 供養諸佛

---

[67] 『大智道論』 卷44(T25, p.380b29-c5), "何等是 菩薩句義 答曰 天竺語法 衆字和合成語 衆語和合成句 如菩爲一字 提爲一字 是二不合則無語若和合 名爲菩提 秦言無上智菩薩埵 或名衆生 或是大心 爲無上智慧故 出大心 名爲菩提薩埵 願欲令衆生行無上道 是名菩提薩埵"

[68] 『妙法蓮華經』 卷2(T09, p.13b19-28), "從佛世尊聞法信受 勤修精進 求一切智佛智自然智無師智如來知見力無所畏 愍念安樂無量衆生 利益天人度脫一切 是名大乘菩薩 求此乘故名爲摩訶薩"

等)였지만, 그들이 재가인지 출가인지, 남성인지 여성인지, 초심자인지 숙련자인지, 그리고 주지파인지 주정파인지 등에 의해서 갖가지 교설이 생겨났다. 그리고 이후 보살의 수행 경지와 보살행의 수행 방법의 단계에 따라 점차 웅대한 보살승의 체계가 구성되게 되었다. 그러나 이 같은 체계의 완성은 시대적으로 후대에 이루어진 일로 대승불교가 확립되기 이전인 원시 대승불교 시기에는 신흥 보살승과 기존의 부파불교 교단과의 공존 관계를 유지했던 시기가 있었다. 예를 들면 가장 오래된 대승경전인 『대아미타경大阿彌陀經』은 극락정토에 성문승의 사과四果를 얻은 성자가 많이 머물고 있음을 설하고 있어 성문승을 비난하는 말이 전혀 없다.

이렇게 발생한 대승불교는 출가자뿐만 아니라, 재가자까지 포함하여 대승불교 운동가들은 스스로를 보살이라고 부르며 중생들을 성불의 길로 인도하겠다는 상구보리上求菩提 하화중생下化衆生의 이념을 실천하고자 하였다. 이러한 이념은 반야, 정토, 중관, 유식, 여래장, 법화, 화엄 등의 모든 대승경전의 사상을 관통하고 있으며, 이것은 각 경전마다 나타나는 여러 보살을 통해서 설명되고 있다. 그렇기 때문에 대승경전에서는 경전마다 각기 특정한 보살들이 나타나며, 그 경전이 말하고자 하는 핵심 내용을 보살이라는 이상형을 통해 전하고자 하였다. 현대까지도 대승불교의 보살승 운동과 보살사상이 전승되는 주요한 이유 중의 하나는 대승경전을 통한 보살사상이 정리되고 전승되었기 때문이다.

대승불교 경전에서는 보살의 실천수행으로 정定과 혜慧의 2바라밀을 비롯하여, 4바라밀, 6바라밀, 7바라밀, 10바라밀, 32바라밀 등 많은 조목이 소개되어 있는데 그중 가장 널리 알려진 것은 6바라밀이다. 6바라밀은 보살 수행에서 가장 기본이 되는 덕목으로 보시報施, 지계持戒, 인욕忍辱, 정진精進, 선정禪定, 지혜智慧 등이고 10바라밀은 6바라밀에 방편方便, 원願, 역力, 지智 등 네 가지를 더한 것이다. 또한 이러한 바라밀 사상에 근거한 가장 이상적인 대보살들로서 문수, 보현, 관음 등의 여러 보살이 대승경전의 주인공으로서 등장하고 있다.[69]

다음으로 대승불교에서의 '연각'은 홀로 깨친 사람의 의미로서 불교도에 한정되는 것이 아닌 선인仙人 등의 고독한 은둔적 수행 생활을 하는 사람을 지칭하는 말이었다. 그러나 대승불교에서는 대승의 길을 걷는 사람을 '보살'이라고 하고 소승의 길을 걷는 사람을 '성문' 및 '연각(독각)'이라고 하여 점차 폄하하기 시작하였다. 대승에서 보면 이들 성문, 연각이라는 이승은 궁극의 길이 아니라는 것을 의미하고, 그들도 궁극적인 것을 구한다면 모두 대승에까지 이르러야 한다고 생각하였다. 그러므로 결국 불교는 궁극적으로 하나의 길이며, 그런 의미에서 일승一乘이라고 하였다.

용수의 저작인 『대지도론』에서는 성문승과 독각승을 소승, 보살승은 대승이라고 하여 이를 확연히 구별하고 있으며, 그 이유를 다음과 같이 명시하고 있다.

보살은 이 육바라밀을 행하여 힘을 얻기 때문에 성문과 벽지불의

---

[69] 김미숙(2007), pp.56~57.

경지를 초월하려 하며, 또한 성문과 벽지불을 향하는 사람을 교화하여 부처님 도에 들게 하려고 한다. 이 때문에 이 소승小乘의 법은 온갖 중생을 버리고 이익되는 것이 없다고 꾸짖으면 모든 성문들은 말하기를 "그대는 바로 범부라 아직 번뇌(結使)를 끊지 못했으므로 이 법을 행할 수 없다"고 한다. 꾸짖음이 헛되고 마니, 그러므로 부처님께서는 "보살은 37품品 등을 구족해야 한다"고 말씀하신 것이다.[70]

『대지도론』에서 그들을 소승이라고 하는 이유는 다음과 같다. 첫째, 자신의 해탈(自利)에만 머무르며 대자비심大慈悲心을 설하지 않고 다른 사람의 고뇌를 돌보지 않기 때문에 소승이라고 불린다. 둘째, 개인의 아我에 대한 공무空無를 설하고(人無我), 대승과 같이 일체법의 공까지 설하지 않는다(法無我). 성문승은 아공我空은 알되 법공法空은 알지 못하며, 번뇌가 곧 보리이며 세간이 곧 열반인 제법의 실상을 아는 반야바라밀의 큰 지혜를 갖고 있지 않다. 다만 전적으로 제법의 차별상에 얽매여 그 분석으로 시종하고 있을 따름이기 때문에 불완전한 가르침이라는 것이다. 부파불교는 아라한의 깨달음을 얻어 속히 적멸의 열반계로 들어가는 것을 이상으로 하기 때문에 모두 소승이라는 것이다. 다만 부파불교라고 하여도 대중부 중에는 제법의 공을 설하는

---

[70] 『大智度論』卷24(T25, p.235b5-10), "菩薩行是六波羅蜜得力故 欲過聲聞 辟支佛地 亦欲教化向聲聞 辟支佛人令入佛道 是故呵是小乘法 捨一切衆生 無所利益 若諸聲聞人言 汝是凡夫人 未斷結使 不能行是法 是故空呵 以是故佛言 菩薩應具足三十七品等諸聲聞法 不可得故"

부류도 있었으므로, 소승으로 비난받는 것은 상좌부계의 부파, 특히 제법의 실유에 대해 정밀한 체계를 수립한 설일체유부였던 것으로 생각된다. 유부가 1~2세기에 중인도에서 서북인도에 걸쳐 부파불교를 대표하는 세력으로 확립되어 있었음은 문헌과 비명碑銘에 나타나 있다. 또한 유부는 특히 다수의 학자를 지니고 있었으며, 방대한 분량의 논서를 성립시켰다. '소승의 삼장에 탐착하는 학자'는 바로 이러한 유부의 논사를 지칭하는 것으로 보인다.[71]

세친世親이 저술한 『섭대승론석攝大乘論釋』에서는

> 범부凡夫는 생사에 집착하고 이승(소승)은 열반에 집착한다. 보살은 생사와 열반에 차별 있음을 보지 않는다.[72]

라고 하여 소승의 열반과 대승의 열반과는 다른 점을 기술하면서 이승을 폄하하고 있다. 그리고 다음과 같이

> 이승의 해탈지견 가운데는 세 가지 신身이 없으나 보살의 해탈지견에는 세 가지 신의 차별이 있다. 왜냐하면 이승은 지장智障을 멸할 수 없으므로 일체지一切智가 없기 때문에 원만한 청정법신을 얻지 못하며, 대자비大慈悲가 없어서 남을 이익되게 하는 일을 행하지 못하기 때문에 응應과 화化의 두 몸이 없다.[73]

---

71 시즈타니 마사오·스구로 신죠오, 정호영 역(1991), p.146.

72 『攝大乘論釋』卷13(T31, p.247b15-16), "凡夫著生死 二乘著涅槃 菩薩得無分別智 不見生死涅槃有差別"

제2장 대승 교설의 정립과 일불승 교설의 배경 129

라고 하여 이승의 해탈지견은 대자비가 없어 응·화신의 몸이 없고, 오직 대승보살에만 응·화신의 몸을 갖추고 있는 것은 일체지와 대자비심이 있기 때문이며 이 두 가지로 이승과의 차별점을 설명하고 있다. 이승이 지장智障을 소멸하지 못한다는 것은 이승이 인무아人無我뿐이며 법무아法無我를 모른다는 것이고, 이에 비해 보살은 인·법이무아人法二無我를 안다는 것으로 구별한 것이다. 또한 이승의 해탈지견은 번뇌 혹은 집착을 모두 소멸하지 못하였으므로 참된 깨달음에 이르지 못하였다는 것이다. 이승은 이타를 행하지 않는다는 것도 아직 집착이 남아 있어서 진정으로 타他와 하나가 되지 못하기 때문이라고 하고 있다.

『승만사자후일승대방편방광경勝鬘師子吼一乘大方便方廣經』에서는 다음과 같이 말한다.

아라한·벽지불은 남은 허물이 있으므로 제일가는 청정이 아니지마는 열반을 얻었다고 말씀하신 것은 바로 부처님의 방편입니다. 오직 여래만이 반열반을 얻으시어 온갖 중생들의 우러러봄이 되어 아라한·벽지불 보살들의 경계에서 초월하였사오며, 아라한·벽지불은 열반계와의 거리가 멀지마는.[74]

---

73 『攝大乘論釋』卷13(T31, p.249b22-26), "二乘解脫知見中無三身 菩薩解脫知見中有三身差別 何以故二乘不能滅智障 無一切智故 不得圓滿淸淨法身 無大慈悲不行利益他事故 無應化兩身"

74 『勝鬘師子吼一乘大方便方廣經』(T12, p.219c14-18), "阿羅漢 辟支佛有餘過 非第一淸淨 言得涅槃者 是佛方便 唯有如來得般涅槃 爲一切衆生之所瞻仰 出過阿羅漢 辟支佛 菩薩境界 是故阿羅漢 辟支佛去涅槃界遠"

위와 같이 아라한과 벽지불은 그 번뇌를 아직 끊지 못한 것으로 표현하고 있어 아라한과 벽지불을 성문·연각으로 부르며 폄하하였다.

4) 대승경전의 정법 논쟁

'대승'이라는 말을 처음으로 명확히 사용된 것은 『소품반야경』에서부터다. 『소품반야경』에서는 반야바라밀이라는 법(dharma)이 '제불의 어머니'라고 주장하였다. 그들은 반야바라밀을 습득하지 않고는 육바라밀의 완성은 없으며, 반야의 공지空智로써 무생법인을 얻음이 대승의 불퇴전의 보살의 모습이라고 하였다. 무자성공無自性空의 입장에 서면 세간은 그대로 열반이기 때문에 이승(성문·연각)과 같이 세간을 염리하고 열반을 추구하지 않는다고 하여 이승의 입장을 부정하였다. 그들은 경전의 신해信解·수지受持와 서사書寫를 권장하고, 경전에의 공양이 불탑 공양보다 훨씬 우월한 것으로 주장하였다.[75]

많은 학자의 설에 의하면, 종래의 출가 중심의 소극적인 전통 교단에 만족하지 못한 재가신자와 진보적인 비구들이 재가자들도 출가자와 똑같이 구원될 수 있다는 적극적인 불교를 일으키려고 '자기들도 부처가 될 수 있으니 보살이라고 칭하여야 한다'라고 믿고 시작한 운동이 대승이라고 하며, 그들이 이것이야말로 부처의 진의라고 확신한 사상을 부처에 가탁하여 지은 것이 대승경전이라고 하고 있다.[76] 그러나 초기 대승불교의 성립과 함께 시작된 대승경전에 대한 비불설론은 인도에서 소승이라고 불리던 부파불교 교단에서 끊임없이 제기되며

---

[75] 시즈타니 마사오·스구로 신죠오, 정호영 역(1991), p.144.
[76] 우에다 요시부미(上田義文), 박태원 역(1992), p.211.

많은 논란이 되었다.

　이러한 시기(기원후 1세기 무렵)에 인도에서 중국으로 전파된 불교는 처음부터 대승불교가 전해졌다. 따라서 중국에서는 전파된 대승경전이 불설임에는 추호도 의심의 여지가 없었다. 대승경전에 의하면 대승이 참다운 불교이고 부처의 진리의 설법이며, 소승은 하열한 것이라는 내용이 지배적이었기 때문에 중국불교에서는 대·소승의 논란이 있을 수가 없었다. 그리고 이러한 중국불교의 영향을 받은 일본불교 역시 모든 경전은 부처님의 직설이며, 대승경전 역시 당연히 부처의 직설이라 믿고 있었다.

　그러던 것이 대승불교가 부처의 직설이 아니라고 하는 도미나가 나카모도(富永仲基, 1715~1746)의 '대승비불설'을 필두로 불교학자들 사이에서 논란이 일기 시작하였다. 한학에 소양이 깊었던 도미나가는 24세에 교토 만복사萬福寺에서 황벽판 대장경의 판목 인쇄일을 하게 되었다. 그때 대장경을 열람하게 되면서 경전의 교리상 차이가 역사적으로 일치하지 않음을 발견하였다. 그는 불멸후 500년에 출현한 대승은 '가상설加上說'로서 비불설非佛說이라고 주장하였다.[77] 이러한 '대승비불설'이라는 제기는 일본 불교계를 전면적으로 뒤흔들었고 이에 대한 첨예한 학문적·종교적 논쟁이 펼쳐졌으나 당시 일본 불교계의 대세를 움직이지 못하고 대승불교의 정법성과 우월성을 재확인하는 것으로 종결되었다.

　일본의 메이지 시대(Era Meiji, 明治時代, 1867년 2월~1912년 7월)에

---

[77] 가나오카 슈유(金岡秀友), 안중철 역(1994), p.13.

이르러 서구의 불교 연구가 소개되기 시작하면서 일본에서는 대승경전에 대한 전반적인 재검토를 요구하게 되었다. 한편에서는 스리랑카, 미얀마, 태국 등의 불교 실태가 소개되어 팔리어의 불교만이 초기불교라는 것이 명확히 밝혀졌다. 이러한 연구 성과들이 소개됨으로써 일본에서도 대승경전이 후대에 성립하였다는 것을 부정할 수 없게 되었다.

무라카미 센쇼(村上專精, 1851~1929)는 메이지 27년 사카이노 코요(境野黃洋, 1871~1933), 와시오 준쿄(鷲尾順敬, 1868~1941)와 더불어 『불교사림佛敎史林』을 간행하여 대승경전이 부처의 직설이 아님을 논증하여 대승비불설을 전개하였다. 이로 인하여 학계에서는 대승불교가 부처의 직설이 아님을 일반적으로 승인하게 되었다.[78]

그러나 우에다 요시부미(上田義文)는 『대승불교의 사상』에서 "대승이 일어난 것과 대승경전은 그 시대의 깨달은 각자覺者가 자기의 정각正覺한 바를 말로 표현한 것으로 그 설의 내용은 불설佛說로서 성립된 것이다"라고 주장하고 있다. 이것은 『반야경』에서 용수龍樹가 "지혜의 대해의 피안에 이르러 그 극極을 궁진窮盡하기 때문에 바라밀이라 이름 짓는다"라고 기술하면서 "대승은 일체종지一切種智를 얻은 후 법륜을 전한다(설법한다). 성문·벽지불(연각)이 할 수 없는 바이다"라고 하여 이를 뒷받침한다고 하였다.[79] 우에다 요시부미는 이 부분의 내용을 반야바라밀 이외의 것은 지혜를 궁진하지 못하는 것이라고 해석하면서 대승이 일어난 것은 재가신자 등의 운동에 의한 것이

---

78 신성현(1991), p.48.
79 우에다 요시부미(上田義文), 박태원 역(1992), pp.210~211.

아니라, 종래의 상좌부 장로들의 깨달음조차도 미숙하다고 비판할 정도로 그 시대의 철저한 깨달음에 도달한 각자覺者에 의한 것이라는 의견을 제시하고 있다.

이렇듯, 대승불교의 시작은 명확하지 않으나, 대승불교는 경전 위주로 발전하고 세력이 형성되어 전파되었다. 대승불교는 초기에 교리를 발전시키고 반야경般若經 계통의 공사상을 심화하고 체계화하면서 삼승교三乘敎[80]를 대두시키고, 여기에 입각하여 보살 우위를 역설한 나머지 부파불교를 소승小乘이라고 폄하시키면서 대승불교 흥기의 의미를 퇴색시켰다. 이것은 마치 대승불교 운동가들이 부파불교를 소승이라고 부르면서 외도外道와 같은 시선으로 본 것이나 마찬가지였다. 이에 상응하여 소승이라고 불렸던 부파불교 교단 역시 성불을 자처하는 대승경전들을 비불설非佛說이라 하고 대승 교도들을 외도시함으로써 부처의 교법이 근본 목적을 상실하게 되었다. 이처럼 삼승교에 입각한 대·소승의 첨예한 정법 논쟁은 대승 교도들에게 참다운 대승정신을 회복하려는 공감대를 형성하는 계기를 제공했고, 마침내 대·소승을 화합·융합하고자 하는 일련의 시도가 일어났다. 기원 1세기경에 불탑신앙과 밀접한 서북인도의 법화사상法華思想을 공유하는 단체인 『법화경』 신봉자 집단(Saddharma-Puṇḍarīka-gaṇa)[81]에 의하여

---

80 성문·연각·보살의 근기마다 그에 대한 교법이 다름을 인정하고 그 수행·증과證果에 차이가 있다고 하는 교법.
81 "『법화경』 신봉자 집단이란 서북인도에서 법화사상을 수행하던 일군의 수행자 집단을 말하는데, 『법화경』의 결집을 행하며, 함께 수행하던 집단이라 할 수 있다. 초기에는 『법화경』 신봉자 집단은 '단체, 공동체(gaṇa)'라고 부를 수 없을

정법(正法, Saddharma)을 연화(蓮華, audumbara)에 비유하여 『법화경』 을 결집하여 일승(一乘, eka-yāna)이라는 대명제를 내세우게 된다.

실로 '정법正法이란 무엇인가?' 하는 문제는 대승이나 소승뿐만 아니라, 인도불교 역사를 통해서 가장 중요한 과제였다. 현재까지도 스리랑카를 위시한 남방불교권에서 대승불교를 바라보는 시각이나 대승불교권, 특히 중국에서 찬술된 주석서에서 소승에 대한 낮은 대우는 이 두 사상이 서로 자기 우월주의에 빠져 있어서 만나기 어렵다고 볼 수 있다. 이러한 사실은 정법 그 자체가 지닌 양면성, 즉 모순성과 진실성을 시사한다. 특히 『법화경』 신봉자 집단이 정법으로 제시한 일승에는 대·소승의 정법 논쟁을 지양·통합하는 불교사상 통일의 원리가 그대로 내재하는 동시에, 그 모순성까지 철저히 배제되어 있으므로 그 사상적 의미 가치 또한 손색이 없었다. 왜냐하면 일승사상은 모든 일체법一切法이 한결같이 일승에 귀일되기 때문이다.

『법화경』 신봉자 집단은 하나의 사명의식으로서 삼승교에 입각하여 대·소승의 대립을 지양하고, 대·소승을 하나의 일승으로 규합하려는

정도로 그 기반이 취약했다. 『법화경』 「서품」에도 '보살 집단(bodhisattva-gaṇa)' 이라는 말이 언급되고 있으나, 「비유품」과 「신해품」에서 알 수 있듯이, 소수의 '장자(資産者, gṛhapati)'와 진보적 출가자로 구성된 미력한 혼합집단에 불과하였다. 그러나 「방편품」과 「비유품」을 비롯한 몇 개의 품들이 더 증장되고, 약왕보살에 대한 내용이 추가되고, 약왕보살에 대한 신앙을 가진 사람들이 유입되는 과정에서 이 집단은 명실상부한 '보살 집단(bodhisattva-gaṇa)'을 형성했던 것으로 본다. 이처럼 약왕보살을 신앙하는 추종자들의 귀의로 말미암아 『법화경』 신봉자 집단은 신흥교단으로 떠오르면서 당시의 세상 사람들이나 기존 교단들의 부러움과 박해를 받게 되었던 것이다. 서린열(1992). pp.200~202.

의식을 가졌으며, 근본불교 이래 계속된 정법 논쟁의 폐단을 불식하고 일승법으로 귀결시키려고 노력하였다. 그 까닭은 『법화경』 신봉자 집단이 결집한 『법화경』의 특징이 가장 시대성이 강한 초기 대승불교의 대표적인 문학작품이란 점과도 직결되고 있다. 『법화경』을 초기 대승불교의 대표적 문학작품으로 규정하는 근거는 그 결집자들의 시대적 사명의식을 사실적으로 반영하고 있기 때문이다.

3. 일불승과 삼승을 중심으로 본 『법화경』

1) 『법화경』의 일불승

'일승'이란 용어는 『소품반야경小品般若經』이나 『화엄경華嚴經』, 『보적경寶積經』 등의 경전에서 보이지만 이들 경전에는 일승에 대한 설명이 없기 때문에 일승을 어떻게 이해하고 있었는지 명확하지는 않다. 이런 점에서도 『법화경』의 일승에 대한 해석은 중요한 의미를 지니고 있다.

『법화경』의 일승이란 하나의 수레라는 의미이며 삼승과 대칭되는 용어이다. 삼승이란 성문승, 연각승, 보살승의 세 가지 교리를 말하는데, 중생의 근기가 각기 다르므로 그 근기에 따라 가르침도 다르다고 보는 것이 삼승의 가르침의 방향성이다. 삼승의 가르침이 인간의 능력에 따라 가르침에도 차이가 있다는 견해에 반해 일승의 가르침은 부처는 모든 사람을 성불로 인도하는 오직 하나뿐인 가르침을 설한다는 견해이며 이것이 부처의 자비라는 것이다. 그리고 이것이 이 세상에 출현하신 모든 부처의 일대사인연一大事因緣[82]이라고 보는 견해이다.

『법화경』은 다른 대승경전과는 달리 이승인 성문승이나 연각승의 수행과 경지를 폄하하거나 배척하는 것이 아니라, 성문승, 연각승, 보살승인 삼승의 수행 모두 결국은 일불승으로 향하게 되는 대통일장 이론이 전제되어 있다. 그래서『법화경』의 일승의 가르침이란 성문승이나 연각승, 보살승도 성불을 지향하여 가는 것이므로 일승 이외에 성문승이나 연각승, 보살승이 있을 수 없다고 보는 것이다. 결국 삼승이란 일승을 향해 가는 경유지일 뿐이지 오직 일승만 있다는 것이『법화경』의 일승의 가르침이다. 그렇기 때문에『법화경』에는 "이승도 없고 삼승도 없으나, 부처님의 방편 설법만은 예외이니 임시 가명으로써 중생을 인도하기 위한 것이로다"[83]라고 하고 있다. 또한 "안으로는 은밀히 보살행을 감추고 밖으로는 성문으로 행세한다"[84]라고 주장하며, 성문의 행이 그대로 보살행이라고 하고 있다. 이렇게『법화경』에서는 석가모니불이 설한 삼승은 방편으로써 설한 것으로 성문이나 연각의 행을 부정하지 않고 긍정한 상태에서 성불의 행으로 끌어올리는데 이것이 모두 일승의 가르침인 것이다.

결국 일승은 '모든 사람은 성불할 수 있다'라고 주장하는 가르침이므로 인간의 본질은 평등하다는 것이 전제되어 있다. 이것은 인도의

---

82 『妙法蓮華經』卷1(T09, p.7a23-28), "諸佛世尊 欲令衆生開佛知見 使得淸淨故 出現於世欲示衆生佛之知見故 出現於世欲令衆生悟佛知見故 出現於世欲令衆生入佛知見道故 出現於世 舍利弗 是爲諸佛以一大事因緣故出現於世"

83 『妙法蓮華經』卷1(T09, p.8a18-19), "無二亦無三 除佛方便說 但以假名字 引導於衆生"

84 『妙法蓮華經』卷4(T09, p.28a17), "內祕菩薩行 外現是聲聞"

초기불교에서 석가모니불의 사성평등四姓平等의 가르침을 수용한 사상으로 인도의 사성계급이 승가 구성원에게는 모두가 평등하다는 것을 말한다. 그러므로 대승의 일승이라는 관념은 이러한 인격의 평등관에서부터 전제되었다 할 수 있다. 이것은 후에 『열반경涅槃經』 등에서 '일체의 중생은 모두 불성을 지니고 있다(一切衆生 悉有佛性)'[85] 라고 하는 사상으로 발전해 가는데, 시기상 『법화경』 경전에서는 불성佛性이란 용어는 나오지 않는다.

산스크리트본의 『법화경』을 조사해 보면, 불승(buddhayāna)과 보살승(boddhisattvayāna)이라는 단어를 모두 쓰고 있으나, 서로 달리 사용되고 있음을 알 수 있다. 정설定說은 아니지만, 일승이라고 할 때는 반드시 불승을 가리키는 것이며 보살승은 아니다. 그러므로 삼승을 열거할 경우에는 성문승(śrāvakayāna)·연각승(pratyekabuddhayāna)·보살승으로 쓰였으며, 불승은 쓰이지 않았다.

스구로 신죠(勝呂信精)는 산스크리트본에서 삼승에 대한 세 종류의 열거방식은 과위果位에 있어서의 삼승이라고 하고 있다. 보통 다른 경전에서 말하고 있는 삼승은 아직 깨달음에 이르기 전의 위位로서 이른바 깨달음의 과위에 대한 인위因位에 있어서의 삼승인데, 산스크리트본의 삼승은 깨달음의 과果로 보아 성문승聲聞乘은 성문과聲聞果로 아라한의 보리, 연각승緣覺乘은 연각과緣覺果로 연각의 보리, 보살승菩薩乘은 보살과菩薩果로 부처님(佛)의 보리가 된다고 하고 있다. 그러나 이같이 과果로 열거했을 경우 불보리, 불지혜라고 하더라도

---

85 『大般涅槃經』 卷6(T12, p.402c8-9), "智者了知一切衆生悉有佛性"

불승이라고는 말하지 않고 있다[86]라고 하고 있다. 또 스구로 신죠는 일반적으로 불승과 보살승을 동일시하기 때문에 불과 보살을 같다고 생각하는 경향이 있는 듯하나 적어도『법화경』에서는 구별하여 보아야 한다고 주장하고 있다.

그러나 히라가와는 원시대승에서는 보살승이란 용어는 사용되지 않았던 것 같고, 구마라집 역의『묘법연화경』에서는 보살승이라는 용어가 보이지 않기 때문에『묘법연화경』에서는 무리하게 보살승과 불승을 구분할 필요는 없다고 주장하고 있다.[87] 그 이유는 구마라집 역의『묘법연화경』제3「비유품」에는 "설삼승說三乘, 성문聲聞 벽지불辟支佛 불승佛乘"[88]이라 열거하고, 제10「법사품法師品」에서는 "구성문도자求聲聞道者 구벽지불자求辟支佛者 구불도자求佛道者"[89]라고 열거하며, 제14「안락행품安樂行品」에서는 "구성문자求聲聞者 구벽지불자求辟支佛者 구보살도자求菩薩道者"[90]라고 열거하는데, 삼승을 열거할 때 불승이라고 했다가 불도자라고 했다가 보살도자라고 하기 때문에 굳이 보살승과 불승을 무리하게 구분할 필요는 없다는 의견인 것이다.

한편 축법호(竺法護, 239~316) 역의『정법화경正法華經』에서는 여래도如來道[91]라든가 보살지도菩薩之道,[92] 또는 보살승[93]이란 말을 사용하

---

86 가나오카 슈유(金岡秀友) 외, 안중철 역(1992), pp.179~180.
87 히라가와 아키라(平川彰), 차차석 역(1996), p.23.
88 『妙法蓮華經』卷2(T09, p.13b9), "說三乘 聲聞 辟支佛 佛乘"
89 『妙法蓮華經』卷4(T09, p.30c3-5), "求聲聞者 求辟支佛者 求佛道者 如是等類 咸於佛前 聞妙法華經一偈一句"
90 『妙法蓮華經』卷5(T09, p.38b5-6), "求聲聞者 求辟支佛者 求菩薩道者 無得惱之"
91 『正法華經』卷2(T09, p.76a23-25), "奉修精進欲求大聖 普見之慧力無所畏 謂如來

고 있다.

위와 같이 『법화경』의 산스크리트본, 구마라집 역본, 축법호 역본에서 사용된 삼승에 대한 용어의 문제를 살펴보건대, 성문승과 벽지불승에 대해서는 문제가 없지만 제 삼승을 보살승으로 부를지, 아니면 불승이라고 부를지는 문제가 되고 있다. 그런데 『법화경』의 내용을 전반적으로 살펴보면, 스구로 신죠의 의견과 같이 산스크리트본에서 보살승과 불승은 각각의 내용에 따라 의미가 다르게 쓰였다는 사실을 알 수 있다. 또한 구마라집의 번역의 『묘법연화경』 제2「방편품」에도 "제불의 지혜는 심심무량甚深無量하며, 그 지혜의 문門은 난해난입難解難入하다. 일체 성문, 벽지불이 알 수 있는 자리가 아니다"[94]라고 나오는데, 이것은 이승의 지혜와 불지혜를 대비하고 있는 것으로, 이에 대응하는 게문偈文에서는 이승 이외에 보살지도 추가하고 있다. 즉 부처님의 지혜가 성문·연각의 이승뿐 아니라 보살의 지혜도 초월하고 있음을 보여주고 있는 대목이다.

위와 같은 내용을 고려하여 보건대, 여기서는 삼승에 대해 논하고자 할 때 삼승과 일불승의 차이가 있는 사거가의 입장에서 성문승·연각승·보살승을 논하고자 한다.

道 菩薩大士所履乘也"

[92] 『正法華經』 卷2(T09, p.76a7-8), "故現聲聞 緣覺 菩薩之道 以是三乘開化驅馳使棄愛欲"

[93] 『正法華經』 卷2(T09, p.73b8-9), "常從佛聞法說 化導諸菩薩乘 見餘開士聽承佛音 得至眞覺"

[94] 『妙法蓮華經』 卷1(T09, p.5b25-27), "諸佛智慧甚深無量 其智慧門難解難入 一切聲聞 辟支佛所不能知"

2) 『법화경』의 회삼귀일

인도의 부파불교 시대에, 대승불교가 발생한 대승불교 초기에는 대승이 성문과 연각을 비판하던 시기였다. 대승이란 말은 부파불교의 설일체유부를 소승이라고 폄하하여 대승이 소승보다 우월한 가치를 지니고 있다는 의미를 내포하고 있다. 예컨대『유마힐소설경維摩詰所說經』에서는 대가섭이 "일체의 성문은 이 불가사의해탈不可思議解脫의 법문을 듣더라도 요해할 수 없다"라고 하며, "이것은 대승에서 이미 패종과 같다"라고 설명한다.[95] 성문이 아라한의 깨달음을 증득해 버리면 패종처럼 대승의 힘을 지닐 수 없다고 하는 것이다. 또『유마경』에서는 유마거사가 사리불 등의 성문을 신랄하게 힐난하는 내용이 있다. 그 때문에 이 경전을 '방등탄가교方等彈呵敎'라고도 하는데, 초기의 대승불교 시기에서는『유마경』처럼 소승불교를 배격하고 대승의 훌륭한 점을 부각하려는 경전 등이 있다. 이러한 초기 대승은 대소 대립의 대승이었는데, 성문승이나 연각승을 구제할 수 없는 대승이므로 일승이라 할 수 없다는 입장이었다.

이러한 시기에 대승 안에서 일승을 표방한 다른 의미의 대승이 있었다. 그것은 바로 이승을 포섭한 일승으로 나아가는 사상을 가진 대승으로 이러한 사상이 잘 들어 있는 경전이『법화경』이다.『법화경』은 부파불교가 가지고 있던 삼승에 대한 개별적이고 닫혀 있는 수행과

---

[95] 『維摩詰所說經』卷2(T14, p.547a3-9), "是時大迦葉聞說菩薩不可思議解脫法門 歎未曾有 謂舍利弗 譬如有人 於盲者前現衆色像 非彼所見 一切聲聞聞是不可思議解脫法門 不能解了 爲若此也 智者聞是 其誰不發阿耨多羅三藐三菩提心 我等何爲永絶其根 於此大乘已如敗種"

증득에 대한 입장을 대립과 갈등이 아닌 포용과 융합의 입장에서 해석하며, 일체중생까지 포함하여 일승으로 나아가고자 하였다. 특히, 『법화경』은 대승을 추구하여 수행하는 보살승뿐만 아니라 성문승이나 연각승까지 포용하고 융합하는데, 이것이 바로 삼승을 모아 일승으로 회귀한다는 회삼귀일설이다.

그러나 『법화경』의 일승을 해석하는 데에 있어 예부터 중국불교에서는 서로 다른 해석을 가진 의견들이 있었다. 『법화경』의 「비유품」에서는 성문승, 연각승, 보살승을 양의 수레, 사슴의 수레, 소의 수레의 삼거三車로 표현하며, 일승은 크고 흰 소가 끄는 수레(大白牛車)로 묘사하고 있다. 이 부분에 대해서 보살승을 의미하는 소의 수레와 일승을 의미하는 크고 흰 소가 끄는 수레는 같은 소의 수레이므로 같은 소인지 다른 소인지에 대해서 문제삼았다. 소의 수레(보살승)가 '큰 흰 소의 수레(일승)'와 같다는 쪽은 삼거가三車家이고, '소의 수레'와 '큰 흰 소의 수레'가 다르다는 쪽은 사거가四車家이다.[96] 이처럼 삼거가와 사거가에 대해 중국에서는 오래전부터 논의 대상이 되었다.

삼승 중의 보살승은 대승을 지향하므로 이 대승이 그대로 일승이라면 삼거가가 된다. 일승이라 하더라도 보살승인 대승의 일부분이라고 생각하고, 대승을 초월한 일승은 있을 수 없다는 생각이 전제하는 것이다. 그러나 사거가는 다르게 생각하는 입장인데, 일승은 분명 대승의 일부분이지만 대승 속에서 다른 대승도 있을 수 있다는 의견이다.

---

[96] 이병욱(2021), p.83.

『법화경』의 일승에는 성문승이나 연각승을 포용하고 융합한다는 의미가 내포되어 있는데, 이것을 이른바 '개회開會사상'이라고 한다. '개회사상'이란 '삼승을 열어 일승으로 회귀한다'는 의미다. 즉 성문승 중에서 보살승의 의미를 읽을 수 있어 성문승의 수행이 그대로 성불의 수행이 된다고 하는 것이다. 『법화경』 제5 「약초유품」에서 석가모니불은 "너희들이 행하는 바가 보살도이다. 점차 수행해서 진실로 성불하리라"[97]라고 설하고 있다. 이것은 성문승이 성문의 수행을 완전히 버리고 보살승으로 전향한다는 의미가 아니라 성문승의 수행이 그대로 보살승의 수행으로 전향되는 것을 말한다. 성문의 수행이 그대로 성불행으로 고양되어 간다는 점에서 일승의 가르침이 성립하는 것이다. 일승은 모든 사람의 성불을 설하는 가르침이기에 사리불 등의 성문에게도 성불의 인자因子가 있다는 것을 인정한다. 따라서 성문의 수행 속에도 성불행의 의미가 있다고 이해하는 것이다. 이런 점에서 일승으로서의 대승은 성문승이나 연각승의 가치를 인정하고 그들을 자기 속에 수용하고 융합하는 대승인 것이다.[98]

『법화경』의 삼거가와 사거가의 입장에 대해 중국의 법운法雲과 지의智顗는 사거가의 입장이었고, 삼론종의 길장吉藏과 법상종의 규기窺基는 삼거가의 입장이었다.[99] 또한 원효(元曉, 617~686)는 삼거가와 사거가의 논쟁을 화쟁하는데, 이병욱(2021)은 원효의 삼거가와 사거가의 논쟁을 화쟁하면서도 원효가 '통교삼승'과 '별교삼승'으로 구분해서

---

97 『妙法蓮華經』 卷3(T09, p.20b23-24), "汝等所行 是菩薩道 漸漸修學 悉當成佛"
98 히라가와 아키라(平川彰), 차차석 역(1996), p.24.
99 이병욱(2021), p.83.

화쟁하는 것에 많은 분량을 할애해서 설명하고 있는 점을 주목하고 있다. 또한 원효가 '별교삼승'의 주장(사거가: 삼승은 방편이다)를 강조한다고 하고 있어 사거가의 견해에 무게가 실려 있음을 알 수 있다고 하고 있다.[100]

일승을 추구하는 『법화경』은 부파불교가 가지고 있던 삼승에 대한 개별적이고 닫혀 있는 수행과 증득에 대한 입장을 대립과 갈등이 아닌 포용과 융합의 입장에서 해석하고 있으며,[101] 일체중생을 포함하여 불교가 가야 할 방향과 수행 방법에 대하여 명확히 제시하고 있다. 그러므로 『법화경』의 요지와 전반적인 내용을 해석해 볼 때, 『법화경』은 삼승을 융합하여 일승으로 나아가는 사거의 입장이 회삼귀일 사상의 근거가 된다고 생각한다. 그러므로 사거가의 입장에서 『법화경』에서 말하고자 하는 일불승, 보살승, 연각승, 성문승의 수행과 증위에 대해서 다음에서 살펴보고자 한다.

---

100 앞의 논문, pp.98~99.
101 김태석(2009), p.92.

제3장 『법화경』의 일불승과 삼승의 수증

일반적으로 삼승三乘이라고 하면 보살승, 벽지불승, 성문승을 가리킨다. 그러나 실제로 경전에 반드시 그렇게 나오는 것은 아니고, 보살승 대신에 불승佛乘이나 대승大乘을 쓰는 경우도 많다. 여기에 문제가 있다. 보살승이란 보살의 수행도와 교리를 가리킨다. 거기에는 스스로 보살이라는 자각을 가지고 보살의 수행을 실행하는 수행자가 존재한다는 것을 전제하고 있다. 보살의 수행을 하는 사람들이 없다면 보살승을 설명하는 것은 무의미하기 때문이다.

『법화경』에서 승乘에 대한 한자의 의미는 탈 것에 '타다'라는 의미이지만, 경전에서는 승에 대한 대표적인 의미로 '가르침'으로 쓰인다. 또한 승은 '가르침'의 의미뿐만 아니라, 그 '가르침을 추구하거나 실천하는 사람'으로도 쓰인다. 실제로 원효는 『법화종요』에서 일승에 대한 의미적 해석을 할 때 "일승의 진실한 모습에는 간략히 타는 사람과 타야 할 법이 있다"[1]라고 명시하고 있다. 이는 승에 대한 개념을 타는 사람과 타야 할 법(가르침)의 두 가지 의미로 정의하고 있다. 실제로 『법화경』에서는 성문승聲聞乘, 연각승緣覺乘, 대승大乘 등 승승에 관해 표현할 때 추구하는 가르침을 의미할 뿐 아니라, 그 가르침을 실천하는 사람을 표현할 때도 승이라는 표현을 쓰고 있다. 『법화경』 제3 「비유품」에서는 성문승에 대한 명칭을 다음과 같이 설명하고 있다.

> 어떤 중생이 안으로 지혜가 있으며, 부처님 세존을 따라 법을 듣고 믿으며, 부지런히 정진하여 삼계에서 빨리 뛰어나오려고 열반을 구하면, 이런 이는 성문승이라 이름하나니.[2]

이는 성문승에 대한 설명인데, 『법화경』의 이 대목은 성문승을 성문의 가르침이라는 의미보다는 성문을 추구하는 사람, 즉 대상에 대한 정의라고 할 수 있다. 마찬가지로 연각승, 즉 벽지불승에 대해서도 『법화경』「비유품」에서는 다음과 같이 설명하고 있다.

> 만일 또 어떤 중생이 부처님 세존을 따라 법을 듣고 믿으며, 부지런히 정진하여 자연의 지혜를 구하며, 혼자 있기를 좋아하고 고요한 데를 즐기며, 모든 법의 인연을 깊이 알면, 이런 이는 벽지불이라 이름하나니.[3]

---

1 『法華宗要』(T34, p.871a9-10), "一乘實相略說有二. 謂能乘人及所乘法"
2 『妙法蓮華經』卷2(T09, p.13b18-21), "若有衆生內有智性 從佛世尊聞法信受 慇懃精進 欲速出三界 自求涅槃 是名聲聞乘"
3 『妙法蓮華經』卷2(T09, p.13b21-24), "若有衆生從佛世尊聞法信受 慇懃精進 求自

이는 벽지불승에 대한 설명인데, 『법화경』의 이 대목은 벽지불의 가르침이라는 의미보다는 벽지불을 추구하는 사람, 즉 대상에 대한 정의라 할 수 있다. 마찬가지로 『법화경』 제3 「비유품」에는 대승(보살승)에 대해서도 다음과 같이 설명하고 있다.

만일 또 어떤 중생이 부처님 세존을 따라 법을 듣고 믿으며 부지런히 정진하여 일체지一切智와 불지佛智와 자연지自然智와 무사지無師智와 여래의 지견과 힘과 두려움 없음을 구하며, 한량없는 중생들을 가엾게 생각하여 안락하게 하며, 천상·인간을 이익되게 하려고 모든 이를 제도하여 해탈시키려고 하면, 이런 이는 대승이라 이름하며,[4]

이는 대승에 대한 설명인데, 『법화경』의 이 대목은 대승, 즉 보살승의 가르침이라는 의미보다는 대승을 추구하는 사람, 즉 대상에 대한 정의라 할 수 있다. 이렇듯 『법화경』에서 승乘의 의미로는 '가르침'의 의미뿐만 아니라, 그 '가르침을 추구하거나 실천하는 사람', 즉 대상에 대해서도 쓰이는 것을 알 수 있다. 그러므로 『법화경』에서 삼승에 대한 수행과 증득에 대해서 논하고자 할 때, 대상으로 정의하고 논하고자 한다.

然慧 樂獨善寂 深知諸法因緣 是名辟支佛乘"

[4] 『妙法蓮華經』卷2(T09, p.13b24-28), "若有衆生從佛世尊聞法信受 勤修精進 求一切智 佛智 自然智 無師智 如來知見 力 無所畏 愍念 安樂無量衆生 利益天人 度脫一切 是名大乘"

또 불승과 보살승의 차이점에 대해서 논하면, 불승佛乘은 성불의 가르침이기 때문에 그 점에서는 보살승과 일치되는 면이 있다. 그러나 보살승은 어디까지나 '보살의 수행'이기 때문에 수행을 완성하여 성불하고 나면 보살승이라고 하지 않는다. 거기에 보살승의 한계가 있다. 이에 비하여 불승은 성불하더라도 그대로 불승이라고 한다. 즉 성불에 중점을 두는 것이 불승이라고 할 수 있다.

이렇게 본다면 불승은 과승果乘이고 보살승은 인승因乘이라고 할 수 있다. 즉 불승은 성불이라는 결과에 중점을 두고 있고, 보살승은 수행의 과정이라는 인행因行에 중점을 두고 있는 것이다. 적어도 성불하고 나면 보살승이라고 하지 않는다는 점이 중요하다. 이것은 보살승이 부파불교에는 존재하지 않는다고 하는 의미이다. 부파불교에는 성불하기 위하여 서원하고 보살 수행을 하는 자는 존재하지 않는다고 보기 때문이다. 그러나 부파불교에도 불승은 있다. 석가불이나 미륵불만이 아니라 많은 불타가 존재한다. 『대비바사론』과 『구사론』에서 "석가보살이 3아승기겁 동안 여러 부처님을 공양하였다"[5]라고 설하고 있기 때문이다. 이들 여러 불타도 성불을 위하여 수행하였기 때문에 '보살 수행'이 있었다고 할 수 있다. 그렇지만 이들 불타의 수행도를 보살승이라고 하지 않는다. 이들의 보살행은 '이미 성불한 여러 부처

---

5 『阿毘達磨大毘婆沙論』 卷178(T27, p.892c6-14), "最初名釋迦牟尼最後名寶髻 第二劫阿僧企耶逢事七萬六千佛 最初卽寶髻最後名然燈 第三劫阿僧企耶逢事七萬七千佛 最初卽然燈最後名勝觀 於修相異熟業九十一劫中逢事六佛 最初卽勝觀最後名迦葉波 當知此依釋迦菩薩說 若餘菩薩不定 如是釋迦菩薩於迦葉波佛時 四波羅蜜多先隨分滿 相異熟業今善圓滿"

님의 인행因行'으로 설해지기 때문에, 성불에서 거꾸로 보았을 때 보살행인 것이다. 그러므로 이 보살행은 '불승에 포함되는 보살행'이다. 그 때문에 불전문학에는 보살행은 설해지지만, 보살승은 설해지지 않는다.

이에 비해 보살승의 경우에는 아직 성불을 실현하지 못한 보살들의 행까지도 포함된다. 보살승으로서는 이 점이 중요하다. 이 보살승에는 보리심을 일으켜 보살행을 닦아 가다가 중간에서 탈락하는 보살도 포함시킨다. 3아승기겁의 수행을 하지 않으면 보살 수행이 완성될 수 없다고 한다면, 대승불교에서 말하는 이름도 없는 보살들의 성불은 아주 요원한 일일 뿐만 아니라 성불 그 자체를 바라볼 수 없는 보살도 있게 된다. 그래서 『십주비바사론十住毘婆沙論』권4에서는 "아뇩다라삼먁삼보리에 물러나지도 않고 게을러서 그만두지 않는 이것을 아유월치라 하고, 이와 서로 반대되는 것을 유월치라고 한다. 이 유월치의 보살에게는 두 가지가 있는데, 혹은 무너져버린 이(패괴보살敗壞菩薩)도 있고 혹은 점차로 더욱 나아가 아유월치를 얻는 이도 있다"[6]라고 한다. 그렇게 의지가 약하고 하열한 보살에게는 신방편信方便에 의한 이행도易行道에 의하여 불퇴에 도달하는 수행도修行道가 설해진다. 이 중에서 패괴보살이나 아미타불을 신앙하는 등의 수행을 하는 보살들은 보살승에는 포함되지만, 불승에는 포함되지 않는다. 여기에 불승과 보살승의 차이가 있다.[7] 이에 불승과 보살승의 차이를 두고 불승, 보살승, 연각

---

6 『十住毘婆沙論』卷4(T26, p.38b16-20), "具此五法者 如上所說 於阿耨多羅三藐三菩提不退轉 不懈廢 是名阿惟越致 與此相違 名惟越致 是惟越致菩薩有二種 或敗壞者 或漸漸轉進得阿惟越致"

승, 성문승에 대한 현증과 수행에 대하여 논하고자 한다.

『법화경』에서 증득과 관련된 단어로 '현증'이라는 용어는 성문승과 연각승과 보살승 그리고 일불승의 성인聖人들이 각각 도과道果를 이루었을 때 드러나는 모습을 말한다. 그러므로 불승, 보살승, 연각승, 성문승의 드러나는 모습 자체가 깨달음의 증명이라는 것을 의미한다.

이 '현증'이라는 용어를 경전에서 살펴보면『대승입능가경大乘入楞伽經』의「현증품現證品」[8]에는 "현증이란 불도를 깨달은 증거를 나타낸다는 뜻이다"[9]라고 나와 있다. 또 '현증'은 범천이『현증장엄론現證莊嚴論 역주』에서 자세히 기술하였는데, "'현증'은 산스크리트어로 'Abhi-samaya'로 '실현하고 증득한다'는 의미이다. '현증'은 또 '현관'으로도 번역하기도 하는데, '현관'은 '직관적 지각'을 의미하는 것으로 '직관적 지각'이란 '분별식을 여의고 눈으로 보듯이 생생하게 지각하는 것'을 의미한다"[10]라고 설명하고 있다. 그러나 범천은 "모든 '현증'이 직관적 지각만을 말하는 것이 아니기 때문에 '현관'보다는 '현증'이라는 단어가 더 맞다"라는 입장이다. 또한『구사론』에서도 '현증'이라는 의미에 대해서 "만약 의근에 의해 직접 지각된 것이면(現證) 그것을 일컬어 이해된 것"[11]이라고 설명하고 있다.

여기서는『법화경』에서 불승, 보살승, 연각승, 성문승이 수행으로

---

7 平川彰(1992), pp.361~363.

8 『大乘入楞伽經』卷5(T16, p.618b11), "大乘入楞伽經現證品第四"

9 리종률 외 3인(1992), p.126.

10 범천(2017), pp.80~81.

11 『阿毘達磨俱舍論』卷16(T29, p.87c21), "若意現證名爲所知"

인하여 각각 수행의 과로 드러난 모습에 대해서 논하고자 할 때 '현증現證'이라는 용어를 사용하고자 한다.

1. 『법화경』에서 일불승의 수행과 증득

1) 『법화경』에서 일불승의 현증
(1) 불신론과 『법화경』

'부처'에 대한 관념은 시대 또는 종파에 따라 일정하지 않아서 처음 석가모니불 시대인 초기불교 시기에는 부처는 오직 석가모니불뿐이었다. 그러나 그 후 대승불교 시대에 이르는 동안 부처에 대한 개념, 즉 불타관佛陀觀에 적지 않은 변화를 가져왔는데, 이것이 불신론佛身論의 전개이다. 처음에는 '부처'를 색신色身과 법신法身으로 나누어, 부처의 육신을 생신불이라 하고, 그 부처가 얻은 무상정각無上正覺과 부처의 본성인 진리(法)를 법신불이라고 하였다. 즉, 2,500년 전에 80세를 일기로 쿠시나가라의 사라쌍수沙羅雙樹 아래서 세상을 떠난 역사적 부처인 석가모니불은 생신불이라고 한 것이다.

이러한 부처에 대한 2신설의 개념은 제2기 대승경전까지 주류를 이루었다. 여기서 색신이란 생멸하는 현실신現實身이며, 법신이란 불멸의 진리(法)와 일체가 된 영원신永遠身이다. 처음에 2신설은 석가모니불에 대해서만 적용되었는데, 후에는 다른 부처에게도 적용되었고 마침내는 석가모니불과의 관계까지도 거론되었다. 결국 비로자나불이나 아미타불을 석가모니불의 영원신인 법신으로 간주하고, 석가모니불은 현실신인 색신으로 한정하기에 이르렀다.

또한 제3기 대승불교 시기가 되면 영원상(永遠相, 본질계)과 현실상(現實相, 현상계)의 관계를 문제시하며, 어느 정도 관계화 작업을 진행한다. 그것이 불신론에도 파급되어 영원신인 법신과 현실신인 색신의 관계 정립이 시도되고, 법신과 색신의 2신설이 법신(法身, dharma-kāya), 보신(報身, saṃbhoga-kāya), 응신(應身, nirmana-kāya)의 3신설로 발전한다. 결국 2신설에서 법신은 영원성이 드러나지만, 추상적이고 구체성이 부족하며, 색신은 구체성이 풍부하나 변하고 소멸하는 것으로서 영원성이 결여되어 있다고 하였다. 거기에서 영원성과 구체성을 동시에 구족할 수 있는 불신이 추구되어 보신이 등장하게 되었다고 할 수 있다. 다시 말하면 보신은 법신과 색신의 속성을 통합한 것이며, 부처의 인행과덕신因行果德身으로 간주한 것이다. 여기서 또 하나 주의해서 보아야 할 점은 3신설에서 색신이 응신으로 불리는 것이다. 색신은 생멸하는 현실신 그 자체를 지칭하는 것인데, 응신은 화신化身이라고도 불리는 것으로 중생구제를 위해 자진해서 화현한 불신이란 뜻이다. 이것은 현실신에 적극적인 의미를 부여한 것이라 할 수 있다. 그리고 점차 중국을 비롯한 극동아시아의 불타관에서는 각종의 부처와 불신론이 삼신론과 결합하면서 복잡한 불타숭배 내지 논의가 전개되기 시작했다.[12]

그래서 2신설에서 비로자나불이나 아미타불을 석가모니불의 법신으로 간주하던 것을 3신설에서는 비로자나불을 만물의 본체이자 우주적 진리 그 자체의 존재인 법신으로 간주하고, 아미타불을 오랜 수행을

---

12 히라가와 아키라(平川彰), 차차석 역(1996), pp.91~92.

통해 얻은 해탈신으로 완전한 지혜와 복덕을 갖춘 존재인 보신으로 간주하며, 석가모니불을 중생을 제도하기 위해 육신이나 다양한 모습으로 나투는 존재인 화신으로 간주하기에 이르렀다.

이러한 불신론 입장에서 『법화경』을 살펴보면 법신(dharma-kāya)은 산스크리트본의 「약초유품」 제82 게송에서 보일 뿐이다.[13] 이 부분은 「약초유품」의 후반부로서 산스크리트본,『정법화경』,『첨품묘법연화경』에만 있고, 구마라집의 『법화경』에는 없는 부분이다. 그러나 『정법화경』에는 해당하는 한역어가 없고, 『첨품묘법연화경』에만 법신法身이라는 한역어로 번역되어 있을 뿐이다.[14] 그러나 산스크리트본의 법신(dharma-kāya)은 문장의 해석상 삼신설의 법신이기보다는 의미상 '존재의 자체'라는 의미로 해석되고 있다.

또한 「약초유품」 전반부에 있어서 『정법화경』에만 '평등법신을 성취한다'[15]라고 하여 법신이란 말이 보이는데 다른 역본에는 해당하는 용어가 없다. 또 구마라집의 『법화경』 제12 「제바달다품」의 게송 중에 '미묘한 청정법신'이라든가 '법신을 장엄한다'라고 하는 등 법신이란 용어가 보이는데[16] 『첨품묘법연화경』에서는 해당하는 용어가 보이

---

13 현해 편역,『梵文·漢譯·英譯·國譯 四本對照 妙法蓮華經 I』, WR. p.59. sa paśyati mahā-prajño dharma-kāyam aśeṣataḥ/ nâsti yāna-trayaṃ kiṃ-cid eka-yānam ihâsti tu//82//

14 『添品妙法蓮華經』卷3(T09, p.155a23-24), "彼見大智者 法身無餘殘 無有於三乘 一乘此中有"

15 『正法華經』卷3(T09, p.83c2-3), "堅固成就平等法身"

16 『妙法蓮華經』卷4(T09, p.35b28-c1), "深達罪福相 遍照於十方 微妙淨法身 具相三十二 以八十種好 用莊嚴法身"

지 않는다. 여기에서 법신이라는 용어는 불신론적인 입장이기보다는 구체적인 부처를 추구해 가는 불타관의 연장선상에서 고찰한 것이라 할 수 있다.

세친의 『묘법연화경우바제사』에 보면 『법화경』에서 다보에 대한 삼신불의 해석이 다음과 같이 기술되어 있다.

머물러 가진다(住持)는 것은 모든 부처님 여래 법신의 자재력을 나타내 보이는 까닭이다. 한량없는 부처님을 나타내 보인다는 것은 피차가 지은 모든 업이 차별이 없음을 나타내 보이는 까닭이다. 더러움을 멀리 여읜다는 것은 모든 불국토의 평등하고 청정함을 나타내 보이는 까닭이다. 다보란 모든 불국토가 같은 실상의 성품임을 나타내 보이는 까닭이요, 동일한 탑에 앉는다는 것은 변화한 부처님(化佛), 변화하지 아니한 부처님(非化佛), 법신불(法佛), 보신불(報佛) 등이 모두 큰일을 이루기 위한 것임을 나타내 보이는 까닭이다.[17]

세친은 『법화경』에서 다보가 의미하는 바는 모든 불국토가 같은 실상의 성품으로 이루어져 있다는 것이고, 다보탑에 석가모니불과 다보여래가 함께 앉은 것에 대해 의미하는 바는 생신불(비화불), 화신불

---

[17] 『妙法蓮華經憂波提舍』卷2(T26, p.9c13-20), "略者 示現多寶佛身一體攝取一切諸佛眞法身故 住持者 示現諸佛如來法身自在力故 示現無量佛者 示現彼此所作諸業無差別故 遠離穢者 示現一切諸佛國土平等淸淨故 多寶者 示現一切諸佛國土同實性故 同一塔坐者 示現化佛非化佛 法佛報佛等皆爲成大事故"

(화불), 법신불, 보신불 등이 모두 큰일을 이루기 위함을 나타내 보이는 것이라 하여 삼신불에 관해 설명하고 있다.

(2) 『법화경』에서 일불승의 현증

앞서 설명한 것과 같이 『법화경』에서는 부처의 모습을 청정법신이라고 표현한 것 외에도 현증하는 부처의 모습에 대해 특징적으로 불지견, 실상의 깨달음, 온갖 공덕, 수기하는 모습 등으로 표현되어 있고, 이러한 내용이 반복적으로 기술되어 있다. 이러한 『법화경』에 나와 있는 현증하는 부처의 모습을 기술하면 다음과 같다.

가. 불지견佛知見

『법화경』에서 부처의 현증으로 가장 특징적으로 강조하여 말하는 것은 여래의 불지견이다. 다음은 『법화경』 제2 「방편품」에서 여래의 불지견을 강조하는 부분이다.

"여러 부처님의 지혜는 매우 깊어 한량이 없으며, 그 지혜의 문은 이해하기도 어렵고 또 들어가기도 어려워서 일체 성문이나 벽지불은 알 수 없느니라."[18]

"그렇지만 묻는 이도 없는데 친히 말씀하시어 수행하셨던 바른 도를 찬탄하시며 '매우 깊고 미묘한 이러한 지혜는 모든 부처님들께

---

18 『妙法蓮華經』卷1(T09, p.5b25-27), "諸佛智慧甚深無量 其智慧門難解難入 一切 聲聞 辟支佛所不能知"

서만 증득하신 것이라' 하시니"[19]

보리유지와 담림이 공역한 세친의 『묘법연화경우바제사』에서는 불지견의 특징에 대해 다음과 같이 자세히 설명하고 있다.

모든 부처님의 지혜가 매우 깊어 한량이 없으시다는 것은 모든 대중들이 존중하는 마음을 내어 필경에는 여래의 설법을 듣게 하고자 하기 위해서이다. 매우 깊다는 것은 두 가지 매우 깊은 뜻을 드러내 보이고 있음을 알아야 한다. 어떤 것이 두 가지인가? 첫째, 증득한 것이 매우 깊다는 것이니, 말하자면 모든 부처님의 지혜는 매우 깊어 한량이 없으신 까닭이요, 둘째, 아함阿含이 매우 깊다는 것이니, 말하자면 지혜의 문인 까닭이다. 매우 깊다고 말한 것은 총상總相이고, 나머지는 별상別相이다.[20]

이것은 불지견이 매우 깊다는 것에 대한 세친의 해석으로 첫째는 부처가 증득한 것들이 매우 많아 깊다는 것이고, 둘째는 설법하는 법의 깊이가 매우 깊다는 것이다. 『묘법연화경우바제사』에 다음에 이어서 나오는 불지견에 대한 세친의 자세한 설명을 요약하면 다음과

---

19 『妙法蓮華經』 卷1(T09, p.6b19-20), "無問而自說 稱歎所行道 智慧甚微妙 諸佛之所得"

20 『妙法蓮華經憂波提舍』 卷1(T26, p.5a10-15), "諸佛智慧甚深無量者 爲諸大衆生尊重心 畢竟欲聞如來說故 言甚深者 顯示二種甚深之義應如是知 何等爲二 一者證甚深 謂諸佛智慧甚深無量故 二者阿含甚深 謂智慧門甚深無量故 言甚深者此是總相 餘別相"

같다.

ㄱ. 불지견의 특징

  : 매우 깊음＝큰 보리＝아뇩다라삼먁삼보리

  ① 증득한 것이 매우 깊음

    - 뜻이 매우 깊음

    - 실체가 매우 깊음

    - 안으로 증득한 것이 매우 깊음

    - 의지하는 것이 매우 깊음

    - 위없이 매우 깊음

  ② 아함阿含이 매우 깊음. 지혜의 문＝설법(묘법의 공덕)

    - 받아 지니어 독송함이 매우 깊음

      경에 "사리불아, 여래·응공·정변지께서는 이미 일찍부터 한량없는 백천만억 나유타那由他의 부처님들을 친근하고 공양하셨다"라고 하였다.

    - 수행함이 매우 깊음

      경에 "모든 부처님의 처소에서 모든 부처님께서 닦으신 아뇩다라삼먁삼보리법을 다 수행하셨다"라고 하였다.

    - 과행이 매우 깊음

      경에 "사리불아, 여래께서는 이미 한량없는 백천억겁 동안 용맹하게 정진하여 지어야 할 바를 성취하셨다"라고 하였다.

    - 공덕을 증장하는 마음이 매우 깊음

      경에 "그 이름이 널리 알려지셨다"라고 하였다.

- 상쾌하고 미묘한 일이 매우 깊음

  경에 "희유한 법을 성취하셨다"라고 하였다.
- 위없이 매우 깊음

  경에 "사리불아, 이해하기 어려운 법을 여래께서는 능히 아시느니라"고 하였다.
- 들어감이 매우 깊음

  들어감이 매우 깊다는 것은 명자名字·장구章句의 뜻은 터득하기 어려우나 자재하게 머물러 지니고 외도外道와 달리 인연법因緣法을 설하므로 매우 깊다고 이름하는 것이다.

  경에 "사리불아, 법을 이해하기 어렵다는 것은 모든 부처님 여래께서는 마땅함을 따라서 법을 말씀하셨으므로 그 뜻을 이해하기 어려운 것이니라"라고 하였다.
- 성문·벽지불과는 공통되지 않는 소작所作을 머물러 가지는 것이 매우 깊음

  경에 "모든 성문이나 벽지불 등은 알 수 없느니라"라고 하였다.

『법화경』에서는 여래의 지혜가 깊어 이해하기도 어렵고 들어가기도 어렵다고 거듭 반복해서 강조하고 있다. 이러한 여래의 불지견의 깊이에 대해 경전에서는 자세한 설명이 나와 있지 않지만, 세친은 이와 같이 『묘법연화경우바제사』에서 불지견의 깊이에 대해서 자세하게 기술하고 있다.

나. 법의 실상에 대한 깨달음

『법화경』에서는 부처가 현증하는 모습을 법의 실상에 대한 깨달음으로 설명하고 있다. 다음은 『법화경』 제2 「방편품」에 나오는, 석가모니불이 깨달은 법의 실상에 관해 설명하는 부분이다.

"사리불아, 중요한 것을 들어 말하면, 한량없고 가없는 미증유한 법을 부처는 모두 성취하였느니라. 그만두어라, 사리불아. 다시 말할 것이 없느니라. 왜냐하면 부처가 성취한 가장 희유하고 이해하기 어려운 법은, 오직 부처님들만이 모든 실상의 법을 다 아셨기 때문이니라. 이른바 이와 같은 모양(相), 이와 같은 성품(性), 이와 같은 체體, 이와 같은 힘(力), 이와 같은 작용(作), 이와 같은 원인(因), 이와 같은 인연(緣), 이와 같은 결과(果), 이와 같은 갚음(報), 이와 같은 근본과 끝과 구경(本末究竟) 등이니라."[21]

구마라집의 한역본 『법화경』에서는 법의 실상에 대해서 열 가지로 나누어 실상을 말하고 있으나, 『묘법연화경우바제사』에서는 경전의 인용 부분에서 법의 실상을 다섯 가지로 나누어 실상을 말하고 있어 구마라집의 한역본과는 다르게 표현되고 있다. 그 내용은 다음과 같다.

---

21 『妙法蓮華經』 卷1(T09, p.5c9-13), "舍利弗 不須復說 所以者何 佛所成就第一希有難解之法 唯佛與佛乃能究盡諸法實相 所謂諸法如是相 如是性 如是體 如是力 如是作 如是因 如是緣 如是果 如是報 如是本末究竟等"

"그만두어라, 사리불아. 다시 말할 것이 없느니라. 사리불아, (그것들은) 부처님께서 성취하신 가장 희유하고 이해하기 어려운 법이니라. 사리불아, 오직 부처님과 부처님만이 법을 설하시며, 모든 부처님께서 그 법의 구경의 실상實相을 아시느니라. 사리불아, 오직 부처님 여래만이 모든 법을 아시느니라. 사리불아, 오직 부처님 여래만이 모든 법을 말씀하시느니라. (그것은) 어떤 법(何等法)이며, 무슨 법(云何法)이며, 무엇과 같은 법(何似法)이며, 어떤 모양의 법(何相法)이며, 어떤 바탕의 법(何體法)인가? 어떤(何等), 무슨(云何), 무엇과 같은(何似), 어떤 모양(何相), 어떤 바탕(何體) 등의 모든 법을 여래께서 나타내 보이시니, 나타내 보이지 아니하는 것이 없으시느니라."[22]

이러한 내용상의 차이는 산스크리트본 『법화경』의 텍스트를 비교해 보면 세친의 『묘법연화경우바제사』에서는 산스크리트본의 원본 내용을 그대로 한역한 것을 알 수 있고, 구마라집 한역본에서는 그 내용이 의역되어 한역되었다고 볼 수 있다. 다음은 해당하는 부분의 산스크리트본 『법화경』 내용이다.

"사리불이여, 이런 까닭에 여래들께서는 가장 보기 드문 것을 얻고

---

22 『妙法蓮華經憂波提舍』 卷1(T26, p.4c21-28), "止舍利弗 不須復說 舍利弗 佛所成就第一希有難解之法 舍利弗 唯佛與佛說法 諸佛如來能知彼法究竟實相 舍利弗 唯佛如來知一切法 舍利弗 唯佛如來能說一切法 何等法 云何法 何似法 何相法 何體法 何等 云何 何似 何相 何體 如是等一切法 如來現見非不現見"

있음을 알아야 한다. 사리불이여, 여래만이 여래의 법을 여래에게 설할 수가 있다. 모든 법을 여래만이 설하며 모든 법을 여래만이 아신다. 그 법이 어떤 것인지(ye ca te dharmā yathā), 어떻게 있는지(ca te dharmā yādṛśāś), 어떤 상태인지(ca te dharmā yal lakṣaṇāś), 어떤 성질이 있는지(ca te dharmā yat svabhāvāś), 어떤 본성이 있는지(ca te dharmāḥ), 즉 법 자체, 존재양식, 상태, 특질, 본성이라는 범주에 대해 여래만이 바로 알며, 명석한 지혜를 지니신다."[23]

『묘법연화경우바제사』에서 세친은 이러한 부처가 깨달은 다섯 가지에 의거한 법의 실상에 대해 다음과 같이 설명한다.

또 증득한 법에 의거한다는 것에는 다섯 가지가 있으니, 첫째, 어떤 법(何等法)이요, 둘째, 무슨 법(云何法)이요, 셋째, 무엇과 같은 법(何似法)이요, 넷째, 어떤 모양의 법(何相法)이요, 다섯째, 어떤 바탕의 법(何體法)이다. 어떤 법이란 성문법, 벽지불법, 불법

---

[23] 현해 편역, 『梵文·漢譯·英譯·國譯 四本對照 妙法蓮華經 I』, WR. pp.119~121. mahʾāścaryâdbhuta-prāptāḥ Śāriputra tathāgatā arhantaḥ samyak-sam-buddhāḥ/ alaṃ Śāriputra etāvad eva bhāṣituṃ bhavatu paramʾāścarya-prā-ptāḥ Śāriputra tathāgatā arhantaḥ samyaksambuddhāḥ/ tathāgata eva Śāri-putra tathāgatasya dharmāṃ deśayed yān dharmāṃs tathāgato jānāti/ sarva-dharmān api Śāriputra tathāgata eva deśayati/ sarva-dharmān api tathāgata eva jānāti ye ca te dharmā yathā ca te dharmā yādṛśāś ca te dharmā yal lakṣaṇāś ca te dharmā yat svabhāvāś ca te dharmāḥ/ ye ca yathā ca yādṛśāś ca yal lakṣaṇāś ca yat svabhāvāś ca te dharmā iti/ teṣu dharmeṣu tathāgata eva pratyakṣoʾparokṣaḥ//

을 말함이요, 무슨 법이란 여러 가지 일에 대한 이야기를 일으킴을 말함이요, 무엇과 같은 법이란 세 가지 문에 의거하여 청정을 얻는 까닭이요, 어떤 모양의 법이란 세 가지 뜻이 한 모양의 법인 까닭이요, 어떤 바탕의 법이란 두 가지 체가 없는 까닭이니, 두 가지 체가 없다고 하는 것은 한량없는 승乘이 오직 일불승一佛乘뿐이요, 이승二乘이 없는 까닭이다.[24]

『묘법연화경우바제사』에서는 법 자체, 존재양식, 상태, 특질, 본성이라는 다섯 가지 범주에 관해 설명하고 있다. 『법화경』을 기반으로 법 자체는 성문법, 벽지불법, 불법을 말하고 있으며, 법의 존재 양식은 여러 가지 일에 대해 이야기하는 것을 말하며, 법의 상태는 청정함을 말하며, 법의 특질은 오직 한 가지이며, 법의 본성은 오직 일불승뿐이라고 설명하고 있다.

다. 온갖 공덕

『법화경』에서 부처가 갖춘 온갖 공덕으로 사무량심·사무애변·십력·사무소외·사섭법·십팔불공법·사선정·팔해탈·여러 삼매·32상 80종호 등을 설명하고 있다. 『법화경』 제2 「방편품」에서는 부처가 갖춘 공덕인 사무량심·사무애변·십력·사무소외·선정·해탈삼매에 대하

---

24 『妙法蓮華經優波提舍』卷2(T26, p.6a29-b6), "又依證法復有五種 一者何等法 二者云何法 三者何似法 四者何相法 五者何體法故 何等法者 謂聲聞法 辟支佛法 諸佛法故 云何法者 謂起種種諸事說故 何似法者 依三種門得淸淨故 何相法者 謂三種義一相法故 何體法者 無二體故 無二體者 謂無量乘唯一佛乘 無二乘故"

여 다음과 같이 기술하고 있다.

"사리불아, 여래는 지견이 넓고 크며, 깊고 멀어서 사무량·사무애변·십력·사무소외와 선정과 해탈삼매에 깊이 들어, 온갖 미증유한 법을 성취하였느니라. 사리불아, 여래는 가지가지로 분별하여 공교롭게 모든 법을 설하니, 말이 부드러워 여러 사람의 마음을 기쁘게 하느니라. 사리불아, 중요한 것을 들어 말하면, 한량없고 가없는 미증유한 법을 부처는 모두 성취하였느니라."[25]

다음은 『법화경』 제3 「비유품」에서 여래가 두려움, 쇠함, 고뇌, 근심, 무명을 모두 여의고 지견과 힘과 두려움 없음, 큰 신통, 큰 지혜, 방편, 지혜바라밀을 갖추었음을 설명하고 있는 부분이다.

"사리불아, 여래도 또한 그와 같아서 일체 세간의 아버지가 되느니라. 여러 가지 두려움과 쇠함과 고뇌와 근심과 무명과 어둠이 영원히 다하여 남음이 없으며, 한량없는 지견과 힘과 두려움 없음을 성취하였고, 큰 신통력과 큰 지혜력이 있으며, 방편과 지혜의 바라밀다를 갖추어 대자대비에 항상 게으름이 없으며, 항상 선한 일로 일체를 이익케 하려 하느니라."[26]

---

[25] 『妙法蓮華經』 卷1(T09, p.5c4-7), "舍利弗 如來知見 廣大深遠 無量無礙力無所畏 禪定解脫三昧 深入無際 成就一切未曾有法 舍利弗 如來能種種分別 巧說諸法 言辭柔 悅可衆心 舍利弗 取要言之 無量無邊未曾有法 佛悉成就"

[26] 『妙法蓮華經』 卷2(T09, p.13a11-16), "舍利弗 如來亦復如是 則爲一切世間之父

『법화경』의 제7 「화성유품」에서는 부처가 갖추어야 하는 공덕으로 일체지, 십력, 32상을 두루 갖추어야 참된 열반이라고 이야기한다.

일체지와 십력, 부처님의 모든 법을 너희들이 모두 다 증지하고 깨달아서 32상을 두루하게 갖추어야 비로소 이런 것이 진실한 멸도일세.[27]

『묘법연화경우바제사』에서는 부처의 금색 광명과 십력과 십팔불공법에 대하여 다음과 같이 설명하고 있다.

금색 광명을 낸다는 것은 부처님 자신의 기이한 몸을 보여 한량없는 공덕을 획득한 것이다. (설법을) 듣는다는 것은 일체중생을 이익되게 할 수 있는 것이요, 힘(力)이란 중생들에게 의심이 있으면 열 가지 힘(十力)에 의거하여 의심을 끊어주는 것이요, 공양한다는 것은 중생을 교화하는 힘을 나타내 보이는 것이요, 십팔불공법不共法이란 모든 장애를 멀리 여의는 것이요, 공경한다는 것은 한량없는 복덕을 내는 여래의 가르침에 의거하여 해탈을 얻는 것이다. 실체로서의 아我는 존재하지 않고(人無我), 법도 실다운 체성體性이 없으며(法無我), 모든 법은 다 평등하다. 이 때문에 사리불은 스스로

於諸怖畏衰惱憂患無明闇蔽永盡無餘 而悉成就無量知見力無所畏有大神力及智慧力 具足方便智慧波羅蜜 大慈大悲 常無懈惓 恒求善事 利益一切"

27 『妙法蓮華經』 卷3(T09, p.27b4-6), "汝證一切智 十力等佛法 具三十二相 乃是眞實滅

자신을 책망하여 말하기를, "나는 아직 이와 같은 법을 얻지 못하였고, 아직 얻지 못한 가운데 물러났다"라고 하였다.[28]

『묘법연화경우바제사』에서는 부처의 금색 광명은 한량없는 공덕 획득을 보임이고, 십력은 중생의 번뇌를 끊어주는 힘이고, 십팔불공법은 모든 장애를 멀리 여의는 것이고, 공경한다는 것은 한량없는 복덕으로 여래의 가르침으로 해탈을 얻는 것으로 설명하고 있다.

『법화경』의 제12「제바달다품」에서는 제바달다로 하여금 육바라밀, 자비희사慈悲喜捨 등의 사무량심, 32상 80종호, 자마금색의 몸, 십력, 사무소외, 사섭법, 십팔불공법 그 밖의 여러 신통력, 도력 등을 구족하게 되었다고 설명하고 있다.

"제바달다는 선지식이었으므로, 나로 하여금 육바라밀·자비희사·32상 80종호·금색의 몸과 십력·사무소외와 사섭법과 십팔불공법과 신통력을 구족하여 등정각을 이루고 널리 중생을 제도하게 하였느니라."[29]

---

[28] 『妙法蓮華經優波提舍』卷2(T26, p.8a15-24), "放金色光明者 示現見佛自身異身獲得無量諸功德故 聞說法者 示現能作一切衆生之利益故 力者 示現衆生有疑 依十種力斷彼疑故 供養者 示現能敎化衆生力故 十八不共法者 示現遠離諸障礙故 恭敬者 示現出生無量福德 依如來敎得解脫故 以人無我及法無我 一切諸法悉皆平等 是故尊者舍利弗自呵責身言我未得如是法故 於未得中退故"

[29] 『妙法蓮華經』卷4(T09, pp.34c26-35a1), "由提婆達多善知識故 令我具足六波羅蜜 慈悲喜捨 三十二相 八十種好 紫磨金色 十力四無所畏四攝法十八不共神通道力 成等正覺 廣度衆生"

『법화경』에서 부처는 법사 공덕을 성취하여 무수한 방편으로 가르침을 펼치는데, 『법화경』에서 말하는 네 가지 법사 공덕은 갖가지 방편, 지견, 염관, 언어 등을 성취하는 것을 말한다. 『법화경』에서 부처는 방편 설명의 능력으로 다양한 수준의 중생들을 오직 일불승으로 향하도록 설법하고 있다. 『법화경』 제2 「방편품」에는 부처가 중생의 근기에 맞는 방편 설법 능력으로 과거·미래·현재의 중생에게 일불승으로 향하게 설법하고 일체종지一切種智에 이르게 하였다고 다음과 같이 기술되어 있다.

"사리불아, 내가 성불한 뒤로 가지가지 인연과 가지가지 비유로 널리 가르침을 폈으며, 무수한 방편으로 중생들을 인도하여 모든 집착을 여의도록 하였으니, 왜냐하면 그것은 여래가 방편과 지견으로 바라밀을 이미 다 구족한 까닭이니라."[30]

"사리불아, 과거의 여러 부처님들께서 한량없고 수없는 방편과 가지가지 인연이나 비유의 이야기로 중생을 위하여 법을 연설하셨으니, 이 법이 다 일불승을 위한 것이니라. 그러므로 모든 중생들이 부처님을 따라 법을 듣고 필경에는 모두 일체종지를 얻었느니라. 사리불아, 미래의 여러 부처님들께서 세상에 출현하시면 한량없고 수없는 방편과 가지가지 인연과 비유의 이야기로 중생을 위하여 연설하시리니, 이 법이 다 일불승을 위한 것이니라. 그러므로

---

30 『妙法蓮華經』卷1(T09, p.5c1-4), "舍利弗 吾從成佛已來 種種因緣 種種譬喻 廣演言教無數方便 引導衆生令離諸著 所以者何 如來方便知見波羅蜜皆已具足"

모든 중생들이 부처님을 따라 법을 듣고 필경에는 모두 일체종지를 얻을 것이니라. 사리불아, 현재의 시방에 한량없는 백천만억 불국토에 부처님 세존들이 이익케 함이 많아서 중생들을 안락케 하나니, 이 부처님들도 한량없고 수가 없는 방편과 가지가지 인연과 비유의 이야기로 중생을 위하여 법을 연설하시나니, 또한 이 법도 다 일불승을 위한 것이니라."[31]

또한 제5「약초유품」에서는 여래는 중생의 근기에 따라 자재하게 설법함과 여래의 설법에 대한 성격을 나타내고 있다.

"여래는 이때 중생들의 근기가 영리하고 둔함과 정진하고 게으름을 관찰하여 그가 감당할 수 있도록 법을 설하되, 한량없는 이들을 모두 즐겁게 하며, 좋은 이익을 얻게 하였느니라."[32]

"여래가 설하는 법은 한 모습이며 한맛이니, 이른바 해탈의 모습과

---

31 『妙法蓮華經』卷1(T09, p.7b4-16), "舍利弗 過去諸佛 以無量無數方便 種種因緣 譬喩言辭 而爲衆生演說諸法 是法皆爲一佛乘故 是諸衆生從諸佛聞法 究竟皆得一切種智 舍利弗 未來諸佛當出於世 亦以無量無數方便 種種因緣 譬喩言辭 而爲衆生演說諸法 是法皆爲一佛乘故 是諸衆生從佛聞法 究竟皆得一切種智 舍利弗 現在十方無量百千萬億佛土中 諸佛世尊多所饒益安樂衆生 是諸佛亦以無量無數方便 種種因緣 譬喩言辭 而爲衆生演說諸法 是法皆爲一佛乘故 是諸衆生從佛聞法 究竟皆得一切種智"
32 『妙法蓮華經』卷3(T09, p.19b16-19), "如來于時 觀是衆生諸根利鈍 精進懈怠 隨其所堪而爲說法 種種無量 皆令歡喜 快得善利"

여의는 모습과 멸하는 모습이니, 필경에는 일체종지에 이르는 것이니라."³³

이러한 부처의 현증인 법사의 공덕 성취에 대해 『묘법연화경우바제사』에서는 네 가지 공덕을 성취한 것이라고 하며 다음과 같이 설명한다.

여래께서는 네 가지 공덕을 성취하셨기 때문에, 중생을 제도하실 수 있는 것이다. 어떤 것이 이 네 가지인가? 첫째 주성취住成就이니, 경에 "사리불아, 여래께서는 갖가지 방편을 성취하셨느니라"라고 하였다. 갖가지 방편이란 도솔천兜率天에서 이 세상으로 내려오셔서, 열반에 드심을 나타내 보이는 것이다. 둘째 교화성취敎化成就이니, 경에 "갖가지 지견"이라고 하였다. 갖가지 지견이란 더럽고 청정한 모든 인을 나타내 보인 것이다. 셋째 공덕을 필경에 성취함이니, 경에 "갖가지 염관念觀"이라고 하였다. 갖가지 염관이란 그 법의 성취한 인연을 말함이 법답게 상응하는 까닭이다. 넷째 설법성취(說成就)니, 경에 "갖가지 언사言辭"라고 하였다. 갖가지 언사란 네 가지 걸림 없는 지혜로써 어떠어떠한 명자名字와 장구章句에 의거하여 어떠어떠한 중생을 따라 능히 받아서 말하는 것이다.³⁴

---

33 『妙法蓮華經』 卷3(T09, p.19b23-25), "如來說法 一相一味 所謂解脫相 離相 滅相 究竟至於一切種智"

34 『妙法蓮華經憂波提舍』 卷2(T26, p.5b22-29), "如來成就種種方便故 種種方便者 謂從兜率天中退沒乃至示現入涅槃故 二者敎化成就 如經種種知見故 種種知見者 示現染淨諸因故 三者功德畢竟成就 如經種種念觀故 種種念觀者 以說彼法成

제3장 『법화경』의 일불승과 삼승의 수증 169

『묘법연화경우바제사』에서는 법사 공덕의 성취에 대해 첫째는 갖가지 방편으로 석가모니불이 도솔천에서 물러나 인도에서 태어나 깨달음을 얻고 열반에 든 것은 중생으로 하여금 깨달음을 얻게 하도록 방편을 보인 것이고, 둘째는 갖가지 불지견으로 중생을 교화하기 위해 더럽고 청정한 모든 인을 가지고 나타내 보이는 것이고, 셋째는 갖가지 염관念觀으로 인연에 따라 불지견을 성취할 수 있도록 설하는 것이 자재하다는 것이고, 넷째는 어떠한 중생에게라도 명자와 장구로 설명함에 있어 능하다는 의미를 말하고 있다.

라. 광명

『법화경』에서 부처는 시방으로 광명을 비추는 능력을 기술하고 있는데, 부처의 광명은 시방에 비추면 중생들은 보지 못하던 것을 볼 수 있게 하는 능력이다. 다음은 『법화경』 제1 「서품」에 나오는 석가모니불과 일월등명불이 각각 미간의 백호상白毫相으로 광명을 비추는 내용이 기술되어 있는 부분이다.

그때 부처님께서는 미간의 백호상으로 광명을 놓으시어 동방으로 1만 8천의 세계를 비추시니, 두루하지 않은 데가 없어 아래로는 아비지옥과 위로는 아가니타천阿迦膩吒天에까지 이르렀다.[35]

就因緣 如法相應故 四者說成就 如經種種言辭故 種種言辭者 以四無礙智依何等 何等名字章句 隨何等何等衆生能受而爲說故"

[35] 『妙法蓮華經』 卷1(T09, p.2b16-18), "爾時佛放眉間白毫相光 照東方萬八千世界 靡不周遍 下至阿鼻地獄 上至阿迦尼吒天"

그때 여래께서는 미간의 백호상으로 광명을 놓으시어 동방으로 1만 8천 세계를 비추시니, 두루하지 않은 데가 없는 것이 지금 보는 여러 부처님의 세계와 같았습니다.[36]

다음은 『법화경』 제11 「견보탑품」에서 석가모니불이 미간의 백호상에서 한 줄기 광명을 비추어 백만억 나유타 항하의 모래알처럼 수많은 세계 속의 여러 분신 부처들을 친견할 수 있도록 광명을 비춘다는 내용이 기술되어 있는 부분이다.

그때 부처님께서 백호의 한 광명을 놓으시니, 곧 동방 5백만억 나유타 항하의 모래같이 많은 국토에 있는 여러 부처님을 볼 수 있거늘, 그 여러 국토는 땅이 파려로 되었고, 보배 나무와 보배 옷으로 장엄되었으며, 한량없이 많은 천만억 보살이 그 가운데 충만하였고, 보배 장막이 둘러쳐 있었다.[37]

다음은 『법화경』 제21 「여래신력품」에 나오는 석가모니불이 털구멍에서 광명을 내어 시방세계를 비춘다는 내용이 기술되어 있는 부분이다.

---

36 『妙法蓮華經』 卷1(T09, p.4a18-19), "爾時如來放眉間白毫相光 照東方萬八千佛土 靡不周遍 如今所見是諸佛土"

37 『妙法蓮華經』 卷4(T09, pp.32c29-33a3), "爾時佛放白毫一光 卽見東方五百萬億那由他恒河沙等國土諸佛 彼諸國土 皆以頗梨爲地 寶樹寶衣以爲莊嚴"

넓고 긴 혀를 내시니 위로는 범천까지 이르며, 일체의 털구멍에서는 한량없이 많은 광명이 나타나 시방세계를 두루 비추며, 또한 보배 나무 아래의 사자좌에 앉으신 많은 부처님들께서도 그와 같은 넓고 긴 혀를 내시어 광명을 놓으셨다.[38]

다음은 『법화경』 제24「묘음보살품」에 나오는 석가모니불이 육계에서 찬란한 광명을 비추고 미간의 백호상에서도 광명을 놓아, 동방으로 백팔만억 나유타 항하의 모래알처럼 많은 부처의 세계들을 빠짐없이 밝게 비춘다는 내용이 기술되어 있는 부분이다.

그때 석가모니불께서 대인상大人相인 육계肉髻에서 광명을 놓으시고, 또 미간의 백호상에서도 광명을 놓아 동방으로 108만억 나유타 항하의 모래 같은 여러 부처님 세계를 비추셨다.[39]

다음은 『법화경』 제27「묘장엄왕본사품」에 나오는 운뢰음수왕화지불이 육계에서 찬란하게 큰 광명을 발한다는 내용이 기술되어 있는 부분이다.

그때 가운데 큰 보배 상牀이 있어 백천만의 하늘 옷을 깔았는데,

---

38 『妙法蓮華經』卷6(T09, p.51c18-20), "出廣長舌上至梵世 一切毛孔放於無量無數色光 皆悉遍照十方世界"
39 『妙法蓮華經』卷7(T09, p.55a17-19), "爾時釋迦牟尼佛放大人相肉髻光明 及放眉間白毫相光 遍照東方百八萬億那由他恒河沙等諸佛世界"

그 위에 부처님께서 가부좌를 틀고 앉으시어 큰 광명을 놓으셨느니라.[40]

『법화경』에서 나오는 부처의 광명은 사바세계의 중생들이 보지 못하는 부처에게만 보이는 세계를 볼 수 있도록 해주는 신통의 힘을 갖추고 있다. 이러한 광명은 부처의 육계, 백호상, 털구멍, 온몸에서 발하고 있다고 『법화경』에서는 제시되고 있다.

『법화경』에서 부처가 광명을 비추는 경우를 표로 정리하면 다음과 같다.

〈표 4〉『법화경』에서 부처의 광명

	품	주체	발원지	상황
1	제1「서품」	석가모니불	백호상	광명을 비추어 동쪽으로 만 팔천 세계를 두루 비추어 사바세계의 여러 중생들을 보게 함
		일월등명불	백호상	석가모니불과 똑같이 광명을 비추어 동쪽으로 만 팔천 세계를 두루 비추어 사바세계의 여러 중생들을 보게 함
2	제11「견보탑품」	석가모니불	백호상	백만억 나유타 항하의 모래알처럼 수많은 세계 속의 여러 분신 부처님들을 친견할 수 있도록 광명을 비춤
3	제21「여래신력품」	석가모니불	털구멍	사바세계의 백천만억 여러

---

40 『妙法蓮華經』卷7(T09, p.60b17-18), "臺中有大寶床 敷百千萬天衣 其上有佛結加趺坐 放大光明"

		석가모니불의 분신불		분신 부처님, 다보여래, 무량한 백천만억의 보살마하살, 여러 사부대중을 보여줌
4	제24「묘음보살품」	석가모니불	육계, 백호상	108만억 나유타 항하의 모래 같은 여러 부처님 세계를 보여줌
5	제27「묘장엄왕본사품」	운뢰음수왕화지불	육계	묘장엄왕과 왕비에게 법을 설하고 계시는 상황

마. 수기

『법화경』에서 과거나 미래의 일을 제외하고 현재 석가모니불이 설하고 있는 장소인 영축산에서 수기하는 사례를 살펴본다면 모두 8,512명을 대상으로 6회에 걸쳐서 이루어진다. 이들은 모두 출가한 남녀 성문 대중이며 보살이나 천신, 아사세왕 등 재가불자들, 그리고 천룡팔부 등에 대해서는 구체적으로 수기를 주는 상황이 없다. 다만 『법화경』 제10「법사품」에서 "모두 부처님 앞에 나아가 『묘법연화경』의 한 게송이나 한 구절을 듣고, 일념으로 따라 기뻐하는 이에게는 내가 모두 수기를 주어 아뇩다라삼먁삼보리를 얻게 하리라"[41]라고 하는 일반적인 수기만 했을 뿐이다. 시기와 명호 등에 대한 설명을 동반하여 구체적으로 수기를 받은 이들 가운데 이름이 밝혀진 사람은 사리불 등 23명이다. 다음은 『법화경』에서 석가모니불이 성문의 제자들에게 수기하는 현황을 정리한 도표이다.

---

41 『妙法蓮華經』卷4(T09, p.30c4-7), "如是等類 咸於佛前 聞妙法華經一偈一句 乃至一念隨喜者 我皆與授記 當得阿耨多羅三藐三菩提"

〈표 5〉『법화경』 수기 현황

	품	수기를 받는 사람	공양하는 부처의 수	불명	국토명	겁명
1	제3「비유품」	사리불	무수한 천만억불	화광	이구	대보장엄
2	제6「수기품」	마하가섭	3백만억불	광명	광덕	대장엄
		수보리	3백만억 나유타불	명상	보생	유보
		마하가전연	8천억불 + 2만억불	염부나제 금광		
		마하목건련	8천불 + 2백만억불	다마라발 전단향	의락	희만
3	제8「오백제자 수기품」	부루나	무량무변불	법명	선정	보명
		교진여	6만 2천억불	보명		
		5백 아라한 (우루빈나가섭, 가야가섭, 나제가섭, 가루타이, 우타이, 아누루타, 이바다, 겁빈나, 박구라, 주타, 사가타 등)		보명	차례로 성불	
4	제9「수학무학 인기품」	아난	62억불	산해혜자 재통왕	상립승번	묘음변만
		라훌라	10세계 미진수불	도칠보화		
		2천 명의 유학·무학인	50세계 미진수불	보상	시방에서 동시 성불	
5	제12「제바달다품」	제바달다		천왕	천도	
6	제13「권지품」	마하파사파제, 6천 명의 유학·무학 비구니	6만 8천억불	일체중생 희견	차례로 성불	

	야소다라	백천만억불	구족천만 광상	선국	

『묘법연화경우바제사』에서는 부처가 성문에게 수기를 주는 이유는 성문이 결정심(놀라고 두려워하는 마음을 끊는 것)을 얻었기 때문이고 성문의 법신이 여래의 법신과 평등하기 때문이라고 그 의미를 밝히고 있다. 또 『법화경』의 6군데에서 부처가 성문에게 수기를 주는데, 그 각각의 수기 상황에 따른 의미에 대해서 다음과 같이 자세히 설명하고 있다.

수기라고 말하는 것은 여섯 곳에 나타내 보였는데, 다섯 곳은 여래의 수기요, 한 곳은 보살의 수기이다. 여래의 수기는 사리불·마하가섭 등 여러 사람이 잘 아는 큰 아라한들은 명호가 같지 않기 때문에 별도로 수기를 주신 것이요, 부루나 등 오백인과 천이백인 등은 동일한 명호이기 때문에 동시에 수기를 주신 것이다. 아직 배우는 이와 다 배운 이 등은 모두 동일한 명호이며, 여러 사람이 잘 알지 못하기 때문에 일시에 수기를 주신 것이다. (여래께서) 제바달다에게 수기를 주신 것은 여래께서는 원망함이 없음을 나타내 보인 것이요, 비구니와 모든 천녀들에게 수기를 주신 것은 여인이 재가이거나 출가이거나 간에 보살행을 닦은 이들은 모두 불과佛果를 증득하기 때문임을 나타내 보이는 것이다. 보살의 수기는 「상불경보살품常不輕菩薩品」에서 (상불경보살이) 예배하고 찬탄하며 "나는 그대들을 가벼이 여기지 않는다. 왜냐하면, 그대들은 모두 마땅히 성불할 것이기 때문이다"라고 한 것과 같으니, 모든 중생들이 모두 불성을 지니고 있음을 보이는 것이다.[42]

『묘법연화경우바제사』에서는 〈표 5〉에서와 같이 『법화경』의 여섯 군데에서 석가모니불이 성문에게 수기를 주는 내용을, 제2 「비유품」의 사리불에게 수기를 주는 내용과 제6 「수기품」의 마하가섭 등에게 주는 내용을 여러 사람이 잘 아는 아라한이라고 하여 하나로 묶었다. 또한 제20 「상불경보살품」에서 보살이 수기를 주는 상황을 따로 꼽아 총 여섯 군데에서 수기를 주고 있다고 보고 있다. 『묘법연화경우바제사』에서는 수기를 주는 경우의 해석을 첫째는 대아라한이면서 명호가 같지 않음을 보이는 경우, 둘째는 아라한이면서 명호가 같은 경우, 셋째는 유학인과 무학인이 모두 명호가 같은 경우를 나타내고 있다고 하며, 넷째는 제바달다의 수기로 석가모니불이 제바달다에게 원망이 없음을 나타내 보이는 경우이며, 다섯째는 비구니와 천녀들의 수기로 여인, 출가나 재가의 구분 없음을 나타내 보이는 경우이며, 여섯째, 부처가 아닌 상불경보살이 수기하는 경우로 모든 중생이 불성을 지니고 있음을 나타내 보인다고 설명하고 있다.

이렇게 『법화경』에서 현증하는 부처의 모습에 대하여 불지견, 실상

---

[42] 『妙法蓮華經優波提舍』 卷2(T26, p.9a4-14), "言授記者 六處示現 五是佛記 一菩薩記 如來記者 謂舍利弗大迦葉等衆所知識 名號不同故別與記 富樓那等五百人千二百等同一名故 俱時與記 學無學等皆同一號 又復非是衆所知識 故同與記 如來與彼提婆達多授別記者 示現如來無怨惡故 與比丘尼及諸天女授佛記者 示現女人在家出家修菩薩行皆證佛果 故與授記 菩薩記者 如下〈不輕菩薩品〉中示現應知 禮拜讚歎作如是言 我不輕汝 汝等皆當得作佛者 示現衆生皆有佛性故"

에 대한 깨달음, 온갖 공덕, 광명, 수기하는 모습 등으로 표현하고 있다. 『법화경』에서 드러난 부처의 불지견은 첫째, 부처가 증득한 것들이 매우 많아 깊은 것과 둘째, 설법하는 법의 깊이가 매우 깊은 것을 표현하고 있다. 또한 부처는 법의 실상에 대해 깨달았는데 법에 대해 열 가지 측면으로 입체적으로 증득하고 있음을 기술하고 있다. 또 부처는 외형상으로는 32상 80종호를 갖추고 능력상으로는 사무량심·사무애변·십력·사무소외·사섭법·십팔불공법·사선정·팔해탈· 여러 삼매, 네 가지 법사 공덕 등 온갖 공덕을 갖추고 있다고 기술하고 있다. 또 부처는 여러 중생에게 수기를 주는데, 이는 미래생을 내다보는 능력을 갖추고 있기에 미래에 깨닫게 된다고 확신을 주는 수기를 줄 수 있는 것이다. 이처럼 『법화경』에서는 부처의 위신력이 현증하고 있음을 경전의 내용에서 알 수 있다.

2) 『법화경』에서 일불승의 수행

『법화경』에서는 이 세상에 과거에도 부처가 출현했고, 현재에도 석가모니불이 출현하여 성문 제자들에게 수기를 주면서 미래에도 부처가 출현할 것이라 하고 있다. 그리고 이 세상에 출현하는 모든 부처가 출현하는 이유와 목적은 오직 일대사인연뿐이라고 분명하게 명시하고 있다. 그렇다면 일체중생을 위한 모든 부처의 보살행은 일대사인연이 목적이라고 볼 수 있다. 다음으로 『법화경』에서 일대사인연을 목적으로 하는 부처의 수행에 대해서 살펴보고자 한다.

"그로부터 나는 항상 이 사바세계에 있으면서 설법하여 교화하였고, 또 다른 백천만억 나유타 아승기 국토에서 중생을 인도하여 이익되게 하느니라. 선남자들이여, 이 중간에서 내가 연등불燃燈佛 등에게 설하였고, 또 그의 열반을 설하였으나, 이와 같은 것은 모두 방편으로써 분별함이니라. … 이런 일을 여래는 밝게 보아 그릇됨이 없건만, 중생들이 다만 가지가지 성품과 가지가지 욕망과 가지가지 행과 가지가지 생각하는 분별이 있으므로, 모든 선근을 내게 하려고 여러 가지 인연과 비유와 이야기로 가지가지 법을 설하며, 부처님의 일을 하되 일찍이 쉬어 본 일이 없느니라. 이와 같이 나는 성불한 지가 매우 오래되어 수명이 한량없는 아승기겁에 항상 머물러 멸하지 않느니라. 선남자들이여, 내가 본래 보살도를 행하여 이룬 수명은 지금도 아직 다하지 못하였으며, 다시 위에서 말한 수의 배나 되지만, 참 멸도가 아닌 것을 방편으로써 멸도를 취한다고 말하나니, 여래는 이런 방편으로 중생을 교화하느니라.[43]

부처는 항상 이 사바세계에서 설법으로 교화했으며, 방편으로 여러 중생을 이익되도록 설법했다고 한다. 그리고 이 일을 부처의 일이라 하며, 이러한 행이 부처로서의 수행이자 보살도이며 이러한 보살행으로 이룬 수명이 아직 다하지 못하였다고 설하고 있다. 그런데 산스크리

---

43 『妙法蓮華經』卷5(T09, p.42b26-c23), "自從是來 我常在此娑婆世界說法教化 亦於餘處百千萬億那由他阿僧祇國導利衆生 諸善男子 於是中間 我說燃燈佛等 又復言其入於涅槃 如是皆以方便分別 … 如斯之事 如來明見 無有錯謬 以諸衆生 有種種性 種種欲 種種行 種種憶想分別 欲令生諸善根 以若干因緣 譬喻 言辭種種 說法 所作佛事 未曾暫廢 如是 我成佛已來 甚大久遠 壽命無量阿僧祇劫 常住不滅 諸善男子 我本行菩薩道所成壽命 今猶未盡 復倍上數 然今非實滅度 而便唱言"

트본에는 부처의 보살행에 대해 다르게 표현하고 있다. 산스크리트본에는 구마라집 한역본에서 '보살행으로 수명을 이룬다'라는 표현과는 달리 '과거의 보살행이 아직도 완성되어 있지 않다'라고 표현되어 있어 부처가 깨달음을 얻은 이후, 과거 보살로서의 수행이 아직도 완성되어 있지 않으며 과거에서부터 현재와 미래까지 보살행을 이어가고 있음을 밝히고 있다. 그에 해당하는 산스크리트본의 내용은 다음과 같다.

"여래는 먼 과거에 깨달음을 얻어 헤아릴 수 없는 수명을 지니고 언제나 현존해서 완전한 열반에 든 적은 없으나, 중생을 교화하기 위해 완전한 열반을 나타내 보이는 것이다. 그러나 선남자들이여, 나의 과거의 보살행은 아직도 완성되지 않았으며, 수명의 길이도 다하지 않았다. 그뿐 아니라 내 수명이 다할 때까지는 지금까지의 두 배에 해당하는 수백, 수천만억 나유타의 겁이 걸릴 것이다. 또 나는 아직 완전한 열반에 들지 않았는데도, 나는 늘 '완전한 열반에 든다'고 알린다. 그것은 중생들을 교화하기 위한 방편이다.[44]

---

44 현해 편역, 『梵文·漢譯·英譯·國譯 四本對照 妙法蓮華經 III』, WR. pp.20~22. tāvac-cirâbhisambuddho 'parimit'āyuṣ-pramānas tathāgataḥ sadā sthitaḥ/ aparinirvṛtas tathāgataḥ parinirvāṇam ādarśayati vaineya-vaśāt/ na ca tāvan me kula-putrā adyâpi paurvikī bodhisattva-caryā pariniṣpādit'āyuṣ-pramāṇam apy aparipūrṇam/ api tu khalu punaḥ kula-putrā adyâpi tad-dvi-guṇena me kalpa-koṭī-nayuta-śata-sahasrāṇi bhaviṣyanty āyuṣ-pramāṇasy' ā paripūrṇatvāt/ idānīṃ khalu punar ahaṃ kula-putrā aparinirvāyamāṇa eva parinirvāṇam ārocayāmi/ tat kasya heto/ sattvān ahaṃ kula-putrā anena paryāyeṇa

구마라집 한역본의 '보살행으로 수명을 이룬다'가 무한의 수명이 있는 데에는 보살행이 있었다는 무한에 가까운 수명의 원인으로 초점이 맞춰져 있다면, 산스크리트본은 '과거의 보살행이 아직도 완성되지 않았다'는 현재에도 보살행이 완성되지 않아 완전한 열반에 들지 않는 원인에 초점을 맞추고 있음을 알 수 있다.

이러한 부처의 보살행은 위의 인용문을 중심으로 인용문 앞에서는 구원성불久遠成佛을 언급하고 있고, 인용문 이후에는 우리에게 알려진 역사적 석가모니불에 관해 설명하고 있으므로 이 둘을 각기 '구원성불久遠成佛의 보살행'과 '가야성불伽倻成佛의 보살행'으로 나눌 수 있다.

(1) 구원성불의 보살행

『법화경』 제16 「여래수량품」에서는 석가모니불이 먼 과거에 이미 성불했다는 사실을 밝혔는데, 위의 인용문에서 이러한 구원실성의 부처는 계속해서 보살행을 하고 있다고 설하고 있다. 이 표현에 담긴 의미를 파악하기 위해서는 과거에 이미 깨달음을 이룬 부처가 깨달은 후에 실제로 어떤 활동을 펼쳐 왔는가를 검토해 볼 필요가 있다. 마츠모토 시로(松本史朗)는 이 구원실성불의 구체적인 행적에 관해 그의 논문에서 구원실성의 부처와 가야근성의 부처가 대비적으로 이해되거나, 구원실성의 부처에 대해 지나치게 추상적으로 이해하는 경향에 대해 비판하고 있다.[45] 마츠모토는 『법화경』에 제시된 구원실성의 부처가 과거에 깨달음을 얻은 장소를 '사바세계'의 '가야성 부근의

---

paripācayāmi/
[45] 松本史朗(2012), pp.243~254.

보리수 아래'임을 다음 산스크리트어본의 내용을 인용하여 밝히고 있다.[46]

"미륵이여, 이 한량없고 가없는 아승기의 많은 보살마하살들이 땅에서 솟아나온 일은 너희들이 일찍이 보지 못한 일이리라. 내가 이 사바세계에서 아뇩다라삼먁삼보리를 얻어 이 많은 보살을 교화하여 보이고, 인도하여 그 마음을 조복받고 도의 뜻을 일으키게 하였느니라."[47]

"나는 가야의 도성 근처에 있는 보리수 아래에서 깨달음을 얻은 뒤 위없는 법륜을 굴려 모두(종지용출의 무수한 보살들)를 최고의 깨달음을 향해 성숙시켰다. 나의 청정한 진실의 말을 듣고 그대들은 모두 나를 믿으라. 내가 최고의 깨달음 얻은 것은 먼 과거의 일이며 이 모두(종지용출의 보살들)를 최고의 깨달음으로 성숙시킨 것도 나이다."[48]

---

[46] 앞의 논문, pp.243~244.
[47] 현해 편역, 『梵文·漢譯·英譯·國譯 四本對照 妙法蓮華經 II』, WR. p.585. mayâite ajita sarve bodhisattvā mahāsattvā asyāṃ sahāyāṃ lokadhātāv anuttarāṃ samyak-saṃbodhim abhisaṃbudhya samādāpitāḥ samuttejitāḥ sampraharṣitā anuttarāyāṃ samyak-saṃbodhau pariṇāmitaḥ/ 『妙法蓮華經』 卷5(T09, p.41a29-b4), "阿逸多 是諸大菩薩摩訶薩 無量無數阿僧祇 從地踊出 汝等昔所未見者 我於是娑婆世界得阿耨多羅三藐三菩提已 敎化示導是諸菩薩 調伏其心 令發道意"
[48] 현해 편역, 『梵文·漢譯·英譯·國譯 四本對照 妙法蓮華經 II』, WR. p.591. mayā ca prāpyā imam agra-bodhim nagare Gayāyāṃ druma-mūli tatra/ anuttaraṃ vartiya dharma-cakraṃ paripācitāḥ sarvi ihâgra-bodhau//42//anāsravā bhūta

위 인용문에 의하면, 부처의 성불은 사바세계의 가야성 부근에 있는 보리수 아래에서 이루어졌음을 알 수 있다. 동시에 이 장소는 경전에서 부처가 아주 먼 과거세에 성불했음을 증명하는 종지용출한 보살들을 교화한 장소이기도 하다. 그리고 인용된 경문들은 부처가 성불한 이후에도 지속적으로 행한 것은 주로 설법을 통한 중생의 교화라는 사실을 알 수 있다. 이러한 구원실성의 교화는 무량한 중생들에게 교설했음을 다음에서 알 수 있다.

"내가 성불한 지는 이보다 백천만억 나유타 아승기겁이나 더 오래 되느니라. 그로부터 나는 항상 이 사바세계에 있으면서 설법하여 교화했고, 또 다른 백천만억 나유타 아승기 국토에서 중생을 인도하여 이익되게 하느니라."[49]

위의 인용문에서 '그로부터'란 구체적으로 앞의 '미진수微塵數의 겁'의 비유를 지시한다. 미진수의 겁은 석가모니불의 성불과 수명이라는 시간적 문제를 공간적 개념을 통해 설명하는 비유인데, 그 내용은 백천만억 나유타로 표현되는 무한에 가까운 삼천대천세계三千大天世

---

iyaṃ mi vācā śruṇitva sarve mama śraddadhadhvam| evaṃ ciraṃ prāpta mayā 'gra-bodhi paripācitāś câiti mayâiva sarve//43//『妙法蓮華經』卷5(T09, p.41b23-28), "我於伽耶城 菩提樹下坐 得成最正覺 轉無上法輪 爾乃教化之 令初發道心 今皆住不退 悉當得成佛 我今說實語 汝等一心信 我從久遠來 教化是等衆"

49 『妙法蓮華經』卷5(T09, p.42b25-28), "我成佛已來 復過於此百千萬億那由他阿僧祇劫 自從是來 我常在此娑婆世界說法教化 亦於餘處百千萬億那由他阿僧祇國 導利衆生"

界를 작은 티끌로 만들어 티끌 하나를 일 겁劫으로 치더라도 부처가 성불하고서 경과한 시간에는 미치지 못한다는 것이다. 따라서 '그로부터'란 '무한한 시간 이전에 성불한 이래로 계속해서'라는 의미가 된다. 그러므로 무한한 시간 이전에 성불한 부처는 부처가 된 이후 사바세계와 다른 무량한 세계에서 무량한 중생에게 설법을 해왔다는 것이다.

"선남자들이여, 만일 어떤 중생이 나를 찾아오면, 나는 부처의 눈으로 그의 신심과 모든 근기의 날카롭고 둔함을 관하여 제도할 바를 따라 곳곳에서 설하되, 이름이 같지 아니하며, 연세가 많고 적으며, 또다시 나타나 열반에 든다 하며 또 가지가지 방편으로 미묘한 법을 설하여 중생으로 하여금 능히 환희한 마음을 일으키게 하리라."⁵⁰

위 인용문에서 부처는 중생의 근기에 맞추어 교화하는데, 육체적 죽음을 통한 열반涅槃도 부처의 교화 방법의 하나임을 밝히고 있다. 부처는 헤아릴 수 없이 오래전에 성불을 이룬 이후로 계속해서 중생을 제도해 왔는데, 때때로 육체적 죽음이라는 사건을 통해 중생을 교화하기도 했다. 그렇다면 완전한 열반에 있는 부처는 존재하는가? 하는 문제에 대해 경문에서 다음과 같이 서술되어 있다.

---

50 『妙法蓮華經』 卷5(T09, p.42c1-5), "諸善男子 若有衆生來至我所 我以佛眼 觀其信等諸根利鈍 隨所應度 處處自說 名字不同 年紀大小 亦復現言當入涅槃 又以種種方便說微妙法 能令衆生發歡喜心"

"이와 같이 나는 성불한 지가 매우 오래되어 수명이 한량없는 아승기겁에 항상 머물러 멸하지 않느니라. 선남자들이여, 내가 본래 보살도를 행하여 이룬 수명은 지금도 아직 다하지 못하였으며, 다시 위에서 말한 수의 배나 되지만, 참 멸도가 아닌 것을 방편으로써 멸도를 취한다고 말하나니, 여래는 이런 방편으로 중생을 교화하느니라."[51]

위 인용문은 부처가 중생교화를 위해 열반에 들기는 하였지만 실제로는 열반에 든 적이 없으며, 언제나 상주하고 있다고 설하고 있다. 여기서 밝혀지는 것은 부처의 열반이 소멸이 아니라 교화의 한 방편이라는 점이다. 이상의 경문들은 때때로 열반을 보여주기도 했지만, 실제로 열반에 들지 않고 언제나 중생을 교화하기 위해 쉼 없는 보살행을 하고 있음을 밝히고 있다.

이 논문에서 언급한 인용들을 종합적으로 검토하면, 인용문 중에 '그로부터'란 표현에서 알 수 있듯이, '미진수의 겁'에 비유될 만큼 먼 과거에 성불을 이룬 부처의 교화 활동이 시작된 시기를 밝히고 있다.

따라서 인용문들의 내용을 정리하면, 앞에서 '미진수의 겁'에 비유되는 아득한 과거에 성불했음을 밝히고 나서, 이 시기부터 계속해서 교화 활동이 지속되었음을 설명하고, 때때로 과거에 중생들에게 열반에 든다고 설하였으나, 실제로는 열반에 들지 않고 상주하여 법을

---

51 『妙法蓮華經』卷5(T09, p.42c19-23), "如是 我成佛已來 甚大久遠 壽命無量阿僧祇劫 常住不滅 諸善男子 我本行菩薩道所成壽命 今猶未盡 復倍上數"

설함을 밝히고 '본래 보살도를 행하여 이룬 수명이 지금도 아직 다하지 못했다'라고 하고 있다.

이것은 과거에 깨달음을 성취한 이후 부처가 펼쳤던 다양한 '교화행 敎化行'을 지시하고 있음을 확인할 수 있다. 그리고 자신이 과거로부터 펼쳐 왔던 다양한 교화행으로 이룬 수명이 아직 끝나지 않았음을 명확하게 밝히고 있다. 즉 과거로부터 행해 왔던 '교화행'이 곧 '보살행' 이라고 규정하는 것이 인용문들의 맥락인 것이다.

(2) 가야성불伽倻成佛의 보살행

경문에서 석가모니불이 구원성불한 이래 쉼 없는 중생교화를 보살행이라고 부처 자신이 규정한 것에 대해서 살펴보았다. 이제는 지금으로부터 약 2,500년 전에 인도에서 출현한 현재불, 가야성 근처의 보리수 아래에서 최근에 성불한 것으로 알려진 석가모니불의 보살행에 대해 알아보고자 한다.

"그러나 선남자들이여, 나의 과거의 보살행은 아직도 완성되지 않았으며, 수명의 길이도 다하지 않았다. 그뿐 아니라 내 수명이 다할 때까지는 지금까지의 두 배에 해당하는 수백 수천만억 나유타 의 겁이 걸릴 것이다. 또 나는 아직 완전한 열반에 들지 않았는데도, 나는 늘 '완전한 열반에 든다'고 알린다. 그것은 중생들을 교화하기 위한 방편이다."[52]

---

52 현해 편역, 『梵文·漢譯·英譯·國譯 四本對照 妙法蓮華經 III』, WR. pp.20~22. tāvac-cirâbhisambuddho 'parimit'āyuṣ-pramānas tathāgataḥ sadā sthitaḥ/

위 인용문에는 가야성 부근에서 성불한 부처, 즉 우리가 알고 있는 역사적인 석가모니불의 수명과 열반에 대한 교설이 담겨 있는 것이다. 우선 석가모니불의 수명에 관해서는 오랜 옛적에 성불한 이후 현재까지 아직 그 수명이 다하지 않았음을 밝히고 있다. 그리고 남은 수명은 그것의 두 배가 더 남아 있다고 설하고 있다. 여기서 중요한 것은 부처의 수명을 설명한 그다음의 문장인데, 이 문장에서 주목해야 할 표현은 '지금'이라는 단어이다. '지금'이란 말은 과거세에 이미 성불을 이룬 부처가 선언한 열반에 대해 대비적으로 사용된 말임을 알 수 있다. 따라서 이때의 '지금'이란 말은 곧바로 이번 생에 있어서라는 의미인 것이다. 직접적인 의미로는 제11 「견보탑품」에서 "누가 능히 이 사바세계에서 묘법연화경을 설할 수 있겠는가? 지금이 바로 이 경전을 설할 때이니, 여래는 머지않아 열반에 들 것이니라"[53]라고 하여 이 문장에서 '지금'이란 이번 생을 의미하고 이번 생의 열반에 대해서 선언하고 있다. 그리고 앞의 인용문에서도 밝혔듯이 열반에 든다는 것의 실질적인 의미로는 '중생을 제도하기 위해 열반을 보여줄

---

aparinirvṛtas tathāgataḥ parinirvāṇam ādarśayati vaineya-vaśāt/ na ca tāvan me kula-putrā adyâpi paurvikī bodhisattva-caryā pariniṣpādit'āyuṣ-pramāṇam apy aparipūrṇam/ api tu khalu punaḥ kula-putrā adyâpi tad-dvi-guṇena me kalpa-koṭī-nayuta-śata-sahasrāṇi bhaviṣyanty āyuṣ-pramāṇasy' ā paripūrṇatvāt/ idānīṃ khalu punar ahaṃ kula-putrā aparinirvāyamāṇa eva parinirvāṇam ārocayāmi/ tat kasya heto/ sattvān ahaṃ kula-putrā anena paryāyeṇa paripācayāmi.

53 『妙法蓮華經』 卷4(T09, p.33c13-14), "誰能於此娑婆國土廣說妙法華經 今正是時 如來不久當入涅槃"

뿐, 실제로는 결코 열반에 들지 않고 항상 우리 곁에 머무르며 중생교화를 위해 쉼 없이 노력하고 있다'라고 하는 것이다.

이상으로 제16「여래수량품」의 주요 인용문을 중심으로 하여 구원성불의 보살행과 가야성불의 보살행이라는 관점에서 살펴보았다. 요약하면, 구원성불한 부처와 가야근성의 석가모니불의 보살행은 동일하며, 그 핵심은 중생에 대한 교화와 방편에 있다고 할 수 있다. 부처는 중생을 교화하기 위해 항상 상주하며 법을 설하고, 필요에 따라서는 열반에 드는 모습을 보여주면서 다양한 방편으로 중생을 돕는다. 그와 같이 구원성불한 이래 무수한 시간 동안에 걸친 교화행을 석가모니불 자신이 '보살행'이라고 부른 것이다. 그리고 현재에도 중생에게 법을 설하고, 또한 과거와 똑같은 방식으로 중생교화의 일환으로써 열반을 보여줄 것임을 선언하였다. 그리고 석가모니불에게는 앞으로도 무한에 가까운 수명이 남아 있다. 그가 과거에 행했던 교화 활동을 석가모니불 스스로가 보살행이라고 불렀으므로 가야근성불의 교화행도 마찬가지로 보살행이 된다. 따라서 석가모니불의 보살행은 과거로부터 현재, 그리고 미래에까지 그의 수명이 남아 있는 한 계속될 것이다.

이상 구마라집 한역본과 산스크리트본을 중심으로 석가모니불의 보살행에 대해서 비교하여 검토하면 다음과 같다. 구마라집 한역본의 경우 과거 성불한 이래로 다양한 방식으로 교화행을 펼쳐 왔음을 설하고서, "내가 과거에 행한 보살도에 의해 이룬 수명은 아직 끝나지 않았다(我本行菩薩道所成壽命今猶未盡)"라고 하고 있다. 이 경우에, 앞에서 자세하게 과거의 교화 활동을 설명하면서 '보살도에 의해 성취한 수명'의 문제로 넘어가면서 내용상 전개가 매끄럽지 않다. 직전의 내용은 무량한 시간 이전에 성불했다고 했지만, 갑자기 무량한 시간 이전 과거에 보살행에 의한 수명을 언급하여 앞에서 언급한 교화활동은 보살행으로 인한 부처의 수명이 무량한 원인을 설명한 것에 불과하다. 반면 산스크리트본의 내용 전개는 부처가 과거에 성불한 이래로 다양한 중생 교화를 펼쳐 왔음을 설하고, 그 교화행을 가리켜서 보살행이라 부르면서 앞으로도 수명이 매우 많이 남아 있으므로, 그 수명 동안에 부처의 교화행, 즉 보살행이 계속될 것임을 암시하고 있다. 그러므로 제16 「여래수량품」의 내용 전개는 먼저 서두에서 석가모니불이 아주 먼 과거에 성불했음을 밝히고, 그 오랜 시간 동안 다양한 방법으로 중생을 교화했음을 설명해서 그것을 보살행이라고 규정하며 앞으로도 수명이 그에 두 배가 넘게 남았으므로, 자신의 보살행이 계속되리라는 것을 암시하는 산스크리트본이 내용 전개상 자연스럽다.

(3) 석가모니불의 현세 보살행

앞에서 『법화경』의 제16 「여래수량품」에서 언급하는 석가모니불의 보살행에 대해 검토해 보았다. 그렇다면 왜 『법화경』에는 다른 경전에서는 보이지 않는 '부처의 보살행'에 대해서 자세히 설하고 있는가?라는 문제에 주목해 볼 필요가 있다. 이에 대해 세친은 『묘법연화경우바제사』에서 '나의 과거의 보살행은 아직도 완성되지 않았으며'라는 이 구문에 대해 석가모니불의 본원 때문이라고 다음과 같이 논설하고 있다.

"'나는 본래 보살도를 행하였으나 지금까지도 오히려 만족하지 못하는 것'은 본원本願 때문이니, 중생계가 아직 다하지 아니하여 서원이 구경에 이르지 아니한 까닭이다. 아직 만족하지 못했다고 하는 것은 보리가 아직 만족하지 않았다는 것을 이르는 것이 아니다. '이룬 수명이 다시 위에서 말한 수의 배나 된다고 하는 것'은 이 글은 여래의 수명은 항상하지만 선하고 공교로운 방편으로 많은 수를 들어 나타내 보이는 까닭이니, 가장 많은 수보다 더욱 많아 헤아려 알 수 없다."[54]

세친은 『묘법연화경우바제사』에서 부처의 보살행을 석가모니불의 보살 시절에 세웠던 본원과 연관시켜 논설한다. 세친은 석가모니불이 보리(bodhi)를 성취했지만, 제도해야 할 중생계가 끝이 없으므로 한량 없는 중생을 성불로 이끌기 위해 보살 시절 세웠던 서원에 따라 원행을 계속한다는 것이다.

『법화경』 제7 「화성유품化城喩品」에서는 대통지승여래大通智勝如來의 아들인 16명의 왕자들이 대통지승여래에게 출가하여 법을 청문하고 성불했다는 내용이 나오는데, 그중 석가모니불은 예토穢土인 사바세계에서 성불했다고 명시하고 있다.[55] 이러한 석가모니불의 예토

---

[54] 『妙法蓮華經憂波提舍』 卷2(T26, p.9b27-c3), "我本行菩薩道今猶未滿者 以本願故 衆生界未盡 願非究竟故 言未滿 非謂菩提不滿足也 所成壽命復倍上數者 此文示現如來命常 善巧方便顯多數故 過上數量不可數知"

[55] 『妙法蓮華經』 卷3(T09, p.25c5-6), "第十六我釋迦牟尼佛 於娑婆國土成阿耨多羅三藐三菩提"

성불 및 중생교화의 인연에 대해 보다 상세한 내용을 전하는 경전으로 『비화경悲華經』을 들 수 있다.

『비화경』의 범어 경전 제목은 『Karunapundarika-sūtra』이다. 제목에서 'karuna'는 자비, 'pundarika'는 연꽃 중에서도 흰 연꽃을 의미하며, 따라서 경전 제목은 '자비慈悲의 흰 연꽃(白蓮)에 관해 설하는 경전(經)'으로 풀이될 수 있다. 『비화경』에는 총 4종류의 한역이 있다고 전해지는데, 『비화경』의 원형으로 추측되는 축법호 역의 『한거경閑居經』 1권, 역자 불명의 『대승비분타리경大乘悲分陀利經』, 도공(道龔, 4세기 중반~5세기 초) 역의 『비화경』, 담무참(曇無讖, 385~433) 역의 『비화경』 10권이다.[56] 『정법화경』을 번역한 축법호가 이 경전의 원형으로 추정되는 『한거경』을 번역했다는 것은 주목할 만하다.

『비화경』에서는 석가모니불이 과거 보살이었을 시기에 500가지의 서원을 세웠다고 설명한다. 경전에 그 구체적인 항목들이 소개되지는 않지만, 요점은 그의 본원(本願, pūrvapranidhāna)이 정토가 아닌 예토와 관련되어 있다는 것이다. 경전에서는 아미타불이나 아촉불이 과거 보살이었을 시절에 정토淨土에서 성불할 것을 서원했는데 반해, 석가모니불의 전신인 보해(寶海, Samudrareṇu)보살은 예토, 그중에서도 번뇌가 가장 치성한 사바세계에서 성불하여 괴로움으로부터 중생을 구제할 것을 서원했다고 한다. 이에 당시의 부처였던 보장(寶藏, Ratnagarbha)여래는 보해보살의 자비심을 크게 칭찬하며 그를 대비보살大悲菩薩이라고 부른다.[57] 『비화경』은 석가모니불이 예토에서 성불

---

56 하영수(2015), pp.71~72.
57 『悲華經』 卷8(T03, p.217a24-27), "善男子 爾時 寶藏如來讚寶海梵志言 善哉善哉

하여 중생을 교화하게 된 인연이 그의 본원에 의한 것이며, 그 본원은 그의 자비심에서 비롯된 것임을 밝히고 있다. 이것은 석가모니불 본원의 특징이 예토에서의 성불뿐만 아니라 사바세계 중생을 제도하는 것이 본원이며 이것이 부처의 보살행과 연계된 것이라고 생각한다.

『법화경』 제4 「신해품」에는 유명한 장자궁자長子窮子의 비유가 나온다. 이 비유는 가섭과 수보리 등 대제자들이 설한 것인데, 위대한 지혜와 공덕을 갖춘 부처를 부유한 자산가(장자)에, 성문 제자들을 가난한 아들(궁자)에 비유하고 있다. 줄거리를 간략하게 설명하면, 장자의 아들이 어릴 때 집을 잃고 헤매다가 거지가 되어 장자의 집으로 돌아오게 된다. 장자는 한눈에 궁자가 자기 아들임을 알아보았으나 궁자는 장자가 두려워 기절하는 등 도망치게 된다. 이에 지혜로운 장자는 궁자에게 자신의 집에서 오물 청소를 하는 가장 미천한 일을 시키며 데려온다. 오랜 세월 동안 장자의 집에서 적응하게 되자 장자는 나중에 궁자가 자기의 아들임을 밝히고 유산을 물려주게 된다는 이야기이다.

다음의 『법화경』의 장자궁자의 비유 속에서 장자가 궁자에게 대하는 태도는 석가모니불이 중생에게 대하는 교화하는 태도를 비유하여 나타내고 있다.

장자인 아버지는 아들에게 다가가기 위해 자신의 목걸이와 부드러운 의복과 장신구 따위를 벗어던지고, 때 묻고 허름한 옷으로

大悲淨行 汝爲無量無邊衆生 起此大悲 能大利益 於世間中作大光明"

갈아입었습니다. 흙과 먼지를 몸에 묻힌 채 오른손에는 똥거름 치는 그릇을 잡고, 조심스럽게 일꾼들 있는 곳으로 가서 여러 사람들에게 말하였습니다.[58]

예토에서 오탁악세五濁惡世의 중생들에게 교화한다는 것은 석가모니불이 자신의 복덕과 안락을 내려놓은 것이고, 이것은 장자가 아들과 똑같이 더러운 옷을 입고 온몸에 흙먼지를 묻히고 다가가 함께 땀 흘려 일한 것과 같은 것이다. 이와 같은 석가모니불의 교화는 보살들에 둘러싸여 자신이 지은 인행의 과보를 향유하면서 법을 설하는 정토의 부처들과는 대조를 이룬다. 예토에서는 중생들이 선업이 적고 근기가 낮으므로 그들을 교화하기 위해서 부처는 비유에서처럼 자신이 성취한 복덕과 장엄을 버리고, 우리와 같은 모습을 하고 예토의 거친 세계에서 많은 고통을 감내하면서 법을 전해야 한다. 즉 예토에서 교화함이란 부처가 자신의 성취 속에 머무르는 것이 아니라, 중생의 위치에서 동반하는 것으로 가능한 행위인 것이다. 이러한 제4 「신해품」의 비유는 제16 「여래수량품」의 '나의 보살행은 끝나지 않았다'라는 문구의 의미를 잘 드러내고 있는 것으로 생각한다. 경전에서는 부처 자신이 "나의 보살행은 끝나지 않았다"라고 표현했지만, 예토에서의 교화는 사실상 보살행의 연속으로 현재 진행형이라고밖에 표현할 수 없는 필연적인 측면이 존재하는 것이다.

모든 경전에서는 가장 중요한 핵심 부분을 처음부터 드러내어 설명

---

58 『妙法蓮華經』 卷2(T09, p.17a15-17), "卽脫瓔珞 細軟上服 嚴飾之具 更著麤弊垢膩之衣 塵土坌身 右手執持除糞之器 狀有所畏 語諸作人"

한다. 『법화경』에서도 마찬가지로 석가모니불은 제1「서품」에서 자신의 모습을 드러내 현존의 모습을 직접 보이면서 법을 설하였다. 또한 언어로써 『무량의경』으로 법을 설하고, 법을 설한 후에는 가부좌를 맺고 무량의처삼매에 드는 모습을 보였다. 또 두 눈썹 사이의 백호상으로 광명을 놓아 인간의 육안으로 볼 수 없는 모든 세계의 불보살이 여러 가지 인연과 갖가지 모습으로 보살도를 닦는 것을 보게 하였다. 이렇게 석가모니불은 현증의 모습을 직접적으로 드러내 보이며 시설하고 있으나 중생들은 무지하여 이 모습을 보고도 깨닫지 못하고 있는 것이다. 그래서 이러한 모습에 의문을 품은 미륵보살이 석가모니불의 의도를 문수사리보살에게 질문하는 것으로부터 시작하여 제2「방편품」에서는 석가모니불이 삼매에서 일어나 『법화경』의 핵심을 언어로 설명하기 시작하는 것이다. 앞에서도 『법화경』의 핵심 교설을 설명했지만, 제2「방편품」에는 석가모니불이 설하는 『법화경』의 핵심 교설 중 일불승의 교설이 모두 담겨 있다. 다른 품은 이 제2「방편품」에 대한 부연 설명이라고 보면 된다.

  본서에서도 마찬가지로 『법화경』에서 석가모니불이 시설한 일불승의 교설을 가장 중요하다고 생각하기에 수행과 증득을 논설하는 장 중에서 석가모니불이 보인 일불승의 현증과 수행을 가장 앞부분에 제시하여 수행의 목적지와 지남指南을 보이고자 하였다. 『법화경』에서 석가모니불이 현증하는 모습은 불지견, 법의 실상에 대한 깨달음, 온갖 공덕(외적 공덕: 32상 80종호, 내적 공덕: 사무량심·사무애변·십력·사무소외·사섭법·십팔불공법·사선정·팔해탈·여러 삼매), 광명 등이다. 그리고 이러한 일불승의 현증된 모습은 일불승의 수행과 연결되는데,

부처는 자신이 가진 공덕을 활용하여 오탁악세의 중생들에게 교화행을 한다. 부처는 오탁악세의 중생들에게 불지견을 열어 보여 부처가 되도록 교화하기 위하여 자비심으로 오탁악세로 들어가 방편과 설법으로 중생들을 부처가 되기 위한 교화행을 하는데 이것이 바로 부처의 보살행인 것이다.

2. 『법화경』에서 삼승의 수행과 증득

1) 『법화경』에서 성문승의 현증
(1) 성문승의 유형과 특징

대승불교의 수행은 성불이라는 궁극의 깨달음을 지향한다. 대승불교에서의 성불이라는 것은 보살도의 실천을 통해서 종국엔 부처와 같은 깨달음의 위치에 오르는 것을 목표로 하는 것이다. 그런데 대승불교가 보살을 이상적인 인간상으로 삼기 이전에는 초기불교에서부터 이어져 온 '아라한'이라는 완전한 인격체가 존재하고 있었다.

인간으로서 이상적인 존재인 아라한은 대승불교에까지 그 신앙 형태가 이어지면서 수행계위의 발전에도 핵심적인 영향을 미쳤다고 볼 수 있다. 아라한은 원래 고대 인도어의 어근 √arh(arhati)에서 유래하는 것으로 알려져 있다. 빠알리어 arahant(Sk. arhant)를 음사한 아라한은 '가치 있는 자', '존경할 만한 자', '대접받을 만한 자'라는 등의 뜻을 가지고, 나한羅漢이라는 줄임말로 쓰이기도 하고 응공應供·살적殺敵·응진應眞·불생不生·무생無生·이악離惡·무학無學·진인眞人 등의 한역어로 다양하게 번역하고 있다.[59]

이 아라한은 초기불교에 있어서 불교 수행자가 도달하는 최고의 계위로 상정된 가운데 부처의 10대 명호 중 하나로 불리기도 하고, 열반을 증득한 성문 제자들로서 불교 교단을 이끌어가는 지도층을 지칭하는 등 다양한 용례로 사용되었다. 아라한이라는 용어가 언제부터 불교 내부적으로 사용되기 시작하였는지는 분명하지 않다. 다만 최근의 연구에 따르면 최고층 경전 이후부터 사용된 것으로 추정한다. 사향사과의 아라한의 계위는 초기불교부터 시작해서 부파불교와 대승불교를 거치면서 더욱 세분화되어 18유학과 9무학까지 계위가 나누어졌다. 그러나 아라한의 계층 분위에 대해서 학계에서는 후대 불교인들이 첨가한 것일 뿐 초기불교 시대에 부처가 설했다고 보지는 않는다.[60]

초기불교에서 최고의 수행자이자 완성된 인격체로서의 성인인 아라한은 대승불교에서 와서 소승의 성자로 폄하되었을 뿐 아니라 성문에 포함되어 졌다. 성문은 소리를 듣는 사람이라는 뜻이며, 석가모니불의 재세 시에 석가모니불의 가르침을 받고 아라한이 된다는 의미에서 당시의 제자를 지칭하기도 한다. 그러나 삼승 중의 하나인 성문을 지칭할 때는 부처의 교법에 따라 혼자만의 해탈을 목적으로 수행하는 사람을 뜻한다. 이러한 아라한을 포함하여 『법화경』에 나타난 성문의

---

[59] 維祇難(3세기경)은 '羅漢, 上人', 法炬·法立(290~306)은 '應眞, 上人', 白法祖(290~306)는 '應眞·阿羅漢', 佛陀耶舍·竺佛念(5세기경)은 '阿羅漢·眞人', 그리고 僧伽提婆(5세기경)는 '阿羅訶'로 번역하고 있다. 이러한 번역어는 佛陀耶舍와 竺佛念 이래, 즉 413년 이후에는 거의 '阿羅漢'으로 통일되어 등장하고 있다고 한다. 이필원(2008), pp.111~138.

[60] 성기(2015), p.23.

특징과 성문의 종류를 정리하면 다음과 같다.

① 성문승의 일반적인 특징
  - 석가모니불의 가르침(아함 등의 경전)을 수행
  - 자기만의 열반涅槃을 추구
  - 윤회輪回를 벗어나는 해탈解脫 추구

② 성문승의 종류
  - 결정성문決定聲聞
  - 증상만성문增上慢聲聞
  - 퇴보리심성문退菩提心聲聞
  - 응화성문應化聲聞

③ 성문승의 수행법과 증득
  - 수행법: 사성제四聖諦
  - 증법: 열반涅槃

위와 같이 성문의 몇 가지 특징과 성문승의 종류와 수행방법 등을 열거해 보았는데, 이에 대해 『법화경』 제1 「서품」에서는 다음과 같이 설명한다.

성문 구하는 사람에게 사제법을 설하여 생로병사를 제도하고 열반하게 한다.[61]

또 『법화경』 제3 「비유품」에서는

"사리불아, 만일 어떤 중생이 안으로 지혜가 있으며, 부처님 세존을 따라 법을 듣고 믿으며, 부지런히 정진하여 삼계에서 빨리 뛰어나오려고 열반을 구하면, 이런 이는 성문승이라 이름하나니, 저 아들 가운데서 양의 수레를 구하려고 불타는 집에서 나온 이와 같으니라."[62]

라고 한다. 여기서 알 수 있듯이 성문은 불교도 중에서 사성제의 수행을 통해 자신만의 열반을 추구하는 수행자라고 하겠다. 세친은 『묘법연화경우바제사』에서 『법화경』의 네 종류의 성문에 관해서 설명하고 있다.

성문의 수기라고 말하는 성문에는 네 종류가 있다. 첫째, 결정決定 성문이요, 둘째, 증상만增上慢 성문이요, 셋째, 보리심에서 물러난(退菩提心) 성문이요, 넷째, 응화應化 성문이다. 두 종류의 성문은 여래께서 수기하시니, 응화 성문과 물러났다가 다시 보리심을 낸 성문이다. 결정 성문과 증상만 성문 두 종류의 성문은 근기가 아직 성숙하지 못했기 때문에 여래께서 수기를 주지 않고 보살이 수기를 준다. 보살이 수기를 주는 것은 방편으로 보리심을 내게

---

61 『妙法蓮華經』 卷1(T09, p.3c22-23), "爲求聲聞者說應四諦法 度生老病死 究竟涅槃"
62 『妙法蓮華經』 卷2(T09, p.13b18-21), "舍利弗 若有衆生內有智性 從佛世尊聞法信受 慇懃精進 欲速出三界 自求涅槃 是名聲聞乘 如彼諸子爲求羊車出於火宅"

하기 위한 것이다.[63]

세친은 『묘법연화경우바제사』에서 성문의 종류가 네 가지라 주장한다. 즉 처음부터 끝까지 소승에 집착하는 결정성문決定聲聞, 인무아人無我에 집착하여 교만심을 일으키는 증상만성문增上慢聲聞, 대승에서 출발하여 소승법으로 전향하고 이후 다시 대승으로 돌아오는 퇴보리심성문退菩提心聲聞, 부처나 보살이 중생을 구원하기 위해 일시적으로 성문의 모습을 취한 응화성문應化聲聞이 그것이다.

2) 『법화경』에서 성문승의 수행

앞에서 정의한 『법화경』의 성문승의 수행법은 사성제四聖諦이다. 사성제는 불교의 중심교리 중 하나로 네 가지의 가장 훌륭한 진리라는 뜻인데, 줄여서 '사제四諦'라고도 한다. 사성제는 인생의 모든 문제와 그 해결 방법에 대한 네 가지의 근본 진리를 의미한다. 제諦는 진리, 진실이란 뜻이며, 그러한 진리가 신성한 것이라 하여 사성제 또는 사진제四眞諦라 한다. 불교의 실천적 원리를 나타내는 불타 교설의 대강大綱으로 고제苦諦·집제集諦·멸제滅諦·도제道諦의 네 가지 진리를 말한다.[64]

---

63 『妙法蓮華經憂波提舍』卷2(T26, p.9a15-20), "言聲聞人得授記者 聲聞有四種 一者決定聲聞 二者增上慢聲聞 三者退菩提心聲聞 四者應化聲聞 二種聲聞如來授記 謂應化者 退已還發菩提心者 若決定者 增上慢者二種聲聞 根未熟故不與授記 菩薩與授記者 方便令發菩提心故"

64 『中阿含經』卷21(T01, p.563b3-5), "阿難 我本爲汝說四聖諦 苦聖諦 苦習 苦滅

고성제는 현실 세계의 모습을 있는 그대로 설명하는 것으로 범부 중생의 현실 세계는 모두가 괴로움이라는 것이다. 인간은 생·노·병·사의 네 가지 고통(四苦)을 기본적으로 갖고 있고, 여기에다가 다시 사랑하는 사람과 이별해야 하는 괴로움(愛別離苦), 미워하는 사람과 만나게 되는 괴로움(怨憎會苦), 원하고 구하는 것을 이루지도 못하고 얻지도 못하는 괴로움(求不得苦) 그리고 이러한 괴로움의 근본이 되는 색色·수受·상想·행行·식識의 오온五蘊에 집착하는 괴로움(五陰盛苦) 등 여덟 가지 고통인 팔고八苦 속에서 윤회 애착하게 된다는 것이다.

집성제는 현실 세계의 모든 괴로움의 원인을 설명하는 것으로, 갈애渴愛·무명·번뇌의 애욕에 대한 집착 때문에 십이인연으로 한없이 윤회 전생하게 된다는 것이다. 여기에서 이러한 괴로움의 원인을 바깥에 있다고 보지 않고 내 마음 안에 있다고 본다.

멸성제는 온갖 괴로움을 멸하고 무명·번뇌를 멸하는 것으로 이가 곧 열반이요, 해탈이라는 것이다. 여기에서 성문은 자신만의 열반과 해탈의 이상理想세계를 추구하는 것이다.

도성제는 경전에 팔정도라고 설명된다. 정견·정사유·정어·정업·정명·정정진·정념·정정의 여덟 가지 실천 사항을 가리킨다. 괴로움과 무명·번뇌를 멸하고, 열반·해탈을 얻어 십이인연을 자유자재하는 방법을 말한다.

사성제는 초전법륜初轉法輪에 속하는 내용으로 붓다의 설법 형식의 핵심이며, 『아함경』이나 『증일아함경』 「고당품」에 사제의 가르침과

苦滅道聖諦 阿難 此四聖諦"

수행법인 사제의 3전 12행에 대한 내용이 다음과 같이 나온다.

"너희들은 마땅히 알아야 한다. 네 가지의 진리가 있다. … 다섯 비구들아, 마땅히 알아야 한다. 이 네 가지 진리가 3전 12행이 되는 것을 사실 그대로 알지 못하면 위없는 정진·등정각을 이루지 못할 것이다. 나는 이 네 가지 진리가 3전 12행이 되는 것을 사실 그대로 깨달아 알았기 때문에 무상지진·등정각을 이루었다."[65]

위와 같이 석가모니불은 자신의 깨달음은 3전 12행으로 네 가지 진리를 그대로 깨달았다고 설하고 있다. 그리고 이 사제에 대해서는 사제가 무엇인지를 제시한 시전示轉, 사제의 수행을 권한 권전勸轉, 석가모니불이 깨달은 사제를 밝힌 증전證轉으로 사제에 대한 수행방법을 밝히고 있다.

이러한 초기불교의 수행 방법인 사성제와 팔정도 그리고 증득 과정인 아라한이 되기까지의 정형화된 사향사과의 증위는 부파불교에 들어와 삼혜三慧·삼인三因·사성종四聖種·현위賢位와 성위聖位로 세분화되고 구체화된다.[66]

---

[65] 『增壹阿含經』 卷14(T02, p.619a9-b4), "汝等當知 有此四諦 … 五比丘當知 此四諦者 三轉十二行 如實不知者 則不成無上正眞等正覺以我分別此四諦三轉十二行 如實知之 是故成無上至眞等正覺"

[66] "아비달마 계통의 부파불교에서는 사향사과에 이어 현위, 성위 등의 구분을 세세히 시설하고 있었지만, 『청정도론淸淨道論』의 수행론을 중시하는 빠알리 상좌부 계통에서는 칠청정七淸淨이라는 이름으로 실천도의 단계를 구분하고 있었다. 이 칠청정은 이미 『아함경』에도 설해져 있는 것이며, 『성실론成實論』,

〈표 6〉 성문승의 실천도와 계위

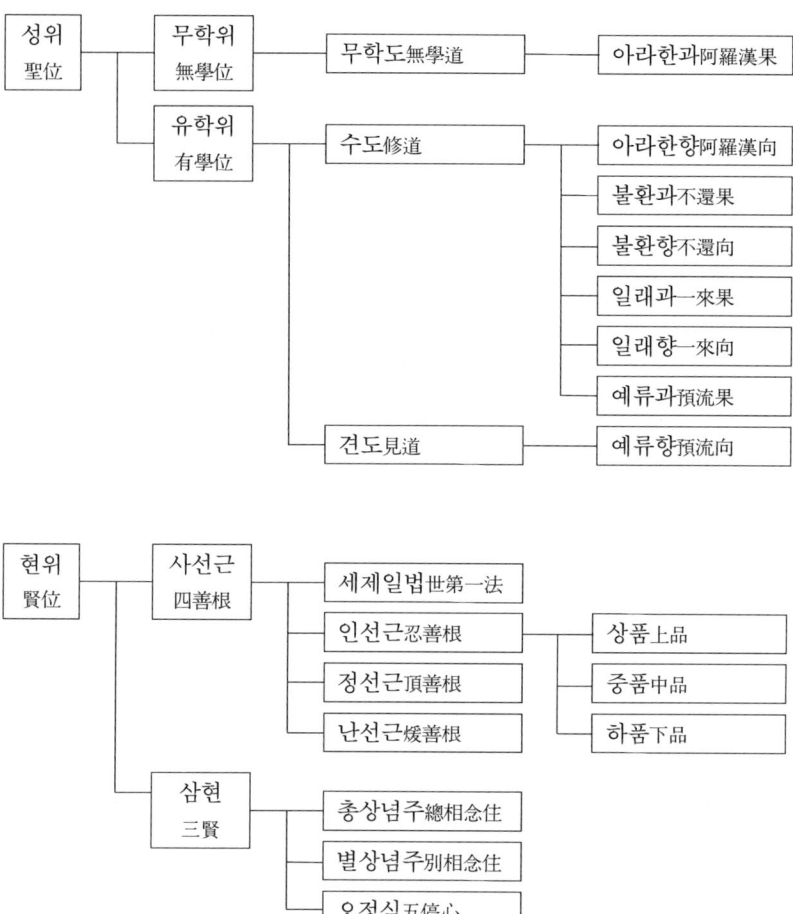

『유가론瑜伽論』 등에도 소개되어 있다. 칠청정은 계청정戒淸淨·심청정心淸淨·견청정見淸淨·도의청정度疑淸淨·도비도지견청정道非道智見淸淨·행도지견청정行道智見淸淨·지견청정智見淸淨인데 이 가운데 지견청정이 성위로서 사향사과에 배대되는 것으로 나타난다." 히라가와 아키라(平川彰, 1989), pp.224~227.

『구사론』「현성품賢聖品」[67]에 의하면 성문의 계위를 현위賢位와 성위 聖位의 두 가지로 나누고 현위에는 삼현三賢·사선근四善根을, 성위의 유학위有學位에는 견도인 예류향과 수도인 예류과·일래향·일래과· 불환향·불환과·아라한향을 나누었고 무학위에는 무학도인·아라한 과를 배치하였다.[68]

(1) 삼혜·삼인·사성종

번뇌를 끊는 것에는 견도見道와 수도修道의 2종이 있다. 견도에서는 사제四諦를 보는 것에 의해, 수도에서는 삼매의 수습修習에 의해 번뇌가 끊어진다. 견도에 들면 유루有漏의 선근을 닦을 준비단계를 삼현三賢·사선근四善根으로 나누고 있다.[69]

그리고 발심하여 견제見諦로 나아가려고 하는 자는 우선 청정한 계에 안주하고 스승이나 도반의 말을 듣고 획득하는 문소성혜聞所成慧, 선지식의 말을 주체적으로 사유함으로써 획득하는 사소성혜思所成慧, 선정을 반복적으로 체득하는 가운데 얻어지는 수소성혜修所成慧의 삼혜三慧를 성취해야 한다. 이 세간적 지혜는 출세간적 자증自證의 지혜와는 다른 것으로 개념적·언어적 대상에 조건된 이해 판단력을 의미한다고 한다.[70]

삼혜를 신속하게 성취하기 위해서는 수행의 바탕이 되는 몸과 마음

---

67 『阿毘達磨俱舍論』卷22(T29, p.113c6), "分別賢聖品第六之一"
68 츠카모토 게이쇼(塚本啓祥), 이정수 역(2010), p.297.
69 츠카모토 게이쇼(塚本啓祥), 이정수 역(2010), pp.297~298.
70 권오민(2003), p.230.

을 청정히 해야 하는데, 이것을 신기청정身器淸淨이라고 한다. 신기청정을 가져오는 요인에는 또한 세 가지가 있는데, 그것을 삼인三因이라 한다. 삼인은 첫째, 수행에 방해가 되거나 옳지 못한 것들을 멀리하고 좋지 못한 인연, 바람직하지 않은 생각, 분별심 등을 여의는 신심원리身心遠離, 둘째, 주어진 의복과 음식, 침구 등에 만족하면서 수행하는데 부족함이 없는 희족소욕喜足少欲, 셋째, 희족소욕의 항목에 포함된 의복·식·침구를 수용하면서 수행의 즐거움을 가지는 낙단수樂斷修 등의 네 가지 항목에 머무르는 주사성종住四聖種이다. 이 내용에 대해 『구사론』「현성품賢聖品」에 다음과 같이 나와 있다.

발심한 사람들이 장차 진리를 보는 도에 나아가려면, 마땅히 계에 머물고 부지런히 닦아서 문聞·사思·수修를 성취해야 한다. 이것이 이름과 함께하는 뜻의 경계이다. … 신기청정에는 대체적으로 삼인이 있다. 첫째는 몸과 마음을 멀리 떠나는 것이며, 둘째는 만족하면서 기뻐하고 욕심이 적은 것이다. 셋째는 사성종에 머무르는 것이다.[71]

이때 사성종은 삼혜를 가져오는 삼인에 포함되는 것인데, 사성종

---

71 『阿毘達磨俱舍論』(T29, pp.116c04-117a3), "諸有發心將趣見諦 應先安住淸淨尸羅 然後勤修聞所成等 謂先攝受順見諦聞 聞已勤求所聞法義 聞法義已無倒思惟 思已方能依定修習 行者如是住戒勤修 依聞所成慧起思所成慧 依思所成慧起修所成慧 此三慧相差別云何 毘婆沙師謂 三慧相緣名俱義 如次有別 聞所成慧唯緣名境 未能捨文而觀義故 思所成慧緣名義境 … 論曰 身器淸淨略由三因 何等謂三因 一身心遠離 二喜足少欲 三住四聖種"

가운데 의복·음식·침구가 세간적인 삶의 도구라고 한다면 수행의 즐거움을 가지는 낙단수는 출세간의 삶의 도구라고 볼 수 있다는 점에서 의복 등으로 대표되는 탐욕을 끊기 위한 수행의 첫 시발을 상징한다고 할 수 있겠다. 그러므로 진리에 대한 신념을 가지고 신기청정을 이루었다면 이제야 비로소 현위에 들어설 채비를 마친 것이 된다. 그러나 현위 또한 성위가 아니라는 점에서 사과의 단계에 전혀 접근하지 못한 것으로 삼현위三賢位·사선근四善根의 일곱 계단을 더 올라가야만 하는 상황이 된다.

(2) 현위·성위

삼인을 통해 삼혜, 사성종을 획득했다고 할지라도 아직은 깨달음 밖의 단계에 있다. 이 단계는 3개의 외범위外凡位와 4개의 내범위內凡位로 나뉘고 종합하여 칠방편도七方便道 혹은 칠현七賢이라 한다. 외범위에는 오정심五停心·별상념처別相念處·총상념처總相念處의 삼현, 내범위는 난위煖位·정위頂位·인위忍位·세제일위世第一位의 사선근을 두고 있다. 범위는 곧 범부위를 말하는 것으로 성자위와 크게 구별된다. 그러나 앞서 언급했던 바와 같이 유루의 세속적인 지혜를 증득한 단계이므로 미혹한 중생계와는 구별하여 현위라고 부르게 된다. 범부대중과는 다르나 성자와도 또한 다르다는 의미이다.

삼현三賢의 최고위인 오정심五停心은 부정관, 자비관, 인연관, 계차별관, 수식관 중 어떤 것을 수습하는 것을 말하는데, 여기서는 부정관과 수식관을 강조하고 있다. 부정관이란 사체가 부패하여 백골이 되는 과정을 관상하는 것으로, 특히 골쇄관은 사탐(四貪: 홍백 등의 색, 형태나

용모, 촉감, 아름다운 기거동작)에 대한 집착을 다스린다.[72]

별상념처는 우리의 몸과 감각, 마음, 그리고 법에 대하여 개별적으로 관하면서 몸은 부정한 것, 괴로운 것, 무상한 것, 무아인 것이라고 인식하는 것이다. 이로써 현상적으로 드러나는 제반 사물에 관하여 그러한 것들이 상常·낙樂·아我·정淨이라고 여기는 전도된 마음을 다스리게 된다. 사념처를 개별적으로 관찰한 이후, 법념처法念處에 머물면서 신수심법信受心法의 사법 모두를 존재의 보편적 특성인 무상無常·고苦·공空·비아非我로 관하는 관법은 총상념처가 된다.[73]

이상 오정심·별상념·총상념의 삼현위는 산란된 마음을 정지시키고 모든 존재의 개별적 특성과 보편적 특성을 전반적으로 관찰하는 수행으로서 번뇌의 속박으로부터 해탈하여 열반으로 나아가는 근거가 되기 때문에 순해탈분順解脫分이라고 한다. 또한 문聞·사思·수修의 삼혜를 근간으로 사선근으로 다가서는 자량을 마련하므로 자량위資糧位라고 칭하기도 한다.

사선근은 진리를 인식하는 견도에 이르는 근거이다. 앞서 삼현위에서 고제苦諦의 4상을 관찰하는 자량을 획득하였으므로 사성제에 대한 의심을 끊고 진리를 분별하여 간택하기 때문에 순결택분順決擇分이라고 부른다. 이는 무학의 무루지에 보다 근접하였으므로 외범위인 삼현에 대비하여 내범위라고 한다. 난煖·정頂·인忍·세제일법世第一法의 사선근은 사제십육행상四諦十六行相에 대한 관찰로서 그 이해력의 깊고 낮음에 따라 각 단계의 구별이 있게 되었다. 『구사론』에서는

---

72 츠카모토 게이쇼(塚本啓祥), 이정수 역(2010), pp.297~298.
73 권오민(2003), pp.237~239.

사념처에 이어서 발생하는 사선근에 대해 다음과 같은 게송으로 정리하고 있다.

이로부터 난법이 낳아져
사성제를 모두 다 관찰하고
열여섯 가지의 행상을 닦으니
다음에 생겨나는 정법도 역시 그러하다.

이와 같은 두 가지 선근은 모두
처음에는 법념처이고 이후는 사념처이나
다음의 인법은 오로지 법념처로서
하품·중품은 정법과 동일하며

상품은 오로지 욕계 고제의
한 행상을 한 찰나에 관찰한다.
세제일법의 경우도 역시 그러한데,
이 모두는 혜이며, 득을 제외한 오온이다.[74]

이 가운데 난법, 즉 난선근煖善根은 견도의 자리에서 증득하는 무루지가 마치 불이 땔감을 태우는 것처럼, 번뇌를 남김없이 태워 없애버리

---

74 『阿毘達磨俱舍論』(T29, p.119a), "從此生煖法 具觀四聖諦 修十六行相 次生頂亦然如是二善根 皆初法後四 次忍唯法念 下中品同頂 上唯觀欲苦 一行一刹那 世第一亦然 皆慧五除得"

므로 난燸이라 하였다고 한다. 난위燸位에서는 십육행상十六行相을 수행하는데 자세한 내용은 아래와 같다.

난선근은 그것이 일어나는 상태가 오래 지속되기에 능히 사성제의 경계를 모두 관찰하며, 아울러 십육행상도 능히 함께 수습하게 된다. 즉, 고성제를 관찰하여 네 가지의 행상을 닦으니, 첫째는 비상非常이며, 둘째는 고苦이며, 셋째는 공空이며, 넷째는 비아非我이다. 집성제를 관찰하여 네 가지의 행상을 닦으니, 첫째는 인因이며, 둘째는 집集이며, 셋째는 생生이며, 넷째는 연緣이다. 멸성제를 관찰하여 네 가지의 행상을 닦으니, 첫째는 멸滅이며, 둘째는 정靜이며, 셋째는 묘妙이며, 넷째는 이離이다. 그리고 도성제를 관찰하여 네 가지의 행상을 닦으니, 첫째는 도道이며, 둘째는 여如이며, 셋째는 행行이며, 넷째는 출出이다.[75]

고성제: 비상非常, 고苦, 공空, 비아非我
집성제: 인因, 집集, 생生, 연緣
멸성제: 멸滅, 정精, 묘妙, 이離
도성제: 도道, 여如, 행行, 출出

이는 곧 현실 세계의 실상과 그 원인을 참답게 관찰하고, 그 같은

---

[75] 『阿毘達磨俱舍論』(T29, p.119b), "此煖善根分位長故 能具觀察四聖諦境 及能具修十六行相 觀苦聖諦修四行相 一非常二苦三空四非我 觀集聖諦修四行相 一因二集三生四緣 觀滅聖諦修四行相 一滅二靜三妙四離 觀道聖諦修四行相 一道二如三行四出"

현실 세계의 모순이 제거된 종교적인 이상과 그에 이르는 방법론에 대해 관찰하는 것이라고 할 수 있다. 아울러 사성제의 진리성에 대한 관찰은 욕계에 국한되지 않으므로 색계와 무색계의 팔제삼십이행상八諦三十二行相을 점진적으로 관찰해야만 한다. 난위의 관찰이 하품에서 중품으로, 중품에서 상품으로 전이하여 그 정점에 이를 때 정법에 도달한다고 한다.

난선근이 하·중·상품으로 점차 증장하여 마침내 그 성취가 원만하게 이루어졌을 때 또 다른 선근이 생겨나는 경우가 있으니, 이를 일컬어 '정법頂法'이라고 한다. 즉 이것은 일어나는 상태가 수승하기 때문에 난법과는 다른 명칭을 설정한 것으로, 동선근動善根 중에서 이 법이 가장 뛰어나 마침 사람의 정수리와 같기 때문에 '정법'이라 이름하게 된 것이다. 혹은 이것은 더 높은 산으로 나아가거나 하위로 물러나는 것이 산의 정상과 같기 때문에 이를 설하여 '정頂'이라 이름하게 된 것이다.[76]

정선근 역시 사제십육행상을 닦아 상하 삼십육행상이 성취된다. 그런데 사선근에는 동선근과 부동선근의 두 가지가 있다. 난선근과 정선근은 동선근이라 하고 인선근과 세제일법은 부동선근이라고 부른다. 동선근이란 선으로부터 물러날 가능성이 있어 결국에는 미혹한 업을 짓게 되는 경우가 있어 악도로 떨어질 수 있는 선근인 반면, 부동선근은 선에 물러남이 없이 확고히 전진하여 견도에 들어가므로 부동선근이라 하였다.[77] 정선근의 증장은 다시 인선근으로 연결된다.

---

[76] 『阿毘達磨俱舍論』(T29, p.119b), "此煖善根下中上品漸次增長至成滿時有 善根生名爲頂法 此轉勝故更立異名 動善根中此法最勝如人頂故名爲頂法"

다시 이러한 정선근이 하·중·상품으로 점차 증장하여 그 성취가 원만하게 이루어졌을 때, 또 다른 선근이 생겨나는 경우가 있으니, 이를 일컬어 인법忍法이라고 한다. 즉 사성제의 이치를 능히 인가하는 것 중에서 이것이 가장 뛰어나기 때문에, 또한 이 단계에서는 인가하고 나서 더 이상 물러나 떨어지는 일이 없기 때문에 '인법'이라고 이름하게 된 것이다. 그리고 이 인선근은 그것에 처음으로 안족安足할 때든, 그 후 증진할 때든 모두 법념주라고 하는 점에서 앞의 정법과 다른 것이다.[78]

인법忍法은 인가의 단계이다. '인忍'이란 사성제의 진리성을 인가한다는 의미로, 난법에 비해 상당히 진전된 상황일 뿐만 아니라 세제일법의 고제에 대한 인가를 뛰어넘어 사성제 전체에 미치는 인가라는 점에서 사성제를 관찰하는 계위 중에서는 가장 뛰어난 것이라고 볼 수 있다. 이 단계에서는 앞에서 언급한 바와 같이 부동선근이므로 더 이상 악취에 떨어지는 일이 없다. 그러나 악취에 떨어질 수 없기 때문에 대승보살로의 전향은 불가능한 것으로 평가하면서 이것이 훗날 유가행파에서 성문의 계위는 무상정등각을 성취할 수 없는 종성으로 바라보는 계기가 되었다.

---

77 김동화(1971), p.299.
78 『阿毘達磨俱舍論』(T29, p.119b-c), "此頂善根下中上品漸次增長至成滿時有 善根生名爲忍法 於四諦理能忍可中此最勝故 又此位忍無退墮故名爲忍法 此忍善根安足增進皆法念住 與前有別"

인법에는 하·중·상품이 있으며, 그중 하·중의 두 품은 정법과 동일하다. 즉 그것들은 다 같이 사성제의 경계를 관찰하고, 아울러 능히 십육행상十六行相을 함께 수습하는 것이다. 그러나 상품의 경우에는 차이가 있어 오로지 욕계의 고제만을 관찰하니, 이는 세제일법과 서로 인접한 것이기 때문이다. 이러한 뜻에 준하여 볼 때 '난煖' 등의 선근도 모두 능히 삼계의 고제 등을 다 같이 소연으로 한다는 사실이 이미 이루어진 것이므로, 이것과 어떠한 차별도 없기 때문이다.[79]

인법부터는 수행의 양상이 달라진다. 인가는 진리를 향한 고통을 감내하는 가운데 증득되는 것이므로 '인忍'이라 일컫는다. 이 단계에서는 앞서 팔제삼십이행상으로 두루두루 관법의 범위를 확장시켜 나갔던 것과는 달리 고제苦諦의 비상을 관찰하는 일찰나에 모든 수행력을 응집시켜 나간다. 이때 관찰대상과 행상을 감소시켜 나가는 것을 감연감행減緣減行[80]이라고 한다. 이렇게 감연감행을 하는 것은 판단력

---

[79] 『阿毘達磨俱舍論』(T29, p.119c), "忍法有下中上 下中二品與頂法同 謂具觀察四聖諦境及能具修十六行相 上品有異 唯觀欲苦與世第一相隣接故 由此義准 煖等善根皆能具 緣三界苦等義已成立 無簡別故"

[80] 권오민(2003), pp.245~246, "감연감행減緣減行은 다음과 같은 순서로 진행된다. 우선 욕계 고성제의 사상을 관찰하고 상 이계二界의 고성제 사상을 관찰한다. 그리고 욕계와 상 이계의 도성제 사상을 관찰한 이를 하품인위下品忍位라고 한다. 다음으로 욕계 고성제 사상에서 시작하여 상 이계의 도제 가운데 마지막 '출出' 행상을 줄여 관찰한다. 이를 제일감행第一減行이라고 한다. 이리하여 네 번째 감행에 이르러 하나의 소연 즉 도제를 감연減緣하여 관찰하고, 욕제 도성제에 관해서도 계속 감행과 감연을 하며, 마지막으로 일곱 차례의 감연과 31번의

을 응집시켜 견도로 도약하기 위함이며, 유루지의 최후 찰나와 무루지 고법지인苦法智忍의 첫 번째 찰나와의 간격을 한 찰나 더 나아가 무간無間에 근접하게 만들기 위한 과정으로 해석된다.

상품의 '인忍'과 무간에 '세제일법世第一法'을 낳게 되니, 여기서는 상품의 인과 마찬가지로 욕계의 고제를 소연으로 삼아 하나의 행상을 오로지 한 찰나에 닦는다. 즉 이것은 유루이기 때문에 '세간'이라고 이름한 것이며, 가장 뛰어난 것이기 때문에 '제일'이라고 이름한 것으로, 이러한 유루의 법은 세간 중에서 가장 뛰어나다. 그래서 '세제일법'이라 한 것으로, 사용士用의 힘으로써 동류인同類因을 떠나 성도를 인기하여 낳기 때문에 '가장 뛰어난 법'이라고 이름한 것이다.[81]

세제일법은 견도와 한 찰나의 간격도 없는 무간이기 때문에 이 단계에서는 필시 다른 종성으로 전향하는 일이 없이 반드시 성문사과聲聞四果를 획득하게 된다. 그러나 인위 이전에는 동선근이라 하여 악취로의 전향이 가능하지만, 그 이후에는 부동으로 대승보살이 되어 중생의 이익을 위해 변역생사變易生死를 선택하는 것은 불가능해지므

감행을 거쳐서 욕계 고성제의 '비상非常'을 보는 두 찰나의 마음까지 중품인위中品忍位를 달성한다. 그리고 여기에서 수승한 선근이 발생하는데 이를 상품인위上品忍位라 한다."

81 『阿毘達磨俱舍論』(T29, p.119c), "上品忍無 間生世第一法 如上品忍緣欲苦諦修一行相唯一刹那 此有漏故名爲世間 是最勝故名爲第一"

로 후대 대승불교에서 성문의 계위는 궁극의 무상정등각과는 구별되는 지위로 인식되었다.

이상의 사선근은 고집멸도의 사성제를 유루의 지혜를 통해 관찰하는 분석적인 태도로 견도를 지향한다. 이를 통해 무루지를 일으킬 수 있는 수행을 갖추면 범부의 현위를 벗어나 견도위見道位·수도위修道位·무학도위無學道位의 성위로 진입한다.

(3) 견도·수도·무학도의 사향사과

세제일법에서 사성제를 즉각적으로 통찰하는 무루의 현관現觀을 성취한다면 성자의 단계, 즉 사과의 초입인 견도에 들어서게 된다. 견도는 지금까지 보지 못한 사성제의 이치를 이제야 비로소 본다는 것으로 무루지를 통해 그 진리를 비추어보는 경지를 말한다. 앞에서 기술한 삼현위三賢位에서도 반복적으로 되풀이해 온 것은 사성제에 관한 올바른 관찰이다. 그러나 견도에 들기 전 사성제를 관하는 것에 관해서 깊이에 차이가 있더라도 모두 개념적인 이해에 그칠 뿐이므로 번뇌가 완전한 단멸했다고 기대할 수는 없다. 번뇌의 단멸은 사성제에 대한 현관現觀을 통해서 가능하다고 한다.[82] 그렇다면 견도에서 무루지를 통해 번뇌가 어떻게 끊어지는지 그 과정을 살펴보아야 하는데 그 과정은 다음과 같다.

견도에서 사제십육행상을 통해 일어나는 네 가지의 무루지를 고지苦智, 집지集智, 멸지滅智, 도지道智라고 한다. 고지는 비상非常·고苦·공

---

[82] 권오민(2003), p.249.

空·비아非我를 대상으로 일어나며, 집지는 인因·집集·생生·연緣을 대상으로 일어난다. 멸지는 멸滅·정淨·묘妙·이離를 대상으로, 그리고 마지막 도지는 도道·여如·행行·출出을 대상으로 하여 일어난다.

이와 같은 사제십육행상을 욕계에서 관찰하게 되면 법지法智가 일어나고 색계와 무색계에서 관찰하면 유지類智가 일어나게 되어 삼계 견소단의 88가지의 번뇌는 고법지苦法智에 의해 욕계 견고소단의 번뇌가, 고류지苦類智에 의해 상 이계二界의 견고소단의 번뇌가, 집법지集法智와 집류지集類智에 의해 욕계와 상 이계의 견집소단의 번뇌가, 도법지와 도류지에 의해 욕계와 상 이계의 견도소단의 번뇌가 단멸되어 끝내는 견소단의 번뇌가 끊어지게 되는 것이다.

법지와 류지가 작용한다고 해서 번뇌가 바로 끊어지는 것은 아니다. 인忍이라고 하는 무루의 의식작용이 있어야만 번뇌가 끊어지니 결국 견도에서는 인忍과 지智의 두 무루지가 88가지의 견혹을 끊게 되는 셈이다. 인忍은 단斷의 작용이며 지智는 증證의 작용이다. 인忍과 지智의 단혹증리斷惑證理는 함께 갖추어지는 것으로 상호불리相互不離의 관계에 놓여 있는 것이다.

십육심十六心 가운데서 인忍이라고 하는 것은 무간도無間道이다. 이는 번뇌를 끊는 것으로 얻어지니 능히 막거나 장애되는 것이 없다. 지智는 곧 해탈도解脫道를 말한다. 이미 번뇌를 해탈한 득得과 이계득離繋得이 함께 발생해 일어난다. 인忍과 지智 양자가 상호관계를 갖는 것은 당연한 이치이다. 이는 마치 세간에서 도적 떼를 물리치고 문단속을 하는 것과 같다고 할 수 있다.[83]

위 인용한 『구사론』의 내용과도 같이 인忍과 지智는 함께 일어나는 법法이며 단혹증리에 있어 불가분의 관계에 있는 것이다. 부파불교에 있어 성인이란 세제일법을 거쳐서 무루혜가 현현하는 견도의 단계에 이른 이를 일컫는 것이므로, 고법지인苦法智忍으로부터 시작하여 제15 찰나의 도류지인道類智忍까지의 성자를 예류향預流向이라 하고, 제16 찰나의 도류지道類智에 이르러서야 견소단의 번뇌가 끊어진 예류과預流果가 된다. 견도에서 끊어지는 것은 이성적인 번뇌이다. 그러나 본능적인 욕망에서 비롯되는 정의적情意的인 번뇌는 선천적인 것이기 때문에 그 성질이 무디고 무거워서 이성적인 판단에 의하여 즉각적으로 끊어지지 않는다고 본다. 그러므로 탐貪·진瞋·치痴·만慢·무명無明 등의 정의적인 번뇌는 반복 수습修習을 통하여 수행심을 고양시키는 가운데 제거된다고 설명한다.[84]

수도修道에서 끊어야 할 정의적인 번뇌, 즉 수혹修惑은 그것이 작용하는 세계와 그 세력의 강약에 따라서 분류되며, 수도의 단계도 이에 의하여 결정된다. 그러므로 수소단의 번뇌는 다 같이 욕계에서의

---

83 『阿毘達磨俱舍論』(T29, p.122a), "十六心中忍是無間道 約斷惑得無能隔礙故 智是解脫道 已解脫惑得與離 繫得俱時起故 具二次第理定應然 猶如世間驅賊閉戶"
84 이지적인 번뇌인 미리혹迷理惑은 사교邪敎나 사설邪說 등에 의해 잘못 생각함으로써 일어나는 후천적인 번뇌에 해당한다. 따라서 이러한 번뇌는 논리적인 판단으로 즉각 제거되는 것이다. 그러므로 견소단見所斷의 이지적인 번뇌는 사제현관四諦現觀으로 바로 제어된다. 이미 견소단이라는 명칭이 보여주듯이 올바르게 관하여 들여다보는 것만으로도 번뇌가 단멸된다는 것이다. 한편, 탐욕 등의 정의적인 번뇌는 수습의 반복이 요청되므로 수행에 따라 단멸된다는 수소단修所斷의 번뇌로 불리게 된다. 곧 정의적인 번뇌는 수혹修惑이 되는 것이다.

구품九品의 차별이 있고, 색계 선정에서도 각기 구품의 차별이 있으며, 무색계의 사무색정四無色定에서도 각기 구품의 차별이 있어 모두 팔십일품으로 세분화된다.

견도에 무간도와 해탈도가 있었듯이 수도에도 두 단계의 도가 있어 팔십일품을 모두 끊는 데 162찰나가 소요된다. 그렇지만 수도는 사제현관의 제16찰나에서 시작해 제161찰나까지 끊어내며, 제162찰나인 비상비비상처정非想非非想處定의 하하품의 번뇌는 무학도에서 증득하는 해탈도가 된다.

이를 사과로 배대하면, 예류향과는 무루도로써 성자의 흐름에 들어 열반에 나아가고, 인천계를 7번 왕래한 후 열반에 도달한다. 견소단의 번뇌는 모두 끊었으나 수소단의 번뇌는 아직 아무것도 끊지 못하여 7번 생을 받는 것은 오하분결五下分結과 칠결七結이 남아 있기 때문이라고 설명한다. 여기서 무루도의 흐름에 들었다는 상징적인 의미로 예류과(預流果, 또는 須陀洹)라 칭한다.

일래향과一來向果는 예류과의 성자가 수행을 거듭하여 욕계 수소단의 번뇌 가운데 제6 중하품의 번뇌를 끊는 순간 반열반까지 하상·하중·하하 삼품의 한 생만을 남기므로 일래과(一來果, 또는 斯多舍)라 부른다. 하품의 번뇌만이 남았기에 탐진치의 번뇌가 엷어진 성자라고 한다.

불환향과不還向果는 욕계 수소단의 번뇌 중 제9 하품이 끊어져 더 이상 욕계로 되돌아오지 않음을 말한다. 탐욕과 진에瞋恚의 오하분결을 끊어 욕계를 떠나 색계에서 열반을 증득하므로 이를 불환과(不還果, 또는 阿那舍)라 한다.

무학도는 불환과의 성자가 정진하여 색계 초정려의 제1 상상품의 번뇌를 끊고, 무색계 비상비비상처의 제8 하중품의 번뇌를 끊는 동안의 성자를 말한다.[85] 무학에 대해 『구사론』은 다음과 같이 말한다.

그리고 이와 같은 진지盡智가 생겨나는 단계에 이르렀을 때 바로 무학의 아라한과를 성취하니, 이미 무학의 응과법을 획득하였기 때문으로, 또 다른 과위를 획득하기 위해 마땅히 닦아야 할 학學이 여기서는 더 이상 존재하지 않기 때문에 '무학無學'이라는 명칭을 획득하게 된 것이다. 그리고 이들 무학은 오로지 마땅히 다른 이를 위한 일만을 행하기 때문에, 모든 이들로부터 마땅히 공양 받을 만하기에, '아라한', 즉 '응공'이라 이름하게 된 것이다. 이러한 뜻에 준하여 볼 때 앞에서 분별한 사향과 삼과를 모두 유학이라 이름한다는 사실은 이미 이루어진 셈이다.[86]

무학無學인 아라한은 일체 범부와 성자들로부터 마땅히 공양을 받을 만하므로 응공應供이라 하고 그 이상의 계위가 존재하지 않으므로 더 이상 배울 것이 없는 무학이 된다. 그런데 이런 아라한도 그 안에서

---

85 『阿毘達磨俱舍論』(T29, pp.126b-129c), "淨居 諸鈍根者 亦爲遮退 彼畏退故 如是 雜修令味相應等持遠故 諸阿羅漢若利根者 爲現法樂 若鈍根者 亦爲遮防起煩惱 退 雜修靜慮爲生淨居 何緣淨居處唯有五 … 經言有五補特伽羅 此處通達彼處究 竟 所謂中般乃至上流 此通達言唯目見道 是證圓寂初加行故 由此見道上界定無"
86 『阿毘達磨俱舍論』(T29, pp.126c-127a), "盡智是斷惑中最後解脫道 由此解脫道與 諸漏盡 得最初俱生故名盡智 如是盡智至已 生時便成無學阿羅漢果 已得無學應 果法故 爲得別果 所應修學此無有故得無學名 卽此唯應作他事故 諸有染者所應 供故 依此義立阿羅漢名 義准已成前 來所辯四向三果皆名有學"

다양한 층위를 보이고 있음이 주목된다. 유부에 따르면 아라한 가운데는 물러나는 종성과 물러나지 않는 종성이 있다고 하고, 논서에서는 이를 육종성으로 세밀히 다루고 있기도 하다.[87]

계경 중에서는, 아라한에는 종성의 차이로 말미암아 여섯 가지의 종류가 있다고 설하고 있으니, 첫째는 퇴법退法이며, 둘째는 사법思法이며, 셋째는 호법護法이며, 넷째는 안주법安住法이며, 다섯째는 감달법堪達法이며, 여섯째는 부동법不動法이다. 이 여섯 가지 중에서 앞의 다섯 종류는 유학위의 신해의 종성으로부터 생겨난 것으로, 이것을 모두 '시애심해탈時愛心解脫'이라고 이름하니, 항시 애호하며, 마음으로 해탈한 것이기 때문이다. 또한 역시 '시해탈時解脫'이라고도 이름하는데, 요컨대 때를 기다려 해탈하기 때문으로 '타락죽 항아리'라고 말하는 것과 마찬가지로 앞의 말을 생략하였기 때문에 '시해탈'이다.

즉 이것은 때를 기다려 비로소 능히 선정에 들 수 있기 때문이니, 말하자면 인연과 화합하는 때를 기다려 비로소 선정에 들기 때문이다. 부동법의 종성을 설하여 본 송에서 '마지막의 것'이라 한 것으로, 이것을 일컬어 '부동심해탈不動心解脫'이라고 하니, 더 이상 번뇌에 동요되어 물러남이 없이 마음으로 해탈한 것이기 때문이다. 또한

---

[87] 유부의 아라한은 번뇌에 따라 물러남 있는 육종성의 아라한인 반면, 경량부의 경우는 다한 현법상주現法樂住라고 하여 일체의 아라한은 물러남이 없는 부동법으로 인식되고 있다. 경량부의 아라한은 무루도에 의해 번뇌종자가 끊어진 이상 더 이상 물러남이 없다고 하고 앞의 다섯 종성을 둔근자鈍根者, 제6부동법의 종성을 이근자利根者라고 하였다.

역시 때를 기다리지 않고 해탈하기에 '부시해탈不時解脫'이라고 이름하는데, 말하자면 '삼마지三摩地'가 원하는 바에 따라 뛰어난 인연과 화합하는 때를 기다리지 않기 때문이다.[88]

무학위 아라한의 육종성 가운데 더 이상 물러나지 않는 부동법의 아라한은 진지盡智와 무간無間에 '나는 이미 고苦를 알아 더 이상 알 것이 없으며, 나는 이미 집集을 끊어 더 이상 끊을 것이 없으며, 나는 이미 도道를 닦아 마땅히 더 이상 닦을 것이 없다'고 아는 무생지無生智가 생겨난다. 그러나 그 밖의 아라한은 증득 이후 물러나는 일이 있기 때문에 무생지를 낳지는 못한다.

이처럼 무학위는 최고의 계위이면서도 물러남과 물러남이 없는 상태로 나누어지고 있다고 하고 있다. 대승불교 시기의 성문의 수행계위는 초기불교의 계위를 승계하였지만, 그 승계는 계위에 대한 여러 해석을 종합한 차원에서 이루어져 단순히 아라한과의 증득으로 열반을 획득한다는 평면적인 것이 아니라, 수직적인 수행계위가 일차적으로 성립된 바탕 아래 다시 수직 내지는 수평적인 계위가 입체적으로 조직되어 있다는 것을 알 수 있다.

초기불교의 수행인 사성제와 수증위인 사향사과가 부파불교에서는

---

[88] 『阿毘達磨俱舍論』(T29, p.129a-b), "於契經中說阿羅漢由種性異故有六種 一者退法 二者思法 三者護法 四安住法 五堪達法 六不動法 於此六中前之五種從先學位信解性生 卽此總名爲時愛心解脫 恒時愛護及心解脫故 亦說名爲時解脫者以要待時及解脫故 略初言 故 如言酥瓶 由此待時方能入定 謂待資具無病處等勝緣合時方入定故 不動法性說名爲後 卽此名爲不動心解脫 以無退動及心解脫故 亦說名爲不時解脫 以不待時及解脫故 謂三摩地隨欲現前不待勝緣 和合時故"

더 세분화되어 현위賢位와 성위聖位의 두 가지로 나누고 현위에는 삼현三賢·사선근四善根을, 성위의 유학위有學位에는 견도인 예류향과 수도인 예류과·일래향·일래과·불환향·불환과·아라한향을 나누었고 무학위에는 무학도인·아라한과를 배치하여 다소 복잡해지고 세밀해졌다. 그리고 부파불교 시기에 성립된『법화경』에서 성문의 수행은 사성제 수행을 기반으로 하는 현위와 성위에 배대되는 수증위를 일컬었다.『법화경』의 중심 교설을 비추어 성문의 수행을 바라보면, 이러한 성문의 수행과 깨달음은 향한 증위 과정은 고통스러운 사바세계의 현실을 직시하여 열반을 향하게 하는 가르침으로 일불승으로 가기 위한 과정의 수행이라고 볼 수 있다.

3)『법화경』에서 연각승의 현증
(1) 연각승의 유형과 특징
『법화경』에서 연각승은 벽지불 혹은 독각이라고도 부른다. 이러한 연각승은 부처의 교법에 의지하지 않고 스스로 이법理法을 깨달은 자이다. 그러나 연각승은 적정한 고독을 좋아할 뿐 중생을 위해 설법하거나 교화 활동을 하지 않는다. 삼승의 하나로 지칭할 때 연각승은 성문승보다 근기가 예리하고 보살보다는 둔한 것으로 알려져 있다.『법화경』에 나타난 연각승의 특징을 정리하면 다음과 같다.

   ①연각승의 일반적인 특징
     - 인연법을 수행
     - 무사無師의 지혜와 조(調, 몸을 조절하는 것), 지(止, 산란심을

통제하는 것)를 갖춤
- 홀로 깨달아 중생을 위해 법을 설하지 않음
- 반열반般涅槃을 추구
- 독각을 추구하면서 삼계를 벗어남

② 연각승의 수행법과 증득
- 수행법: 12연기법
- 증법: 반열반般涅槃

위와 같이 연각승의 몇 가지 특징과 수행방법 등을 열거해 보았는데, 이에 대해『법화경』제1「서품」에서는 다음과 같이 설명한다.

"벽지불(연각승)을 구하는 사람을 위하여 12인연법을 설한다."[89]

또한『법화경』제3「비유품」에서는 다음과 같이 설명한다.

"만일 또 어떤 중생이 부처님 세존을 따라 법을 듣고 믿으며, 부지런히 정진하여 자연의 지혜를 구하며 혼자 있기를 좋아하고 고요한 데를 즐기며, 모든 법의 인연을 깊이 알면 이런 이는 벽지불이라 이름하나니, 저 아들 가운데서 사슴의 수레를 구하려고 불타는 집에서 나온 이와 같으니라."[90]

---

89 『妙法蓮華經』卷1(T09, p.3c23-24), "爲求辟支佛者說應十二因緣法"
90 『妙法蓮華經』卷2(T09, p.13b21-24), "若有衆生從佛世尊聞法信受 慇懃精進 求自

『구사론』에 의하면, 독각(연각)을 부행部行과 인각麟角의 두 가지로 비유한다. 부행 독각部行獨覺이란 처음은 성문이고 전3과(예류·일래·불환)를 얻은 사람이지만 제4과(아라한)를 얻을 때는 가르침을 떠나 홀로 뛰어난 과위를 증득하고 여러 가지 상이 공통되기 때문에 부행이라고 부른다고 설명한다. 예전에 성문이었을 때는 순결택분(사선근)을 수습하였지만, 이제는 스스로 도를 증득하였기 때문에 독각승의 이름을 얻은 것이다고 하여 이것에 대하여 다음과 같은 비유를 들고 있다. 어떤 산에 500명의 고행하는 외도 수행자가 머물고 있었다. 한 마리의 원숭이가 예전에 독각 가까이에 살고 있어 독각의 위의를 보았는데, 유행하여 500명의 외도 수행자가 있는 곳에 이르러 먼저 본 독각의 위의를 나타냈다. 500명의 외도 수행자들은 그 모습을 보고 경모하는 마음을 내어 잠깐 사이에 독각의 깨달음을 증득했다고 전해지고 있다. 다음으로 인각유독각麟角喩獨覺이란 반드시 홀로 독거獨居하는 자이다. 두 부류의 독각 중에서 인각유 독각은 500겁 동안 보리의 자량을 닦고 인각유 독각이 된다.

 독각이라는 것은 현세에 진리의 가르침을 받는 것을 떠나 오직 자신이 도를 깨달아 스스로를 조복시키고 다른 이를 조복시키지 않기 때문에 그렇게 불린다고 설명한다. 그리고 독각이 다른 이를 조복시키지 않는 이유는 독각이 정법을 연설하는 경우가 없고 사무애해(四無礙解, 법무애해·의무애해·사무애해·변무애해)를 증득했기 때문이며 과거에 들었던 제불이 선언한 성교의 이치를 기억하였다는 것이다. 그러나

然慧 樂獨善寂 深知諸法因緣 是名辟支佛乘 如彼諸子爲求鹿車出於火宅"

유정을 섭수하기 위해 신통을 나타내기 때문에 독각에게는 자비가 없다고 말해서는 안 된다. 또 유정도 세간 이욕의 대치도를 일으키는 경우가 있기 때문에 수법修法의 기회가 없다고 말해서는 안 된다고 서술한다.

또 독각은 전세前世부터 관습에 의해 이루고자 하는 바의 승해勝解를 결여하고 있고 설하고자 하는 희망이 없으며, 유정이 심법을 받기 어렵다는 것을 안다. 생사의 흐름에 따르는 것이 이미 오래되어 역류케 하기 어렵기 때문에, 또 무리를 섭수하는 것을 피하기 때문에 다른 이를 위하여 정법을 펼치지 않는다. 그것은 소란함을 두려워하기 때문이라고 한다.[91]

4) 『법화경』에서 연각승의 수행

『법화경』에서는 일월등명불이 벽지불을 구하는 연각승에게는 십이인연법十二因緣法을 설하여 수행하게 했다고 하고 있다.

다음은 『법화경』 제1 「서품」에 나오는 일월등명불이 성문과 벽지불(연각)에게 각각 사성제와 십이인연법을 설하여 일체종지를 이루게 했다는 내용이다.

"성문聲聞을 구하는 이에게는 사제법諦法을 말씀하시어, 나고 늙고 병들고 죽는 것을 벗어나서 마침내 열반케 하시고, 벽지불辟支佛을 구하는 이에게는 십이인연법因緣法을 잘 말씀하시고, 보살을 위해

---

91 츠카모토 게이쇼(塚本啓祥), 이정수 역(2010), pp.310~311.

서는 육바라밀六婆羅蜜을 잘 말씀하시어 아뇩다라삼먁삼보리를 얻어서 일체종지一切種智를 이루게 하셨습니다."[92]

관련하여 『법화경』 제20 「상불경보살품」에도 위음왕불이 성문과 벽지불에게 각각 사성제와 십이인연법을 설하여 마침내 불지혜에 이르게 했다는 내용이 나온다.

"그 위음왕께서 그 세상 가운데 하늘·인간·아수라들에게 설법하시되, 성문을 구하는 이에게는 사제법四諦法을 설하여 생·노·병·사를 극복하고 마침내 열반에 이르게 하시고, 벽지불을 구하는 이에게는 십이인연법을 설해 주시고, 여러 보살에게는 아뇩다라삼먁삼보리를 인하여 육바라밀다를 설해 주시어 마침내 부처님 지혜에 들게 하셨느니라."[93]

이렇듯 『법화경』에서는 부처가 열반에 이르고자 하는 성문에게는 사성제를 설하고, 벽지불을 구하는 이에게는 십이인연법을 설해 주어 결국에는 일체종지를 이루게 하고 있다. 그렇다면 다음에서 연각승이 수행한 십이인연법이 어떤 수행법인지 알아보고자 한다.

---

92 『妙法蓮華經』卷1(T09, p.3c22-26), "爲求聲聞者說應四諦法 度生老病死 究竟涅槃 爲求辟支佛者說應十二因緣法 爲諸菩薩說應六波羅蜜 令得阿耨多羅三藐三菩提 成一切種智"

93 『妙法蓮華經』卷6(T09, p.50c2-7), "其威音王佛 於彼世中 爲天 人 阿修羅說法 爲求聲聞者 說應四諦法 度生老病死 究竟涅槃 爲求辟支佛者 說應十二因緣法 爲諸菩薩 因阿耨多羅三藐三菩提 說應六波羅蜜法 究竟佛慧"

'연기緣起'라는 용어는 'paticcasamuppada'의 한역이다. 그 의미는 '연緣하고 있으면서(paticca) 함께(sam) 나타남(uppada)'이다. 그리고 이것은 '이것이 있기 때문에 저것이 있다(此有故彼有)', '이것이 일어나기 때문에 저것이 일어난다(此起故彼起)',[94] '이것으로 인하여 저것이 있고 이것이 없으면 저것이 없다. 이것이 생기면 저것이 생기고 이것이 멸하면 저것이 멸한다(因此有彼無此無彼 此生彼生此滅彼滅)'[95]로 설명된다.

불교를 이해하는 데 있어 연기만큼 중요한 것은 없지만, 연기를 이해하기란 쉽지 않다. "어느 날 석가모니불이 12연기를 설했을 때 그것을 들은 제자 아난다가 그 12연기의 가르침이 깊어 보이지 않고 간단하게 보인다고 하자, 석가모니불은 "그렇게 생각해서는 안 된다. 12연기는 너무나도 깊고도 깊어 일상의 인간들로서는 능히 밝게 깨달아 알 수 없는 것이다"라고 하면서 이 연기의 가르침을 "깨닫지 못하고 꿰뚫지 못하기 때문에 이 사람들은 실에 꿰어진 구슬처럼 얽히게 되고 베 짜는 사람의 실타래처럼 헝클어지고 문자 풀처럼 엉키어서 처참한 곳, 불행한 곳, 파멸처, 윤회를 벗어나지 못한다"[96]라고 하였다.

---

[94] 『雜阿含經』 卷12(T02, p.85a12-14), "爾時 世尊告諸比丘 我今當說緣起法法說 義說 諦聽 善思 當爲汝說 云何緣起法法說 謂此有故彼有 此起故彼起"

[95] 『中阿含經』 卷47(T01, p.723c19-22), "云何比丘知因緣 世尊答曰 阿難 若有比丘見 因緣及從因緣起知如眞 因此有彼 無此無彼 此生彼生 此滅彼滅"

[96] 각묵 스님(2010), p.115.

(1) 일반적 연기론

불교는 부처의 깨달은 내용을 토대로 한다. "만약 연기를 보면 곧 법을 보고 법을 보면 곧 연기를 본다"[97]에서 보듯이, 부처의 깨달은 내용의 핵심은 연기이다. 『상윳따니까야』에도 나와 있듯이, 세존은 정각을 이룬 후 그 초야初夜에도, 중야中夜에도, 후야後夜에도 무명無明에서부터 노사老死까지 괴로움의 일어남(流轉門)의 십이연기를 순관順觀하고, 무명의 멸滅에서 노사의 멸까지 괴로움의 멸진(還滅門)의 십이연기를 역관逆觀하였다.

"비구들이여, 그러면 어떤 것이 연기인가? 비구들이여, 무명無明을 조건으로 의도적 행위들(行)이, 의도적 행위들을 조건으로 알음알이(識)가, 알음알이를 조건으로 정신·물질(名色)이, 정신·물질을 조건으로 여섯 감각 장소(六入)가, 여섯 감각 장소를 조건으로 감각 접촉(觸)이, 감각 접촉을 조건으로 느낌(受)이, 느낌을 조건으로 갈애(愛)가, 갈애를 조건으로 취착(取)이, 취착을 조건으로 존재(有)가, 존재를 조건으로 태어남(生)이, 태어남을 조건으로 늙음·죽음(老死)과 근심·탄식·육체적 고통·정신적 고통·절망(憂悲苦惱)이 발생한다. 이와 같이 전체 괴로움의 무더기가 발생한다. 그러나 무명이 남김없이 빛바래어 소멸하기 때문에 의도적 행위들이 소멸하고, 의도적 행위들이 소멸하기 때문에 알음알이가 소멸하고, 알음알이가 소멸하기 때문에 정신·물질이 소멸하고, 정신·물질이 소멸하기 때문에 여섯 감각 장소가 소멸하고, 여섯 감각

---
[97] 대림 스님(2012), p.683.

장소가 소멸하기 때문에 감각 접촉이 소멸하고, 감각 접촉이 소멸하기 때문에 느낌이 소멸하고, 느낌이 소멸하기 때문에 갈애가 소멸하고, 갈애가 소멸하기 때문에 취착이 소멸하고, 취착이 소멸하기 때문에 존재가 소멸하고, 존재가 소멸하기 때문에 태어남이 소멸하고, 태어남이 소멸하기 때문에 늙음·죽음과 근심·탄식·육체적 고통·정신적 고통·절망이 소멸한다. 이와 같이 전체 괴로움의 무더기가 소멸한다."[98]

무명의 일어남에서 노사우비고뇌老死憂悲苦惱의 일어남까지 연기의 유전문, 무명의 멸함에서 노사우비고뇌의 멸함까지 연기의 환멸문이 간략히 제시되고 있는데, 사실 견해의 대립은 12지 연기의 각 지를 어떻게 이해하느냐, 그리고 그것들 간의 관계를 어떻게 보느냐에 따라 그 해석이 상이하게 나타날 수 있다. 이를테면, 식(알음알이)을 어떻게 보느냐, 태어남을 어떻게 보느냐, 그 전후의 지분과의 관계를 어떻게 보느냐에 따라 전혀 다른 해석을 하게 되는 것이다.

(2) 시간적 해석의 12연기

12연기의 각 지분支分이 삼세에 걸친 유정의 끝없는 윤회의 분위分位를 나타낸다고 해석하는 유부의 견해에 해당하는 경전 상의 근거는 『디가니까야』 「대인연경」을 들 수 있을 것이다. 관련한 내용은 다음과 같다.

---

[98] 각묵 스님(2009), pp.86~91.

"알음알이를 조건으로 정신·물질이 있다(識緣名色)고 말하였다. 아난다여, 알음알이를 조건으로 정신·물질이 있다는 이것은 다음과 같은 방법으로 알아야 한다.

아난다여, 만일 알음알이가 모태에 들지 않았는데도 정신·물질이 모태에서 발전하겠는가?"

"아닙니다, 세존이시여."

"아난다여, 알음알이가 모태에 들어간 뒤 잘못되어 버렸는데도 정신·물질이 (오온을 구비한) 그런 상태를 생기게 하겠는가?"

"아닙니다, 세존이시여."

"아난다여, 알음알이가 동자나 동녀와 같은 어린아이일 때 잘못되어 버렸는데도 정신·물질이 향상하고 증장하고 번창하겠는가?"

"아닙니다, 세존이시여."

"아난다여, 그러므로 이것이 바로 정신·물질의 원인이고, 근원이고, 기원이고, 조건이니, 그것은 다름 아닌 알음알이이다."

"정신·물질을 조건으로 알음알이가 있다(名色緣識)고 말하였다. 아난다여, 정신·물질을 조건으로 알음알이가 있다는 이것은 다음과 같은 방법으로 알아야 한다.

아난다여, 만일 알음알이가 정신·물질에 확립됨을 얻지도 못하였는데도 미래에 태어남과 늙음·죽음과 괴로움의 일어남이 생긴다고 천명할 수 있겠는가?"

"그렇지 않습니다, 세존이시여."

"아난다여, 그러므로 이것이 바로 알음알이의 원인이고, 근원이고, 기원이고, 조건이니, 그것은 다름 아닌 정신·물질이다. 아난다여,

이와 같이 하여 태어나고 늙고 죽고 죽어서는 다시 태어나는 것이다."[99]

위의 인용에서 보듯이, 식과 명색과 관련하여 식(알음알이)의 출현은 바로 한 생의 최초의 알음알이(재생연결식)가 어머니 모태에 드는 것 혹은 모태에서 생겨나는 것을 뜻한다고 보고 있다. 그리고 그러한 것이 태어나고 늙고 죽고, 죽어서는 다시 태어나는 과정을 거듭하는 것으로 보는 것이다. 이것은 12연기에 대해 시간적인 경과의 흐름에 따라 해석한 것이다.

(3) 비시간적 해석의 12연기

12연기를 위와 같은 발생 혹은 생성의 논리가 아니라 그냥 존재의 논리로 해석하는 것이 타당하다는 주장은 『상윳따니까야』의 「갈대 다발 경」에 의거한다. 그 일부를 옮겨 보면 다음과 같다.

"도반이여, 예를 들면 두 개의 갈대 다발이 서로 의지하여 서 있는 것과 같습니다. 도반이여, 그와 같이 정신·물질을 조건으로 알음알이가, 알음알이를 조건으로 정신·물질이, 정신·물질을 조건으로 여섯 감각 장소가, 여섯 감각 장소를 조건으로 감각 접촉이, 감각 접촉을 조건으로 느낌이, 느낌을 조건으로 갈애가, 갈애를 조건으로 취착이, 취착을 조건으로 존재가, 존재를 조건으로 태어남이, 태어남을 조건으로 늙음·죽음과 근심·탄식·육체적 고통·정신적

---
[99] 각묵 스님(2010), pp.135~136.

고통·절망이 생깁니다. 이와 같이 전체 괴로움의 무더기가 발생합니다.

도반이여, 그런데 만일 이 두 개의 갈대 다발 가운데 하나를 빼내면 다른 하나도 쓰러질 것입니다. 만일 다른 나를 빼내면 저 하나도 쓰러질 것입니다. 도반이여, 그와 같이 정신·물질이 소멸하기 때문에 알음알이가 소멸하고, 알음알이가 소멸하기 때문에 정신·물질이 소멸하고, 정신·물질이 소멸하기 때문에 여섯 감각 장소가 소멸하고, 여섯 감각 장소가 소멸하기 때문에 감각 접촉이 소멸하고 … 이와 같이 전체 괴로움의 무더기가 소멸합니다."[100]

위의 인용은, 세워 놓은 두 개의 갈대 다발은 서로가 서로를 의지하여 세워져 있듯이 연기의 지분과 지분 사이도 서로가 서로를 의지하여 존립함으로써 시간적 선후 관련이 있는 것이 아니라 동시적 상호 존립과 동시적 상호 소멸을 가능케 하는 관계로 보고 있는 것이다.

앞에서 기술했듯이 『법화경』에서는 "연각의 수행으로 석가모니불은 12인연법을 제시하였고 마침내 불지혜에 들게 하였다"라고 하고 있다. 이것은 석가모니불이 모든 수행자를 일불승에 들게 하기 위해 하나의 틀을 제시하여 맞추게 한 것이 아니라, 각각의 근기와 성향이 다른 수행자들에게 방편을 제시하여 일불승으로 향하게 한 것이다. 그러므로 성문의 성향을 지닌 수행자들에게는 성문승의 수행을 할 수 있도록 사성제의 방편을 주고, 연각의 성향을 지닌 수행자들에게는 연각승의 수행을 할 수 있도록 방편을 주어 수행의 경지에 이르렀을

---

[100] 각묵 스님(2010), pp.135~136.

때 이것이 모두 일불승의 과정일 뿐이라고 불지견을 열어 보인 것이다.

5) 『법화경』에서 보살승의 현증
(1) 보살의 특징

'보살'이란 '보리살타'의 줄임말이다. '보리살타'의 원어 '보디사트바(bodhisattva)'란 '지혜를 구해 수행하여 보리의 증득이 확정되어 있는 유정有情을 말한다.[101] 원래 '보살'이란 석존의 전생을 존중하는 의미에서 불렀던 호칭이다. 그러므로 근본불교 시대에는 '보살'이란 말이 석존의 전생을 지칭하는 경우에만 사용되었다고 보는 견해가 일반적이다. 이러한 보살의 개념이 바뀐 것은 본생경류의 시작과 함께라고 본다.[102] 보살사상은 점차 원생보살願生菩薩 사상으로 발전한다. '중생을 구원하겠다는 서원에 의해 열반의 세계에서 사바세계에 자원해서 태어난다'는 사상이다. 원생보살 사상은 이후 대승불교의 특징적인 사상이 된다. 후기 밀교의 즉신성불卽身成佛 사상은 성불이 목적이 아니라 중생을 구원하기 위한 방편이라 선언하는 것도 원생보살 사상의 연장이라 할 수 있다.

이러한 보살사상은 『법화경』에서도 강조된다. 『법화경』의 보살도 현실 세계를 정토로 바꾸기 위해 오탁악세를 마다하지 않고 원생한다. 구체적으로 『법화경』에 나타난 보살의 특징에 대하여 살펴보면 다음과 같다.

---

[101] 干潟龍祥(1978), p.56.
[102] 앞의 책, pp.56~61 참조.

①법사행: 다라니와 사무애변재 공덕 성취로 법륜을 굴림
②자비행: 많은 중생의 이익과 안락을 위해, 세간을 애민하기 위해, 대중의 이익을 위해, 천인과 인간의 이익과 안락을 위해, 일체중생의 반열반을 위해 노력함
③대승을 통해 삼계를 벗어남

위와 같이 『법화경』 제1 「서품」에 나타난 보살의 특징에 해당하는 내용이 나오는 부분은 다음과 같다.

> 보살마하살菩薩摩訶薩 8만 인이 있었으니, 다 아뇩다라삼먁삼보리阿耨多羅三藐三菩提에서 물러나지 아니하였으며, 다라니陀羅尼와 말 잘하는 변재를 얻어서 물러나지 않는 법륜法輪을 굴렸으며, 한량없는 백천 부처님을 공양하였고, 여러 부처님 계신 곳에서 모든 덕의 근본을 심었으므로 항상 여러 부처님께서 칭찬하셨으며, 자비로써 몸을 닦아 부처님의 지혜에 잘 들어갔으며, 큰 지혜를 통달하여 피안彼岸에 이르렀고, 그 이름이 한량없는 세계에 널리 들리어 무수한 백천의 중생을 제도하는 이들이었다.[103]

『법화경』 제1 「서품」에 등장하는 보살들은 보살 부류 중에서도

---

103 『妙法蓮華經』 卷1(T09, p.2a2-8), "菩薩摩訶薩八萬人 皆於阿耨多羅三藐三菩提 不退轉 皆得陀羅尼樂說辯才 轉不退轉法輪 供養無量百千諸佛 於諸佛所殖衆德本 常爲諸佛之所稱歎以慈修身 善入佛慧通達大智 到於彼岸名稱普聞無量世界 能度無數百千衆生"

대보살 부류에 속하는 보살들이다. 이 「서품」에 등장하는 보살들에 대해 세친은 『묘법연화경우바제사』에서 보살들이 성취한 공덕의 특징에 관해 다음과 같이 논설한다.

> 보살의 공덕 성취에 대해서는 13구句에 두 가지 문門으로 뜻을 포섭하여 나타내 보였음을 알아야 한다. 어떤 것이 두 가지 문인가? 첫째, 상지문上支門과 하지문下支門이요, 둘째, 사事를 섭취하는 문이다.
> 상지문과 하지문이란 총상과 별상을 말함이니, 이 뜻을 알아야 한다. 다 아뇩다라삼먁삼보리에서 물러나지 않는다고 한 것은 바로 총상이요, 나머지는 별상이다. 그 물러나지 아니함(不退轉)을 열 가지로 나타내 보이니, 이 뜻을 알아야 한다. 어떤 것이 열 가지인가? 첫째, 머물러 법을 들음에 머물러 물러나지 아니함이니, 경에 "모두 다라니를 얻었다"고 한 것이다. 둘째, 요설樂說에서 물러나지 아니함이니, 경에 "매우 말 잘하는 변재"라고 한 것이다. 셋째, (법을) 말함에서 물러나지 아니함이니, 경에 물러나지 않는 법륜을 굴린다"라고 한 것이다. 넷째, 선지식에 의지하여 물러나지 아니함이니, 몸과 마음의 업으로 색신色身의 섭취에 의지하기 때문이다. 경에 "한량없는 백천의 모든 부처님께 공양한 까닭이요, 여러 부처님이 계신 곳에서 모든 선근을 심은 까닭이다"라고 하였다. 다섯째, 모든 의심을 끊음에 물러나지 아니함이니, 경에 "항상 여러 부처님께서 칭찬하셨다"라고 하였다. 여섯째, 어떠어떠한 일을 설법하기 위하여 여러 가지 법에 들어가 물러나지 아니함이

니, 경에 "대자비로써 몸과 마음을 닦는다"라고 한 것이요, 일곱째, 모든 지혜로 여실한 경계에 들어가 물러나지 아니함이니, 경에 "부처님의 지혜에 잘 들었다"라고 한 것이요, 여덟째, 아공我空과 법공法空에 의거하여 물러나지 아니함이니, 경에 "큰 지혜를 통달하였다"라고 한 것이다. 아홉째, 여실한 경계에 들어가 물러나지 아니함이니, 경에 "피안에 이르렀다"라고 한 것이다. 열째, 지어야 할 것을 지어서 물러나지 아니함이니, 경에 "무수한 백천의 중생을 제도할 수 있다"라고 한 것이다.[104]

이와 같이 세친은 보살의 공덕에 대해 상지문과 하지문으로 설명하니, 상지문이란 전체상을 말하는 것이며 총상總相이라고도 한다. 총상은 위없는 아뇩다라삼먁삼보리심에서 물러나지 않는 것을 말한다. 나머지는 별상別相으로 아뇩다라삼먁삼보리심에서 물러나지 않는 것을 보살의 열 가지의 모습으로 나타내 보인다는 것이다. 그 열 가지란, 첫째는 법을 들음에 물러나는 모습이 없는 것이고, 둘째는 매우 말

---

104 『妙法蓮華經憂波提舍』 卷1(T26, p.2a25-b15), "菩薩功德成就者 彼十三句 二門攝義示現應知 何等二門 一者上支下支門 二者攝取事門 上支下支門者 所謂總相別相 此義應知 皆於阿耨多羅三藐三菩提不退轉 者是總相 餘者是別相 彼不退轉十種示現 此義應知 何等爲十 一者住聞法不退轉 如經皆得陀羅尼故 二者樂說不退轉 如經大辯才樂說故 三者說不退轉 如經轉不退轉法輪故 四者依止善知識不退轉 以身心業依色身攝取故 如經供養無量百千諸佛故 於諸佛所種諸善根故 五者斷一切疑不退轉 如經常爲諸佛之所稱歎故 六者爲何等何等事說法 入彼彼法不退轉 如經以大慈悲而修身心故 七者入一切智如實境界不退轉 如經善入佛慧故 八者依我空法空不退轉 如經通達大智故 九者入如實境界不退轉 如經到於彼岸故 十者作所應作不退轉 如經能度無數百千衆生故"

잘하는 변재를 나타냄이며, 셋째는 법을 설함에 물러나지 않는 것이고, 넷째는 한량없는 백천의 부처님께 공양하고 선근을 심었기 때문에 색신의 업이 선지식에 의지하여 몸과 마음이 물러나지 않는다는 것이며, 다섯째는 모든 의심이 끊어졌다는 것이고, 여섯째는 설법하기 위해 여러 공덕이 성취되어 물러나지 않는 것을 말함이며, 일곱째는 모든 지혜가 생겨 경계에 따라 물러나지 않는 것을 말하는 것이고, 여덟째는 아공과 법공인 공성에 의거해 물러나지 않는 것을 말하는 것이며, 아홉째는 여실지가 생겼다는 것이고, 열째는 보살로서 행해야 할 일을 행함에 물러나지 않는 것을 말한다.

 세친은 위의 인용문 중 보살의 현증으로서 '둘째, 사事를 섭취하는 문'을 다음과 같이 밝히고 있다.

사事를 섭취하는 문이란 모든 보살은 어떤 청정한 지地 가운데에 머물러서 어떤 방편을 가지며, 어떤 경계 가운데에서 지어야 할 것을 지음을 나타내 보이는 것이다. 지地의 청정함이라 한 것은 8지 이상의 3지는 상 없는 행(無相行)으로서 고요하고(寂靜) 청정하기 때문이다. 방편에는 네 가지가 있다. 첫째, 묘법을 섭취하는 방편이니, 묘법에 주지住持하여 말 잘하는 변재의 힘으로 사람들을 위하여 설법하는 까닭이요, 둘째, 선지식을 섭취하는 방편이니, 선지식에 의지하여 지어야 할 것을 짓는 까닭이요, 셋째, 중생을 섭취하는 방편이니, 중생을 버리지 아니하는 까닭이요, 넷째, 지혜를 섭취하는 방편이니, 중생을 교화하여 그 지혜에 들어가게 하고자 하는 까닭이다.[105]

제3장 『법화경』의 일불승과 삼승의 수증 235

　세친은 위의 인용문에서 보살이 체득한 지地에 대해서 설명하고 있는데, 위의 인용문에 따르면 『법화경』 제1 「서품」에 나오는 대보살들은 8지 이상의 보살이라는 것이다. 그리고 8지부터 위로 3지인 10지까지는 분별심이 없는 고요하고 청정한 행을 한다는 것이다. 그리고 그러한 보살행은 특징이 방편 보살행인데, 그 방편은 첫째, 묘법을 변재의 힘으로 사람들을 위하여 잘 설법하는 방편이고, 둘째, 선지식에 의지하여 몸과 마음으로 행위를 잘하는 방편이며, 셋째, 중생들을 잘 섭수하는 방편이고, 넷째, 섭수된 중생을 일승의 지혜로 잘 들어가도록 방편을 쓰는 것을 말한다.

　인용문들의 내용은 보살의 현증에 대해서 기술하고 있다. 이것은 근본불교의 '전도선언傳道宣言'의 정신을 계승한 법화사상의 구체적 실천자가 보살임을 시사하는 것이다.

(2) 보살의 유형

앞에서 기술한 바와 같이 『법화경』 제1 「서품」에 의하면 "부처님께서 왕사성의 기사굴산에 계실 때 함께했던 보살은 8만여 명으로 모두 아뇩다라삼먁삼보리에서 물러나지 않는 지위에 있었다"라고 명시하고 있다. 그들 중 구체적으로 이름이 거명된 보살은 "문수사리 보살,

---

105 『妙法蓮華經憂波提舍』 卷1(T26, p.2b16-23), "攝取事門者 示現諸菩薩住何等淸淨地中 以何等方便 於何等境界中 作所應作故 地淸淨者 八地已上三地無相行寂靜淸淨故 方便者有四種 一者攝取妙法方便 住持妙法以樂說力爲人說故 二者攝取善知識方便 以依善知識作所應作故 三者攝取衆生方便 以不捨衆生故 四者攝取智方便 以敎化衆生令入彼智故"

관세음보살, 득대세得大勢보살, 상정진常精進보살, 불휴식不休息보살, 보장寶藏보살, 약왕藥王보살, 용시勇施보살, 보월寶月보살, 월광月光보살, 만월滿月보살, 대력大力보살, 무량력無量力보살, 월삼계越三界보살, 발타바라跋陀婆羅보살, 미륵보살, 보적寶積보살, 도사導師보살" 등이다.

이러한『법화경』에서 설해지는 '보살'은 크게 셋으로 나눌 수 있다. 첫째, 부처님으로부터 장래에 반드시 성불할 것이라고 예언을 받은 보살(授記菩薩), 둘째, 깨달음을 얻은 보살(大菩薩), 셋째, 여래의 사도로서 부처님의 가르침을 세상에 널리 펴는 의무를 부여받은 사람(法師) 등 세 부류이다.[106]

가. 성불의 예언을 받은 사람(授記菩薩)

성문승·벽지불승·보살승이라는 승乘의 개념은 대승불교 시기에 들어오면서부터 고정된 개념으로 사용되었다. 즉 대승은 성문승이나 벽지불승은 소승이라 하여 성불에서 제외하고, 오직 보살승만 성불할 수 있다는 배타적인 사상이 있었다. 그러나『법화경』은 이와 같은 사상을 '일불승'의 사상으로 해결하고 있다. 여기에『법화경』만의 독특한 '보살'의 의미가 있다.

『법화경』은 다른 대승경전과 달리 성문과 벽지불에 대한 성불의 예언을 수기로 대담하게 설하고 있다. 지의는『법화경』의 제2「방편품」에서 제9「수학무학인기품」까지의 8품을 적문迹門의 정종분正宗分

---

[106] 이봉순(1998), p.290.

이라 하고 개삼승현일승開三乘顯一乘이라고 요약하였다. 이것은 이들 8품에서 이승에게도 성불의 수기를 주어 일승을 설하고 있다는 뜻이다. 특히 제6 「수기품」에서 제9 「수학무학인기품」까지의 4품은 마하가섭을 비롯한 여러 제자의 성불 가능성을 예언하고 있다.

제6 「수기품」에서는 마하가섭이 광명여래光明如來로, 수보리가 명상여래名相如來로, 대가전연이 염부나제금광여래閻浮那提金光如來로, 대목건련이 다마라발전단향여래多摩羅跋檀香如來로, 제7 「화성유품」에서는 성문의 지위에 있는 자가 성불하고, 제8 「오백제자수기품」에서는 부루나가 성불하여 법명여래法明如來가 되고, 오백 아라한이 보명여래普明如來가 되며, 제9 「수학무학인기품」에서는 아난이 산해혜자재통왕여래山海慧自在通王如來로, 라훌라가 도칠보화여래蹈七寶華如來로, 성문 2,000명은 모두 보상여래寶相如來가 된다.[107]

성불의 가능성을 예언한다는 것은 성문이 아라한에 그치지 않고 '불타가 된다'는 성불로의 방향이 설정되었음을 의미하는 것이다. 다시 말해서 불타가 된다는 것은 이미 '성문'이 아니고, '보살'과 자격이 동등하다는 것을 의미하는 것이다. 그러므로 성불의 예언을 받은 사람은 모두가 다 '보살'일 수밖에 없다. 왜냐하면 '성불하게 되어 있는 자'는 초기불교 이래로 '보살'이라고 하기 때문이다. 그러므로 『법화경』의 삼승은 모두 '깨달음을 얻는 것이 확정되어 있는 보살'인 것이다.[108]

---

107 이봉순(1998), p.291.
108 이영자(1996), pp.343~346.

나. 깨달음을 얻은 보살(大菩薩)

『법화경』에서 깨달음을 얻은 보살들은 여래의 심부름꾼으로서 여래의 가르침을 널리 선양하기 위해 사바세계에서 활동하는 보살들이다. 이러한 대보살 중 대승불교에서 대표하는 보살은 문수보살, 미륵보살, 관세음보살, 보현보살 등이다. 이들 보살은 성불을 위한 보살행을 하는 보살들이 아니고, 오래전 과거에 이미 수행을 완성하였으나, 열반에 들지 않고 사바세계에 화현하여 중생을 구제하는 보살들이다. 이 보살들의 행은 성불을 위한 행이 아니라 중생구제를 위한 이타행인 것이다.

『법화경』의 제10 「법사품」에서 제22 「촉루품」까지의 13품은 석가모니불이 주로 보살에게 설법한 내용이다. 즉 제10 「법사품」에는 약왕藥王보살, 제11 「견보탑품」에서는 대요설大樂說보살, 제14 「안락행품」에는 문수사리보살, 제15 「종지용출품」에서는 상행上行보살, 무변행無邊行보살, 정행淨行보살, 안립행安立行보살, 제16 「여래수량품」과 제17 「분별공덕품」, 제18 「수희공덕품」에서는 미륵보살, 제19 「법사공덕품」에서는 상정진常精進보살, 제20 「상불경보살품」에서는 득대세得大勢보살, 제22 「촉루품」에는 이외 헤아릴 수 없는 무수한 보살마하살이 등장하면서 주로 보살행이 강조된다. 이들 품에서 등장하는 보살은 이미 깨달음을 얻은 보살(大菩薩)들이 화현한 것이다. 이는 제2 「방편품」에서 제9 「수학무학인기품」까지의 대고중이 성문으로 되어 있는 것과 대조되는 것이다. 그래서 많은 학자들이 이 부분은 보살행을 강조하여 보살정신을 고양시킴으로써 보살운동을 촉진시키려는 사람들에 의해서 의도적으로 제작된 것이라고 본다.[109]

『법화경』의 대고중 중 보살 대고중이 나온 품을 도표로 간략하게 정리하면 다음과 같다.

〈표 7〉 『법화경』 품별 보살 대고중

품	대고중
제10 「법사품」	약왕보살
제11 「견보탑품」	대요설보살
제14 「안락행품」	문수사리보살
제15 「종지용출품」	상행·무변행·정행·안립행보살 등 많은 보살
제16 「여래수량품」	미륵보살
제17 「분별공덕품」	미륵보살
제18 「수희공덕품」	미륵보살
제19 「법사공덕품」	상정진보살
제20 「상불경보살품」	득대세보살
제21 「여래신력품」	상행보살
제22 「촉루품」	한량없는 보살마하살

『법화경』에 등장하는 여러 보살 중에 경을 수지·독송·해설·서사 등 오종수행을 하면서 법사행을 하는 보살은 '대보살'이자, 석가모니불의 '화신보살'이라 할 수 있다. 『법화경』에서 부처를 대신하여 법사행을 하는 대표적인 화신보살은 지용보살, 묘음보살, 관세음보살, 보현보살 등이 있다. 다음은 대보살로서 법사행을 하는 보살에 대해 내용을 정리하면 다음과 같다.

---

109 이봉순(1998), p.298.

ㄱ. 지용地踊보살

『법화경』에서 대보살에 대해서 전형적으로 서술된 부분은 제15「종지용출품」의 땅에서 솟아 나온 지용보살을 들 수 있다. 제15「종지용출품」에서는 타방 국토에서 온 많은 보살들이 석가모니불이 열반하신 후에는 자신들이 사바세계에 있으면서 『법화경』을 설법하겠다고 한다. 그때 석가모니불은 이들의 요청을 거절하면서 사바세계에는 6만 항하의 모래 수와 같은 보살이 있으며, 그 각 보살은 모두 6만 항하의 모래 수와 같은 권속을 거느리고 있어 이들이 이 경을 받들어 보호하고 설법한다고 말한다. 이 말이 끝나자, 사바세계에 있는 수많은 보살이 땅 위로 솟아 나오는데 이들을 지용보살이라 한다.

부처님께서 이를 설하실 때 사바세계 삼천대천의 국토의 땅이 다 진동하면서 열리더니 그 가운데에 한량없는 천만억 보살마하살이 동시에 솟아 나오되, 그 보살들의 몸은 모두 금색으로 32상을 갖추었으며, 한량없이 밝은 광명이 있었다. 이 보살들은 사바세계의 아래 허공 가운데 머물러 있다가 석가모니불께서 설법하시는 음성을 듣고 아래로부터 솟아오른 것이다.[110]

이러한 지용보살 중 상행上行보살, 무변행無邊行보살, 정행淨行보

---

110 『妙法蓮華經』卷5(T09, pp.39c28-40a4), "佛說是時 娑婆世界三千大千國土地皆震裂 而於其中 有無量千萬億菩薩摩訶薩同時踊出 是諸菩薩 身皆金色 三十二相 無量光明 先盡在此娑婆世界之下 此界虛空中住 是諸菩薩 聞釋迦牟尼佛所說音聲 從下發來"

살, 안립행安立行보살 등은 헤아릴 수 없이 많은 대중을 이끄는 보살들이다. 이 보살들이 금빛으로 빛나고 32상을 갖추었다는 것은 이들이 이미 8지 이상의 보살이고, 중생을 가르치고 구제할 수 있는 지혜와 자비를 갖추고 있는 대보살인 것이다. 이러한 희유한 광경에 미륵보살이 석가모니불께 이 수많은 보살이 어디에서 왔냐고 묻자, 석가모니불은 이 보살들은 사바세계 아래 허공 가운데에 머무르고 있으며, 모든 경전을 읽고 외워 통달하였으며, 사유하고 분별하여 바르게 생각한다고 하고 있다.

"미륵이여, 이 여러 선남자들은 대중 속에서 많이 떠들며 사귀는 것을 즐겨 하지 않고, 항상 고요한 곳을 즐겨 부지런히 정진하되, 일찍이 쉰 일이 없으며, 또한 인간이나 하늘에 의지하지 않고 항상 깊은 지혜도 장애됨이 없으며, 또 여러 부처님의 법을 항상 즐겨 일심으로 정진해서 위없는 지혜를 구했느니라."[111]

지용보살들은 무량한 겁 동안 부처의 지혜를 배웠고, 부처의 교화에 아뇩다라삼먁삼보리심에 머무는 부처의 아들이라고 하고 있다. 이같이 석가모니불의 열반 후에도 사바세계에 머물면서 일체중생의 고통에서 구원하는 행을 하는 것이 바로 보살인 것이다. 땅에서 솟아 나온 보살이란 다른 세계에서 온 사람이 아니라 바로 이 땅에 사는 이런

---

111 『妙法蓮華經』卷5(T09, p.41b6-10), "阿逸多 是諸善男子等 不樂在衆多有所說 常樂靜處 懃行精進未曾休息 亦不依止人天而住 常樂深智 無有障礙 亦常樂於諸佛之法 一心精進 求無上慧"

현실적인 보살을 의미하는 것이다.

또한 『법화경』에 나오는 대보살 중에는 대승보살의 대표 보살이라고 할 수 있는 묘음보살, 관음보살, 보현보살에 관한 내용이 있는데 정리하면 다음과 같다.

ㄴ. 묘음妙音보살

묘음보살은 정화숙왕지淨華宿王智여래가 주처하는 정광장엄淨光莊嚴이라는 불국토에서 활동하고 있는 보살이다. 묘음보살은 오래전부터 많은 덕의 근본을 심어서 헤아릴 수 없는 부처님을 친근하여 매우 깊은 지혜를 성취하여 현일체색신삼매現一切色身三昧에 머무른다. 현일체색신삼매는 묘음보살이 얻은 16가지 삼매(묘당상妙幢相삼매, 법화法華삼매, 정덕淨德삼매, 수왕희宿王戲삼매, 무연無緣삼매, 지인智印삼매, 해일체중생어언解一切衆生語言삼매, 집일체공덕集一切功德삼매, 청정淸淨삼매, 신통유희神通遊戲삼매, 혜거慧炬삼매, 장엄왕莊嚴王삼매, 정광명淨光明삼매, 정장淨藏삼매, 불공不共삼매, 일선日旋삼매)를 일컫는다. 법화삼매도 묘음보살이 성취한 16가지 삼매의 하나이다. 이러한 삼매에 머물러 있으면서 묘음보살은 헤아릴 수 없는 중생들을 이익케 한다.

묘음보살의 몸은 4만 2천 유순이나 되고, 몸은 매우 단정하다. 백천만억의 복이 구족하고, 광명 또한 특수하다. 경전에서 묘음보살에 대한 묘사된 내용은 다음과 같다.

"묘음보살은 눈의 광대함이 푸른 연꽃잎과 같아서 백천만 개의 달을 합한 것보다 그 얼굴이 더 단정하고, 진금색의 몸은 한량없는 백천의 공덕으로 장엄되어 위덕이 치성하고, 광명이 매우 밝게 비치며, 여러 모양을 잘 갖추어 나라연那羅延의 견고한 몸과 같다."[112]

"묘음보살은 운뢰음왕雲雷音王여래 때 1만 2천 년 동안 10만 가지 기악으로 운뢰음왕여래께 공양하고 아울러 8만 4천의 칠보의 바리를 받들어 올린 인연의 과보로써 이러한 신통력을 얻었다."[113]

묘음보살은 또한 갖가지 몸을 곳곳에서 나타내어 여러 중생을 위하여 『법화경』을 설법한다. 묘음보살의 화신으로는 33신이 말해진다. "묘음보살은 범왕, 제석천, 자재천, 대자재천, 천대장군, 비사문천왕, 전륜성왕, 소왕, 장자, 거사, 관리, 바라문, 비구, 비구니, 우바새, 우바이, 장자, 거사의 부인, 관리의 부인, 바라문의 부인, 동남동녀, 하늘, 용, 야차, 건달바, 아수라, 가루라, 긴나라, 마후라가같이 사람인 듯 사람 아닌 것 등으로 나타나 『법화경』을 설한다."[114] 묘음보살은

---

112 『妙法蓮華經』 卷7(T09, p.55c10-14), "是菩薩目如廣大靑蓮華葉 正使和合百千萬月 其面貌端正復過於此 身眞金色 無量百千功德莊嚴 威德熾盛 光明照曜 諸相具足 如那羅延堅固之身"

113 『妙法蓮華經』 卷7(T09, p.56a6-9), "妙音菩薩於萬二千歲 以十萬種伎樂供養雲雷音王佛 幷奉上八萬四千七寶鉢 以是因緣果報 今生淨華宿王智佛國 有是神力"

114 『妙法蓮華經』 卷7(T09, p.56a26-b9), "是妙音菩薩 能救護娑婆世界諸衆生者 是妙音菩薩如是種種變化現身 在此娑婆國土 爲諸衆生說是經典 於神通 變化 智慧 無所損減 是菩薩 以若干智慧明照娑婆世界 令一切衆生各得所知 於十方恒河沙世界中 亦復如是 若應以聲聞形得度者 現聲聞形而爲說法 應以辟支佛形得度

사바세계의 모든 중생을 구원하는 보살이다. 성문의 몸으로 제도할 필요가 있을 때는 성문의 모습을 나타나 설법한다. 연각의 모습으로 제도할 사람에게는 연각의 모습을 나타나 설법하며, 보살이나 부처의 몸으로 제도할 사람에게는 보살이나 부처의 모습으로 나타나 제도한다. 이같이 중생들의 갖가지 모습에 따라 중생을 제도하고, 열반을 보여 제도할 중생에게는 열반을 나타내어 제도한다.

ㄷ. 관세음觀世音보살

대승불교에서의 보살은 일반적으로 '위로는 깨달음을 추구하고 아래로는 중생을 구제하는 역할을 하는 불자'를 의미하는 용어로 사용되고 있다. 여기에 '관세음'의 명호가 다시 추가되어 '관세음보살'이라는 개념이 형성된 것이다. '관세음'이란 산스크리트어의 'avalokiteśvara'를 한역한 것으로 실제 '관세음'의 명칭은 '관세음觀世音', '관자재觀自在', '관세자재觀世自在', '광세음光世音', '현음성現音聲' 등 여러 가지가 있다.

구마라집은 관음을 산스크리트어의 'avalokita(관찰)'와 'svara(음성)'의 합성어로 '음성을 관찰하다'라는 뜻인 '관세음'이라고 한역하였는데 이것을 구역舊譯이라고 한다. 가장 잘 알려진 '관세음'에 대한 명칭과 뜻에 대해서는 바로 이 『법화경』에 자세하게 기술되어 있다.

者 現辟支佛形而爲說法 應以菩薩形得度者 現菩薩形而爲說法 應以佛形得度者 卽現佛形而爲說法 如是種種 隨所應度而爲現形 乃至應以滅度而得度者 示現滅度"

그때 무진의無盡意보살이 자리에서 일어나 오른쪽 어깨를 벗어
드러내고 부처님을 향하여 합장하고 여쭈었다.
"세존이시여, 관세음보살은 무슨 인연으로 관세음이라고 합니까?"
부처님께서 무진의보살에게 말씀하셨다.
"선남자야, 만일 한량없는 백천만억 중생이 여러 가지 고뇌를 받을
때에 이 관세음보살의 이름을 듣고 일심으로 그 이름을 부르면,
관세음보살이 곧 그 음성을 듣고 모두 해탈케 하느니라."[115]

여기에서 구마라집은 관음을 '관세음보살'이라고 번역을 했고, 경전상의 의미에도 사람들이 관세음보살의 이름을 일심으로 부르면 보살이 '그 음성을 듣고' 모두 해탈하게 해준다고 하여 관음의 명칭을 '관세음'이라는 의미로 해석하였다.

이와 달리 현장玄奘은 관음에 대해 다른 의미로 한역하였는데, 산스크리트어로 'avalokiteśvara'의 관음을 '관찰하다'라는 뜻을 가진 'avalokita'의 마지막 a와 '자유자재하다'라는 뜻의 'iśvara'의 첫 음 i가 합쳐져서 e가 되었으니 '관자재'라고 한역하였는데, 이것을 신역新譯이라고 한다. 현장은 『대당서역기大唐西域記』에서 관음에 대한 한역을 다음과 같이 제시하였다.

---

[115] 『妙法蓮華經』卷7(T09, p.56c3-8), "爾時 無盡意菩薩卽從座起 偏袒右肩 合掌向佛 而作是言 世尊 觀世音菩薩 以何因緣名觀世音 佛告無盡意菩薩 善男子 若有無量百千萬億衆生受諸苦惱 聞是觀世音菩薩 一心稱名 觀世音菩薩卽時觀其音聲 皆得解脫"

큰 강에서 삼사십 리에 이르면 절이 하나 있는데 절 안에는 관음상이 있다.(당나라에서는 관자재라고 하는데 이것은 범어의 연성법을 따른 것이다. 아박노지阿縛盧枳는 주로 관觀으로 말하고, 이습벌나伊濕伐羅는 자재自在로 번역한다. 구역에서는 광세음, 혹은 관세음 혹은 관세자재라고 하는데 이는 모두 그릇된 것이다.)[116]

이와 같이 산스크리트 원어인 'avalokiteśvara'의 어떠한 합성어로 보느냐에 따라 관음의 의미가 달라지는데 중국에서는 의미상 크게 '관세음'과 '관자재'로 한역되었다. 구마라집은 주로 '관세음'으로 한역하였고 현장은 '관자재'로 한역하였는데, 현장이 구마라집보다 후에 한역하여 이에 구마라집 한역은 구역, 현장의 한역은 신역이라고 한다. 한문 경전에 나오는 관음에 대한 명칭을 정리하면 다음과 같다.

〈표 8〉 대승경전에 나오는 관음보살의 명칭과 역자 목록

경명	내용 소재	역명驛名	역자
(本緣部)			
大方便佛報恩經	3권, p.124上	觀世音	失譯
悲華經 券第3, 7	3권, p.186上, p.213中	觀世音	北凉 雲無讖
大乘悲分陀利經 券第3, 5	2권, p.251中, p.271下	觀世音	失譯
大乘本生心地觀經 券第1	3권, p.291上	觀自在	唐 般若
(般若部)			
大般若波羅蜜多經 券第1 券第401, 479,	5권, p.1下 7권, p.1中, p.427下	觀自在菩薩	唐 玄奘

---

116 『大唐西域記』卷3(T51, p.883b21-24), "大河三四十里至一精舍 中有阿縛盧枳低濕伐羅菩薩像(唐言觀自在 合字連聲 梵語如上 分文散音 卽阿縛盧枳多 譯曰觀 伊濕伐羅譯曰自在 舊譯爲光世音 或云觀世音 或觀世自在 皆訛謬也.)"

566, 578	p.921中, p.986中		
摩訶般若波羅蜜經	8권, p.217上	觀世音菩薩	後秦 鳩摩羅什
勝天王般若波羅蜜經	8권, p.687上	觀世音菩薩	陳 月婆首那
實相般若波羅蜜經	8권, p.776上	觀自在菩薩	唐 菩提流支
金剛頂瑜伽理趣般若經	8권, p.778下	觀自在菩薩	唐 金剛智
大樂金剛不空眞實三麼耶經	8권, p.784上, p.784下	觀自在菩薩	唐 不空
佛說最上根本大樂金剛不空三昧大教王經 券第1, 2, 5, 6, 7	8권, p.786下, p.791下 8권, p.807上, p.817下 8권, p.823下	觀自在 및 觀自在菩薩	宋 法賢
摩訶般若波羅蜜大明呪經	8권, p.847下	觀世音菩薩	後秦 鳩摩羅什
般若波羅密多心經	8권, p.848下	觀自在菩薩	唐 玄奘
普遍智藏般若波羅蜜多心經	8권, p.849上	觀世音菩薩	唐 法月重
般若波羅蜜多心經	8권, p.849中	觀自在	唐 般若共利言等
般若波羅蜜多心經	8권, p.850上	觀世音自在	唐 智慧輪
般若波羅蜜多心經	8권, p.850中	觀自在菩薩	唐 法成
(法華部)			
妙法蓮華經 券第1, 7	9권, p.2上, p.56下	觀世音菩薩	姚秦 鳩摩羅什
正法華經 券1, 10	9권, p.63上, p.128下	光世音菩薩	西晉 竺法護
添品妙法蓮華經 券第1, 7, 序	9권, p.135上 p.191下, p.198上	觀世音菩薩	隋 闍那崛多共笈多
大法鼓經 券第上, 下	9권, p.290下, p.298下	觀世音菩薩	劉宋 求那跋陀羅
佛說菩薩行方便境界神通變化經 券第上	9권, p.301上	觀世音菩薩	劉宋 求那跋陀羅
大薩遮尼乾子所說經 券第1	9권, p.317下	觀世自在菩薩	元魏 菩提流支
佛說濟諸方等學經	9권, p.377下	光世音菩薩	西晉 竺法護
大乘方廣總持經	9권, p.382上	觀世音菩薩	隋 毘尼多流支
無量義經	9권, p.384中	觀世音菩薩	蕭齊 曇摩伽陀耶舍
(華嚴部)			
60華嚴 券第50, 51, 60	9권, p.717下, p.718上, p.786中	觀世音	東晉 佛馱跋陀羅
80華嚴 券第68, 80	10권, p.366下, p.367上, p.443上	觀自在	唐 實叉難陀
40華嚴 券第16	10권, p.732下, p.733上, p.733上, p.734下,	觀自在 觀自在菩薩	唐 般若

經名	卷, 頁	名稱	譯者
佛說羅摩伽經 券第1, 3	10권, p.735下, p.846下 p.859下, p.875下	觀世音	西秦 聖堅
大方廣總持寶光明經 券第1, 2, 3	10권, p.884中, p.892中	觀自在	宋 法天
大方廣佛華嚴經不思議佛境界分	10권, p.895下, p.905中	觀世音	唐 提雲般若
大方廣如來不思議境界經	10권, p.909上	觀自在	唐 實叉難陀
度諸佛境界智光嚴經	10권, p.912中	觀世音	失譯
佛華嚴入如來德智不思議境界經 券第1	10권, p.918上	觀世音	隋 闍那崛多
大方廣入如來智德不思議經	10권, p.925中	觀世音	唐 實叉難陀
(寶積部)			
觀世音菩薩授記經	12권, p.252下	觀世音	宋 曇無竭
(經集部)			
賢劫經 券第1	14권, p.1中	光勢(世)音菩薩	西晉 竺法護
佛說佛名經 券第2, 6, 9, 12	14권, p.124中, p.145中, p.163上, p.182中	觀世音菩薩	後魏 菩提流支
佛說佛名經 券第1, 4, 中	14권, p.187下, p.202中, p.305下	觀世音菩薩	
券第15, 30	14권, p.244下, p.300下	觀音大師	西晉 聶道眞
佛說文殊師利般涅槃經	14권, p.480中	觀世音菩薩	姚秦 鳩摩羅什
文殊師利問菩提經	14권, p.481下	觀世音菩薩	元魏 菩提流支
伽耶山頂經	14권, p.483下	觀世音菩薩	姚秦 鳩摩羅什
文殊師利問菩提經 券上	14권, p.492下	觀世音菩薩	姚秦 鳩摩羅什
維摩詰所說經 券上	14권, p.537中	觀世音菩薩	唐 玄奘
佛說無垢稱經 券第1	14권, p.558上	觀自在菩薩	隋 闍那崛多
佛說月上女經 券上	14권, p.615中	觀世音菩薩	唐 那提
師子莊嚴王甫薩請問經	14권, p.697下	觀世音菩薩	宋 法賢
寶授菩薩菩提行經	14권, p.700下	觀自在菩薩	宋 法護等
佛說除蓋障菩薩所問經 券第1	14권, p.704下	觀自在菩薩	西晉 竺法護
持心梵天所問經 券第2	15권, p.17中	光世音菩薩	西晉 竺法護
思益梵天所問經 券第3	15권, p.48中	觀世音菩薩	姚秦 鳩摩羅什
勝思惟梵天所問經 券第4	15권, p.80下	觀世音菩薩	元魏 菩提流支
佛說海龍王經 券第3	15권, p.145中	光世音大世至大士	西晉 竺法護

佛說自誓三昧經	15권, p.344上	光世音	後漢 安世高
大樹聚那羅王所問經 券第1	15권, p.368上	觀世音菩薩	姚秦 鳩摩羅什
佛說成具光明定意經	15권, p.451下	觀音	後漢 支曜
月燈三昧境 券第2	15권, p.559中	觀世音菩薩	高齊 那連提耶舍
佛說金剛三昧本性淸淨不壞不滅經	15권, p.697上	觀世音菩薩	失譯
不必定入定入印經	15권, p.669中	觀世自在菩薩	元魏 瞿曇般若流支
入定不定印卿	15권, p.706中	觀自在菩薩	唐 義淨
寂照神變三摩地經	15권, p.723上	觀自在菩薩	唐 玄奘
觀察諸法行經 券第	15권, p.727下	觀世自在菩薩	隋 闍那崛多
佛說華手經 券第3	16권, p.146下	觀世音菩薩	後秦 鳩摩羅什
券第3	p.147下	觀世音	曼陀羅仙
寶雲經 券第1	16권, p.209上	觀世音菩薩	梁 曼陀羅仙
大乘寶雲經 券第1	16권, p.241中	觀世音菩薩	伽婆羅
佛說寶雨經 券第1	16권, p.283下	觀自在	唐 達摩流支
金光明最勝王經 券第1, 5	16권, p.403中, p.423下	觀自在	唐 義淨
大方等如來藏經	16권, p.457上 p.460上	觀世音菩薩 觀世音	東晉 佛陀跋陀羅
大方廣如來藏經	16권, p.465中	觀自在	唐 不空
深密解脫經 券第4, 5	16권, p.680上, p.684上	觀世自在菩薩	元魏 菩提流支
解深密經 券第1, 4	16권, p.688下, p.704上	觀自在	唐 玄奘
佛說解節經 1券	16권, p.711下	觀世音菩薩	陳 眞諦
相續解脫地波羅蜜了義經 1券	16권, p.714下	觀世音菩薩	宋 求那跋陀羅
大乘密嚴經 券上, 中, 下	16권, p.723中, p.732下, p.745下	觀自在	唐 地婆訶羅
大乘密嚴經 券中, 下	16권, p.758上, p.774中	觀自在	唐 不空
佛說造塔功德經	16권, p.801上	觀世音	唐 地婆訶羅
佛說法集經 券第6	17권, p.650上	觀世音菩薩	元魏 菩提流支
金剛頂瑜伽念珠經	17권, p.727下	觀音	唐 不空
無字寶篋經	17권, p.871上	觀世自在菩薩	元魏 菩提流支

케네스 첸(Kenneth Ch'en)은 『중국불교』에서 1827년 동투르키스탄 길기트에서 미로노프(Mimov)에 의해 발굴, 보고된 「보문품」 고사본

古寫本 단편에 관음의 명칭에 '음'을 뜻하는 'svara'를 어미로 하는 'avalokitasvara'라고 표기되어 있다는 것을 말하면서 한 면에 5번이나 'avalokitasvara'라고 적혀 있기 때문에 단순한 실수로 볼 수 없다고 말하였다.[117] 즉 관세음의 '음'은 자재를 말하는 'īśvara'가 원어가 아니고 처음부터 'svara'를 어미에 쓰는 'avalokitasvara'가 맞는 것이라는 견해가 제시하여 '관자재'가 옳다고 한 현장의 번역이 틀리다는 의견을 제시하였다.

로케쉬 찬드라(Lokesh Chandra)는 경전에 관음에 대하여 산스크리트어로 쓰이는 단어에 따라 의미를 세 가지로 나누었다. 첫째, 'avalokitasvara'로 쓰였던 경우로 아미타불의 보처보살이며 통상 '관세음'으로 한역된다. 둘째, 'avalokita'로 쓰였던 경우로 '불佛'과 동일한 위치로 파악되는 경우에 쓰이며 이때는 '관세자재觀世自在'로 한역된다. 세 번째는 'avalokiteśvara'이며 'lokiteśvara'와 같은 뜻으로 쓰인 것으로 '천수관자재千手觀自在'의 의미를 지니고 '관자재'라고 한역하는 것이 옳다는 견해를 제시하기도 하였다.[118]

앞에서 기술한 관음 명칭에 따른 산스크리트어와 의미에 대해서 정리하면 다음과 같다.

---

[117] 케네스 첸(1991), pp.373~374.
[118] Lokesh Chandra(1988), pp.14~23.

〈표 9〉 관음보살의 명칭에 대한 의미별 결합 형태의 한역

산스크리트어	의미별 단어 결합 형태	한역
avalokitesvara	avaloka(avalokita, 관찰) + svara(음성)	관음觀音
	āloka(빛) + loka(세간) + svara(음성)	광세음光世音
	avaloka(avalokita, 관찰) + loka(세간) + svara(음성)	관세음觀世音
avalokiteśvara	avaloka(valokita, 자재) + loka(세간) + iśvara(신, 자재)	관세자재觀世自在
	avaloka(valokita, 자재) + iśvara(신, 자재)	관자재觀自在

현대의 학자들 사이에도 관음의 한역과 뜻에 대해서 조금씩 이견을 보이고 있기는 하나 특정한 경우를 제외하고는 관세음 또는 관음으로 부르고 있다. 관음에 대한 번역어가 이토록 쟁점이 되고 중요한 이유는 관음이라는 이름 자체에서 보살이 가지고 있는 역할과 기능이 모두 드러나기 때문이다.

관세음보살은 어원의 표기에 따라 번역이 달라진다. 즉 관음을 뜻하는 'Avalokiteśvar'는 Avalokita(觀)+isvara(自在)로 읽으면 관자재가 된다. 관자재라는 명칭은 인도의 자재천天과 연관이 있다. 또한 이것을 'Avalokita-svara'라고 하면 Avalokita(觀)+Svara(音)가 되어 관음이 된다. 일반적으로 '관음보살', '관자재보살'보다는 '관세음보살觀世音菩薩'로 많이 불린다. 이외 다른 명칭으로 '광세음光世音보살', '관세자재觀世自在보살', '관세음자재觀世音自在보살', '현음성現音聲보살' 등으로도 불린다. 그리고 다른 의미상의 명칭으로 '보문普門', '남해대사南海大師', '대비존大悲尊', '시무외자施無畏者', '원통존圓通尊' 등으로도 불리기도 한다. 또한 '관세음보살'에는 변화에 자유자재하다는

의미도 있어서 '천수千手관음', '백의白衣관음', '십일면十一面관음', '수월水月관음', '여의륜如意輪관음', '마두馬頭관음', '불공견색不空羅索관음' 등의 명칭으로도 불리고 있다. 이러한 변화관의 명칭은 인도 전통 신앙의 유입에 의한 것이라 보인다.

『법화경』의 제25「관세음보살보문품」에서는 관세음보살에 대한 유래와 위신력威神力, 서원 등이 기술되어 있다. 먼저『법화경』제25「관세음보살보문품」에서는 '관세음보살'이라는 명칭을 부르는 이유에 대해서 "선남자야, 만일 한량없는 백천만억 중생이 여러 가지 고뇌를 받을 때 이 관세음보살의 이름을 듣고 일심으로 그 이름을 부르면, 관세음보살이 곧 그 음성을 듣고 모두 해탈케 하느니라"[119]라고 하여, 고난에 처한 중생이 그를 부르자마자 곧 고뇌에서 해탈케 하기에 '관세음보살'이라 한다고 하였다. '관세음'이란 '세간의 음성을 관하는 것'이다. 즉 고난에 빠져 구원을 원하는 중생들의 음성을 관하는 것이란 뜻이다. 그리고 '보문普門'이라는 뜻은 '시방세계의 모든 중생에게 가르침을 펴서 모두 교화 통달케 한다'라는 뜻이다. 다시 말하면 관세음보살이 무한한 위신력을 가지고 중생들의 온갖 고통을 구제한다는 것이다. 관세음보살은 이미 깨달음을 얻었지만, 대자비심으로 중생을 구제하기 위해 사바세계에 남아 구제 활동을 계속하는 보살이다.

관세음보살의 중생구제의 위신력에 대해서는 경전에서는 다음과 같이 말하고 있다.

---

[119]『妙法蓮華經』卷7(T09, 56c5-8), "善男子 若有無量百千萬億衆生受諸苦惱 聞是觀世音菩薩 一心稱名 觀世音菩薩卽時觀其音聲 皆得解脫"

"만일 어떤 이가 관세음보살의 이름을 받들면 그는 혹시 큰 불속에 들어가더라도 불이 그를 태우지 못할 것이니 이것은 관세음보살의 위신력 때문이다. 큰물에 떠내려가더라도 그 이름을 부르면 곧 얕은 곳에 이르게 되며, 혹은 백천만억 중생이 금, 은, 유리, 자거, 마노, 산호, 호박, 진주 같은 보배를 구하려 큰 바다에 들어갔을 때 가령 폭풍이 일어 그들의 배가 나찰귀들의 나라에 표류되었을 때에 그 가운데서 만일 한 사람이라도 관세음의 이름을 부르면 여러 사람들이 다 나찰의 난으로부터 벗어날 수 있다. 이러한 인연으로 관세음이라 한다."[120]

관세음보살은 법사로서 사바세계를 자유로이 오가며, 중생들을 구제하기 위해 다양한 방법으로 화현하여 설법한다. 『법화경』에서는 관세음보살이 중생들을 구원하기 위해 33가지 변화신을 드러내어 설법하여 중생을 제도한다고 하고 있다. 다음은 『법화경』제25「관세음보문품」에 해당하는 내용이 기술된 부분이다.

"세존이시여, 관세음보살은 어떻게 이 사바세계에서 노니시며, 어떻게 중생을 위하여 설법하시며, 방편의 힘은 그 일이 어떠하십

---

120 『妙法蓮華經』卷7(T09, p.56c8-16), "若有持是觀世音菩薩名者 設入大火 火不能燒 由是菩薩威神力故 若爲大水所漂 稱其名號 卽得淺處 若有百千萬億衆生 爲求金 銀 琉璃 車渠 馬瑙 珊瑚 虎珀 眞珠等寶 入於大海 假使黑風吹其船舫 飄墮羅刹鬼國 其中若有 乃至一人 稱觀世音菩薩名者 是諸人等皆得解脫羅刹之難 以是因緣 名觀世音"

니까?"

부처님께서 무진의보살에게 말씀하셨다.

"선남자야, 어떤 나라의 중생을 부처의 몸으로 제도할 이에게는 관세음보살이 곧 부처의 몸을 나타내어 설법하며, 벽지불의 몸으로써 제도할 이에게는 벽지불의 몸을 나타내어 설법하며, 성문의 몸으로 제도할 이에게는 성문의 몸을 나타내어 설법하며, … 비구·비구니·우바새·우바이의 몸으로써 제도할 이에게는 비구·비구니·우바새·우바이의 몸을 나타내어 설법하며, 장자·거사·관리·바라문의 부인의 몸으로써 제도할 이에게는 그 부인의 몸을 나타내어 설법하며, 동남·동녀의 몸으로써 제도할 이에게는 동남·동녀의 몸을 나타내어 설법하며, 하늘·용·야차·건달바·아수라·가루라·긴나라·마후라가 등 사람인 듯 아닌 듯한 것[121] 등의 몸으로써

---

[121] 최기표(2002)는 인비인人非人에 대한 해석을 세 가지 측면으로 논하는데, 한 가지는 '사람인 듯 아닌 듯한 것'이라는 번역으로 팔부중과 별도로 한 중생의 부류를 지칭으로 이해한다. 그 전거로 지의의 『법화문구法華文句』에서 "긴나라를 의신疑神으로 사람처럼 생겼지만, 뿔이 하나 있으므로 인비인"이라고 부르고, 길장(吉藏, 549~623)도 이와 거의 같은 내용으로 설명하였다고 하고 있다. 법운(法雲, 1088~1158)은 『번역명의집』에서 "(긴나라는) 중국말로 인비인이라고 하는데 사람 같지만 머리에 뿔이 하나 있어 사람들이 보면 '사람이냐 아니냐'고 의심하므로 (인비인이라고) 이름하게 되었다"라고 덧붙이고 있다고 하고 있다. 또한 『법화의소法華義疏』에 따르면 "팔부의 귀鬼와 신神은 모두 본래 사람이 아니지만, 사람의 모습으로 바꾸어 설법을 듣기 때문에 인비인이라고 한다"라는 것이다. 다시 말해 팔부중은 사람이 아니지만, 부처님의 설법을 들을 때는 사람의 모습을 하고 법회에 참석을 하기 때문에 인비인이라고 부른다는 의미이다. 이 설명에 따르면 인비인이란 팔부중八部衆과 별개의 존재가 아니고 천룡팔

제3장 『법화경』의 일불승과 삼승의 수증 **255**

제도할 이에게는 모두 그 몸을 나타내어 설법하며, 집금강신으로써 제도할 이에게는 곧 집금강신을 나타내어 설법하나니, 무진의야, 이 관세음보살은 이러한 공덕을 성취하여 가지가지 형상으로 여러 국토에 노니시며, 중생을 제도하여 해탈케 하느니라."[122]

부를 총칭하는 말로서 엄밀하게 번역하면 '사람이 아니지만 사람 모습으로 변화한 것'이라는 뜻이 된다. 또 다른 한 가지 측면은 인비인을 인人과 비인非人으로 보아 '사람과 사람이 아닌 것들'이라고 번역하는 것은 범본을 저본으로 한 경우를 찾아볼 수 있는데『묘법경妙法經』 범본에서 'manuṣyāmanuṣya'라고 되어 있다는 것이다. 이것은 manuṣya(人)와 amanuṣya(非人)의 병렬복합어로서 '사람과 사람 아닌 것'이라고 번역된다. 이를 한문으로 직역하면 '인급비인人及非人' 또는 '인여비인人與非人'이 되는데, 사실 이 번역도 한역『법화경』에 여러 차례 나온다. 『묘법연화경』에는 '인급비인人及非人'이라고 표기한 사례가 한 번, '인여비인人與非人'이라고 표기한 사례가 두 번 있고, 『정법화』에는 '인비인人非人'이라는 표기보다는 '인급비인人及非人'이나 '인여비인人與非人'이라는 표기가 더 많음을 볼 수 있어 인비인을 별개의 존재로 본 것이 아니고 앞에 나열된 팔부중을 다시 한번 언급하는 것이라고 본 것이다. 마지막으로 다른 측면의 해석은 인비인은 천룡팔부를 맺는 것이라는 해석이다. 이에 대한 단서는 지의의『관음의소觀音義疏』에서 언급되는데, 지의는「관세음보살보문품」의 인비인을 긴나라로 해석하지 않으며 단지 그것은 팔부중의 숫자를 맞춰주는 말일 뿐이라고 설명하여 팔부중을 평소에는 비인이지만, 설법을 들을 때는 모두 사람의 형상을 한다는 점에서 동일한 부류라는 의미를 내포하고 있다라는 입장으로 인비인에 대하여 세 가지 측면으로 해석되고 있다고 설명하고 있다. pp.152~158.

122 『妙法蓮華經』卷7(T09, p.57a20-b19), "無盡意菩薩白佛言 世尊 觀世音菩薩云何 遊此娑婆世界 云何而爲衆生說法 方便之力 其事云何 佛告無盡意菩薩 善男子 若有國土衆生應以佛身得度者 觀世音菩薩卽現佛身而爲說法 應以辟支佛身得度者 卽現辟支佛身而爲說法 應以聲聞身得度者 卽現聲聞身而爲說法 應以梵王身得度者 卽現梵王身而爲說法 應以帝釋身得度者 卽現帝釋身而爲說法 應以自

33응신은 '부처, 벽지불, 성문, 범천왕, 제석천왕, 자재천왕, 대자재천왕, 천대장군, 비사문천왕, 소왕, 장자, 거사, 재상, 바라문, 비구, 비구니, 우바새, 우바이, 장자 부인, 거사 부인, 재상 부인, 바라문 부인, 동남동녀童男童女, 하늘천신, 용, 야차, 건달바, 아수라, 가루라, 긴나라, 마후라가, 사람인 듯 아닌 이들, 집금강신 등'이다. 이 33응신에는 불·보살뿐만 아니라 출가자, 재가자, 힌두의 신 등이 포함되어 있다. 관세음보살이 언제 어디서나 자신에게 구원을 요청하는 사람에게 적합한 몸을 나타내어 구원할 뿐만 아니라 방편으로 그들에 맞춰 몸을 나타내어 설법한다. 이것을 관세음보살의 보문시현普門示現이라 한다. 이것은 만나는 사람마다 내게 도움이 되는 모든 사람이 불성의 발현이자, 관세음보살의 화현이라는 사상적 기반이 되기도 한다.

ㄹ. 보현普賢보살

『법화경』 제28 「보현보살권발품」에서는 석가모니불에게 보현보살이

在天身得度者 卽現自在天身而爲說法 應以大自在天身得度者 卽現大自在天身而爲說法 應以天大將軍身得度者 卽現天大將軍身而爲說法 應以毘沙門身得度者 卽現毘沙門身而爲說法 應以小王身得度者 卽現小王身而爲說法 應以長者身得度者 卽現長者身而爲說法 應以居士身得度者 卽現居士身而爲說法 應以宰官身得度者 卽現宰官身而爲說法 應以婆羅門身得度者 卽現婆羅門身而爲說法 應以比丘 比丘尼 優婆塞 優婆夷身得度者 卽現比丘 比丘尼 優婆塞 優婆夷身而爲說法 應以長者 居士 宰官 婆羅門婦女身得度者 卽現婦女身而爲說法 應以童男童女身得度者 卽現童男 童女身而爲說法 應以天 龍 夜叉 乾闥婆 阿修羅 迦樓羅 緊那羅 摩睺羅伽 人非人等身得度者 卽皆現之而爲說法 應以執金剛身得度者 卽現執金剛身而爲說法"

"부처님이 입멸하신 후 어떻게 해야 『법화경』을 얻을 수 있으며, 어떻게 해야 『법화경』을 수지할 수 있겠습니까?"라는 질문을 한다. 이러한 질문에 대해 석가모니불은 다음과 같이 대답한다.

"만일 선남자·선여인이 다음의 네 가지 법을 성취하면 여래가 멸도한 뒤에도 마땅히 이 「법화경」을 얻을 수 있다. 첫째는 모든 부처님의 가호를 받아야 하며, 둘째는 여러 가지 덕의 근본을 심어야 하며, 셋째는 정정취正定聚에 들어가야 하며, 넷째는 일체 중생을 구원하려는 마음을 내어야 한다."[123]

모든 부처의 가호를 받고, 덕의 근본을 심고, 정정취에 들어가며, 일체중생을 구원하는 자비의 마음을 내는 자가 『법화경』을 얻어 수지할 수 있다는 것이다. 이러한 자격을 갖춘 자는 보살이므로 곧 보살이 『법화경』을 수지할 수 있다는 것이다.

그리고 경전에서 보현보살은 『법화경』을 수지하는 자를 보호한다고 한다. 보현보살이 경의 수지자를 보호하는 것은 미래 악한 세상에서 『법화경』을 수지하는 자가 있으면 그를 수호하여 쇠함과 환난을 없애 주어 안온케 하고, 잘못된 흠을 찾지 못하게 하겠다고 서원을 했기 때문이다. 아울러 또 『법화경』을 수지, 독송하는 사람이 보현보살의 몸을 보게 되면 환희하여 정진하고 선旋다라니를 얻게 하겠다고 서원했

---

123 『妙法蓮華經』卷7(T09, p.61a17-21), "若善男子 善女人 成就四法 於如來滅後 當得是法華經 一者 爲諸佛護念 二者 殖衆德本 三者 入正定聚 四者 發救一切衆生之心"

다. 더 나아가 보현보살은 훗날 악세에 사부대중이 이『법화경』을 수행하고 배우기를 원하는 자가 있으면 그에게 찾아가 설법하여 이익을 주고, 또 다라니 주문을 주어 아무도 그를 파괴하지 못하게 할 것이라 하고 있다.

이같이 사바세계에서『법화경』이 행해지는 것은 모두 보현보살의 위신력에 의한 것이다. 그래서 사바세계에서『법화경』을 수지하여 읽고 외우며, 바르게 생각하고, 그 뜻을 잘 이해하고, 올바르게 수행하는 자가 있다면 그는 보현행자라 할 수 있는 것이다.『법화경』을 수지하고, 가르침대로 행할 수 있는 것은 그가 헤아릴 수 없는 많은 불국토의 부처님에게 선근을 심었기 때문이라는 것이다.

보현보살은 석가모니불에게 자신이 신통력으로 이 경전을 수호하여 여래가 멸도한 후 사바세계 안에서 이 경전을 널리 유포하여 끊어지지 않게 하겠다고 말하였다. 그때 석가모니불이『법화경』을 수지 독송하는 자는 자신을 만난 것과 같다고 말한다.

"보현아, 어떤 이가 이『법화경』을 받아 지녀 읽거나 외우거나 바르게 생각하거나 수행하고 배우거나 옮겨 쓰면, 이는 곧 석가모니불을 만나 뵙고, 부처님으로부터 직접 이 경전을 들은 것과 같으니라. 이런 사람은 석가모니불을 공양함이 되며, 또 이 사람은 부처님으로부터 착하다고 칭찬받게 될 것이다. 또한 석가모니불께서 그를 위하여 손으로 머리를 어루만져 주심을 마땅히 알아야 한다. 또 이는 석가모니불께서 옷으로써 덮어 주심이 됨을 마땅히 알아야 한다."[124]

『법화경』을 수지하여 가르침대로 행하는 것은 부처로부터 직접 이 경전의 설법을 들은 것과 같다고 하고, 이러한 행위는 부처를 공양하는 것과 같다고 하고 있다. 그리고『법화경』을 수지 독송하는 자는 보현의 행을 닦는 사람이라 한다. 보현행을 실천하는 이러한 사람은 멀지 않아 도량에 나아가 마군을 깨뜨리고 궁극적 깨달음을 얻어 법륜을 굴리게 된다고 한다. "그들은 세속의 오욕락에 탐착하지 않으며, 외도의 경서나 글을 좋아하지 않고, 악한 사람인 백정이나 짐승을 기르는 자, 사냥꾼, 여색을 파는 자들을 가까이하지 않는다. 또한 이런 사람은 마음과 뜻이 정직하여 바르게 생각하고, 복덕이 있어서 삼독에 물들지 아니하며, 또 질투, 아만, 그릇됨, 증상만으로 번뇌롭지 않는 이들로 욕심이 적고 만족할 줄 알아 보현행을 닦을 수 있다"[125]라고 하고 있다. 그 결과 이들은 의복, 침구, 음식 등의 생활용품을 탐내지 않더라도 현실에서 그 과보를 받게 된다.

그런데 반면, 만약 어떤 사람이『법화경』을 수지한 사람의 허물과 죄악을 말하게 되면, 그것의 사실 여부와 관계없이 "현세에서 문둥병을 얻게 된다. 그리고 수행하는 이를 경멸하여 비웃으면 세세에 이빨이

---

[124] 『妙法蓮華經』 卷7(T09, pp.61c21-62a3), "普賢 若有受持 讀誦 正憶念 修習 書寫是 法華經者 當知是人則見釋迦牟尼佛 如從佛聞此經典 當知是人供養釋迦牟尼佛 當知是人 佛讚善哉 當知是人爲釋迦牟尼佛手摩其頭 當知是人爲釋迦牟尼佛衣之所覆"

[125] 『妙法蓮華經』 卷7(T09, p.62a3-9), "如是之人不復貪著世樂 不好外道經書 手筆 亦復不喜親近其人及諸惡者 若屠兒 若畜猪羊雞狗 若獵師 若衒賣女色 是人心意 質直 有正憶念 有福德力 是人不爲三毒所惱 亦復不爲嫉妬 我慢 邪慢 增上慢所 惱 是人少欲知足 能修普賢之行"

성글고 이지러지며, 입술은 추하고 코는 납작하며, 손과 다리가 뒤틀리게 되며, 눈이 틀어지고, 몸에서는 추악한 냄새가 나며, 고약한 피고름이 나고, 곱창 병과 숨 가쁜 병 등의 여러 가지 악한 중병을 앓게 된다"[126]라고 하고 있다.

이와 같이 『법화경』을 수지, 독송, 해설, 서사하는 사람은 보현의 행을 실천하며 수승한 선근을 심는 자이다. 이러한 사람은 또 법사로 부처님의 사도이며, 실천행의 상징인 보현보살이다.

다. 부처님의 가르침을 세상에 널리 펴는 의무를 부여받은 사람(法師)

석가모니불이 쿠시나가라에서 열반한 후 장례는 말라족에 의해 전륜성왕의 의식으로 거행되었고, 사리는 여덟 부족에게 분배되어 여덟 곳에 사리탑으로 세워졌다.[127] 그리고 이후, 일반인들의 불교신앙은 이 불사리탑을 통해 이루어졌다. 대승불교는 대승불교사상을 뒷받침하는 대승경전이 제작되고 유포되면서 더욱 세력을 확장하게 되었고 경전에 대한 신앙도 나타나게 된다. 이러한 경전에 대한 신앙을 가장 직접적으로 말하고 있는 것은 『법화경』이다.

『법화경』에서는 경의 수지·독송·해설·서사·공양을 매우 강조한다. 그리고 『법화경』을 해설하여 설법하면서 여래의 가르침을 널리 선양하는 사람을 여래의 사도로서 모두 보살이라 부르고, 법사法師라

---

126 『妙法蓮華經』卷7(T09, p.62a19-23), "若復見受持是經者 出其過惡 若實 若不實 此人現世得白癩病 若有輕笑之者 當世世牙齒疎缺 醜脣 平鼻 手脚繚戾 眼目角睞 身體臭穢 惡瘡 膿血 水腹 短氣 諸惡重病"

127 조수동(2003), p.69.

고 하였다. 「법사품」에서는 『법화경』의 한 구절이라도 설하는 자를 여래의 사도, 즉 법사라고 하고 있다. 즉 여래의 사도로서의 법사는 경전을 수지하고 해석하여 여래의 가르침을 널리 선양하는 사람이라는 뜻이다. 여래의 사도는 현실에서의 보살행의 실천자이기도 하다. 이러한 법사들은 목숨을 바쳐서라도 『법화경』을 홍포하고, 수행하며, 그 가르침을 실천한다. 이같이 법사의 출현은 불보살의 자비심에 근거하여 중생의 구제를 구체적으로 실천하기 위한 것이다.

『법화경』에서의 법사는 출가자와 재가자가 엄격하게 구분되지 않는다. 『법화경』을 수지·독송·해설하는 사람이라면 출가, 재가에 관계없이 누구나 법사가 될 수 있다. 즉 중생들이 『법화경』의 가르침을 듣고 그것을 수지·독송하고 이해하여 설법·공양하겠다고 생각하고 실천한다면 누구나 다 법사가 될 수 있다는 것이다. 『법화경』에서 법사는 여래의 사도로서만 불리지 않고 여러 가지 명칭으로 불린다. 즉, 석가모니불의 전신으로서의 보살, 어떤 사람·선남자·선여인·법사·설법자 등으로 표현되고 있다. 여기에는 모두 『법화경』을 수지·독송·위인 해설하고, 공경하며 실천하는 사람이라는 의미가 포함되어 있다. 특히 법사를 선남자·선여인으로 부르는 것은 남녀의 차별을 떠난 입장을 적극적으로 보여 일반 대중에게 널리 알리려는 것이다.

또한 법사는 부처의 일을 행하여 『법화경』을 널리 유포하는 자다. 그런데 이 법사는 원래 아뇩다라삼먁삼보리를 성취하였지만, 중생을 가엾이 여겨 중생들을 구제하기 위해 이 세상에 태어나기를 원한 대보살이다. 그러므로 부처를 공경하듯이 법사를 공경해야 한다. 왜냐하면 부처가 열반한 후 악한 세상에서 중생들이 법사에 의해 『법화경』

을 잠시라도 들을 수 있다면 그것보다 더 큰 공덕이 없기 때문이다. 제10 「법사품」의 게송에서는 법사를 『법화경』을 설법하는 자라 하여 "능히 이 악한 세상 태어나서 위없는 법을 설한다는 걸 명심하고, 하늘 꽃과 하늘 향, 보배로운 의복들과 아름다운 보물들로 설법자를 공양하라"[128]라고 하며 부처를 공경하듯이 법사를 공경해야 한다고 하고 있다. 이같이 법사는 나고 싶은 데 날 수 있는 능력을 갖춘 『법화경』 설법의 구현자로 나타난 보살이다. 법사로서 보살의 실천을 통해 『법화경』의 가르침은 현실로 나타나게 되는 것이다.

법사의 역할은 부처의 열반 후라는 시점에서 더욱 강조된다. 그것은 석가모니불의 입멸 후 불법의 실천을 강조하기 위해서이다. 여래의 사도로서의 법사는 여래가 열반한 후의 악한 세상에서 여래가 전한 법을 호지하여 널리 유포하며 그 과정에서 어떠한 고통이 있더라도 그것을 인내하여 법을 보호하는 자들이다. 『법화경』에서 강조하는 보살정신에는 이러한 사도의식 혹은 순교자 의식이 가득 차 있으며, 이것은 대승불교의 보살도를 잘 묘사한 것이라 할 수 있다.

『법화경』 제10 「법사품」에서는 다음과 같이 여래의 사도에 대해서 설명하고 있다.

"이런 사람은 청정한 업과 보를 스스로 버리고, 내가 멸도한 후에도 중생을 불쌍히 여겨 악한 세상에 태어나서 이 경을 연설하는 줄을 알아야 하느니라. 만일 이 선남자·선여인이 내가 멸도한 후 은밀히

---

[128] 『妙法蓮華經』 卷4(T09, p.31a21-24), "當知如是人 自在所欲生 能於此惡世 廣說無上法 應以天華香 及天寶衣服 天上妙寶聚 供養說法者"

한 사람을 위해서라도 『법화경』의 한 구절을 말해 준다면, 이런 사람은 곧 여래께서 보낸 사자(使徒)로 여래의 일을 행하는 줄을 알아야 하나니, 하물며 큰 대중 가운데 많은 인간을 위해 설법함이야 말할 것이 있겠느냐?"[129]

위와 같이 청정한 업과 그에 따른 과보를 모두 마다하고, 중생교화를 위하여 이 세상에 태어나 『법화경』을 널리 유포하는 사람이야말로 여래가 보낸 여래의 사도로서 보살이라는 것이다. 또한 『법화경』 제28 「보현보살권발품」에서는 다음과 같이 법사에 대한 인행因行에 관해서 설명하고 있다.

"어떤 사람이 『법화경』을 받아 지녀 읽고 외우는 것을 보면, 너는 이렇게 생각하라. 이 사람은 머지않아 도량에 나아가서 여러 마군들을 깨뜨리고 아뇩다라삼먁삼보리를 얻게 될 것이며, 법륜을 굴려 법북을 치고 법소라를 불며 법비를 내리고, 마땅히 하늘과 인간 가운데서 사자의 법자리에 앉게 되리라."[130]

이렇게 『법화경』을 널리 전하여 깨달음을 얻어 부처님의 경지에

---

[129] 『妙法蓮華經』卷4(T09, p.30c24-29), "當知是人自捨淸淨業報 於我滅度後 愍衆生故 生於惡世 廣演此經 若是善男子 善女人 我滅度後 能竊爲一人說法華經 乃至一句當知是人則如來使 如來所遣 行如來事 何況於大衆中廣爲人說"
[130] 『妙法蓮華經』卷7(T09, p.62a9-13), "若有人見受持 讀誦法華經者 應作是念 此人不久 當詣道場 破諸魔衆 得阿耨多羅三藐三菩提 轉法輪 擊法鼓 吹法螺 雨法雨 當坐天人大衆中 師子法座上"

이르게 되는 사람이야말로 법사행을 하는 보살이라고 하는 것이다.

(3) 보살의 계위

초기 대승불교 시기에 대승운동에 참가한 사람은 '깨달음을 구하여 수행하는 자는 누구나 보살'이라는 생각을 가지고 있었다. 그리고 대승으로 출발한 보살들에 대해서 반야경은 수행 기간이나 정도에 따라 그들을 4종류 혹은 10종류로 분류하고 있다. 대승경전의 보살계위로서 가장 간단한 것이 사종보살四種菩薩의 계위이다. 이것은 성문의 계위를 포함하지 않는 대승의 독자적인 계위로서, 『소품반야경』 제22 「무간번뇌품」과 『대품반야경』 제64 「정원품淨願品」에 그 이름이 나와 있다.[131]

그런데 히라가와 아키라(平川彰)는 "『범문팔천송반야』에는 구수습久修習보살이 빠져 있다고 하고, 사이구사 미쓰요시(三枝充悳)는 주석자가 4계위로 짜 넣은 것"[132]이라고 하였다. 그러나 가지야마 유이치(梶山雄一)는 "『팔천송』 제27품에 제2위 보살에 대한 기술이 있고, 티벳역과 하리바드라 주에도 4계위를 열거하고 있는 점을 들어 『팔천송』은 네 가지 계위를 알고 있었다고 주장하였다."[133]

이 네 가지 계위는 『법화경』에서도 신발의보살新發意菩薩, 행육바라밀보살行六波羅蜜菩薩, 불퇴전보살不退轉菩薩, 일생보처보살一生補處菩薩 등 사종보살로 네 가지 계위를 나타낸다.

---

131 이봉순(1998), pp.224~225.
132 平川彰(1992), p.288.
133 목정배(1987), p.89.

가. 사종보살의 계위

ㄱ. 신발의보살

『대지도론』 제64 「원락품願樂品」은 『마하반야바라밀경』 제64 「정원 품淨願品」의 해설인데, 곳곳에서 4종 보살을 다음과 같이 설명하고 있으며 다음과 같이 신발의보살에 대해 설명하고 있다.

발심자發心者와 미발심자未發心者의 두 종류 중생 가운데, 발심보살이 미발심 중생보다 훌륭하며, 또 신학보살 중에서도 깊은 마음으로 세간의 즐거움에 집착하고 연약한 마음으로 발의하는 자에 비하여 깊은 마음으로 발의하여 세간의 즐거움에 집착하지 않는 자만이 '발심發心'이라고 부를 가치가 있다.[134]

이와 같이 '중생을 제도하기 위하여 성불하겠다'는 견고한 결의로 원願을 일으키고, 그것을 위하여 자기를 버리고 이타의 대심으로 수행하려는 자각을 새로 일으킨 사람을 신발의보살이라고 한다.

『법화경』에서는 부처님의 가르침을 믿고 실천한 보살들은 그 수행에 상응하는 보살계위를 얻게 되는데, 『법화경』 제15 「종지용출품」에서는

여러 신발의보살들이 부처님께서 멸도하신 후, 만일 이 법을 들으

---

[134] 『大智度論』 卷96(T25, p.731c14-17), "新學菩薩有二種 一者深心著世間樂 軟心發意 二者深心發意不著世間樂 軟心發意者 佛不以爲發心深心發意者 乃名爲發心"

면 혹 믿지 않고 받지 않아 법을 깨뜨릴 죄업의 인연을 일으킬까 두렵습니다.[135]

라고 하여, 신발의보살을 언급하고 있다.

『대지도론』에서는 "신발의보살은 제법실상을 얻을 때까지, 즉 제법의 무소유無所有·필경공성畢竟空性을 깨달을 때까지는 신학新學이라고 부른다"[136]라고 하고 있다. 『대지도론』에서는 "성공性空은 이들 범부에게는 무섭고 두려운 곳으로서, 성공무소유性空無所有를 들으면 깊은 구덩이에 빠지는 것과 같기 때문에"[137] 신발의보살 앞에서는 반야바라밀을 설해서는 안 된다고 한다.

그래서 신발의보살에게는 "먼저 상相을 취하는 수희隨喜를 가르치고, 점진적으로 방편력을 얻어서 무상수희無相隨喜를 행할 수 있게 해야 하며",[138] 또 "소보살이 배워야 할 것은 공空임"[139]을 설하고, 유순

---

135 『妙法蓮華經』 卷5(T09, p.41c24-26), "諸新發意菩薩 於佛滅後 若聞是語 或不信受 而起破法罪業因緣"
136 『大智度論』 卷87(T25, p.668b3-4), "當知是新發意菩薩 雖無量劫發意 未得諸法實相 皆名新學"
137 『大智度論』 卷96(T25, p.730c22-23), "性空是凡夫人大怖畏處 聞性空無所有 如臨深坑"
138 『大智度論』 卷61(T25, p.489b19-c8), "若行者久修六波羅蜜 諸功德深厚故不動 … 亦自學諸法實相空 巧方便故不著是空 如是等種種無量因緣故 諸法雖無相 而能起隨喜心 迴向無上道 … 譬如鐵雖堅靭 入鑪則柔軟 隨作何器菩薩心亦如是 久行六波羅蜜 善知識所護故 其心調柔過去諸佛 諸緣 諸事 諸善根中 不取相 能起隨喜心 用無相迴向無上道 … 如是般若波羅蜜隨喜義 不應新學菩薩前說 何以故 若有少福德善根者 聞是畢竟空法 卽著空 作是念 若一切法畢竟空無所有

인柔順忍을 깨닫게 해야 한다고 한다. "무생관無生觀에는 두 가지가 있는데, 첫째는 유순인관柔順忍觀이고, 둘째는 무생인관無生忍觀이다. 앞에서 말한 남이 없는 것은 바로 유순인관이어서 마침내 청정하지 않거니와 점차로 유순관을 익히다가 무생인無生忍을 얻으면 곧 마침내 청정하게 된다"[140]라고 하고 있다. 이것은 유순인이란 법의 불생不生을 아는 지혜인데, 무생인無生忍보다는 경지가 좀 낮다는 것이다. 그러나 "신발의보살이 일체중생을 위해서 발심했다는 것은 이미 '반야바라밀의 기분과 맛'을 얻었다고 할 수 있기 때문에 교화를 받을 수 있고, 다른 말로 '신학'이라고 한다"[141]는 것이다. 이와 같이 『법화경』에서 언급하고 있는 신발의보살에 대해 『대지도론』에서는 자세히 기술하고 있다.

ㄴ. 행육바라밀보살

신발의보살은 발심하고 나서 육바라밀을 실천하여 제법실상諸法實相의 깊은 곳으로 나아가 행육바라밀보살의 단계로 올라간다. 『대지도론』에서는 행육바라밀보살의 단계에 올라가는 이유에 대해서 다음과 같이 설명하고 있다.

者 我何爲作福德 … 新發意菩薩 先教取相隨喜 漸得方便力"
139 『大智度論』 卷71(T25, p.557c28), "小菩薩所學空"
140 『大智度論』 卷53(T25, p.437c15-17), "無生觀有二種 一者柔順忍觀 二者無生忍觀 前說無生是柔順忍觀 不畢竟淨 漸習柔順觀 得無生忍 則畢竟淨"
141 『大智度論』 卷71(T25, p.558a4-6), "如是新發意菩薩得般若波羅蜜氣味故能受化 名爲新學"

만일 모든 보살마하살이 오랫동안 육바라밀을 행하고, 제불을 공양하고, 선근을 심고, 선지식을 따르고, 자상공법自相空法을 잘 배웠기 때문에¹⁴²

"만일 보살이 오래도록 육바라밀을 행하고 오래도록 선근을 심으며 오래도록 모든 부처님을 공양하고 친근하며 오래도록 선지식을 따른 이면 이 인연 때문에 믿는 마음이 견고하여 깊은 반야바라밀을 믿고 받을 수 있다."¹⁴³

행육바라밀보살은 오랫동안 육바라밀을 행하고 오래도록 선근을 심었으며, 오래도록 모든 부처님을 공양하고 친근하며 오래도록 선지식을 따른 이라, 이로 인하여 신심이 견고해져 반야바라밀에 대한 믿음이 생겨 받을 수 있게 된다는 것이다.

초발의에서 수행이 있다 하더라도 수행을 오래 하지 않았기 때문에 수행이라고 부르지 않는다. 그에 비해 행육바라밀보살은 오랫동안 육바라밀의 수행을 했다고 말하지만, 일단락되는 것은 제3의 불퇴전의 보살이라고 한다.¹⁴⁴

『법화경』에서 석가모니불은 보살이 주로 닦아야 하는 행으로 육바

---

142 『大智度論』卷61(T25, p.489a12-14), "若諸菩薩摩訶薩久行六波羅蜜 多供養諸佛 種善根 與善知識相隨 善學自相空法"
143 『大智度論』卷67(T25, p.528b11-14), "若菩薩久行六波羅蜜 久種善根 久供養親近諸佛 久與善知識相隨 是因緣故 信心牢固 能信受深般若波羅蜜"
144 이봉순(1998), p.227.

라밀을 설한다. 또한 보살들이 육바라밀행을 통하여 육바라밀을 구족하고 아뇩다라삼먁삼보리를 증득한다는 이야기가 나온다. 『법화경』 제1 「서품」에서는 미륵불의 전생으로 구명보살이 선업을 행하여 육바라밀을 구족하게 된다는 이야기가 다음과 같이 나온다.

> 이러한 인연으로 그 이름이 구명求名이라. 그도 또한 선업으로 많은 부처님 만나 뵙고, 부처님께 공양하며 큰 도를 따라 닦아, 육바라밀 갖추어서 석가세존 만나 뵙고[145]

또 『법화경』 제12 「제바달다품」에서는 석가모니불이 전생에 국왕으로 육바라밀을 성취하기 위해 부지런히 보시행을 하거나, 선지식이었던 제바달다가 자신에게 육바라밀과 자비희사의 사무량심과 삼십이상 팔십종호와 각종 공덕을 구족하게 했다는 이야기가 다음과 같이 나온다.

> "내가 지난 과거 한량없는 겁 동안 『법화경』을 구할 적에 게으른 마음이 없었으며, 또 많은 겁 동안 국왕으로 있으면서 발원하여 위없는 보리 구할 때에도 마음이 물러나지 아니하였느니라. 또 육바라밀을 만족하려고 보시를 부지런히 행할 적에도 인색한 마음이 없어"[146]

---

[145] 『妙法蓮華經』卷1(T09, p.5b8-11), "以是因緣故 號之爲求名 亦行衆善業 得見無數佛 供養於諸佛 隨順行大道 具六波羅蜜 今見釋師子"

[146] 『妙法蓮華經』卷4(T09, p.34b24-27), "吾於過去無量劫中 求法華經 無有懈倦

"그때의 왕은 지금의 내 몸이며, 선인은 저 제바달다였느니라. 제바달다는 선지식이었으므로, 나로 하여금 육바라밀·자비희사 慈悲喜捨·삼십이상·팔십종호·금색의 몸과 십력·사무소외와 사섭법과 십팔불공법과 신통력을 구족하여 등정각을 이루고 널리 중생을 제도하게 하였느니라."[147]

위와 같이 『법화경』에는 '육바라밀을 만족하기 위해 오랫동안 선근을 심었다거나, 육바라밀을 구족하게 되었다'라는 등의 내용으로 행육바라밀보살을 설명하고 있다.

ㄷ. 불퇴전보살

불퇴전不退轉이란 무생법인無生法忍을 얻은 계위를 말한다. 『마하반야바라밀경』의 제55 「불퇴품」, 제56 「견고품」과 제57 「심오품」, 제61 「몽서품」은 불퇴전보살에 대하여 자세한 설명을 하고 있다. 이 보살은 무생법인을 얻어 악마의 유혹을 모두 물리치고 과거의 여러 부처로부터 아뇩다라삼먁삼보리에 이를 것이라는 수기를 받은 보살이다.[148]

『대지도론』에는 불퇴전보살에 대해서 다음과 같이 자세히 설명하고 있다.

於多劫中常作國王 發願求於無上菩提 心不退轉 爲欲滿足六波羅蜜 勤行布施 心無悋惜"

147 『妙法蓮華經』 卷4(T09, p.34c25-29), "爾時王者 則我身是時仙人者 今提婆達多是 由提婆達多善知識故 令我具足六波羅蜜 慈悲喜捨 三十二相 八十種好 紫磨金色 十力 四無所畏 四攝法 十八不共神通道力"

148 이봉순(1998), p.227.

만약 보살이 능히 일체법의 불생不生·불멸不滅·불불생不不生·불불멸不不滅·불공不空·비불공非不空을 관하고, 이와 같이 제법을 관하여 삼계에서 해탈을 얻고, 공으로써도 아니고 비공非空으로써도 아닌 일심으로 시방제불이 작용하는 실상의 지혜를 믿어 인가하고, 파괴할 수 있는 것도 없고 움직일 수 있는 것도 없다면, 이것을 무생법인無生法忍이라고 부른다. 무생법인이 바로 아비발치지이다. 또 보살위에 들면 이것이 아비발치지이다. 성문·벽지불지를 지나면 또한 아비발치지라고 부른다.[149]

위의 설명과 같이 아비발치지阿跋致地란 ①제법의 불생불멸不生不滅을 인가하는 무생법인無生法忍을 얻는 것, ②보살위에 들어가는 것, ③성문·벽지불지를 초월하는 것 이렇게 세 가지로 정리할 수 있다.

첫째, 무생법인無生法忍을 얻는 것은 불퇴전의 중요한 조건이다. 유순인柔順忍은 신학보살에 의하여 얻어지는 것인 데 비하여, 무생인無生忍은 불퇴전지에서 얻는 것이다. 그 때문에 행육바라밀보살은 양쪽의 중간 단계인 것이다. 둘째, 보살위에 들어가는 것을 아비발치라고 하는데 이것은 "발의와 수행과 대비와 방편을 구족하고, 이 4법을 행하여 보살위에 든다. 성문법에서처럼 먼저 4종 선근, 즉 난법·정법·

---

[149] 『大智度論』 卷27(T25, p.263c1-6), "何等是阿鞞跋致地 答曰 若菩薩能觀一切法 不生不滅 不不生不不滅 不共 非不共 如是觀諸法 於三界得脫 不以空 不以非空 一心信忍十方諸佛所用實相智慧 無能壞 無能動者 是名無生忍法 無生忍法 卽是 阿鞞跋致地"

인법·세간제일법을 갖추어 설한 후에 고법인의 정위正位에 든다"[150]라고 설하여, 대비와 방편을 구족하는 것을 불퇴전지에 들어가는 조건으로 삼고 있으며, 부파불교의 수행계위를 그대로 계승하고 있음을 알 수 있다. 그리고 일단 불퇴전지에 들어가면 영원히 성문지·벽지불지에 떨어지는 일이 없다고 한다. 무생법인을 얻는 것, 보살위에 들어가는 것, 성문·벽지불지를 초월하는 것, 이 세 가지는 동시에 달성된다고 한다. 그러므로 『대지도론』에서는 "보살위란 무생법인 이것이다"[151]라고 정의하고 있다.

『법화경』 제13 「권지품」에서는

> 그때 세존께서 80만억 나유타 많은 보살마하살을 굽어보시니, 그 보살들은 모두 아유월치阿惟越致로서 물러나지 않는 법륜을 굴리며, 여러 가지 다라니를 얻었다.[152]

라고 하여 불퇴전보살의 법사 역할을 함으로써 여러 가지 다라니를 얻게 되었다고 언급하고 있다.

---

150 『大智度論』卷27(T25, p.262c5-8), "發意 修行 大悲 方便具足 行是四法 得入菩薩位 如聲聞法中 先具說四種善根 煖法 頂法 忍法 世間第一法 然後入苦法忍正位"
151 『大智度論』卷27(T25, p.262a18-19), "菩薩位者 無生法忍是"
152 『妙法蓮華經』卷4(T09, p.36b8-10), "爾時世尊視八十萬億那由他諸菩薩摩訶薩 是諸菩薩－－皆是阿惟越致 轉不退法輪 得諸陀羅尼"

ㄹ. 일생보처보살

일생보처보살이란 수행이 완성되어 다음 생에 하계에 내려와 성불하게 되는 보살을 말한다. 『마하반야바라밀경摩訶般若波羅蜜經』에서는 일생보처보살에 대해서 다음과 같이 설명하고 있다.

"일생보처보살은 도솔천에서 죽어서 이 세상에 와서 태어난다. 이 보살은 육바라밀을 잃지 않으며, 태어나는 곳마다 일체의 다라니문과 모든 삼매문이 빨리 앞에 나타나게 된다."[153]

일생보처보살은 더 이상 육바라밀을 잃지 않는 지위이며, 태어나는 곳마다 일체의 다라니문과 모든 삼매문이 빨리 앞에 나타나게 되는 지위라고 설명하고 있다. 그러나 한 생만 지나면 생사의 속박을 벗어나 성불하는 일생보처보살이 되기란 현실의 수행자로서는 대단히 어려운 문제이다. 그래서 『대지도론』에서는 이 보살이 지니는 덕성이나 이 보살위에 도달하기 위한 조건 등은 구체적으로 설해져 있지 않다.

그러나 이 땅에 태어나기 전의 보살이 일생보처보살이며, 도솔천에는 일생보처보살이 존재한다는 것은 대부분 대승경전에 설해져 있다. 불전佛傳에도 최후생의 보살을 일생보처라고 불렀다. 그럼에도 불구하고 일생보처는 보살의 계위설에 있어서는 중요한 위치를 차지하지 못하고 있다.

그리고 보살의 수행기간에 대해서 『마하반야바라밀경』은 "보살은

---

[153] 『摩訶般若波羅蜜經』卷2(T08, p.225b5-8), "有一生補處菩薩 兜率天上終來生是間 是菩薩不失六波羅蜜 隨所生處 一切陀羅尼門 諸三昧門疾現在前"

초발의初發意부터 깨달음의 도량에 앉을 때까지 반야바라밀을 행하고 닦아야 한다"[154]라고, 막연하게 설명하고 있다. 그러나 『대지도론』에서는 "더디게는 백대겁이 걸리지만, 석가보살만은 91대겁 동안 닦았다"[155]라고 하여, 『대비바사론』의 내용[156]을 그대로 계승하고 있다.[157]

『법화경』 제17 「분별공덕품」에서는

"한 사천하의 티끌 같은 수의 보살마하살은 일생 만에 아뇩다라삼먁삼보리를 얻었으며"[158]

라고 하여 일생보처보살을 말하고 있다.

『법화경』의 중심사상이 일불승 사상임을 간주해 볼 때『법화경』에서 미래에 부처가 되리라는 수기를 받은 모든 보살은 부처가 되는 것을 확정 받은 보살도를 행하고 있는 보살로서의 개념이 가깝다. 그리고 반야경류 및 『법화경』에 나오는 사종보살에 대한 계위는 이러

---

154 『摩訶般若波羅蜜經』卷21(T08, p.373a19-20), "從初發意乃至坐道場 應行 應生 應修般若波羅蜜"

155 『大智度論』卷4(T25, p.87b24-27), "菩薩幾時能種三十二相 答日 極遲百劫 極疾九十一劫 釋迦牟尼菩薩九十一大劫行辦三十二相"

156 『阿毘達磨大毘婆沙論』卷177(T27, p.890b5-8), "問此相異熟業經於幾時修習圓滿 答多分經百大劫 唯除釋迦菩薩 以釋迦菩薩極精進故超九大劫 但經九十一劫修習圓滿"

157 이봉순(1998), pp.229~230.

158 『妙法蓮華經』卷5(T09, p.44a22-24), "復有一四天下微塵數菩薩摩訶薩 一生當得阿耨多羅三藐三菩提"

한 보살들이 보살행을 함으로써 증득되는 계위의 단계라 할 수 있다.

나. 『반야경』 십지의 계위

초기 대승불교에서는 부처의 깨달음(등정각)을 목표로 한 보살의 실천도에 대해서 십지十地가 설해지고 있다. 예를 들면『반야경』에는 아래의 〈표 10〉처럼 십지가 나타나고 있지만, 후에 점차 정리되어 체계화되었음을 알 수 있다.

〈표 10〉『반야경』의 십지[159]

이만오천송 二萬伍千頌 서품序品 (Datt本, 二二伍頁)	광찬경 光讚經 십주품十住品(大正八·一九九上)	방광경 放光經 치지품治地品(大正八·二九中)	심심품甚深品 (同九一中)	대품경 大品經 발취품發趣品(大正八·二伍九下)
	1 적연리견현입지寂然離見現入地	1 멸정지滅淨地	1 지지智地	1 건혜지乾慧地
1 gotra	2 종성지種性地	2 종성지種性地	2 관지觀地	2 성지性地
2 aṣṭaka	3 팔지八地	3 팔지八地	3 팔지八地	3 팔인지八人地
3 darśana		4 견지見地	4 관지觀地	4 견지見地
4 tanu		5 박지薄地	5 박지薄地	5 박지薄地
5 vītarāga	4 이욕지離欲地	6 멸음노치지滅婬怒癡地	6 이음지離婬地	6 이욕지離欲地
6 kṛtāvi	5 소작변지所作辯地	7 이작지已作地	7 이변지已辯地	7 이작지已作地
7 Śrāvaka				
8 pratyekabuddha	6 벽지불지辟支佛地	8 벽지불지辟支佛地	8 벽지불지辟支佛地	8 벽지불지辟支佛地

9 bodhisattva	7 보살지 菩薩地	9 보살지 菩薩地	9 보살지 菩薩地	9 보살지 菩薩地
10 buddha	8 불지佛地	10 불지佛地	10 불지佛地	10 불지佛地

여기서 『대품반야』에 대한 용수龍樹의 주석인 『대지도론』은 제75권에서 십지의 명칭에 대한 설명을 하고 있다.[160] 이것은 범부지에 제1 건혜지乾慧地, 제2 성지性地를 열고, 성문지聲聞地에 제3 팔인지八人地, 제4 견지見地, 제5 박지薄地, 제6 이욕지離欲地, 제7 이작지已作地의 5지를 열고, 그 위에 제8 벽지불지辟支佛地, 제9 보살지菩薩地, 제10 불지佛地를 추가한 것이다. 이 부분을 요약하면 다음과 같다.

ㄱ. 제1 건혜지乾慧地

성문과 보살의 두 가지 종류가 있다. 성문인은 오직 열반을 위해서만 정진하고 계戒를 지켜 심청정을 얻거나 혹은 관불삼매觀佛三昧를 익히고 부정관不淨觀을 닦거나 자비慈悲·무상관無常觀 등을 행하여 모든 선법을 모으고 불선법은 버린다. 그래서 지혜는 있어도 아직 선정의 물이 부족하여 깨달음을 얻을 수가 없기 때문에 건혜지라고 한다. 보살의 경우는 초발심으로부터 유순인柔順忍을 얻기 전까지의 지위를 말한다.

초지初地보살은 열 가지를 행한다. ①깊고 견고한 마음, ②일체중생에 대한 평등심, ③보시행, ④선지식에 친근하고 스스로를 높이지 않음, ⑤구법求法, ⑥출가, ⑦불신佛身의 애락, ⑧교법의 연출, ⑨교만심

---

159 츠카모토 게이쇼(塚本啓祥), 이정수 역(2010), p.302.
160 『大智度論』 卷75(T25, pp.585c25-586a25).

파괴, ⑩진실한 말의 열 가지이다.

ㄴ. 제2 성지性地

성지란 성문·독각 혹은 보살로 수행의 방향이 결정되는, 즉 행자의 성性이 결정되는 단계이다. 성문의 경우는 난법煖法에서 세간제일법에 이르기까지를 가리키고, 보살은 유순인柔順忍을 얻은 후에 사견邪見을 내지 않고 선정의 물을 얻는 위를 의미한다.

제2지의 보살은 항상 여덟 가지를 생각한다. ①계의 청정, ②은혜에 대한 보은, ③인욕의 힘에 머무는 것, ④환희를 받는 것, ⑤일체중생을 버리지 않는 것, ⑥대비심에 들어가는 것, ⑦스승을 믿고 공경하여 자문 받는 것, ⑧부지런히 모든 바라밀을 구하는 것이다. 이 중 제4의 환희를 받는다는 것은 신·구·의 삼업을 청정하게 함으로써 저절로 일어나는 마음으로부터의 환희를 의미한다.

ㄷ. 제3 팔인지八人地

팔인지란 성문도에서는 '견도見道', 즉 '예류향'의 단계이며, 여기서 비로소 성자의 위位에 든다. 즉 고법인苦法忍에서 도류지인道類智忍에 이르기까지의 위位를 가리키며, 보살은 무생법인을 얻어 보살위에 드는 것을 의미한다.

제3지 보살의 덕목은 다섯 가지가 있다. ①배우고 묻기를 싫어하지 않는 것, ②청정한 법을 펴되 잘난 체하지 않는 것, ③불국토를 장엄하고 청정하게 하는 것, ④세간의 무량한 괴로움을 받더라도 조금도 싫어하지 않는 것, ⑤남이 알든 모르든 부끄러워할 줄 아는 것이다.

ㄹ. 제4 견지見地

견지는 성문인이 비로소 성인의 과果인 예류과(수다원)를 얻는 위를 말한다. 보살도에서는 무생법인을 얻은 후의 불퇴전지不退轉地를 말한다.

제4지의 보살은 열 가지를 닦는다. ①적정처寂靜處를 버리지 않는 것, ②소욕小欲, ③지족知足, ④두타의 공덕을 버리지 않는 것, ⑤계를 버리지 않는 것, ⑥모든 욕심을 혐오하는 것, ⑦세간심을 싫어하고 열반심을 따르는 것, ⑧일체의 소유를 버리는 것(보시행), ⑨마음이 침몰하지 않는 것(無貪溺의 의미), ⑩모든 재물을 아끼지 않는 것(보시행)이다. 이 가운데서 두타는 집착에서 떠나는 행을 한다는 의미이다.

ㅁ. 제5 박지薄地

박지는 성문이 수다원 혹은 사다함에서 욕계 9종의 번뇌를 끊은 것을 말하고, 보살은 불퇴전지를 지나 아직 성불하지 않은 단계이다. 모든 번뇌를 끊고 남은 습기를 엷어지게 하는 단계이다.

이 제5지의 보살은 12가지를 멀리한다. 그 12가지란 ①친척을 멀리하고, ②여인을 멀리하며, 동행하는 비구니라도 가까이하지 않으며, ③보살이 '나의 집도 버려서 탐하거나 아끼지 않는데, 하물며 남의 집을 탐내고 아끼겠는가'라고 생각하는 것, ④이익이 없는 대화를 하는 것, ⑤성내는 것, ⑥스스로 크게 여기는 것, ⑦사람을 멸시하는 것, ⑧십불선, ⑨매우 거만한 것, ⑩자신의 소유물을 자신만이 사용하겠다는 집착을 없애는 것, ⑪뒤바뀐 일을 멀리 여의는 것, ⑫음욕(婬)·성냄(怒)·어리석음(癡)을 멀리 여의는 것이다. 수다원 혹은 사다함(一

來)으로 욕계 9종의 번뇌를 분석하기 때문이다. 보살은 아비발치지를 지나 성불하기 직전까지에 해당하고 모든 번뇌를 끊어 나머지 습기(번뇌를 다 한 후의 관습성)도 엷어진다고 한다.

ㅂ. 제6 이욕지離欲地

이욕지란 욕계 등의 탐욕과 모든 번뇌를 떠난 아나함(不還)에 해당한다. 보살에게는 이욕의 인연에 의해 오신통을 얻는 단계이다.

이 6지 보살은 여섯 가지를 갖춘다. ①성문·벽지불과 같은 생각을 하지 않는 것, ②보시를 행하고 나중에 근심하지 않는 것, ③구하던 물건을 보았을 때 마음을 빼앗기지 않는 것, ④소유물을 보시하는 것, ⑤보시한 후에 마음속으로 후회하지 않는 것, ⑥진실된 법을 의심하지 않는 것이다.

삼승인은 모두 육바라밀을 닦아 피안에 도달하는데, 성문·벽지불과 같은 뜻을 가지지 않는다는 것은 제6지 보살이 아직 방편력을 얻지 못하여 성문·벽지불이 떨어질지도 모르기 때문에 부처님이 성문·벽지불의 마음을 내어서는 안 된다고 설한다. 그리고 나머지는 보시바라밀을 행할 때의 주의사항이다.

ㅅ. 제7 이작지已作地

이작지란 이루어야 할 것이 다 이루어진 상태라는 것으로, 성문인은 진지盡智와 무생지無生智를 얻어 성문종성인聲聞種性人의 최고위인 아라한을 얻는 위이다. 따라서 성문의 수행은 여기서 완성된다.

이 7지의 보살은 다음 20가지에 대한 집착을 멀리한다. 나·중생·

수명·여러 가지 알음알이 및 아는 것과 보는 것·단견斷見·상견常見·상相·인견因見·명색名色·오음五陰·18계界·12입入·삼계三界·주처住處·약속 장소·의지처依持處·부처님에 의지한다는 견해·법에 의지한다는 견해·스님에 의지한다는 견해·계에 의지한다는 견해 등이다. 또 제7지의 보살은 다음 20가지를 구족한다. ① 공空은 18공을 증득했다는 뜻이고, ② 무상無相을 증득했다는 것은 열반을 증득했다는 뜻이며, ③ 무작無作은 무원의 이치를 안다는 것인데, 공·무상·무작 이 셋은 삼해탈문三解脫門을 깨닫는다는 뜻이고, ④ 삼분三分 청정은 신삼身三·구사口四·의삼意三의 십선도신을 청정하게 하여 집착을 떠난다는 뜻이고, ⑤ 일체중생에 대한 자비와 지혜를 말하며, ⑥ 일체중생을 기억하지 말 것이란 보살이 중생을 교화하더라도 중생상을 가지지 않아서 모든 선근 복덕이 청정하게 되는 것을 말하고, ⑦ 일체법을 평등하게 관찰한다는 것은 일체법에 대하여 친소증감親疎增減의 구별을 하지 않는다는 것이며, ⑧ 제법의 실상을 안다는 것은 제법은 인연생因緣生이어서 무자성공無自性空이고, 무자성공이기 때문에 제법은 본래 불생불멸임을 아는 것을 말하며, ⑨ 무생법인無生法忍이란 무생멸無生滅 제법의 실상實相 가운데서도 제불諸佛의 법法을 믿고 받아들여, 그 뜻하는 바를 잘 깨우쳐 알아 걸림이 없고 물러남이 없는 것을 뜻하고, ⑩ 무생지無生智란 명名과 색色, 무생無生을 안다는 뜻이다. 지식의 거친 것을 인忍이라 하고 세밀한 것을 지智라고 하기 때문에, 무생인無生忍과 무생지無生智는 거친 것과 세밀한 차이이다. ⑪ 제법의 일상一相을 설한다는 것은 제법은 둘이 아니고 차별이 없음을 나타낸다는 뜻이다. 즉 보살은 내외 12법, 즉 6근과 6경은 모두 마귀의

그물처럼 허망하여 진실한 것이 없음을 알고, 거기서 나오는 6식도 또한 허망한 줄 알고, 진실이며 불이법不二法은 오직 무안無眼·무색無色 내지 무의無意·무법無法임을 아는 것이다. 이 무안·무색 내지 무의·무법을 일상一相이라고 설하여 중생들로 하여금 12입入에서 벗어나게 하는 것을 말한다. ⑫분별상을 파괴한다는 것은 보살이 불이不二·일상一相의 법에 머물러서 남녀男女·단상斷常·대소大小 등의 분별상을 파괴하여 평등상을 반연한다는 뜻이다. ⑬기억의 전환이란 내심의 기억을 전환하여 버린다(捨)는 뜻이다. ⑭소견의 전환이란 아견我見·변견邊見 등의 사견邪見을 전환하여 버린 후에, 도에 들어서 법견法見과 열반견涅槃見을 얻어서 제법의 실상을 증견한다는 뜻이다. ⑮번뇌의 전환이란 번뇌를 전환하여 버린다(捨)는 뜻이다. ⑯정혜지定慧地의 평등이란 정정과 혜혜가 균등하게 작용하게 한다는 뜻이다. 보살은 10지 중 초3지에서는 혜慧가 많고 정定이 적기 때문에 마음을 추스르기가 어렵고, 후3지에서는 정定이 많고 혜慧가 적기 때문에 진정한 보살위에 들어가기가 어렵다. 그래서 중생도 공空하고 법도 또한 공空한 줄 알고, 정정과 혜혜를 평등하게 운행하여 제법의 실상을 증견하고 불퇴지不退地에 들어가서 점차 일체종지一切種智를 얻게 된다는 뜻이다. ⑰뜻을 가지런히 한다는 것은 심의心意를 조복한다는 뜻이다. 보살이 노老·병病·사死의 세 가지를 잊지 않고 중생을 사랑하고 불쌍히 여겨, 3계에 집착하지 않고 무상도를 이룰 것을 약속하는 것을 말한다. ⑱심心의 적멸이란 번뇌·사념邪念을 일으키지 않는다는 뜻이다. 보살은 5욕의 경계 가운데서 5정精을 끊지만, 제7지에 이르러서 비로소 5정精은 진정되고 마음이 적정하게 된다. ⑲무애지無碍智란 진실하고 진실하지 못한 모든 법에 대하여 무애無碍의 묘용을 일으키는 지혜를 말한다. 보살은 이 무애로써 일체중생을 진실법으로 인도하여 해탈을 얻게 한다. ⑳애욕에 물들지 않는 것이란 마음 밖의 경계에 대하여 취하고 버릴 생각을 일으키지 않는 것을 말한다. 보살은 제7지에 들어서 무애를 얻는데, 과거세의 미혹한 습관이 아직도 남아 있어서 선정에서 나오면 눈에 보이는 것에 따라 아름다운 사람을 보면 친애하는 정을 일으키거나 무애지를 얻어도 마주하게 되는 실법實法을 애착하는 등의 일이 있기 때문에, 그 애착에 물드는 것을 방지하려는 것이다.

o. 제8 벽지불지辟支佛地

벽지불지란 전생에 벽지불도의 인연을 심어 금세에는 적은 인연에 의하여 출가하고, 또한 깊은 인연법을 관찰하여 도를 이루는 사람의 위位를 말한다.

보살마하살이 제8 벽지불지에 머물 때는 다음 다섯 가지를 구족한다. ①중생의 마음을 잘 거두어들이는 일, ②모든 신통을 잘 쓰는 것, ③모든 부처님의 국토를 보는 것, ④부처님의 국토를 본 것과 마찬가지로 스스로의 국토를 장엄하는 것, ⑤여실하게 관찰하여 스스로도 불신佛身을 장엄하는 것이다.

그리고 보살이 8지에 머무를 때는 다음 다섯 가지도 또한 구족한다. ①높고 낮은 모든 근기를 알고, ②부처님의 국토를 청정하게 하며, ③여환삼매에 들고, ④항상 삼매에 들며, ⑤중생들에게 알맞은 선근을 따라서 몸을 받는 것이다.

ㅈ. 제9 보살지菩薩地

보살지는 건혜지로부터 이욕지에 이르기까지를 말하고, 다시 환희지로부터 법운지에 이르기까지를 모두 보살지라고 한다. 또 일설에는 발심으로부터 금강삼매에 이르기까지를 보살지라고 부른다. 보살의 수행이 행해지는 단계로서 주로 육바라밀의 수행으로 이루어진다.

　보살마하살이 9지에 머무를 때는 다음의 12가지를 구족한다. ①끝없는 세계를 제도할 만큼 받아들일 것, ②보살이 원한 대로 얻을 것, ③모든 하늘·용·야차·건달바의 말을 알아서 설법하는 것, ④태생의 성취, ⑤집안의 성취, ⑥출생의 성취, ⑦신분(姓)의 성취, ⑧권속의 성취, ⑨출세의 성취, ⑩출가出家의 성취, ⑪불수佛樹의 장엄 성취, ⑫일체 모든 선공덕의 성취이다.

ㅊ. 제10 불지佛地

불지는 일체종지 등 제불의 법을 구족하는 위位, 즉 성불의 단계이므로 이 십지의 보살은 당연히 부처와 같다. 보살이 보리수 아래 앉아서 제10지에 드는 것을 법운지法雲地라고 한다. 비유하자면 큰 구름이 비를 내리는 데 간격이 없는 것처럼, 마음으로부터 자연히 한없이 청정한 제불의 법이 생겨난다. 즉 제10지는 보살이 육바라밀을 행하여 방편력으로 건혜지 내지 보살지를 지나서 머물게 되는 불지이다. 보살이 이와 같이 십지를 행하는 것을 '대승의 마음을 발하여 나아가는 것'이라고 한다.

6) 『법화경』에서 보살승의 수행

(1) 보살의 마음 자세

『법화경』에서는 중생을 제도하기 위한 보살의 기본적인 마음자세로 자비, 인욕, 무집착심을 강조하고 있다. 이는 제10 「법사품」에 다음과 같이 나타나 있다.

"만일 선남자·선여인이 있어 여래가 멸한 후에 사부대중을 위하여 이 『법화경』을 설하려 할 때에는 어떻게 설해야 하는가? 이 선남자·선여인은 여래의 방에 들어가 여래의 옷을 입고, 여래의 자리에 앉아 사부대중을 위하여 이 경을 설해야 한다. 여래의 방은 일체중생 가운데 대자비심이요, 여래의 옷은 부드럽고 화평하고 욕됨을 참는 마음(柔和忍辱心)이며, 여래의 자리는 일체의 공한 법이다. 이런 가운데 편안히 머물러 있으면서 게으르지 않은 마음으로 여러 보살과 사부대중을 위하여 이 「법사품」을 설해야 한다."[161]

석가모니불이 열반하신 뒤 보살이 사부대중을 위해서 『법화경』을 설할 때는 여래의 방에 들어가서 여래의 옷을 입고, 여래의 자리에 앉아서 설해야 한다고 하고 있다. 여기서 여래의 방은 대자비심, 여래의 옷은 유화인욕심柔和忍辱心, 여래의 자리는 일체법에 대해 공한 마음을 갖는 것, 즉 집착이 없는 마음(무집착심)을 상징한다. 보살은 이러한 세 가지 마음을 가지고 경을 설해야 한다는 것이다. 여기서 말하는 자비심, 인욕심, 일체법공(무집착심)은 보살이 보살도를 수행하기 위

---

[161] 타무라 쇼루·우메하라 타케시, 이영자 역(1989), pp.135~140.

해서 갖추어야 할 기본적인 요건이다.

『법화경』에서 보살의 마음 자세로 강조하는 첫째는 자비심이다. 보살이 여래의 방에 들어간다는 것은 보살의 자비정신을 상징한다. 자비는 자애로움, 불쌍히 여김 등의 의미를 갖는데, 자(慈, mettā, maitri)는 진실한 우정, 순수한 친애의 마음을 의미하고, 비(悲, karuṇā)는 애련, 동정의 의미이다. 그러므로 자慈는 '사람들에게 안락과 이익을 주려고 바라는 것'이며, 비悲는 '사람들로부터 불이익과 고를 제거하려고 바라는 것'이다.[162]

자비심은 일체중생에 대한 구원의 염원으로 나타난다. 『유마경』에서 유마거사가 일체중생이 병이 났기 때문에 자신도 병이 났다고 하는 것은 중생을 가엾이 여기는 자비심을 나타낸 것이다. 보살은 번뇌 망상의 세간에서 중생들을 자비심으로 구제한다. 연꽃이 진흙탕 속에서 피어도 더러워지지 않고 청정하듯이 "보살은 세간을 싫어하지도 않고 피하지도 않고, 세간의 대중과 함께 고뇌하고 번뇌한다. 그러면서도 그 뜻을 청정하게 지키고, 성스러움의 실현을 기약한다."[163]

『법화경』 제2 「방편품」에 의하면 부처님은 중생을 구원하기 위해 자비심을 낸다. 그러므로 자비는 바로 중생구제의 이타심이다. 즉 "부처님이 육도중생을 관찰하니 중생들은 빈궁하고 지혜가 없어 생사의 길에 잘못 들어 고통을 끊지 못하고, 오욕락에 탐착하여 탐애 속에 갇혀 있고, 또한 그들은 눈도 멀고 소견도 없어 부처님을 찾지도 않고 고통도 끊지 못하여 그릇된 소견에 깊이 빠져 괴로움에 얽혀

---

[162] 조수동(1995), p.66.
[163] 조수동(2011), p.126.

있다. 이러한 중생들을 위해 부처님은 대자비심을 낸다고 하고 있다."[164] 『법화경』 제24 「묘음보살품」에서는 보살이 자비심으로 중생을 구제해야 함을 다음과 같이 말하고 있다.

"이 묘음보살은 능히 사바세계의 모든 중생을 구호하느니라. 이 묘음보살이 이와 같이 가지가지 변화로 몸을 나타내며, 이 사바세계에서 중생들을 위하여 이 경전을 설법하지만, 그 신통력이나 지혜는 조금도 감소되지 않느니라. 이 보살이 약간의 지혜로 이 사바세계를 두루 밝게 비춰 일체중생들로 하여금 각각 알게 하며, 시방의 항하 모래 같은 세계 가운데서도 역시 이와 같이 하느니라. 만일 성문의 몸으로써 제도할 이에게는 성문의 모습을 나타내어 설법하고, … 이와 같이 가지가지 제도할 바를 따라 그 모습을 나타내고, 멸도로써 제도할 이에게는 멸도를 나타내어 보이느니라."[165]

---

[164] 『妙法蓮華經』 卷1(T09, p.8b8-27), "若我遇衆生 盡敎以佛道 無智者錯亂 迷惑不受敎 我知此衆生 未曾修善本 堅著於五欲 癡愛故生惱 以諸欲因緣 墜墮三惡道 輪迴六趣中 備受諸苦毒 受胎之微形 世世常增長 薄德少福人 衆苦所逼迫 入邪見 稠林 若有若無等 依止此諸見 具足六十二 深著虛妄法 堅受不可捨 我慢自矜高 諂曲心不實 於千萬億劫 不聞佛名字 亦不聞正法 如是人難度 是故舍利弗 我爲設方便 說諸盡苦道 示之以涅槃 我雖說涅槃 是亦非眞滅 諸法從本來 常自寂滅相 佛子行道已 來世得作佛 我有方便力 開示三乘法"

[165] 『妙法蓮華經』 卷7(T09, p.56a26-b9), "是妙音菩薩 能救護娑婆世界諸衆生者 是妙音菩薩如是種種變化現身 在此娑婆國土 爲諸衆生說是經典 於神通變化 智慧無所損減 是菩薩 以若干智慧明照娑婆世界 令一切衆生各得所知 於十方恒河沙世界中 亦復如是 若應以聲聞形得度者 現聲聞形而爲說法 … 應以菩薩形得度者

묘음보살은 중생을 구제하고 보호하기 위해 정광장엄국淨光莊嚴國에서 사바세계를 방문하여 갖가지 변화신을 나타내어 중생의 근기와 필요에 맞추어 중생을 교화하기 위해 『법화경』을 설한다.

그리고 『법화경』 제25 「관세음보살보문품」에서도 관세음보살이 일체중생에 대한 대자비심으로 중생들을 구제한다. 관세음보살은 개인의 현실적 소망을 들어주는 대자대비의 보살로 사바세계의 중생들이 그를 일심으로 부르면 그 부름에 응답하여 그들의 소원을 들어준다. 또한 관세음보살은 중생들을 제도하기 위해서 33가지 변화신으로 중생에 맞추어 나타나 중생들의 고뇌를 해결해 주고 깨달음을 얻게 한다. 이같이 보살은 온갖 중생들을 구제하기 위해서 대비심을 일으켜 스스로 생사윤회에 들어간다.[166]

『법화경』에서 보살의 마음자세로 강조하는 둘째는 유화인욕宥和忍辱의 마음이다. 인욕은 사전적으로는 "온갖 모욕과 번뇌를 참고 원한을 일으키지 않는 것"[167]이다. 즉 욕설을 듣거나 부당한 꾸지람을 들어도 그것을 참고 견디며 원망하지 않는 것이다. 육바라밀 중 인욕바라밀은 크게 네 가지를 통해서 이루어진다고 한다. "첫째, 공격하거나 공양하는 중생에 대해 애착하지 않는다. 둘째, 성내거나 꾸짖거나 때리거나 해치는 중생에 대해 화내지 않고 참고 견디며 용서한다. 셋째, 추위나 더위, 목마름과 굶주림 등과 같은 외부 조건에 대해 참고 견딘다.

現菩薩形而爲說法 應以佛形得度者 卽現佛形而爲說法 如是種種 隨所應度而爲現形 乃至應以滅度而得度者 示現滅度"

166 조수동(1997), p.158.
167 한글학회(1992), p.3377.

넷째, 뛰어난 교법을 듣고도 굳게 믿으면서 물러서지 않고 받아들이는 것이다."[168] 『법화경』 제14 「안락행품」에서도 보살이 친근해야 할 것 중의 하나로 인욕행을 강조한다.

"문수사리여, 어떤 것을 보살마하살이 행할 곳이라 하느냐. 만일 보살마하살이 인욕의 지위에 머물러 부드럽게 화하고 선善에 순종하여 포악하지 아니하고, 마음에 놀라지 말 것이며, 또다시 법에 행하는 바가 없어야 하며, 모든 법을 실상과 같이 관찰하여 행하지도 말고 분별하지도 말 것이니, 이것이 바로 보살마하살이 행할 곳이라 하느니라."[169]

보살이 인욕의 행을 실천하는 것은 부처에 대한 굳건한 믿음이 있기 때문이다. 더 나아가 이러한 보살들에게는 중생들이 모두 부처와 동일한 심성을 가지고 있다는 신념도 가지고 있다. 그들은 그러한 중생들을 가엾게 여기고 구제하기 위해 어떠한 어려움도 감내하는 것이다.

『법화경』에서는 경전을 수지하고 설법하는 법사에게는 자신을 박해하는 자들과 다투지 않는 철저한 인욕행을 강조한다. 『법화경』 제13 「권지품」에 의하면 보살들이 석가모니불이 멸도한 후 두렵고 악한

---

[168] 원과(2008), p.177.
[169] 『妙法蓮華經』 卷5(T09, p.37a16-20), "文殊師利 云何名菩薩摩訶薩行處 若菩薩摩訶薩住忍辱地 柔和善順而不卒暴 心亦不驚 又復於法無所行 而觀諸法如實相 亦不行不分別 是名菩薩摩訶薩行處"

세상에서 『법화경』을 설할 때, 어리석은 여러 중생이 나쁜 말로 욕하고 칼이나 막대기로 해롭게 하여도 참고 견디며, 설법하겠다고 하고 있다.[170]

"부처님 믿는 우리, 그 사납고 못된 짓을 싫다 않고 견디며 다 받아 참으리라. 흐린 겁 악한 세상 두려움이 많으며 악한 귀신 몸에 들어 꾸짖고 욕을 해도 부처님 믿은 우리 인욕의 갑옷 입고 이 경전을 설법하려 어려운 이 일 다 참으며, 신명을 아끼지 않고 위없는 도 구하여서 앞으로 오는 세상 부처님 법 보호하리니 세존께선 아시리라. 탁한 세상 악한 비구 부처님 방편 따라 설법함을 제 모르고 입 사납게 빈축하며 자주자주 절간에서 멀리멀리 내쫓아도 부처님 믿는 우리, 내리신 분부 생각하고 이러한 모든 고통에 사납게 시달려도 모두 다 참으리다."[171]

보살들은 사악한 무리의 온갖 비난과 비방에 대해 인내하고 박해를 견디면서 『법화경』을 설법하고, 유포해야 한다는 것이다. 부처를 믿고 공경하는 보살들은 그들에게 가해 오는 이러한 악을 다 참고 견디며, 꾸짖고 욕을 해도 부처를 굳게 믿고, 인욕의 갑옷을 입으며,

---

170 『妙法蓮華經』 卷4(T09, p.36b21-24), "唯願不爲慮 於佛滅度後 恐怖惡世中 我等當廣說 有諸無智人 惡口罵詈等 及加刀杖者 我等皆當忍"

171 『妙法蓮華經』 卷4(T09, p.36c11-17), "我等敬佛故 悉忍是諸惡 爲斯所輕言 汝等皆是佛 如此輕慢言 皆當忍受之 濁劫惡世中 多有諸恐怖 惡鬼入其身 罵詈毀辱我 我等敬信佛 當著忍辱鎧 爲說是經故 忍此諸難事"

이 경을 설법하면서 어려운 일을 다 참으면서 부처의 법을 보호해야 한다는 것이다. 『법화경』에서는 인욕과 자비심을 동시에 실천하고 있는 경우로 제20 「상불경보살품」에서 예를 들고 있다. 석가모니불은 '상불경보살'의 이름에 대해서는 다음과 같이 말하고 있다.

"득대세야, 무슨 인연으로 그를 상불경이라 이름하는지를 아느냐? 이 비구는, 비구·비구니·우바새·우바이를 보면 모두 다 예배하고 찬탄하며 말하였느니라.
'나는 그대들을 깊이 공경하고 가벼이 여기거나 업신여기지 않나니, 왜냐하면 그대들은 모두 보살의 도를 행하여 반드시 성불하기 때문이니라.'"[172]

'상불경보살'이란 그가 모든 사람을 경멸하지 않고 존중하는 실천행에 따라 불린 이름이다. 상불경보살은 경전을 읽지도 않고 외우지도 않으면서 단지 예배만 하면서 상대를 경시하지 않고 존경, 공경하는데, 그것은 그들이 모두 장래 성불하기 때문이라고 하였다. 상불경보살의 이러한 태도는 중생들이 모두 보살의 도를 행하여 반드시 성불하기 때문에 그대들을 깊이 공경하고, 가벼이 여기거나 업신여기지 않는다는 생각에서 비롯된 것이다. 상불경보살의 상대를 가리지 않고 행한 이러한 언행에 대해 사람들은 그를 비웃고 비난하였다.

---

[172] 『妙法蓮華經』卷6(T09, p.50c16-20), "得大勢 以何因緣名常不輕 是比丘 凡有所見-若比丘 比丘尼 優婆塞 優婆夷-皆悉禮拜讚歎而作是言 我深敬汝等 不敢輕慢 所以者何 汝等皆行菩薩道 當得作佛"

"'이 어리석고 무지한 비구야, 너는 어디서 와서 우리를 가벼이 업신여기지 않는다고 하며, 또 반드시 성불하리라 수기까지 하느냐? 우리들은 이와 같이 허망한 수기는 받지 않겠노라' 하니, 이렇게 여러 해 동안을 두루 돌아다니며 항상 비웃음과 욕을 들을지라도 성내지 않고 말하였느니라.
'그대들은 반드시 성불하리라.'
그가 이런 말을 할 때 여러 사람들이 혹은 막대기나 기왓장 또는 돌로 때리면 멀리 피해 달아나며, 오히려 큰 소리로 외쳤느니라.
'나는 그대들을 가벼이 여기거나 업신여기지 않나니 그대들은 모두 다 부처님이 되실 것입니다.'
그가 항상 이런 말을 하고 다녔으므로 증상만의 비구·비구니·우바새·우바이들은 그를 상불경이라 불렀느니라."[173]

상불경보살은 비난과 욕설을 듣거나 심지어 막대기나 돌로 맞으면서도 그 상대에게 그들이 모두 보살도를 실천하여 성불할 수 있기 때문에 가벼이 여기거나 업신여기지 않고 공경한다고 하였다. 상불경보살의 이러한 태도는 모든 사람이 부처가 될 수 있기 때문에 모든 인간을 존중하지 않으면 안 된다는 인간에 대한 굳건한 믿음이 바탕하고

---

[173] 『妙法蓮華經』卷6(T09, pp.50c24-51a3), "是無智比丘從何所來 自言我不輕汝 而與我等授記 當得作佛 我等不用如是虛妄授記 如此經歷多年 常被罵詈 不生瞋恚 常作是言 汝當作佛 說是語時 衆人或以杖木瓦石而打擲之 避走遠住 猶高聲唱言 我不敢輕於汝等 汝等皆當作佛 以其常作是語故 增上慢比丘 比丘尼 優婆塞 優婆夷 號之爲常不輕"

있다. 즉 인간의 본성이 모두 부처의 본성과 동일하기 때문에 모두가 성불할 수 있다는 굳건한 믿음이 바탕하고 있다. 따라서 자신에게 비난하고 욕을 하거나 적의를 품고 자신을 해치려 하더라도 그를 존중하고 예배해야 한다고 설파한 것이다.

상불경보살의 이러한 보살행은 모든 인간이 불성을 지닌 고귀한 존재임을 믿고, 그들을 부처의 길로 이끄는 행을 보여주고 있다. 그의 이러한 실천행은 모든 중생들이 스스로 불성을 깨달을 수 있도록 하기 위함이다. 상불경보살의 보살행은 인간의 생명을 찬탄하고, 심지어 자신에 대해서 적의를 품고 있는 자에게도 예배하고 그가 성불할 수 있음을 말한다. 상불경보살의 이러한 인간에 대한 마음의 자세는 『법화경』을 믿는 보살의 제일행이며, 이것이 일체중생에 대한 대자비심이다.[174]

『법화경』에서 보살의 마음자세로 강조하는 셋째는 일체법공으로 보살의 무집착심을 말한다. 여래를 포함한 일체의 모든 존재가 공이라는 것을 「약초유품」에서 다음과 같이 표현하고 있다.

"여래는 이 한 모습이며, 한맛인 법을 안다. 이른바 해탈의 모습, 여의는 모습, 멸하는 모습, 구경열반의 적멸한 모습이다. 마침내는 공으로 돌아가니 부처님께서는 이것을 이미 아시고 중생의 욕망을 관찰하고, 잘 보호하기 위해서 말하지 않았다."[175]

---

[174] 橫超慧日(2023), p.433.
[175] 『妙法蓮華經』卷3(T09, p.19c3-6), "如來知是一相一味之法 所謂 解脫相 離相 滅相 究竟涅槃常寂滅相 終歸於空 佛知是已 觀衆生心欲而將護之 是故不卽爲說

보살들은 일체법공을 깨달아서 연기의 이치를 체득하고 있기 때문에 그들에게 실상과 현상의 차별은 없다. 실상이 그대로 일체 현상이며, 일체 현상의 본질이 실상임을 안다. 그러나 일체의 존재와 현상은 연기된 것이다. 연기된 것이라는 점에서 보면 현실의 존재들은 차이가 있다. 서로 간의 차이를 인정하고 조화로운 하나를 형성할 필요가 있다.[176]

보살이 여래의 자리에 앉는다는 것은 일체법공의 경지에 들어가 깨달음을 얻는다는 것이다. 즉 여래의 경지에 도달했다는 것을 의미한다. 일체법공의 경지는 『법화경』 제14 「안락행품」에서 다음과 같이 설명하고 있다.

"또 다시 법에 행하는 바가 없어야 하며, 모든 법을 실상과 같이 관찰하여 행하지도 말고, 분별하지도 말아야 한다. 이것이 바로 보살마하살이 행할 곳이다. … 또 보살마하살은 일체법이 공인 것을 실상과 같이 관찰하여 뒤바뀌지 말고, 흔들리지도 말고, 물러나지도 말아야 한다. 빈 허공과 같이 성품이 있는 것이 아니고, 모든 말의 길이 끊어져 생겨나지도 않고, 나오지도 않고, 일어나지도 아니하며, 이름도 없고, 모양이나 소유, 헤아림이나 끝도 없으며, 걸림도 없고, 막힐 것도 없지만 단지 인연으로 있어 전도를 따라 생을 설한다. 항상 이와 같이 법의 진실한 모양을 관찰하면, 이것이 곧 보살마하살이 둘째 친근할 곳이다."[177]

一切種智"
[176] 조수동(2010), p.89.

일체법이 공이라는 것에는 두 가지 의미가 있다. 첫째, 일체법을 공하게 안다는 의미이다. 그것은 존재하고 있는 일체의 것을 단절시키려는 것이 아니라 존재하고 있는 일체의 것에 대한 우리의 집착과 망집을 근절시키는 것이다. 둘째, 일체법공은 존재하고 있는 모든 것은 그 성품이 본래 공하다는 의미이다. 이러한 의미의 일체법공은 제법실상을 나타낸 의미이다.[178] 그러므로 일체법이 공한 것임을 깨닫는 것은 제법실상을 자각하는 것이다. 일체법이 공하다는 것을 알면 모든 것에 대한 집착이 사라진다. 일체의 사물을 여실하게 관찰하여 모든 집착이 끊어지면 나라는 생각도 없어진다. 무아행에 의해서 나와 남에 대한 구별이 없어질 때 비로소 보살행을 실천할 수 있는 것이다.

존재하고 있는 모든 것은 본래 공이다. 그러므로 보살의 마음은 어디에도 머물러서는 안 된다. 그것은 일체의 대상에 집착하지 않는 것이며, 일체 존재를 여실하게 있는 그대로 보는 것이다. 그러므로 보살은 중생을 제도함에 있어서 중생을 제도한다는 생각도 내지 않는다. 왜냐하면 보살 자신이나 보살이 구제하는 중생, 구제하는 보살행 자체가 모두 공이기 때문이다. 이러한 의미에서 보면 일체법공은

---

177 『妙法蓮華經』卷5(T09,p.37a19-b17), "又復於法無所行 而觀諸法如實相 亦不行 不分別 是名菩薩摩訶薩行處 … 復次 菩薩摩訶薩觀一切法空 如實相 不顚倒 不動 不退 不轉 如虛空 無所有性 一切語言道斷 不生 不出 不起 無名 無相 實無所有 無量 無邊 無礙 無障 但以因緣有 從顚倒生故說 常樂觀如是法相 是名 菩薩摩訶薩第二親近處"

178 조수동(1998), pp.93~95.

바로 연기의 다른 이름일 뿐이다. 조수동은 일체법에 대하여 다음과 같이 기술하고 있다. "일체법은 연기에 의한 것이기 때문에 유이지만 그 본성은 무자성이고 공이다. 즉 유가 그대로 공이고, 공이 그대로 유이다. 공은 원래 불가득이지만 보리심에 의해 보이는 것은 있는 그대로의 실상이다. 따라서 연기를 보는 것은 진여 공을 보는 것이다."[179] 이러한 연기의 이법을 자각한다면 모든 집착은 끊어질 수 있다. 즉 나와 나의 것에 대한 집착이 없어지면 비로소 나와 남을 구별하지 않는 보살행을 실천할 수 있다. 일체법공을 체득하게 되면 일체중생에 대한 자비심이나 인욕의 마음은 저절로 생겨나게 된다. 그래서 『법화경』에서는 보살의 실천행의 근원이 되는 마음으로 자비심, 유화인욕, 일체법공을 말한 것이다.

(2) 삼매수행三昧修行

『법화경』에서는 보살은 자비심에 의해 중생을 구제하기 위해 갖가지 변화신을 나타낸다고 하고 있다. 『법화경』 제24 「묘음보살품」에 의하면 묘음보살은 중생을 구제하기 위해 현일체색신삼매現一切色身三昧에 들어 33응신을 나타낸다고 하여 "선남자야, 그 삼매의 이름은 현일체색신으로 묘음보살은 이 삼매 중에 머물러 헤아릴 수 없는 중생들을 이익케 한다"[180]라고 하고 있다. 보살이 어떠한 장소, 어떠한 모습으로서도 항상 중생을 구원하는 삶의 방식, 그것이 바로 보살행이다. 보살행

---

179 조수동(2014), p.125.
180 『妙法蓮華經』卷7(T09, p.56b14-16), "善男子 其三昧名現一切色身 妙音菩薩住 是三昧中 能如是饒益無量衆生"

은 부처의 대자비심이 구체적으로 나타난 것으로 대자비심을 가진 보살들은 현일체색신삼매에 들어 있다.[181] 일체색신삼매는 『법화경』을 통해서 얻어진다는 것을 제23 「약왕보살본사품」에서 다음과 같이 말하고 있다.

"그때 부처님께서는 일체중생희견一切衆生喜見보살과 또 다른 보살 대중, 그리고 성문의 대중들을 위하여 『법화경』을 설하셨다. 일체중생희견보살이 고행을 즐겨 익히고, 일월정명덕불의 법 가운데서 정진하고 수행하여 일만 이천 년 동안을 일심으로 부처님을 구하여 마침내 현일체색신삼매를 얻었다. 이 삼매를 얻은 일체중생희견보살은 마음이 크게 환희하여 '내가 이 일체색신삼매를 얻은 것은 다 이 『법화경』을 들은 힘 때문이다. 나는 이제 일월정명덕불과 『법화경』에 마땅히 공양할 것이다'라고 생각했다."[182]

일체중생희견보살은 『법화경』을 듣고 수행 정진하여 현일체색신삼매를 얻었다고 한다. 그러므로 현일체색신삼매는 『법화경』의 수행과 밀접한 관계가 있음을 알 수 있다. 그런데 『법화경』 제24 「묘음보살품」에서도 묘음보살이 자신이 얻은 16가지 삼매를 말하고 있는데, 그

---

[181] 조수동(1997), p.495.
[182] 『妙法蓮華經』 卷6(T09, p.53a23-29), "是一切衆生憙見菩薩 樂習苦行 於日月淨明德佛法中 精進經行 一心求佛 滿萬二千歲已 得現一切色身三昧 得此三昧已 心大歡喜 卽作念言 我得現一切色身三昧 皆是得聞法華經力 我今當供養日月淨明德佛及法華經"

부분에서도 법화삼매가 있어 『법화경』의 수행과 관계가 있다는 것을 알 수 있다.

"그때 일체정광장엄 국토 가운데 묘음이라 하는 보살이 있으니, 오랜 옛날부터 많은 덕의 근본을 심어서 헤아릴 수 없는 백천만억 부처님을 친견하여 매우 깊은 지혜를 성취하였다. 그리고 묘당妙幢삼매, 법화法華삼매, 정덕淨德삼매, 숙왕희宿王戲삼매, 무연無緣삼매, 지인智印삼매, 해일체중생어언解一切衆生語言삼매, 집일체공덕集一切功德삼매, 청정淸淨삼매, 신통유희神通遊戲삼매, 혜거慧炬삼매, 장엄왕莊嚴王삼매, 정광명淨光明삼매, 정장淨藏삼매, 불공不共삼매, 일선日旋삼매 등의 백천만억 항하의 모래 같은 여러 가지 삼매를 얻었다."[183]

이 16가지 삼매는 묘음보살이 얻은 현일체색신삼매의 구체적인 내용으로 해석할 수 있다. 그러므로 16가지 삼매는 결국 현일체색신삼매라고 할 수 있다. 즉 16가지 삼매 중의 하나로 언급되는 법화삼매도 현일체색신삼매이다. 그리고 묘음보살은 "정화숙왕지여래의 정광장엄淨光莊嚴 국토에서 사바세계로 와서 석가모니불과 다보여래에게

---

[183] 『妙法蓮華經』 卷7(T09, p.55a24-b3), "爾時一切淨光莊嚴國中 有一菩薩名曰妙音 久已殖衆德本 供養親近無量百千萬億諸佛 而悉成就甚深智慧 得妙幢相三昧 法華三昧 淨德三昧 宿王戲三昧 無緣三昧 智印三昧 解一切衆生語言三昧 集一切功德三昧 淸淨三昧 神通遊戲三昧 慧炬三昧 莊嚴王三昧 淨光明三昧 淨藏三昧 不共三昧 日旋三昧 得如是等百千萬億恒河沙等諸大三昧"

공양하고, 함께 사바세계로 온 8만 4천의 보살과 사바세계의 많은 보살로 하여금 현일체색신삼매를 얻게 하였다. 또한 묘음보살의 사바세계에 왔다 간 품을 설할 때 4만 2천의 천자들이 무생법인無生法忍을 얻었고, 화덕보살은 법화삼매를 얻었다"[184]고 하고 있어 서로 연관성을 확인할 수 있다.

그러나 『법화경』 자체에서는 화덕보살이 얻은 법화삼매에 대한 설명이 전혀 없다. 현일체색신삼매를 얻은 묘음보살이 『법화경』을 듣기 위해 사바세계로 왔는데, 사바세계의 모든 보살이 현일체색신삼매에 들어갔다고 하고, 또 화덕보살이 법화삼매를 얻었다고 하는 것이다.

법화삼매에 대해서는 중국의 『법화경』 주석자들이 여러 견해를 밝히고 있다. 먼저 지엄智嚴 역의 『법화삼매경法華三昧經』에서는 법화삼매를 얻는 실천수행으로 첫째, 법신이 환幻과 같고 변화와 같다는 것을 아는 것, 둘째, 탐진치의 근본적인 번뇌가 다 같이 뿌리도 없고, 형체도 없다는 것을 아는 것이라고 말하고 있다. 이러한 해석은 공관空觀에 의해서 법화삼매에 든다는 것이다. 그리고 이 삼매에 들어서 지견知見되는 내용으로서 첫째, 생을 보지 않고, 둘째, 죽음을 보지 않으며, 셋째, 불감不感, 넷째, 부증不增 등의 36가지 일을 열거하고 있다. 이러한 철저한 공관은 법화삼매의 특질이라는 것이다.[185]

---

184 『妙法蓮華經』卷7(T09, p.56b24-c1), "我到娑婆世界饒益衆生 見釋迦牟尼佛 及見多寶佛塔 禮拜 供養又見文殊師利法王子菩薩 及見藥王菩薩 得勤精進力菩薩 勇施菩薩等 亦令是八萬四千菩薩得現一切色身三昧 說是妙音菩薩來往品時 四萬二千天子得無生法忍 華德菩薩得法華三昧"

혜사慧思는 『법화경안락행의法華經安樂行義』에서 법화삼매를 말하고 있다. 그는 법화삼매를 이근利根의 보살이 방편행을 버리고, 점차적인 수행을 닦지 않고 바로 불과를 증득할 수 있는 행이라 하고 있다.[186] 혜사에 의하면 법화삼매에는 무상행無相行과 유상행有相行이 있다고 한다.[187] 무상행은 『법화경』의 제14 「안락행품」의 4종의 안락행으로 첫째, 신안락행身安樂行은 중생을 위해서 『법화경』을 설하는 것이고, 둘째, 구안락행口安樂行은 사람이나 경전의 잘못을 설하기를 원하지 않는 것이며, 셋째, 의안락행意安樂行은 질투나 아첨하는 마음을 품지 않는 것이며, 넷째, 서원안락행誓願安樂行은 대자, 대비의 마음을 내는 것이다.[188]

혜사에 의하면 자리·이타의 양면에 걸친 이러한 안락행은 마음이 일체의 대상을 떠나서 고요하고 깊은 선정에 든 상태에서 행해지는 실천이기 때문에 무상행이라고 이름한다고 하였다.[189] 즉 수행자가 매우 적극적인 자세로 자리와 이타를 행하는 보살행을 실천하는 것이다. 그리고 유상행은 『법화경』의 제28 「보현보살권발품」에 의해 선정에 드는 일 없이 일상의 마음 그대로 『법화경』을 독송하는 실천행이다. 즉 특별한 선정 수행 없이 일상의 마음 그대로 『법화경』의 독송에

---

185 키무라 코오(木村淸孝), 장휘옥 역(1989), p.78.
186 『法華經安樂行義』(T46, p.698c16-17), "是利根菩薩 正直捨方便不修次第行 若證法華三昧衆果悉具足"
187 『法華經安樂行義』(T46, p.698a20-22), "菩薩學法華 具足二種行 一者無相行 二者有相行 無相四安樂"
188 키무라 코오(木村淸孝), 장휘옥 역(1989), p.78.
189 키무라 코오(木村淸孝), 장휘옥 역(1989), p.79.

전념하는 것이다.

지의는 『마하지관摩訶止觀』에서 혜사가 말한 두 가지 행 중 유상행인 독송의 실천을 중심으로 법화삼매를 설명한다. 법화삼매는 그의 사종삼매 중의 하나이다. 지의의 사종삼매는 상좌삼매常坐三昧, 상행삼매常行三昧, 반행반좌삼매半行半坐三昧, 비행비좌삼매非行非坐三昧이다.[190] 첫째, 상좌삼매는 일행삼매一行三昧라고도 하며, 우주 실상을 향하여 정신을 통일하고 투입하는 것이다. 둘째, 상행삼매는 불위삼매佛位三昧라고도 하며, 삼매 속에서 부처가 눈앞에 드러난다. 셋째, 반행반좌삼매는 『대방등다라니경大方等陀羅尼經』에 의한 방등方等삼매와 법화삼매로 나누어진다. 방등삼매는 7일을 주기로 삼아 불상 주위를 다라니를 외우면서 돌고, 이후 좌선하여 실상을 관하는 것을 반복하는 것이다. 법화삼매는 21일을 일주기로 불상 주위를 돌고 좌선하는 것을 교대로 하며, 그 사이에 예불, 참회, 송경 등을 행한다. 넷째, 비행비좌삼매는 앞의 세 가지 삼매 이외의 모든 삼매를 말하는데, 행주좌와行住坐臥 어느 것을 불문하고 편의에 따르는 것이기 때문에 이렇게 이름한 것이다.[191]

(3) 사안락행四安樂行

『법화경』에서 보살은 『법화경』을 설할 때 먼저 보살의 마음가짐으로

---

190 『摩訶止觀』 卷2(T46, p.11a21-25), "二勸進四種三昧入菩薩位 說是止觀者 夫欲登妙位非行不階 善解鑽搖醍醐可獲 法華云 又見佛子修種種行以求佛道 行法衆多略言其四 一常坐 二常行 三半行半坐 四非行非坐 通稱三昧者"

191 타무라 쇼루·우메하라 타케시 저, 이영자 역(1989), pp.135~140.

대자비심, 인욕심, 법공의 마음인 무집착심을 가져야 한다고 했다. 그리고 나서 『법화경』 제14 「안락행품」에서는 법사가 갖추어야 할 몸(身)·입(口)·마음(意)·서원誓願의 네 가지 안락행에 대해서 말하고 있다. 신·구·의·서원의 네 가지 안락행은 부처가 열반한 후 『법화경』을 수지·독·송·해설하는 법사의 현실적인 행동 지침에 대한 것이다.

안락安樂이란 몸과 마음이 편안하고 즐거운 상태에 머무는 것을 말한다. 그러므로 안락행은 몸과 마음을 안락한 상태에 머물기 위한 실천 방법이라 할 수 있다. 경전에 기술되어 있는 네 가지 안락행은 다음과 같다. 첫째, 보살의 품행에 관한 것으로, 일반적으로 신안락행身安樂行이라고 부른다. 경전에서는 보살의 올바른 수행 자세와 보살의 행처行處·친근처 등을 말하고 있다. 행처는 인욕의 경지에서 제법실상의 모습을 관하는 것이고, 친근처는 보살이 가까이해서는 안 되는 것과 보살이 친근해야 할 것을 말한다. 다음은 경전에 나와 있는 신안락행과 관련된 내용이다.

"첫째는 보살의 행할 바와 친근할 곳에 편안히 머물러 중생을 위하여 이 경을 연설할지니라.
문수사리여, 어떤 것을 보살마하살이 행할 곳이라 하느냐. 만일 보살마하살이 인욕의 지위에 머물러 부드럽게 화하고, 선善에 순종하여 포악하지 아니하고, 마음에 놀라지 말 것이며, 또다시 법에 행하는 바가 없어야 하며, 모든 법을 실상과 같이 관찰하여 행하지도 말고 분별하지도 말 것이니, 이것이 바로 보살마하살이 행할 곳이라 하느니라.

그러면 보살마하살이 친근할 곳은 어떤 것인가. 보살마하살은 국왕과 왕자, 대신과 관리들을 친근하지 말 것이며, 여러 외도인 범지梵志와 니건자尼犍子들과 세속의 문필과 외도의 서적을 찬탄하는 이와 로가야타路伽耶陀와 역逆로가야타들을 친근하지 말 것이며, 또한 여러 가지 흉악한 희롱과 서로 치고 겨루는 것과 나라那羅 등의 갖가지 변덕스러운 장난을 친근하지 말 것이며, 또는 전다라旃陀羅와 돼지·양·닭·개 등을 기르는 이와 사냥하고 물고기를 잡는 등의 여러 가지 악업에 종사하는 이들을 친근하지 말 것이며, … 항상 좌선을 좋아하되 한적한 곳에 있으면서 그 마음을 잘 닦고 다스릴지니, 문수사리여, 이런 것이 첫째 친근할 곳이니라."[192]

위의 인용문은 보살의 친근처에 해당하는 내용으로 보살이 가까이해서는 안 되는 것과 보살이 친근해야 할 것을 말하고 있다. 또한 경전에서는 제법실상의 공성에 대해서 관하는 것을 보살의 행처라고 설하고 있다.

---

[192] 『妙法蓮華經』卷5(T09, p.37a15-b11), "一者 安住菩薩行處及親近處 能爲衆生演說是經 文殊師利 云何名菩薩摩訶薩行處 若菩薩摩訶薩住忍辱地 柔和善順而不卒暴 心亦不驚 又復於法無所行 而觀諸法如實相 亦不行不分別 是名菩薩摩訶薩行處 云何名菩薩摩訶薩親近處 菩薩摩訶薩不親近國王 王子 大臣 官長 不親近諸外道梵志 尼揵子等 及造世俗文筆 讚詠外書 及路伽耶陀 逆路伽耶陀者 亦不親近諸有兇戲 相扠相撲 及那羅等種種變現之戲 又不親近旃陀羅 及畜猪羊鷄狗 畋獵漁捕諸惡律儀. … 常好坐禪 在於閑處 修攝其心 文殊師利 是名初親近處"

"보살마하살은 일체법이 빈(空) 것을 실상과 같이 관찰하여 뒤바꾸지 말고 흔들리지도 말고 물러나지도 말지니라. 빈 허공과 같아 성품이 있는 것이 아니니, 모든 말의 길이 끊어져 나지도 않고 나오지도 않고 일어나지도 아니하며, 이름도 없고 모양도 소유도 헤아림도 끝도 없으며, 걸림도 없고 막힐 것도 없으나, 다만 인연으로 있어 전도를 따라 나는(生) 것을 설하나니, 항상 이와 같이 법의 진실한 모양을 관찰하면 이것이 곧 보살마하살이 둘째 친근할 곳이니라."[193]

둘째, 보살의 언행에 관련된 안락행으로 일반적으로 구안락행口安樂行이라고 부른다. 구안락행은 법사가 설법할 때 다른 사람의 잘못이나 결점을 말하거나 경멸하거나 혐오해서는 안 되며, 경전의 허물을 말해서도 안 되고, 성문의 이름을 들어 그의 허물이나 칭찬을 말해서도 안 된다고 하고 있다. 이러한 안락의 마음을 잘 닦으면 설법을 듣는 자가 그 뜻을 거역하지 않는다고 한다. 또한 법사는 어떠한 질문이라도 소승법으로 대답하지 않고, 오로지 대승법으로 해석하여 일체종지를 깨닫게 해야 한다고 하고 있다.

"여래 멸도 후, 말법 가운데 이 경을 설법하려면 안락한 행에 머무를

---

[193] 『妙法蓮華經』 卷5(T09, p.37b12-17), "菩薩摩訶薩觀一切法空 如實相 不顚倒 不動 不退 不轉 如虛空 無所有性 一切語言道斷 不生 不出 不起 無名 無相 實無所有 無量 無邊 無礙 無障 但以因緣有 從顚倒生故說 常樂觀如是法相 是名菩薩摩訶薩第二親近處"

지니, 입으로 선설하지 말며, 혹은 경을 읽을 때 사람들과 더불어 경전의 허물을 말하지 말라. 또는 다른 법사를 가벼이 여겨 빈정대거나 다른 사람의 좋고 나쁜 장단점을 말하지 말며, 성문의 이름을 들어 그의 허물을 말하지 말고, 혹은 그를 칭찬하지도 말며, 원망이나 혐의의 마음을 품지 말라. 이와 같이 안락한 마음을 잘 닦으면 설법을 듣는 이들이 그의 뜻을 거역하지 아니하며, 혹 어려운 질문을 받더라도 소승의 법으로 대답하지 말고, 오직 대승법으로 해설하여 일체의 종지를 얻게 하여라."[194]

셋째, 보살의 생각이나 마음자세에 관한 안락행으로 일반적으로 의안락행意安樂行이라고 부른다. 의안락행은 순수하고 집착 없는 마음을 갖는 것으로, 평안하게 설법하기 위해서는 마음이 곧고 정직해야 한다는 것이다. 성내거나 질투하거나 아첨하거나 거짓된 마음을 모두 버리고, 다른 사람을 경멸하거나 법을 희롱하거나 의심하는 마음을 갖지 말며, 이승이나 보살을 구하는 수행자를 뇌란케 하여 성불하지 못하게 해서는 안 된다는 것이다. 일체중생들을 오직 자비로운 마음으로 대하고, 평등하게 설법해야 한다고 강조하고 있다.

---

[194] 『妙法蓮華經』 卷5(T09, pp.37c29-38a7), "如來滅後 於末法中欲說是經 應住安樂行 若口宣說 若讀經時 不樂說人及經典過 亦不輕慢諸餘法師 不說他人好惡 長短 於聲聞人 亦不稱名說其過惡 亦不稱名讚歎其美 又亦不生怨嫌之心 善修如是安樂心故 諸有聽者不逆其意 有所難問 不以小乘法答 但以大乘而爲解說 令得一切種智"

"보살마하살이 말세에 법이 멸하려 할 때, 이 경전을 받아 가지고 외우고 읽는 이를 질투하거나 아첨하는 마음을 품지 말고, 또 부처님의 도 배우는 이를 경솔하게 욕하거나 그 잘하고 못하는 것을 말하지 말며, … 또는 모든 법을 희롱하여 말하지 말고 다투지도 말라. 오직 일체중생에게 자비로운 생각을 일으키는 것이며, 모든 여래에게 자비로운 아버지라는 생각을 일으키며, 보살에게는 큰 법사라는 생각을 일으켜 시방에 있는 여러 보살에게 깊은 마음으로 공경하고 예배하며, 일체중생을 위하여 평등하게 설법하리니, 법에 따라서 적게도 하지 말고 많이 하지도 말며, 법을 깊이 사랑하는 이에게도 역시 많이 설하지 말라."[195]

넷째, 보살이 가져야 하는 서원에 관한 안락행으로 일반적으로 서원안락행誓願安樂行이라고 부른다. 서원안락행의 서원은 성불을 목표로 보살이 성취하기 위해 맹세하는 발원이다. 즉, 보살이 말세에 법이 멸하려고 할 때 "이 사람들은 큰 것을 잃게 되나니, 여래께서 방편으로 뜻을 따라 설법하심을 듣지도 못하고, 알지도 못하며, 깨닫지도 못하고, 묻지도 못하며, 믿지도 아니하고 이 경을 이해하지 못하더라도 내가 아뇩다라삼먁삼보리를 얻을 때는 어느 곳에 있든지 따라가서

---

[195] 『妙法蓮華經』卷5(T09, p.38b3-14), "受持 讀誦斯經典者 無懷嫉妬諂誑之心 亦勿輕罵學佛道者 求其長短 若比丘 比丘尼 優婆塞 優婆夷 求聲聞者 求辟支佛者 求菩薩道者 無得惱之 令其疑悔 語其人言 汝等去道甚遠 終不能得一切種智 所以者何 汝是放逸之人 於道懈怠故 又亦不應戲論諸法 有所諍競 當於一切衆生起大悲想 於諸如來起慈父想 於諸菩薩起大師想 於十方諸大菩薩 常應深心恭敬禮拜 於一切衆生 平等說法 以順法故 不多不少 乃至深愛法者 亦不爲多說"

신통력과 지혜의 힘으로 인도하여 이 법 가운데 머무르게 하리라"[196]라는 서원을 세우는 것이다. 이러한 서원을 세우는 이유는 법사가 오탁악세에 『법화경』을 수지·독송하고 해설하는 것은 매우 어렵기 때문이다. 그리고 이러한 법사의 보살행의 어려움에 대해서 『법화경』 제11 「견보탑품」에서는 다음과 같이 비유하고 있다.

"여러 선남자들아, 이것은 어려운 일, 각기 깊이 생각하여 큰 발원을 세울지니, 이 밖에 여러 경전 항하사 같은 수를 모두 다 설하여도 이보다는 쉬우니라. 그렇게 큰 수미산을 타방의 불국토에 멀리 던져 놓는 대로 어려운 일 아니며, 만일 발가락 하나로 삼천대천 큰 세계를 멀리 들어 놓는 일도 어려울 것 하나 없고, 유정천에 올라서서 한량없는 중생들에게 다른 경전 연설해도 어려울 것 없지마는, 부처님 멸도 후에 악한 세상에 태어나 이 경전 설하는 일 이것이 어렵노라."[197]

이와 같이 석가모니불은 "법사가 오탁악세에 『법화경』을 수지·독송하고 해설하는 것은 매우 어렵기에 보살은 큰 발원을 세워 사안락행에

---

[196] 『妙法蓮華經』 卷5(T09, p.38c7-11), "如是之人 則爲大失 如來方便隨宜說法 不聞不知不覺 不問不信不解 其人雖不問不信不解是經 我得阿耨多羅三藐三菩提時 隨在何地 以神通力 智慧力引之 令得住是法中"

[197] 『妙法蓮華經』 卷4(T09, p.34a15-23), "諸善男子 各諦思惟 此爲難事 宜發大願 諸餘經典 數如恒沙 雖說此等 未足爲難 若接須彌 擲置他方 無數佛土 亦未爲難 若以足指 動大千界 遠擲他國 亦未爲難 若立有頂 爲衆演說 無量餘經 亦未爲難 若佛滅後 於惡世中 能說此經 是則爲難"

머물러 법사로서 보살행을 해야 한다"라고 하는 것이다.

(4) 오종수행五種修行

『법화경』에서는 수지·독·송·해설·서사하는 다섯 가지를 중요한 수행법으로 설명하고 있다. 지의는 이 다섯 가지 수행법을 『법화경』의 주석서인 『묘법연화경문구妙法蓮華經文句』(이하 『법화문구』로 약칭)에서 오종법사행五種法師行이라고 칭하였다. 다음은 지의가 『법화문구』의 「법사품」에서 오종법사에 대해 풀이하는 내용이다.

> 이 품은 오종법사를 밝힌다. 첫째는 수지, 둘째는 독, 셋째는 송, 넷째는 해설, 다섯째는 서사이다. 『대지도론』에서는 육종법사를 밝혔는데, 신력信力으로 인하여 수受하게 되고, 염력念力으로 인해 지持하게 되며, 글을 봄으로써 독讀이 되고, 잊지 않음으로써 송誦이 되며, 널리 전하기에 설說이 되며, 성인의 경서가 난해하므로 반드시 해석해야 한다. 육종법사란 지금의 경전에서는 수와 지를 합하여 하나로 하고 해해와 설說을 하나로 하였으며, 독송을 열어서 둘로 삼고 서사가 다섯 번째가 된다. 다른 논에서는 4인四人이 자행自行이며 1인一人은 화타化他라 하였다.[198]

---

198 『妙法蓮華經文句』 卷8(T34, pp.107c26-108a6), "此品五種法師 一受持 二讀 三誦 四解說 五書寫 『大論』明六種法師 信力故受 念力故持 看文爲讀 不忘爲誦 宣傳爲說 聖人經書難解須解釋 六種法師 今經合受持爲一 合解說爲一 開讀誦爲二 足書寫爲五 別論四人是自行 一人是化他 『大經』分九品 前四人無解是弟子位 後五人有解是師位 通論若自軌五法 則自行之法師 若敎他五法 則化他之法師 自軌故通稱弟子 化他故通稱法師"

『법화경』의 오종법사라고 불리는 실천행은 수지·독·송·해설·서사의 다섯 가지로 『법화경』을 신앙하여 수행하고 유포하는 모습을 구분한 것이다. 수지부터 송까지는 자리행이고, 해설과 서사는 이타행이라 할 수 있다. 그 이유는 앞의 네 가지를 행하는 대상은 이해가 없는 상태에서 행하므로 자리행이자 제자위弟子位의 자리이며, 나중의 다섯 번째는 이해가 있는 상태에서 행하므로 스승의 위치인 사위師位로 스승의 자리가 된다는 것이다.

법사란 다른 이를 교화하기 때문에 법사라 한다는 것이다. 『법화경』에서는 이 오종의 법사행을 강조하고 있는데, 이 오종의 수행이 수행자의 입장에서나 신앙적 측면에서나 이보다 더 수승한 수행이 없다는 입장이다. 이것은 경전의 수지로부터 그 해설과 사경의 공덕은 부처의 몸을 수지하는 것과 같은 것이며, 부처의 가르침을 따르는 것이며, 법신의 부처님을 신앙하는 것이기 때문이다.[199]

『법화경』의 행법은 여러 경전의 행법과 비교해 볼 때, 그 시원이 아함阿含으로 거슬러 올라간다. 곧 아함에서는 『장아함경』에 먼저 수지·풍송·광설演說 세 가지 행법이 보이고, 『중아함경』에 이르러서는 수지를 선수善受·선지善持의 두 가지 행법으로 하며, 봉습·청법·지법(선지)·사유·평량評量·관찰의 여섯 가지 행법으로 나타난다. 『잡아함경』에서는 수지·독·송·광설의 네 가지로만 되어 있으나, 『증일아함경』에 이르러서는 청법·관찰·수지·풍송·해의解義·수행·호지·유행·서사·공양으로 열 가지 행법으로 되어 있다. 이제 대승의 반야에

---

[199] 지경찬(2011), p.61.

이르면 반야를 제청諦聽·수지·독·송·해설·서사·공양·사유·수습·시타施他의 열 가지로 수지하는 행법으로 설하고 있다.[200]

『법화경』에서 설하는 행법은 각 품에 따라 다소의 차이가 있어서 제10「법사품」, 제11「견보탑품」, 제13「권지품」, 제14「안락행품」, 제15「종지용출품」, 제17「분별공덕품」, 제21「여래신력품」 등에서 수지·독·송·해설·서사·공양의 행법으로 설하고, 제19「법사공덕품」은 이 중 공양이 없는 다섯 가지 행법으로 설해지며, 제20「상불경보살품」에서는 서사와 공양이 없이 설하고 있다. 경 전체로 보면 대체로 수지·독송·해설·서사·공양·억념 등의 행법으로 되어 있어서, 『법화경』에서는 듣고 지니며 독·송·해설·서사해서 지닌다는 것과 경전을 공양하여 지닌다는 의미로 이해할 수 있다. 적문 유통분과 본문 유통분을 중심으로 주요 품에 나오는 법화행법을 정리해 보면 다음과 같다.

〈표 11〉『법화경』의 오종법사행[201]

품명	행법 내용						
제10「법사품」	수지	독	송	해설	서사	공양	사유	수습修習
제13「권지품」	수지	독	송	해설	서사		억념	수행
제14「안락행품」	수지	독	송	해설	서	공양		권실상觀實相
제19「법사공덕품」	수지	독	송	해설	서사			
제21「여래신력품」	수지	독	송	해설	서사			
제23「약왕보살품」	수지	독	송	해설		공양	사유	수행
제26「다라니품」	수지	독	송	해설	서사	공양	해의解義	수행

---

200 鹽田義遜(1938), pp.7~19.

201 이기운(2002), p.45.

제28「보현보살권발품」	수지	독	송	해설	서사		억념	수행

이 다섯 가지 실천을 대표적인 법화행이라고 하는 이유는 이 내용이 제17「분별공덕품」과 제19「법사공덕품」을 비롯하여, 여러 곳에서 유사한 표현으로 반복되고 있기 때문이다. 이 다섯 가지 실천행은 물론 일승에 대한 신심이 전제되어야 한다. 제17「분별공덕품」게송에서는 "마음 깊이 믿는 이가 청정하고 질직하여 많이 듣고 능히 가져 부처님 말씀 이해하면 앞으로 오는 세상 부처님 같은 수명으로 두려움 없고 의심 없어 모든 설법 잘하리라"[202]라고 설하고 있다.

또한 경전에서 살펴보면 이러한 행법은 모두 수행과 밀접하게 관계되어 있다고 하고 있다. 제5「약초유품」에는 "어느 중생이나 여래의 법 듣고 그대로 지니거나 읽거나 외우거나 말한 대로 수행하면"[203]이라고 하고 있고, 제18「수희공덕품」에는 "한 사람만 권하여 법을 듣게 한 공덕도 이와 같거늘, 어찌 하물며 일심으로 듣고 설하고 읽고 외우며 대중이 모인 곳에서 남을 위하여 분별해서 설하며 설한 대로 수행하는 것이야 말할 것이 있겠느냐"[204]라고 하고 있다. 또 제21「여래신력품」에서는, "마땅히 일심으로 받아 가지고 읽고 외우며, 해설하고 옮겨 쓰며 설함과 같이 수행할지니"[205]라든가, 제23「약왕보살본사품」

---

202 『妙法蓮華經』 卷5(T09, p.45b8-10), "若有深心者清淨而質直 多聞能總持 隨義解佛語 如是諸人等 於此無有疑"

203 『妙法蓮華經』 卷3(T09, p.19b25-26), "其有衆生聞如來法 若持讀誦 如說修行"

204 『妙法蓮華經』 卷6(T09, p.47a21-23), "勸於一人令往聽法 功德如此 何況一心聽說 讀誦 而於大衆爲人分別 如說修行"

의 "만약 어떤 여인이 경전을 듣고 설한 것과 같이 수행한다면"[206] 등 이와 같이 수지·독·송·해설·서사 등이 설한 것과 같이 수행한다고 하여 경에서 이들 덕목은 중요한 수행법임을 알 수 있다.

한편 제14 「안락행품」을 보면 "대중들이 법을 들은 뒤에는 능히 간직할 것이고, 간직한 뒤에는 능히 외우며 외운 뒤에는 설할 수 있으리라. 또 설한 다음에는 능히 쓰거나 남을 시켜 쓰게 할 뿐 아니라, 경책에 공양하며 공경하고 존중히 찬탄하리라"[207]라고 하고 있다. 『법화경』을 여래를 공양·공·존중·찬탄하는 것과 같이 공경해야 한다는 것은 제10 「법사품」과 제17 「분별공덕품」, 제21 「여래신력품」, 제23 「약왕보살본사품」 등의 여러 곳에서 중점을 두고 있는 것을 볼 수 있어서 『법화경』의 경권 수지로부터 법화 공양으로 나아가는 것을 보여주고 있다. 제17 「분별공덕품」에서는 "이 경을 읽고 내지 받아 가지는 자는 여래를 이마에 받드는 것(頂戴如來)이 된다"[208]라고 하고, 또한 "스스로 경전을 베껴 쓰거나 남에게 베껴 쓰게 하고는 꽃과 향·영락·깃발·비단·일산·향유·등불로써 경책에 공양까지 올린다면 그거야 더 말할 나위가 있겠느냐! 그 사람의 공덕은 무량무변하여 능히 일체종지를 이루게 되리라"[209]라고 설하고 있다. 제21 「여래신력품」에

---

205 『妙法蓮華經』 卷6(T09, p.52a20-21), "應一心受持 讀誦 解說 書寫 如說修行"
206 『妙法蓮華經』 卷6(T09, p.54b29-c1), "若有女人聞是經典 如說修行"
207 『妙法蓮華經』 卷5(T09, p.38b17-20), "亦得大衆而來聽受 聽已能持 持已能誦 誦已能說 說已能書 若使人 供養經卷 恭敬 尊重 讚歎"
208 『妙法蓮華經』 卷5(T09, p.45b24-25), "何況讀誦 受持之者 斯人則爲頂戴如來"
209 『妙法蓮華經』 卷5(T09, p.45b13-16), "若自書 若教人書 若以華 香 瓔珞 幢幡 繒蓋 香油 酥燈 供養經卷 是人功德無量無邊 能生一切種智"

도 "우리들도 또한 스스로 이 진실되고 깨끗한 큰 법을 얻어서 받아 지녀 읽고 외우고 해설하고 서사해서 이를 공양하고자 한다"[210]라고 설하고 있고, 게송에서는 "무량한 보살 가르쳐 일승에 머물게 하니, 이러므로 지혜로운 이 공덕 이익 받아서 내가 멸도한 후 이 경전 수지할지니 이런 사람 불도에 의심 없이 들리라"[211]고 설하고 있어 『법화경』의 경권 수지로부터 법화 공양으로 나아가고 있음을 알 수 있다.

이러한 『법화경』의 오종법사행은 일체종지에 이르는 인행因行이기도 하며, 육근청정에 이르는 수행임을 또한 강조하고 있다. 제19 「법사공덕품」에는 "만일 선남자·선여인이 이 『법화경』을 받아 지녀 읽고 외우거나 해설하고 옮겨 쓰면, 이런 사람은 800의 눈의 공덕과 1,200의 귀의 공덕과 800의 코의 공덕과 1,200의 혀의 공덕과 800의 몸의 공덕과 1,200의 뜻의 공덕을 얻으리니, 이 공덕으로 육근을 장엄하여 다 청정하리라"[212]라고 설하여 수지 내지 서사가 육근청정에 이르는 수행임을 밝히고 있다. 제20 「상불경보살품」에는 "이 비구가 임종할 때 위음왕불께서 먼저 설하셨던 『법화경』의 20천만억 게송을 허공으로부터 들어 다 수지하고 곧 앞에서 말한 것과 같이 눈·귀·코·

---

210 『妙法蓮華經』 卷6(T09, p.51c12-14), "我等亦自欲得是眞淨大法 受持 讀誦 解說 書寫 而供養之"

211 『妙法蓮華經』 卷6(T09, p.52b28-c2), "教無量菩薩 畢竟住一乘 是故有智者 聞此 功德利 於我滅度後 應受持斯經 是人於佛道 決定無有疑"

212 『妙法蓮華經』 卷6(T09, p.47c3-8), "若善男子 善女人 受持是法華經 若讀 若誦 若解說 若書寫 是人當得八百眼功德 千二百耳功德 八百鼻功德 千二百舌功德 八百身功德 千二百意功德 以是功德 莊嚴六根 皆令淸淨"

혀·몸·뜻이 청정하고, 이 육근의 청정함을 얻고는 다시 2백만억 나유타 세歲의 수명이 늘어나 많은 사람을 위하여 이 『법화경』을 설하였느니라. … 이 보살은 다시 천만억 중생을 교화하여 아뇩다라삼먁삼보리에 머물도록 하였느니라"[213]라고 하는 등 수지 내지 서사가 『법화경』의 수행법으로 법화 공양의 행뿐만 아니라 육근청정의 인행, 나아가 아뇩다라삼먁삼보리의 불도를 이루는 수행으로 이어지고 있음을 알 수 있다.

『법화경』에서는 경전의 수지·독·송·해설·서사를 보살의 중요한 수행 덕목으로 말하고 있다. 이렇듯 『법화경』에 대한 오종수행이 분명하게 확립된 데에는 경전의 문구 하나하나를 부처로 보는 견해가 그 바탕이 되었다고 볼 수 있다.

(5) 육바라밀행六波羅密行

대승불교의 핵심적인 수행체계는 육바라밀이다. 따라서 『법화경』에서도 육바라밀의 수행을 강조한다. 『법화경』에서는 석가모니불이 성문승에게는 사제법, 벽지불에게는 연기법, 보살들에게는 육바라밀을 수행법으로 설했다고 하고 있다.

"그 위음왕불께서 그 세상 가운데 하늘, 인간, 아수라들에게 설법하

---

[213] 『妙法蓮華經』卷6(T09, p.51a3-12), "是比丘臨欲終時 於虛空中 具聞威音王佛先所說法華經二十千萬億偈 悉能受持 卽得如上眼根淸淨 耳鼻舌身意根淸淨 得是六根淸淨已 更增壽命二百萬億那由他歲 廣爲人說是法華經 … 是菩薩復化千萬億衆 令住阿耨多羅三藐三菩提"

되 성문을 구하는 이에게는 사제법을 설하여 생로병사를 제도하여 마침내 열반케 하시며, 벽지불을 구하는 이에게는 12인연을 설해 주시고, 여러 보살에게는 아뇩다라삼먁삼보리를 원인으로 하여 육바라밀을 설해 주시어 마침내 부처님 지혜에 들게 하셨다."[214]

육바라밀의 수행이 성불의 길임을 제2「방편품」게송에서는 "만일 어떤 중생들이 과거 부처 만나 뵙고, 보시하며 계율 갖고 인욕하고 정진하며 선정·지혜 법문을 듣고, 복과 지혜 닦았다면 이와 같은 여러 사람 다 이미 성불했고"[215]라 하고 있고, 제17「분별공덕품」에서는 "『법화경』을 수지하고 보시·지계·인욕·정진·선정·지혜를 행한다면 그 덕은 이루 말할 수 없다"[216]고 하여 육바라밀의 수행을 말하고 있다. 이러한 내용은 보살이『법화경』의 가르침을 실천함과 동시에 육바라밀의 수행을 병행하면 궁극적인 깨달음에 이를 수 있다는 것이다.

그런데『법화경』에서는 이 육바라밀 중 보시바라밀을 특히 강조한다. 제12「제바달다품」에 나오는 법보시를 중요성을 강조한 내용이다.

---

214 『妙法蓮華經』卷6(T09, p.50c2-7), "其威音王佛 於彼世中 爲天 人 阿修羅說法 爲求聲聞者 說應四諦法 度生老病死 究竟涅槃爲求辟支佛者 說應十二因緣法爲 諸菩薩 因阿耨多羅三藐三菩提 說應六波羅蜜法 究竟佛慧"

215 『妙法蓮華經』卷1(T09, p.8c11-14), "若有衆生類 值諸過去佛 若聞法布施 或持戒 忍辱 精進禪智 種種修福慧 如是諸人等 皆已成佛道"

216 『妙法蓮華經』卷5(T09, p.45c14-16), "況復有人能持是經 兼行布施 持戒 忍辱 精進 一心 智慧 其德最勝 無量無邊"

"내가 지난 과거 한량없는 겁 동안 『법화경』을 구할 때에 게으른 마음이 없었으며, 또 많은 겁 동안 국왕으로 있으면서 발원하여 위없는 보리를 구할 때에도 마음이 물러나지 아니하였다. 또 육바라밀을 만족하려고 보시를 부지런히 행할 적에도 인색한 마음이 없어 코끼리, 말, 칠보, 국토, 처자, 남종, 여종들과 머리, 얼굴, 몸, 수족들을 아끼지 아니하였다. 그때 세상 사람들의 수명은 헤아릴 수 없었지만, 법을 구하기 위하여 국왕을 버리고, 정사를 태자에게 물려주고, 북을 높이 치며 사방에 영을 내리기를 '누가 나를 위하여 대승법을 설하겠느냐. 만일 그런 이가 있다면 나는 종신토록 받들어 모시리라'라고 하였다."[217]

깨달음의 지혜를 얻기 위해 육바라밀을 수행하였고, 특히 보시바라밀을 중요시하였는데 그중 가장 중요한 것이 법보시法布施라고 하는 것이다. 왜냐하면 법보시가 부처님의 가르침으로 모든 중생을 교화하고 인도하기 때문이다.

제18「수희공덕품」에서는 진귀한 보물, 거처 보시, 불법 교화로 인한 네 가지 도과 및 아라한과의 도를 얻게 하는 것, 선정으로 8해탈을 갖추게 하는 공덕보다도 『법화경』의 법보시의 공양이 더 크다고 하여

---

217 『妙法蓮華經』卷4(T09, p.34b24-c3), "吾於過去無量劫中 求法華經 無有懈惓 於多劫中常作國王 發願求於無上菩提 心不退轉 爲欲滿足六波羅蜜 勤行布施 心無悋惜 象馬七珍國城妻子奴婢僕從頭目髓腦身肉手足 不惜軀命 時世人民壽命無量 爲於法故 捐捨國位 委政太子 擊鼓宣令四方求法 誰能爲我說大乘者 吾當終身供給走使"

다른 보시보다도 법보시를 강조하고 있다.

부처님께서 미륵에게 말씀하셨다. "내가 이제 너희들에게 분명히 말하리라. 이 사람이 오락 기구로써 4백만억 아승기 세계의 6취 중생들에게 주며, 또 아라한의 과를 얻게 하였어도, 그가 얻은 공덕은 50번째의 사람이 『법화경』의 한 게송을 듣고 따라 기뻐한 공덕의 백 분, 천 분 내지 백천만억 분의 1만도 못하며, 내지 산수나 비유로도 능히 알지 못하리라. … 미륵이여, 한 사람만 권하여 법을 듣게 한 공덕도 이와 같거늘, 어찌 하물며 일심으로 듣고 설하고 읽고 외우며 대중이 모인 곳에서 남을 위하여 분별해서 설하며 설한 대로 수행하는 것이야 말할 것이 있겠느냐."[218]

다음은 제23 「약왕보살본사품」에서 나오는 다른 보시보다도 법보시 공양의 중요성에 대해서 강조하고 있는 내용이다.

"착하고 착하다! 선남자야, 이것이 참된 정진이다. 또한 이것이 여래께 드리는 참된 공양이다. 만일 꽃과 향과 영락, 소향, 말향, 도향이나 하늘 비단으로 된 번개와 해차안의 전단향 등 이와 같은

---

[218] 『妙法蓮華經』卷6(T09, pp.46c23-47a23), "佛告彌勒 我今分明語汝 是人以一切 樂具 施於四百萬億阿僧祇世界六趣衆生 又令得阿羅漢果 所得功德 不如是第五 十人 聞法華經一偈隨喜功德 百分千分百千萬億分 不及其一 乃至算數譬喻所不 能知 … 阿逸多 汝且觀是 勸於一人令往聽法 功德如此 何況一心聽說讀誦 而於 大衆爲人分別 如說修行?"

여러 가지 물건을 공양하더라도 이에 미칠 수 없을 것이며, 혹은 국토나 처자를 보시하더라도 또한 이에 미칠 수 없을 것이다. 선남자야, 이것을 제1의 보시라 한다. 여러 가지 보시 중에서 가장 높은 보시가 되는 것은 법으로써 모든 여래를 공양하기 때문이다."[219]

일체중생희견보살은 일월정명덕여래日月淨明德如來로부터 『법화경』을 듣고 정진 수행하여 현일체색신삼매를 얻었다. 일체중생희견보살은 그가 이 삼매를 얻은 것은 모두 『법화경』을 들은 공덕 때문이라 생각하고 삼매에 들어 부처님에게 여러 가지로 공양한 후 최후에는 자기 몸을 태워 법공양을 하였다. 그래서 보시바라밀 중에서도 법보시가 가장 수승하다고 강조한다.

"숙왕화야, 만일 발심하여 아뇩다라삼먁삼보리를 얻으려면 손가락이나 발가락 하나를 태워서 부처님의 탑에 공양하여라. 이렇게 하면 국토나 처자, 또는 삼천 국토의 산, 숲, 하천, 못 등과 여러 가지 보배나 진귀한 물건으로 공양하는 것보다 나을 것이다. 또 어떤 사람이 칠보를 삼천대천세계에 가득 채워 부처님과 큰 보살과 벽지불과 아라한에게 공양할지라도, 이 사람이 얻는 공덕은 『법화

---

[219] 『妙法蓮華經』 卷6(T09, p.53b11-16), "善哉善哉 善男子 是眞精進 是名眞法供養如來 若以華香瓔珞燒香末香塗香天繒幡蓋及海此岸栴檀之香 如是等種種諸物 供養 所不能及 假使國城 妻子布施 亦所不及 善男子 是名第一之施 於諸施中最尊最上 以法供養諸如來故"

경』의 사구의 게송 하나를 받아 가져 얻는 복만 못하다."[220]

여러 가지 재물을 보시하는 것도 그 공덕이 매우 뛰어나지만, 가장 뛰어난 공덕은 법보시이다. 법보시가 모든 보시 중 가장 뛰어난 이유는 부처의 가르침으로 모든 중생을 제도하여 그들로 하여금 궁극적인 깨달음을 이루게 하기 때문이다. 어떠한 공덕도 『법화경』의 한 게송을 듣고 따라서 기뻐한 공덕에는 크게 미치지 못한다. 그래서 다른 사람에게 『법화경』을 권하여 잠깐만 들어도 다음 생에 다라니보살과 한곳에 태어나며, 지혜롭고 영리하며 어떠한 신체적 장애 없이 인간의 모든 모양이 잘 갖추어진 상태로 태어나고 부처를 친견할 수 있다고 한다.

『법화경』에서의 현증하는 보살승의 특징과 보살승의 유형, 그리고 보살승의 계위와 보살승의 수행 등을 살펴보았을 때, 보살승은 기본적으로 대중을 교화할 수 있는 인내력과 마음 자세, 자질을 갖추고 있어야 한다. 그리고 그러한 기본적인 마음 자세와 사안락행의 능력을 갖추어 삼매수행으로 방편력을 갖추고 육바라밀을 수행하며 오종법사행으로 중생의 근기에 따라 설법하여 방편으로 중생들을 교화할 수 있어야 하는 것이다. 왜냐하면 보살승의 수행자들은 일체중생을 일불승으로 이끌어야 하기 때문이다.

---

[220] 『妙法蓮華經』卷6(T09, p.54a12-19), "宿王華 若有發心欲得阿耨多羅三藐三菩提者 能燃手指 乃至足一指 供養佛塔 勝以國城 妻子 及三千大千國土山林河池 諸珍寶物而供養者 若復有人 以七寶滿三千大千世界 供養於佛 及大菩薩 辟支佛 阿羅漢 是人所得功德 不如受持此法華經 乃至一四句偈 其福最多"

3. 일불승에 의거한 총체적 계위

『법화경』을 신앙하고 수행하는 수행자들은 수행하는 인행에 따라 과를 맺게 되는데, 이것이 바로『법화경』의 수행계위이다.『법화경』의 수행은 모두 일불승을 향한 과정이다. 그러나 실제적으로『법화경』에서는『법화경』의 수행과 수행에 따른 결과인 수행계위에 대해서 체계적으로 설명하고 있지 않다. 이러한『법화경』의 수행과 총체적 계위에 대하여 지의는『법화경』제5「약초유품」의 '약초의 비유'를 통해『법화현의』에서 체계적이고 자세하게 논하고 있다.

『법화현의』는 지의가 저술한 책으로『법화경』의 철학체계를 밝힌 것으로『법화경』의 적문과 본문의 내용을 적문 십묘+妙와 본문 십묘로 나누어 구체적으로 열거하고 있다.[221]

먼저 적문 십묘란 제2「방편품」으로 말미암아 세운『법화경』적문 14품에 있는 불가사의한 묘함을 열 가지 십묘로 설명한다. 지의는 법화 이전의 제경들은 열 가지의 거친 모습이었다고 보고 있으며, 이에 비해 법화에서 설한 열 가지 경계와 지혜 등이 다 절묘하여 불가사의하다고 자세하게 설하고 있다. 또 본문 십묘란 제16「여래수량품」으로 말미암아 세워진『법화경』본문 14품에 있는 불가사의한 열 가지 십묘를 말한다. 여기에는 본인本因의 묘함 내지 본이익이 묘함 등의 불가사의한 것을 나타낸다고 하고 있다. 지의는 적문의 내용이 본문에 비해 열 가지 거친 내용이라 보고 있으며, 본문의

---

[221]『妙法蓮華經玄義』(T33, p.681c26)

인과 등 열 가지가 모두 불가사의하다고 하며 본문의 십묘에 대해 자세히 설한 것이다.[222]

지의는 적문 십묘에서 경묘境妙, 지묘智妙, 행묘行妙, 위묘位妙, 법묘法妙, 감응묘感應妙, 신통묘神通妙, 설법묘說法妙, 권속묘眷屬妙, 공덕이익묘功德利益妙로 열 가지 불가사의함을 드러냈다는 것이다.[223] 그런데 이 적문 십묘 가운데 네 번째 위묘位妙에서『법화경』의 구체적인 계위론을 설명하고 있어 위묘를 중심으로『법화경』의 수행과 계위에 대해서 논하고자 한다.

이기운은『법화현의』의 위묘에 대해 다음과 같이 정리하고 있다. "위묘란 닦아 얻어지는 계위가 수승하여 묘함을 말한다. 앞의 행묘를 통해 닦아서 경과하는 계위 차제이기 때문에 행묘 다음에 위묘를 설한 것이다. 위묘는 사교로 나누어 볼 수 있다. 장교에서는 성문에 칠현칠성(칠현七賢: 오정심관五停心觀·상념주相念住·총상념주總相念住·난법煖法·정법頂法·인법忍法·세제일법世第一法, 칠성七聖: 수신행隨信行·수법행隨法行·신해信解·견지見至·신증身證·혜해탈慧解脫·구해탈俱解脫)을 세우고, 벽지불은 특별히 계위를 시설하지 않으며, 삼장보살은 삼아승기겁의 수행계위가 있다고 한다. 통교에는 삼승공의 십지(三乘共十地)가 있다. 십지는 곧 건혜지乾慧地·성지性地·팔인지八人地·견지見地·박지薄地·이욕지離欲地·이변지已辨地·지불지支佛地·보살지菩薩地·불지佛地이다. 별교에는 십신·십주·십행·십회향·십지와 등각·묘각을 합하여 오십이위가 있다. 십주에서 처음으로 견혹을 끊고, 십지에서

---

222 이기운(2010), p.378.
223 앞의 책, p.378.

비로소 무명을 끊어 중도를 증득한다. 원교에서는 오품제자위·육근청정위·십주·십행·십회향·십지·등각 및 묘각위에 이른다. 여기서 오품제자는 외범위이고, 육근청정은 내범위로 별교의 십신위에 해당한다. 원교에서는 초발심주에 무명을 끊고 중도를 증득하며, 팔상성도를 시현해서 시방세계를 교화한다. 이것 곧 초주성불의 뜻이다. 다만 제이주 이후의 여러 계위를 말하고 있는 것은 일품의 무명을 끊고 일분의 중도를 증득해 가는 것을 나타낸다. 그러므로 계위마다 융통해서 서로 떨어져 있지 않다. 무명을 끊고 문득 정각을 이루면 법신·반야·해탈을 이루는데 이 삼덕은 중생의 혹惑·업業·고苦에 본래 갖추어져 있는 불성으로 이들은 같은 당체이고, 이를 깨달아 팔상을 갖춘 것이 원교 부처의 상이다"[224]라고 하여 위묘에 대하여 총체적으로 정리 요약하고 있다.

지창규는 『천태사교의天台四敎儀』와 『법화현의』에 대한 비교를 하면서 "『천태사교의』의 본론이라고 할 수 있는 화법사교가 일체의 교리를 정리하는 데 치중하고 있다. 즉 장통별원에 대해 명의名義, 교의敎義, 행위行位 등으로 설명하는 가운데 명의와 교의는 매우 축약되어 있고 행위는 비교적 자세하게 밝히고 있다"[225]라고 하고 있으며, 이에 비해 "『천태사교의』가 장통별원에 따라 명의와 교의와 행위로 설명이 이루어져 있다면, 『법화현의』는 명의와 교의에 해당하는 부분은 없고 단지 행위로 위묘에 보일 뿐이다. 즉, 적문 십묘 가운데 네 번째 위묘에 구체적으로 계위론이 설해져 있다"[226]라고 하며 『법화현

---

[224] 이기운(2010), pp.381~382.
[225] 지창규(2012), p.93.

의』에서 『법화경』의 계위설을 장통별원의 행위로 위묘에서 밝히며 비교하고 있다고 하고 있다.

지의가 『법화현의』에서 『법화경』의 계위설에 대하여 자세히 설한 내용을 정리해 보면 다음과 같다. 적문 십묘 가운데 위묘는 행위설을 설명하고 있으므로 『법화현의』의 중심에 있고 『법화경』 제5 「약초유품」에 의거하여 여섯 가지 계위로 밝히고 있다. 다음은 『법화현의』에서 설명하는 『법화경』 제5 「약초유품」의 여섯 가지 수행계위에 관한 내용이다.

『법화경』 「약초유품」에서는 단지 여섯 가지 계위(六位)를 밝히고 있다. 경문은 다음과 같다.

전륜성왕·제석천·범천과 모든 왕은 작은 약초(小藥草)이다. 무릇 법을 알고 열반을 얻어 홀로 숲속에 거주하면서 연각의 깨달음을 얻으면 중간의 약초(中藥草)이다. 부처의 자리를 구하면서 '나는 부처가 될 것이다'라고 하고 정진과 선정을 행하면 큰 약초(上藥草)이다. 또한 모든 불자가 마음을 불도에 오로지하여 항상 자비를 행하고 스스로 부처가 된다는 것을 알아 결정코 의심하지 않으면 작은 나무(小樹)이다. 신통에 안주하여 불퇴륜不退輪을 굴려 무량억백천의 중생을 제도하면 큰 나무(大樹)이다. 덧붙여 취하면 장항 가운데, "하나의 대지에서 소생하고, 하나의 비로 윤택하게 한다"라고 한 것과 경에서, "지금 너를 위하여 가장 진실한 것을 설할 것이다"라고 한 것은 제육위第六位이다.[227]

---

226 앞의 책, p.93.

위와 같이 『법화현의』에서는 『법화경』 제5 「약초유품」에 의거한 계위는 ①작은 약초 계위, ②중간 약초 계위, ③큰 약초 계위, ④작은 나무 계위, ⑤큰 나무 계위, ⑥최고의 진실한 계위(最實位)이고, 모든 약초는 장교의 계위이고, 작은 나무는 통교의 계위, 큰 나무는 별교의 계위, 최실위最實位는 원교의 계위라고 한다. 그러므로 『법화현의』 위묘단의 계위 분류 기준은 지의의 장통별원藏通別圓의 사교四敎에 따른다. 그러면 다음에서 각각의 계위별로 나타내는 특징과 대상을 살펴보고자 한다.

1) 작은 약초의 계위

지의는 작은 약초의 계위를 인간 중에서 전륜성왕과 천상 중에서는 제석천과 범천으로 정의하고 있다. 『법화현의』에서 "작은 약초의 계위는 인간과 천상이다"[228]라고 하여 범위를 정의하고, "사람의 계위가 되는 원인은 오계五戒[229]를 지니는 것"[230]이라고 하여 인간 중 작은

---

227 『妙法蓮華經玄義』卷4(T33, p.726b18-27), "今〈藥草喩品〉但明六位 文云 轉輪聖王釋梵諸王 是小藥草 知無漏 能得涅槃 … 獨處山林 … 得緣覺證 是中藥草 求世尊處 我當作佛 行精進定 是上藥草 又諸佛子 專心佛道 常行慈悲 自知作佛 決定無疑 是名小樹 安住神通 轉不退輪 度無量億百千衆生 … 是名大樹 追取長行中 一地所生 一雨所潤 及後文云 今當爲汝說最實事 以爲第六位也"

228 『妙法蓮華經玄義』卷4(T33, p.726b28), "小草位者 人天乘也"

229 오계五戒는 불교도이면 재가자나 출가자出家者 모두가 지켜야 하는 가장 기본적인 생활규범이다. ①살생하지 말라(不殺生), ②도둑질하지 말라(不偸盜), ③음행하지 말라(不邪淫), ④거짓말하지 말라(不妄語), ⑤술 마시지 말라(不飮酒)의 5종이다.

230 『妙法蓮華經玄義』卷4(T33, p.726c1-2), "人位因者 卽是秉持五戒"

약초가 되는 수행의 원인을 설명하고 있으며, "천승위는 십선도[231]를 닦고 자연스럽게 이루어지는 것이다"[232]라고 하여 천상의 존재로는 작은 약초가 되는 수행의 원인을 십선도를 닦는 자를 작은 약초의 계위로 설명하고 있다.

2) 중간 약초의 계위

지의는 중간 약초의 계위를 이승이라고 정의하고 있다. 『법화현의』에서 "중간 약초의 계위는 이승(성문승·연각승)이다. 이것은 습과習果로 계위를 판별한 것이다"[233]라고 하여 범위를 정의하고, 중간 약초의 계위 중 성문에 대한 계위와 수행에 대해서는 다음과 같이 자세히 기술하였다.

> 지금은 간략히 유문의 중간 약초의 계위를 서술하겠다. 처음에 칠현七賢을 밝히고, 다음에 칠성위七聖位를 밝히겠다. 칠현이란 첫째는 오정심五停心이고, 둘째는 별상념처別相念處이며, 셋째는 총상념처總相念處이고, 넷째는 난법煖法이며, 다섯째는 정법頂法이고, 여섯째는 인법忍法이며, 일곱째는 세제일법世第一法이다.

---

231 십선도는 10종류의 선행을 총칭한 용어이다. ①살생(죽이는 것), ②투도(훔치는 것), ③사음(남녀 사이의 부정한 성관계), ④망어(거짓말을 하는 것), ⑤양설(이간질 하는 것), ⑥악구(험담을 하는 것), ⑦기어(함부로 말하는 것), ⑧탐욕(탐하는 것), ⑨진에(화내는 것), ⑩사견(잘못된 생각을 하는 것)의 각각을 행하지 않는 것이다.

232 『妙法蓮華經玄義』 卷4(T33, p.726c7-8), "天乘位者 修十善道 任運淳熟"

233 『妙法蓮華經玄義』 卷4(T33, p.727c6-7), "中藥草位者 卽二乘也 此就習果判位"

모두 현賢이라 부르는 것은 성聖에 가깝기에 현이라 한다. 상사즉의 이해로써 견혹을 억누르고 상사즉으로써 진리를 일으키기에 성인에 가깝다고 한다. 또한 천마와 외도가 갈애와 견혹으로 윤회하여 사제를 알지 못하는 것에 반해 이 칠위의 사람은 명확히 사제를 안다.[234]

이와 같이 중간 약초 중 성문에 대해서는 칠현과 칠성위로 수행과 계위를 밝히고 있다. 성문의 칠현과 칠성위에 대한 수행에 관한 내용은 앞에서 성문의 수행으로 설명하였다. 다음 중간 약초의 계위와 수행에 대한 서술은 다음과 같다.

벽지불의 계위(辟支佛位)를 밝히겠다. 벽지불은 연각이라 번역한다. 이 사람은 과거에 복이 두텁고 정신이 용맹하고 예리하기에 집제를 관찰하는 것을 초문으로 한다. 『대지도론』에서는 '독각獨覺·인연각因緣覺'이라고 부른다. 부처님이 없는 세상에 태어나 자연스럽게 도를 깨닫는 것은 독각이고, 부처님이 계신 세상에 태어나 십이인연법을 듣고 이것을 바탕으로 도를 얻기에 인연각이라 한다. 독각은 부처님이 없는 세상에 태어날 때 소와 대의 종류가 있다. 만약 본래 부처님의 가르침을 배우는 사람이었는데, 지금

---

[234] 『妙法蓮華經玄義』 卷4(T33, p.727c13-17), "今略出有門中草之位 初明七賢 次明七聖位 七賢者 一五停心 二別相念處 三總相念處 四煖法 五頂法 六忍法 七世第一法 通稱賢者 隣聖曰賢 能以似解伏見 因似發眞 故言隣聖又天魔 外道 愛見流轉 不識四諦 此七位人明識四諦"

부처님 입멸 후에 태어나 일곱 번 태어나는 것이 채워져 여덟 번 태어나는 것을 받지 않고 자연히 도를 이루면 부처라 하지도 않고 또한 아라한도 아닌 소벽지가라小辟支迦羅라고 한다. 그 도력을 논하면 사리불 등의 대아라한도 미치지 못한다. 두 번째는 대벽지가라大辟支迦羅이다. 이백억겁 가운데에서 공덕을 지은 몸으로 삼십이상三十二相을 얻는다. 혹은 삼십일상·삼십상·이십구상 내지 일상을 얻는다. 복의 힘이 증장하고 지혜가 예리하다. 총상總相과 별상別相을 알고 들어갈 수 있다. 오랫동안 선정을 닦아 익히고 항상 홀로 머무는 것을 즐기기에 대벽지가라大辟支迦羅라고 한다.[235]

위와 같이 중간 약초의 계위 중 벽지불은 부처님이 계신 세상에 태어나 십이인연법을 듣고 이것을 바탕으로 수행을 하여 도를 얻었기에 인연각이라고 하지만, 태어나기를 부처님이 없는 세상에 태어나 도를 이루어 벽지불이라고도 하는 것이다. 벽지불의 십이인연법 수행에 대해서도 앞에서 연각승의 수행과 관련하여 설명하였다.

---

[235] 『妙法蓮華經玄義』 卷4(T33, p.729b7-19), "二明辟支佛位者 此翻緣覺 此人宿世福厚 神根猛利 能觀集諦以爲初門 『大論』稱獨覺 因緣覺 若出無佛世 自然悟道 此卽獨覺 若出佛世 聞十二因緣法 稟此得道 故名因緣覺 獨覺生無佛世 有小有大 若本在學人 今生佛後 七生旣滿 不受八生 自然成道 不名爲佛 亦非羅漢 名小辟支迦羅 論其道力 不及舍利弗等大羅漢 二者 大辟支迦羅 二百劫中作功德 身 得三十二相分 或三十一 三十 二十九 乃至一相 福力增長 智慧利 於總相別相 能知 能入 久修集定 常樂獨處 故名大辟支迦羅也"

3) 큰 약초의 계위

다음으로 큰 약초의 계위에 대해서 지의는 삼장보살을 큰 약초로 정의하고 있다. 『법화현의』에서 "큰 약초의 계위라는 것은 삼장보살의 계위이다. 이 보살은 처음에 보리심을 내어 자비 서원을 일으키고 사제를 관찰할 때 도제로써 초문을 삼고 육바라밀을 행한다"[236]라고 하여 큰 약초위에 해당하는 대상과 수행을 설명하고 있다. 이 삼장보살의 수행에 대한 자세한 내용은 앞에서 보살승의 수행과 관련하여 설명하였다.

4) 작은 나무의 계위

작은 나무의 계위에 대해서 지의는 번뇌를 끊고 제일의제에 들어간 자를 작은 나무의 계위로 정의하고 있다. 『법화현의』에서 "작은 나무의 계위(小樹位)라는 것은 이는 곧 통교이다. 삼승인이 함께 무언설도無言說道로 번뇌를 끊고 제일의제第一義諦에 들어가는 것을 밝힌다"[237]라고 하여 작은 나무의 계위에 해당하는 대상에 대하여 통교의 삼승공십지三乘共十地로 정의하고 있다. 그리고 이어 십지에 대해 순서대로 건혜지乾慧地, 성지위性地位, 팔인지위八人地位, 견지위見地位, 박지위薄地位, 이욕지위離欲地位, 이변지위已辦地位, 벽지불지위, 보살지위菩薩地位, 불지佛地를 설명하고 있으며, 다음과 같이 아홉 번째 보살지위에 대해

---

[236] 『妙法蓮華經玄義』卷4(T33, p.729b22-25), "上草位者 卽是三藏菩薩位也 此菩薩 從初發菩提心 起慈悲誓願 觀察四諦 以道諦爲初門 行六波羅蜜"

[237] 『妙法蓮華經玄義』卷4(T33, p.729c15-16), "小樹位者 卽是通教 明三乘之人 同以 無言說道 斷煩惱 入第一義諦"

설명하며 작은 나무의 계위로 정의하고 있다.

> 아홉째, 보살 지위는 공空에서 가假로 들어가는 도를 관찰하는 것을 함께 한다. 깊이 이제二諦를 관찰하여 습習·색色·심心·무지無知를 끊고 법안도종지法眼道種智를 얻어서 유희신통하고 불국토를 청정케 하여 중생을 성취시킨다. 부처님의 십력十力과 사무소외四無所畏를 배워서 습기를 장차 다 끊는다. 이것을 작은 나무의 계위라 한다.[238]

배완준은 "초지부터 칠지까지는 장교의 계위에, 팔지는 연각, 구지와 십지는 삼장보살과 장교의 불지에 대입할 수 있다. 통교의 십지에 장교의 계위를 대입할 수 있다고 해서 둘의 수준이 같은 것이 아니다. 이는 아래로는 장교에 통하고 위로는 별교, 원교에 통하는 통교의 특징이기 때문이다"[239]라고 하고 있어 장교와 통교의 십지가 다름을 설명하고 있다. 또 "장교의 수행자가 처음 번뇌를 끊고자 하여 먼저 견혹見惑을 억누를 때, 보살은 여기에 더해 사홍서원을 일으키고, 똑같은 건혜지일지라도 보살은 따로 복인伏忍이라고 칭한다. 건혜지는 칠현위이기도 하고 복인이기도 한 것이다"[240]라고 하며, "건혜지에서

---

[238] 『妙法蓮華經玄義』 卷4(T33, p.730a12-16), "九 菩薩地位者 從空入假 道觀雙流 深觀二諦 進斷習氣色心無知 得法眼 道種智 遊戲神通 淨佛國土 成就衆生 學佛十力四無所畏 斷習氣將盡也 齊此名小樹位也"

[239] 배완준(2024), p.96.

[240] 앞의 책, p.96.

보살은 복인의 계위를 따로 설정함과 같이, 성지를 유순인柔順忍, 팔인지를 무생인도無生忍道, 견지를 무생인과無生忍果, 박지를 유희신통遊戱神通, 이욕지를 이욕청정離欲淸淨이라 별칭한다"[241]라고 하여 장교의 건혜지와 통교의 삼장보살의 건혜지가 같은 건혜지더라도 계위의 수준에 대한 차이점을 설명하고 있다.

5) 큰 나무의 계위

큰 나무의 계위와 최고 진실한 계위에 대해서 지의는 『법화현의』에서 큰 나무는 별교로, 최고 진실한 계위는 원교로 많은 분량을 할애하여 설명하고 있다. 그러나 장교와 통교의 계위를 해석하는 부분에서 계위별로 대상이나 특징적인 서술은 없고 단지 계위의 이름과 그 공능만을 언급하고 있을 뿐이다. 그리고 별교의 계위에서는 계위의 이름과 그 차제를 적지 않은 분량으로 기술하면서도 여러 경론의 상이한 계위를 차례로 나열하여 다양한 별교의 계위가 있음을 소개하고 있다.

별교의 계위는 제5 「약초유품」의 큰 나무에 해당하는 것으로 삼초이목의 비유 가운데 가장 높은 계위이다. 『법화경』에서는 큰 나무에 대한 대상을 다음과 같이 설명하고 있다.

"신통에 머물러서 불퇴전의 법륜 굴려 한량없는 백천만억 많은 중생 제도하면 이러한 보살들은 큰 나무라 이르느니라."[242]

---

[241] 앞의 책, p.96.
[242] 『妙法蓮華經』 卷3(T09, p.20a29-b2), "安住神通 轉不退輪 度無量億 百千衆生

위와 같이 『법화경』에서는 큰 나무에 대한 대상을 신통이 있고 불퇴전의 위치에 있으면서 법륜을 굴려 한량없는 많은 중생을 제도하는 보살들로 정의하고 있다. 그러나 『법화현의』에서는 큰 나무의 대상과 특징에 대해서는 별도의 서술이 없고, 다만 별교에 관해서 설한 여러 경론의 계위설이 같지 않다는 사실을 다음과 같이 말하고 있다.

『화엄경』이 사십일지를 밝히고 있는 것은 삼십심·십지·불지를 말한 것이다. 『영락경瓔珞經』은 오십이위를 밝힌다. 『인왕반야경 仁王般若經』은 오십일위를 밝힌다. 『신금광명경新金光明經』은 단지 십지와 불과만을 나타낸다. 『승천왕반야경勝天王般若經』은 십사인을 밝힌다. 『대품반야경大品般若經』은 단지 십지를 밝힌다. 『열반경涅槃經』은 오행과 십공덕을 밝힌다. 뜻에 의거하여 계위를 배열하면 삼십심·십지·불지를 나타낸 것과 비슷하나 문장에는 이름을 서술하고 있지 않다.[243]

지의는 위와 같이 큰 나무는 별교의 계위로 『인왕반야경』, 『신금광명경』, 『승천왕반야경』, 『대품반야경』 등의 경전에서 계위를 찾을

如是菩薩 名爲大樹"

[243] 『妙法蓮華經玄義』 卷4(T33, p.731c3-8), "若『華嚴』明四十一地 謂三十心十地佛地 『瓔珞』明五十二位 『仁王』明五十一位 『新金光明經』但出十地佛果 『勝天王般若』明十四忍 『大品』但明十地 『涅槃』明五行十功德 約義配位 似開三十心 十地 佛地 而文不出名"

수 있다고 하고 있다. 그러나 지의는 경론마다 계위에 차이가 나서, 계위 이름의 수數나 대치對治의 내용 등이 서로 같이 맞출 수 없다고 하고 있다. 그래서 『영락경』의 오십이위는 대승방등의 별교와 원교의 계위가 정리된 것이라 하고, 『인왕반야경』의 오십일위는 별교와 원교가 정리된 것으로 보고 있다. 그리고 『열반경』도 별교와 원교의 두 가지 계위를 모두 밝히고 있지만, 그 명칭이 따로 서술하고 있지 않다고 밝히고 있다.

별교에 관해서 보자면 경론마다 계위에 대한 기준이 다르고, 계위의 숫자도 일치하지 않으며, 경문에서 밝히는 것이 동일하지 않아 비교해서 살펴보려면 복잡하다. 그래서 계위의 숫자를 파악하기 위해 수행계위가 가장 많고 체계적인 『영락경』과 『인왕반야경』을 의지하고, 숨겨진 짧은 내용에서 높고 낮음을 밝히려면 『대품반야경』을 의지하며, 법문에 상대하려면 『열반경』에 의거해야 한다고 하는 등 경론에 나온 계위설을 비교하기에는 어려운 점이 있다고 설명하고 있다.

대승불교 경전에서 수행계위가 설해진 경전을 살펴보면 다음과 같다. 『대품반야경』이나 『십지경十地經』, 『도행반야경道行般若經』이 등장하게 되면서 대승의 독자적인 수행계위가 설해지기에 이른다. 이러한 경전류에서는 부파불교에서는 등장하지 않았던 발보리심發菩提心, 불퇴의 위, 무생법인無生法忍, 동진童眞, 관정灌頂, 일생보처一生補處 등의 새로운 계위들이 신설되고 있음을 볼 수 있다. 그리고 더 나아가 조직적인 계위로 사지四地·오지五地·십주十住 등이 불전류에 보이고 있고 『대사大事』에서는 십지[244]라는 용어가 사용되기에 이르렀다.[245]

『대사』의 십지설은 이후 반야십지般若十地·본업십지本業十地·화엄십지華嚴十地 등으로 확장되면서 대승보살의 수행도를 대표하는 계위가 되었다. 대승보살은 단순히 아라한이 되는 데 그치지 않고 일체중생의 성불을 함께 고민하기 때문에 지난한 수행의 경과를 필수적으로 요청하게 되었고, 이는 자연스럽게 부파불교의 사향사과를 넘어서 십지·사십이위·오십이위 등의 다양한 계위설로 파생하게 되었다.[246]

『대사』등의 불전류에서 시작된 십지는 『반야경』등에서 반야십지般若十地로의 확장을 이루게 된다. 『반야경』에 보이는 사위설四位說과 십지설十地說의 핵심은 대승보리심大乘菩提心을 일으킨 대승보살이 반야공관般若空觀에 입각한 육바라밀을 수행하여 성불을 이루는 데에 있다. 그러나 보살사위설菩薩四位說은 성문의 사향사과와 유사한 구조를 취하여 새로운 내용을 담기는 했으나 신앙적으로 대승의 독자성을 구현하지는 못하였다. 반야십지는 10단계의 구조로 변화를 시도했던 것이나 칠지까지의 과정은 모두 부파불교의 수행론과 다르지 않아 순수한 대승보살의 십지와는 아직까지 거리가 있는 것이었다.[247]

---

244 "『대사大事』의 십지는 후세에 전개되는 십지에 비교할 때 매우 소박한 형태를 보인다. 이는 석가모니불의 전생인 본생보살을 그려낸 것으로 재가보살과 출가보살의 단계로 십지를 설파하였다. 비록 본생보살의 십지를 그려낸 단순한 형태의 계위지만, 이 계위가 석가의 전생에만 적용되는 것이 아니라 일반화된 의미로서의 수행자의 계위로 설해지고 있다는 점에 훗날 『반야경』 등에서 전개되는 반야십지般若十地로의 발전가능성을 내포하고 있었다고 여겨진다." 성기(2015), p.255.

245 히라가와 아키라(平川彰), 이호근 역(1989), pp.324~326.

246 성기(2015), pp.79~81.

그러나 『보살본업경菩薩本業經』의 본업십지本業十地에 이르러서는 십지를 설하는 한편으로 십사十事와 십학十學이라는 수행 과정의 행법을 함께 소개하여 대승보살 자체적인 사상성思想性을 형성시켜 나가게 되었다. 그리고 『화엄경華嚴經』의 화엄십지華嚴十地에 도달하면 보살 사상과 보살십지는 완성된 형태를 보게 된다. 화엄종에서는 수행계위를 삼승과 일승의 차별과 원융이라는 상반되는 방면에서 삼현십지三賢十地의 차제수행次第修行을 설하였다.[248]

화엄십지는 『대사』의 십지와 반야십지, 본업십지를 계승하는 가운데 종래의 초발심과 관정의 십주지설을 십주로서 간주하여 보살 수행의 최초의 단계에 위치시키고, 그다음 단계로서 십행·십회향의 단계를 첨가하여 수행계위를 세분화시켜 나갔다.[249]

권탄준은 "오십이위 등의 보살의 수행계위설이 주장된 것은 요진姚秦의 구마라집 번역이라고 되어 있는 『인왕반야바라밀경(佛說仁王般若波羅蜜經)』과 『범망경梵網經』 그리고 전진前秦의 축불념竺佛念 번역이라고 되어 있는 『보살영락본업경菩薩瓔珞本業經』 등에서 영향을 받은 것"[250]이라 하고 있다. 그러나 이들 세 경은 현재 학계에서 중국에서 성립한 위경으로 인정되고 있다. 본래 이 삼경은 북위北魏 태무제太武帝의 법란(438~450)에 자극을 받아 정법을 널리 펴기 위해서 만들어진 것이다. 이 경들은 보살의 수행계위를 분명하게 밝히고 있기에 많은

---

247 성기(2015), pp.255~256.
248 성기(2015), pp.256~257.
249 성기(2015), pp.148~149.
250 권탄준, 이행구(도업)(2009), p.111.

불교학자로부터 주목을 받게 되고, 유명한 불교학자들이 주석서를 저술함으로써[251] 후세에까지 상당한 영향을 끼치게 된다.

이 세 경의 수행계위에 대하여 그 개요에 대해서 간략히 살펴보면 세 경의 수행계위와 명칭과 내용이 모두 일치하는 것은 아니지만, 세 경 모두 십주·십행·십회향에 해당하는 삼현위三賢位를 범부위凡夫位로 하고, 십지 이상을 성자위聖者位로 하는 점이 일치한다. 이러한 점은 세 경 모두 성위에 들어가기 전 삼현三賢·사선근四善根의 행위에 의거해서 범부현위凡夫賢位를 거쳐 보살성위菩薩聖位에 들어가도록 하는 보살의 수행계위를 조직하고 있다. 특히『보살영락본업경』「현성학관품賢聖學觀品」에서는 '삼현십지三賢十地'[252] 또는 '삼현보살三賢菩薩'[253]이라고 하는 구체적인 낱말까지 나와 있어서 이러한 설을 뒷받침하고 있다. 이러한 점에서 세 경 모두 십주·십행·십회향을 설하는 삼현위를 근거로 보살의 수행계위설을 성립하였다.

이들 가운데『화엄경』계통의 경전인『보살영락본업경』에서 설하고 있는 십신·십주·십행·십회향·십지·등각·묘각의 오십이위 수행계위 체계는 모든 계위를 사실상 빠짐없이 망라하고 있고 그 명칭과 뜻이 잘 정리되어 있어서 전통적으로 대승불교권에서 널리 채택되어

---

251 『인왕반야경』은 지의智顗·길장吉藏·원측圓測·진제眞諦 등이,『범망경』은 지의·법장法藏·원효元曉·태현太賢·의적義寂 등이,『영락본업경』은 원효·의적 등이 주석서를 남겼다.

252 『菩薩瓔珞本業經』卷1(T24, p.1016a19-20), "佛子 乃至三賢十地之名 亦無名無相 但以應化故 古佛道法有十地之名"

253 『菩薩瓔珞本業經』卷1(T24, p.1016b16-17), "佛子 三賢菩薩 伏三界煩惱麤業道 麤相續果 亦不起麤"

사용되고 있다.

오십이위설은 십지를 설하는 많은 경론 가운데 십주·십행·십회향의 계위는 『화엄경』과 더불어 『인왕반야경』, 『범망경』, 『보살영락본업경』 등 네 경전뿐이며, 십주·십행·십회향이 『화엄경』에서 최초 성립했다고 보기 때문에 나머지 경전들이 화엄설을 채용했다고 보는 것이 일반적이다. 여기서 눈에 띄는 것은 『화엄경』의 본의를 살펴봤을 때, 십주·십행·십회향이 원래 십지의 하위 단계에 있는 수행계위는 아니라는 사실이다. 『화엄경』의 계위는 보살 경지의 점진적인 향상을 그린 것이 아니지만, 중국불교에서는 『화엄경』의 사십위·오십이위가 일련의 발전과정을 설파한 것이라고 이해한 것이다.[254] 이러한 내용을 기반으로 경전에 나타난 보살의 수행계위에 대하여 비교·정리하여 표로 나타내면 다음과 같다.

〈표 12〉 경전에 나타난 보살 수행계위 비교

계위	경전		내용
10위	『대비로자나성불신변가지경大毘盧遮那成佛神變加持經』		10주의 10위, 10지의 10위
	『승천왕반야바라밀경勝天王般若波羅蜜經』		10지의 10위
11위	『금광명경金光明經』		10지·묘각妙覺
41위	『섭대승론攝大乘論』		10주·10행·10회향·10지·불지 또는 등각等覺의 41위
	『화엄경華嚴經』	『60화엄』	10주·10행·10회향·10지·불지 또는 등각等覺의 41위

---

254 水野弘元(1984), pp. 26~27.

			*묘각은 사용되지 않음
		『40화엄』, 『80화엄』	10주·10행·10회향·10지·불지 또는 묘각妙覺의 41위 *등각 대신 정등각正等覺 사용
42위	『대지도론大智度論』		42자문四十二字門의 42위
51위	『화엄경탐현기華嚴經探玄記』		10신·10해·10행·10회향·10지·불지의 51위
	『범망경梵網經』		10신·10주·10행·10회향·10지·불지의 51위
	『인왕반야바라밀경(佛說仁王般若波羅蜜經)』		10신·10주·10행·10회향·10지·묘각의 51위
52위	『보살영락본업경菩薩瓔珞本業經』		10신·10주·10행·10회향·10지·등각·묘각의 52위
57위	『대불정여래밀인수증요의제보살만행수능엄경大佛頂如來密因修證了義諸菩薩萬行首楞嚴經』		간혜지·10신·10주·10행·10회향·4가행四加行·10지·등각·묘각의 57위

이 중 『대비로자나성불신변가지경大毘盧遮那成佛神變加持經』에서는 계위에 대해서 체계적으로 기술되어 있는 부분은 없고, 단지 십주의 십위를 기술한 부분과 십지의 십위를 기술한 부분이 언급되어 있을 뿐이다.

또한 대승불교의 유식학과 전형적인 보살 수행위인 사십일위와 비교하면, 유식학에서는 깨달음의 단계를 자량위資糧位·가행위加行位·통달위通達位·수습위修習位·구경위究竟位 등의 오위五位로 정리하고 있는데, 세친은 『섭대승론석攝大乘論釋』에서 보살 수행위를 사십일 단계, 즉 사십일위로 인정하고 유식에서 설명하는 보살 수행 오위를 배대[255]하고 있는데, 그 내용을 표로 정리하면 다음과 같다.

〈표 13〉 대승보살의 수행계위 비교

보리심 단계			52위	『섭대승론석』 41위	유식 5위
원보리심	발심보리	십신	신심信心 염심念心 정진심精進心 혜심慧心 정심定心 불퇴심不退心 호법신護法神 회향심廻向心 계심戒心 원심願心		
행보리심	복심보리	십주	발심주發心住 치지주治地住 수행주修行住 생귀주生貴住 구족방편주具足方便住 정심주正心住 불퇴주不退住 동진주童眞住 법왕자주法王子住	발심주發心住 치지주治地住 수행주修行住 생귀주生貴住 구족방편주具足方便住 정심주正心住 불퇴주不退住 동진주童眞住 법왕자주法王子住	

---

255 『攝大乘論釋』 卷1(T31, 322c8-20), "謂能入彼 故名彼入 卽是悟入唯識理性 因謂加行時世間施等波羅蜜多 果謂通達時出世施等波羅蜜多 彼因果修差別者 卽彼因果 故名彼因果 卽於此中修之差別 修謂數習 卽此數習於諸地中展轉殊勝 故名差別 卽是十地 卽於如是修差別中增上戒者 謂十地中依戒而學 故名增上戒 卽諸菩薩所有律儀 於諸不善無復作心 增上心者 謂在內心 或卽依心而學 故名增上心 卽諸三摩地 增上慧者 謂趣證慧故名增上慧 或依慧而學故名增上慧 卽是無分別智"

			관정주灌頂住	관정주灌頂住	
		십행	환희행歡喜行 요익행饒益行 무진한행無瞋恨行 무진행無盡行 이치란행離癡亂行 선현행善現行 무착행無着行 존중행尊重行 선법행善法行 진실행眞實行	환희행歡喜行 요익행饒益行 무진한행無瞋恨行 무진행無盡行 이치란행離癡亂行 선현행善現行 무착행無着行 존중행尊重行 선법행善法行 진실행眞實行	
		십회향	구호일체중생리중생 상회향救護一切衆生離 衆生相廻向 불괴회향不壞廻向 등일체제불회향等一 切諸佛廻向 지일체처회향至一切 處廻向 무진공덕장회향無盡 功德藏廻向 입일체평등선근회향 入一切平等善根廻向 등수순일체중생회향 等隨順一切衆生廻向 진여상회향眞如相廻向 무박무착해탈회향無 縛無着解脫廻向	구호일체중생리중생 상회향救護一切衆生離 衆生相廻向 불괴회향不壞廻向 등일체제불회향等一 切諸佛廻向 지일체처회향至一切 處廻向 무진공덕장회향無盡 功德藏廻向 입일체평등선근회향 入一切平等善根廻向 등수순일체중생회향 等隨順一切衆生廻向 진여상회향眞如相廻向 무박무착해탈회향無 縛無着解脫廻向	주심-자량위
			입법계무량회향入法 界無量廻向	입법계무량회향入法 界無量廻向	출심-가행위
증보 리심	명명 보리	십지	제1지 초지 환희지歡 喜地	제1지 초지 환희지歡 喜地	입심-통달위
			제2지 이구지離垢地 제3지 발광지發光地 제4지 염혜지焰慧地	제2지 이구지離垢地 제3지 발광지發光地 제4지 염혜지焰慧地	주심-수습위

출도 보리	십지	제5지 난승지難勝地 제6지 현전지現前地 제7지 원행지遠行地 제8지 부동지不動地 제9지 선혜지善慧地 제10지 법운지法雲地	제5지 난승지難勝地 제6지 현전지現前地 제7지 원행지遠行地 제8지 부동지不動地 제9지 선혜지善慧地 제10지 법운지法雲地	출심-수습위
무상 보리	등각·묘각		불지 또는 등각等覺	구경위

6) 가장 진실한 계위

『법화경』제5「약초유품」에서의 최고의 계위는 최실위最實位로서 가장 진실한 계위이다. 이 가장 진실한 계위의 대상은 큰 나무가 더욱 자라난 것으로, 지의는『법화현의』에서 최실위最實位를 곧 원교의 계위로 설명하고 있다. 다음은『법화경』제5「약초유품」에서의 최고의 계위에 대한 대상과 의미에 관한 부분이다.

"선정에 머물러서 신통한 힘을 얻고 법의 공함을 듣고 마음 크게 환희하며 무수한 광명 놓아 여러 중생 제도하면 이것은 큰 나무가 점점 자람 같으니라."[256]

한 땅에서 나고, 한 비를 맞고 자란다.[257]

---

[256]『妙法蓮華經』卷3(T09, p.20b15-17), "復有住禪 得神通力 聞諸法空 心大歡喜 放無數光 度諸衆生 是名大樹 而得增長"

[257]『妙法蓮華經』卷3(T09, p.19b5-6), "雖一地所生 一雨所潤 而諸草木 各有差別"

『법화경』에서는 위와 같이 최고의 계위에 대하여 큰 나무가 더욱 자라난 대상에 대해 선정에 머무르면서 신통으로 무수한 광명을 놓아 중생을 제도하는 자로 정의하고 있고, 그 성격을 한 땅에서 나고, 한 비를 맞고 자람으로 원교에 대한 계위를 의미하고 있다.

지의는 『법화현의』에서 제5 「약초유품」의 계위설로 최실위最實位, 곧 원교의 계위에 대해 다음과 같이 열 가지 주제로 설명하고 있다.

최고의 진실한 계위(最實位)라는 것은 곧 원교의 계위이며 이것을 밝히겠다. 이것은 열 가지 의미가 있는데, 첫째는 최실위의 이름과 뜻(名義)을 적고, 둘째는 최실위의 계위의 법수(位數)를 밝히고, 셋째는 최실위의 번뇌의 끊음(斷)과 억누름(伏)을 밝히고, 넷째는 최실위의 공용功用을 밝히고, 다섯째는 최실위의 추麤와 묘妙를 밝히고, 여섯째는 최실위의 계위(位)의 일으킴(位興)을 밝히고, 일곱째는 최실위의 계위의 폐지(位廢)를 밝히고, 여덟째는 최실위의 추麤를 열어 묘妙를 드러내고, 아홉째는 최실위를 경으로 인용하며, 열째는 최진실위의 시작과 끝의 묘함을 밝힘이다.[258]

지의는 원교를 논설하는 서두에서 그 의미를 열 가지로 보고 있다. 그 열 가지는 ①간명의簡名義, ②명위수明位數, ③명단복明斷伏, ④명공용明功用, ⑤명추묘明麤妙, ⑥명위흥明位興, ⑦명위폐明位廢, ⑧개

---

[258] 『妙法蓮華經玄義』 卷5(T33, p.732b21-24), "明最實位者 卽圓教位也 此爲十意 一簡名義 二明位數 三明斷伏 四明功用 五明麤妙 六明位興 七明位廢 八開麤顯妙 九引經 十妙位始終"

추현묘開麤顯妙, ⑨인경引經, ⑩묘위시종妙位始終로 순서에 따라 최실위最實位의 의미를 밝히고 있는데, 이 중 여덟 번째 항목이 개추현묘開麤顯妙로서 이는 천태교관의 구극을 보여주는 개현사상開顯思想의 일종[259]이라고 볼 수 있다.

『법화현의』에서 설명하는 원교의 열 가지 의미를 간략히 요약하면 다음과 같다.

(1) 간명의簡名義: 이름과 뜻을 밝힘

『법화현의』의 간명의에서는 통교·별교·원교에 의거하여 이름은 같지만, 뜻이 다른 경우로 설명한다. 첫째 이름은 통교이나 뜻은 원교인 경우, 둘째 이름은 별교이나 뜻은 원교인 경우, 셋째 이름과 뜻이 다 원교인 경우[260]로 설명한다.

원교에서는 다른 수행계위의 이름으로 원교의 뜻을 설명하고 있다. 예를 들어 원교의 계위는 『보살영락본업경』의 오십이위를 사용하여 이름은 별교와 같지만, 뜻이 다르다는 것이다. 이것은 별교의 계위는 처음과 끝이 서로 통하지 않지만, 원교의 계위는 중생과 부처가 원융圓融하여 다르지 않다[261]라는 것이다. 『보살영락본업경』에서 오십이위는 상즉相卽하지 않지만, 원교에서의 오십이위는 이름만 오십이위일 뿐

---

259 지창규(2007), p.127.

260 『妙法蓮華經玄義』 卷5(T33, p.732b25-27), "今約通別圓三句料簡 一名通義圓 二名別義圓 三名義俱圓"

261 『妙法蓮華經玄義』 卷5(T33, p.732c12-14), "名別義圓者 如五十二位 名與別同 而初中後位 圓融妙實 隨自意語 非是教道方便 依義不依語 應從圓判位也"

계위가 서로 상즉한다는 것이다. 그러므로 이를 진실한 계위라고 하는 것이다.

(2) 명위수明位數: 계위의 법수를 밝힘

명위수는 깨달음에 차제적인 계위가 있는지 없는지의 논란에 관한 내용이다. 이에 대해 지의는 "진실(眞)을 보는 자는 칠현·칠성·이십칠현성 등으로 판별되기 때문에 계위의 차제를 보는 것에 문제가 없다"[262] 라고 설명하며 입장을 밝히고 있다.

원교의 계위는 오품제자위五品弟子位부터 시작인데, 이는 삼장의 별별別과 총總의 사념처위와 같고, 뜻으로 보면 통교의 건혜지위와 같으며 별교의 십신위와 같다고 하고 있다. 오품제자위는 마음이 순간순간 모두 모든 바라밀과 상응하는 초수희품위, 법을 들음에 큰 이익이 있는 제이품위, 설법하여 길을 열어 인도하여 교화의 공덕이 자기에게 돌아와 십심이 세 배로 밝아지는 것을 제삼품위, 밖으로 힘쓴 일의 복으로 이치를 도와 십신이 더욱 성해지면 이것을 제사품위, 원관圓觀이 무르익어 사물과 이치에 융합하여 불지견을 갖추어 해석하면 이것이 제오품위라고 한다. 지의는 오품제자위를 『법화경』의 내용을 바탕으로 수희품隨喜品, 독송품讀誦品, 설법품說法品, 겸행육도품兼行六度品, 정행육도품正行六度品으로 차제를 설명하고 있다.

원교의 계위의 오품제자위五品弟子位 다음으로 불과佛果의 공덕을 나눈 삼덕三德(여래가 평등한 지혜로써 일체 만법을 모두 비추는 지덕智德과

---

[262] 『妙法蓮華經玄義』卷5(T33, p.733a4-6), "見眞之者 判七賢七聖二十七賢聖等 今實相平等 雖無次位 見實相者 判次位何咎"

모든 번뇌를 끊어버린 부처님의 덕인 단덕斷德, 부처님이 중생을 구제하려는 서원으로 중생을 구하여 해탈케 하는 은덕恩德)으로 오십이위인 십신위·십주위·십행위·십회향위·십지위·등각위·묘각위를 설명한다. 이는 같은 별교와 이름이 같은 오십이위라 하더라도 원교의 입장인 뜻이 다른 관점에 대한 설명이라고 할 수 있다.

(3) 명단복明斷伏: 번뇌의 끊음과 억누름을 밝힘

명단복에서는 원교의 계위에서 번뇌의 끊음과 억누름을 설명하고 있다. 지의는 "오품위에서 원만히 일실사제一實四諦²⁶³를 이해하여, 마음이 생각 생각 법계의 모든 바라밀과 상응하며, 전도된 망상 없이 원만하게 지말번뇌와 객진번뇌와 근본번뇌를 억누르므로 복인伏忍이라고 하는데, 모든 교의 초심初心에는 이러한 부분이 없다"²⁶⁴고 하여 원교의 차별점을 설명하고 있다. 즉, 원교는 장교·통교·별교와는 달리 초심부터 제법실상의 이치를 관한다는 것이다.

십신의 계위는 억누름이 강해서 상사즉의 요해를 일으켜 삼계 안의 견혹, 사혹과 삼계 밖의 무지로 인한 번뇌를 타파한다.²⁶⁵ 원교의 초주初

---

263 일실사제一實四諦란 번뇌가 그대로 보리이고, 생사가 그대로 열반이므로 번뇌와 생사 모두 진실하다는 관점으로 사성제를 이해하는 것이다. 이렇게 관찰하고, 이런 이치에 따르며 기뻐하는 것이 오품제자위의 처음인 수희품이다. 배완준(서정)(2024), p.100.

264 『妙法蓮華經玄義』 卷5(T33, p.735c23-26), "五品已圓解一實四諦 其心念念與法界諸波羅蜜相應 遍體無邪曲偏等倒 圓伏枝客根本惑 故名伏忍 諸教初心 無此氣分"

265 『妙法蓮華經玄義』 卷5(T33, pp.735c29-736a2), "十信之位 伏道轉强 發得似解

住에 들어가면 법음다라니法音陀羅尼를 얻고 바로 무명을 타파하므로 단도斷道라고 한다. 불성에 항상 머물러 제일의第一義의 진리를 보는 것을 원교의 무생인無生忍이라고 한다. 십행·십회향·십지·등각은 무명을 타파하므로 똑같이 무생인의 계위이고, 묘각은 단도가 두루하여 구경을 성취하므로 적멸인寂滅忍이라고 한다. 묘각은 인忍을 단멸하나 억누르지 않으며, 무생인은 혹은 억누르고 혹은 단멸하기도 하여 무애도無礙道이기도 하고, 해탈도解脫道이기도 하다.[266] 이것은 십행·십회향·십지·등각은 무생인의 계위인데 억누름과 단멸함이 존재하기에 무애도이기도 하고, 해탈도이기도 하지만 묘각은 적멸인으로 단멸함으로 억누름이 없다는 것이다.

(4) 명공용明功用: 공용을 밝힘

명공용明功用 부분에서 공功은 스스로 나아가는 것을 논하고 용用은 중생을 이익되게 하는 것을 논한다. 글자를 합하여 해석하면 바로 화타化他를 말한다.[267] 그러므로 공은 자리自利이고, 용은 곧 이타利他이다.

破界內見思界內界外無知塵沙"

266 『妙法蓮華經玄義』卷5(T33, p.736a8-14), "若入初住 得眞法音陀羅尼 正破無明 始名斷道 見佛性常住第一義理 名圓敎無生忍 十行十迴向十地等覺 皆破無明 同是無生忍位 妙覺 斷道已周 究竟成就 名爲寂滅忍 若約位別判 伏順二忍但伏不斷例如無礙道 妙覺一忍 斷而不伏 例如解脫道 無生一忍 亦伏 亦斷 亦無礙 亦解脫"

267 『妙法蓮華經玄義』卷5(T33, p.736c3-4), "功論自進 用論益物 合字解者 正語化他"

오품위는 비록 이치가 아직 드러나지 않았더라도 관찰하는 지혜가 이미 원만한 것이다. 번뇌의 성품을 갖추었으나 여래의 비밀장秘密藏을 알고, 충분히 세간을 위한 의지처가 된다. 이 사람에게 의지하여 머무는 것은 마치 여래에게 의지하여 머무는 것과 같다.[268] 초주初住에서 한 등급의 무명無明을 타파하고, 한 등급에서 이십오삼매二十五三昧를 획득하며, 한 등급에서 나의 성품(我性)을 드러낸다. 그 진실한 곳을 논하면 불가사의하다. 교문敎門에 의하면 횡으로는 백불세계百佛世界에 분신으로 나투어 십법계十法界의 모습을 지어 중생을 도와 이롭게 한다.[269]

(5) 명추묘明麤妙: 추麤와 묘妙를 밝힘

명추묘는 모든 계위를 통틀어 추와 묘에 대해 논하는 부분이다. 작은 약초는 다만 삼악도를 면하는 데 그치고, 중간 약초는 지혜가 미약하여 근원을 궁구하지 못하고 중생을 구하는 데 미치지 못한다. 큰 약초는 비록 중생을 구제하긴 하지만, 지혜가 색을 멸하는 정도이므로 졸렬하다. 작은 나무는 비록 교묘하지만, 공력은 삼계 안에서 이루어지므로 그 계위는 모두 추한 것이라 한다. 큰 나무의 진실한 행위는 중도를 연하여 모두 무명을 타파하니 다 삼계 밖에 공용이 있다. 그러므로

---

268 『妙法蓮華經玄義』 卷5(T33, p.736c4-7), "五品之位 理雖未顯 觀慧已圓 具煩惱性 能知如來祕密之藏 堪爲世間作初依止 依止此人 猶如如來"

269 『妙法蓮華經玄義』 卷5(T33, p.736c23-26), "初住豎破一分無明 獲一分二十五三昧 顯一分我性 論其實處 不可思議 依於敎門 橫則百佛世界 分身散影 作十法界像 利祐衆生"

이 계위는 묘가 된다. 별교는 방편문을 좇아 꾸불꾸불한 작은 길로 멀리 돌아가고, 말미암는 곳이 졸렬하므르 그 계위가 추한 것이 된다. 원교는 곧은 문이므로 묘가 된다.[270] 그러므로 큰 나무는 아직 방편을 벗어나지 못했다. 중생과 부처가 차별되므로 거친 길이고, 차별되기에 먼 길을 돌아간다. 원교의 진실위는 중생과 부처가 상즉하므로 빠르고 묘하다는 것이다.

또 "큰 나무는 비록 커다랗게 둘러싸지만, 요컨대 십지 이전에서 닦아 이룬 공으로 인하여 바야흐로 점점 생장하는 것이다. 그러므로 알라. 원교의 계위는 처음부터 나중에 이르기까지 모두 진실한 교설로서 실제로 억누르고 실제로 끊으므로 모두 다 묘라고 부른다"[271]라고 하여 큰 나무의 별교는 십지 이전에 닦은 공으로 점점 생장하여 추라고 하지만, 이에 원교의 계위는 처음부터 나중에 이르기까지 진실한 교설로 모두 묘라고 하는 것이다.

(6) 명위흥明位興과 명위폐明位廢: 계위를 일으킨 것과 폐지의 이유를 밝힘
명위흥은 계위가 일어나는 것을 밝히는 부분이다. 방편 계위가 거친 것이지만 부처님께서 설하신 이유는 "중생의 좋아하고 즐거워하는 것이 동일하지 않고, 선의 마음을 내는 인연이 동일하지 않으며, 허물을

---

270 『妙法蓮華經玄義』卷5(T33, p.737a5-11), "小草止免四趣 不動不出 中草雖復動 出智不窮源 恩不及物 上草雖能兼濟 減色爲拙 小樹雖巧 功齊界內 故其位皆麤 大樹實事 同緣中道 皆破無明 俱有界外功用 故此位爲妙 而別教從方便門 曲逕紆迴 所因處拙 其位亦麤 圓教直門 是故爲妙"

271 『妙法蓮華經玄義』卷5(T33, p.737b9-11), "大樹雖巨圍 要因於地 方漸生長 是知 圓位從初至後 皆是實說 實伏實斷俱皆稱妙"

알고 악을 고치는 것이 동일하지 않고, 설법에서 깨달음을 얻는 부분이 동일하지 않기 때문에 부처님은 갖가지 설을 하고 이것에는 모두 이익이 있다"[272]는 것이다. 즉, 중생들의 취향, 업연, 성향, 수준 등이 동일하지 않기 때문에 계위가 있고, 이들을 위해 여러 가지 방편으로 설법을 하므로 모두에게 이익이 있게 한다는 것이다.

계위는 그 설립 목적을 알아야 올바로 이해할 수 있다. 그 목적에 대해 이해하지 못하면 대승의 계위를 소승의 계위의 교설로 해석하는 문제가 생길 수도 있으며 대승의 입장에서 계위를 중시하면 삼장교를 배제하는 문제가 발생할 수 있다. 앞의 문제는 본래의 뜻을 잘못 해석한 데 있고, 후의 문제는 방편을 활용하지 못한 데 있다.

예를 들어, 장교에서 가장 높은 계위는 아라한이다. 더 배울 것이 없으므로 무학이라 하지만, 통교에서는 아니다. 장교의 아라한은 석공관析空觀[273]으로 무아無我를 깨닫는데, 통교는 체공관體空觀[274]으로 아법이공我法二空을 깨닫는다. 이러한 이유에서, 통교에 들어왔다면 장교의 계위는 폐지하여야 한다. 통교에 진입함으로써 그 설립 목적을 다했기 때문이다. 다른 계위도 마찬가지다. 통교와 별교 모두 십지가 있지만, 별교는 초지에서부터 무명을 타파한다. 하지만 통교의 초지는

---

272 『妙法蓮華經玄義』卷5(T33, p.737b14-16), "爲諸衆生好樂不同 生善緣不同 知過改惡不同 當說取悟不同 是故如來種種諸 皆有利益"
273 모든 현상을 분석하여 공이라 관하므로 석공관이라 한다. 이것은 장교의 관법이다.
274 분석에 의하지 않고 직관적으로 모든 현상 그 자체가 바로 공이라고 보는 관법이다. 이것은 통교의 관법이다.

견사혹[275]을 겨우 억누르는 정도이다. 십지라는 이름만 같을 뿐이므로 착각해서는 안 된다. 별교의 계위는 처음과 끝이 차별되어 있으며 중생과 부처가 상하는 이치가 없다. 원교에 진입하면 별교의 계위는 폐지해야 한다. 그러나 진실한 위인 원교위는 폐지하지 않는다.[276]

『열반경』에 이르되 "일체 강과 하천에는 모두 굽이돌음(廻曲)이 있고, 일체 총림叢林에는 반드시 수목樹木이 있다"[277]고 한다. 모든 교법은 중생의 성정에 따르기에 굽이돎이 있고, 삼초三草와 이목二木은 부처의 방편이므로 진실이 아니니, 의당 계위를 폐지해야 한다. 금모래의 큰 강은 곧바로 서해로 들어가고, 금은의 나무는 모두 보배의 숲으로서 굽지 않고 바르다. 그러므로 폐지하지 않는다.[278]

중생의 근기에 따라 방편의 계위가 있고 가르침이 있지만, 진실위인 원교의 계위에 들어서면 앞서 방편의 계위는 모두 폐지되어야 한다는

---

275 견혹이란 편벽된 세계관을 통해 일으키는 번뇌로서, 아견我見, 변견邊見의 미혹을 말한다. 사혹이란 세간의 현상을 사려분별함으로써 일으키는 번뇌를 말한다. 견혹과 사혹은 삼계 내의 생사윤회의 원인으로서, 이를 끊어야 비로소 삼계의 생사를 벗어날 수 있다. 견사혹은 장교와 통교가 공관을 통해 닦는 번뇌이다.
276 배완준(서정)(2024), pp.101~102.
277 『大般涅槃經』卷10(T12, p.426b18-19), "一切江河 必有迴曲 一切叢林 必名樹木"
278 『妙法蓮華經玄義』卷5(T33, p.738a18-22), "『大經』云 一切江河 悉有迴曲 一切叢林 必有樹木 諸教隨情 故有迴曲 三草二木是佛方便 故非眞實 宜須廢位 金沙大河直入西海 金銀之樹悉是寶林 非曲 是直 是故不廢"

것이다. 그러나 원교의 계위는 시작부터 제법실상을 바로 관하여 들어가기 때문에 폐지하지 않는다는 것이다.

(7) 개추현묘開麤顯妙: 추를 열어 묘를 드러냄

개추현묘는 거친 계위를 열어 보여 상대적으로 묘한 계위를 드러내는 것에 대하여 설명한 부분이다.

> 예전의 방편(權)은 진실(實)을 온축함이 꽃(華)이 연蓮을 포함하는 것과 같고, 방편(權)을 열어 진실(實)을 드러냄은 꽃(華)이 피어서 연蓮이 나타나는 것과 같아서, 이 꽃(華)을 떠나 달리 연蓮이 없듯이 이 추麤한 것을 떠나 달리 묘妙가 없기 때문이다. 어찌 추한 것을 타파하여 묘로 향하겠는가. 다만 방편의 계위(權位)를 열어 묘한 계위(妙位)를 드러낼 뿐이다.
> 생사의 거친 마음을 연다는 것은 범부에게는 반복됨에 보리심을 일으키기 쉽고 생사가 곧 열반으로 둘도 아니고 다름없으니, 추가 곧 묘임을 밝히는 것이다.[279]

여기에서는 꽃 안에 연꽃이 포함되듯이 방편을 열어 진실을 보인다는 것이다. 그러므로 꽃이라는 것 안에 연꽃이 있듯이 거친 추를 떠나 진실한 묘가 없다는 것이다. 이것이 바로 생사가 곧 열반이고

---

279 『妙法蓮華經玄義』 卷5(T33, p.739a5-10), "昔權蘊實 如華含蓮 開權顯實 如華開蓮現 離此華已無別更蓮 離此麤已無別更妙 何須破麤往妙 但開權位卽顯妙位也 開生死麤心者 明凡夫有反復 易發菩提心 生死卽涅槃 無二無別 卽麤是妙也"

추가 곧 묘임을 밝히는 부분이다. 모두 마음자리 안에서 일어나는 일이라는 것이다.

또 이 부분에서는 모든 교법의 교위에서 거친 추를 다 끊고 묘에 들어간다고 해도 원교의 묘에 들어가는 것에 비하면 다 낮은 것이라고 설명하고 있다. 원교의 발심은 비록 아직 계위에 들어가지 못했을지라도 여래의 비밀장祕密藏을 알면 부처가 된다고 하고 있다.

(8) 인경引經: 경의 인용

이 부분에서는 『열반경』의 오미五味의 비유를 인용하여 사교의 계위(四教位)를 설명하고 있다. 『열반경』의 경문에서는 "범부는 우유(乳)와 같고, 수다원은 낙酪과 같고, 사다함은 생소生蘇와 같고, 아나함은 숙소熟蘇와 같으며, 아라한·벽지불·부처는 제호醍醐와 같다"[280]라고 하는데 『법화현의』에서는 이것이 삼장의 다섯 계위를 비유한다고 하고 있다. 또한 삼장의 해석으로 범부를 우유에 비유하고 보살도 우유에 비유하는데, 이는 『열반경』에서 보살을 자증의 힘이 약하므로 범부와 같이 유미로 해석한 것이다.

그러나 『열반경』「가섭보살품」에는 "범부는 잡혈의 우유(雜血乳)와 같고, 수다원과 사다함은 깨끗한 우유(淸淨乳)와 같고, 아나함은 낙과 같고, 아라한은 생소와 같고, 벽지불과 보살은 숙소와 같으며, 부처는

---

280 『妙法蓮華經玄義』卷5(T33, p.739b14-19), "『涅槃』五譬 成四教位 若不將四教釋譬 譬不可解 若非五譬判四教位 取信爲難 若信經文 則位義易曉 解諸位意 彼譬 冷然 彼此相須 可謂兼美者也 彼文云 凡夫 如乳 須陀洹 如酪 斯陀含 如生蘇 阿那含 如熟蘇 阿羅漢支佛佛 如醍醐"

제호와 같다"²⁸¹라고 하는데, 『법화현의』에서는 이것은 통교의 다섯 계위를 비유하는 것으로 설명한다.

또한 『열반경』 제9권에, "범부의 불성은 소에서 새로 생긴 피 섞인 우유(雜血乳)가 아직 나누어지지 않은 것과 같고, 성문의 불성은 청정한 우유(淸淨乳)와 같고, 벽지불은 낙과 같고, 보살은 생소나 숙소와 같으며, 부처는 제호와 같다고 하는데, 범부의 불성은 소에서 새로 생긴 피 섞인 우유가 아직 나누어지지 않은 것과 같고, 성문의 불성은 청정한 우유와 같고, 벽지불은 낙과 같고, 보살은 생소나 숙소와 같으며, 부처는 제호와 같다"²⁸²고 하는 이 비유는 『법화현의』에서는 별교의 오위라고 설명한다.

마지막으로 『열반경』 제25권에, "설산에 풀이 있는데, 이를 인욕이라고 한다. 소가 만약 먹으면 제호를 얻는다"²⁸³고 하고, 『법화현의』에서는 "소는 범부를 비유하고, 풀은 팔정도(八正道)를 비유한다. 팔정도를 닦으면 불성을 보는데, 이것을 제호를 얻는다고 한다. 이것은 원교에서

---

281 『大般涅槃經』 卷32(T12, p.818c1-9), "是故 我於經中先說衆生佛性如雜血乳 血者卽是無明行等一切煩惱 乳者卽是善五陰也 是故 我說從諸煩惱及善五陰得阿耨多羅三藐三菩提 如衆生身皆從精血而得成就 佛性亦爾 須陀洹人 斯陀含人斷少煩惱 佛性如乳 阿那含人 佛性如酪 阿羅漢人 猶如生酥 從辟支佛至十住菩薩 猶如熟酥 如來佛性猶如醍醐"

282 『大般涅槃經』 卷9(T12, p.664b19-21), "聲聞如乳 緣覺如酪 菩薩之人如生熟酥 諸佛世尊猶如醍醐 以是義故 大涅槃中說四種性而有差別"
『妙法蓮華經玄義』 卷5(T33, p.739c16-18), "凡夫佛性 如牛新生 血乳未別 聲聞佛性 如淸淨乳 支佛如酪 菩薩如生熟蘇 佛如醍醐 此譬別教五位"

283 『大般涅槃經』 卷25(T12, p.770b13-14), "雪山有草 名爲忍辱 牛若食者 則出醍醐"

크고 바른 도(大直道)를 행하는 것을 비유한 것이다. 일체중생을 관찰하면 열반상涅槃相은 다시 멸할 것도 없다"[284]라고 하여 이는 소가 인욕초를 먹고 네 가지 맛을 거치지 않고서 곧바로 제호를 내는 것과 같아서 이것이 바로 원교의 뜻이라고 설명하고 있다. 제호는 네 가지 과정을 거쳐 네 가지 맛을 내면서 만들어진 것이다. 그러므로 점차적인 결과물이라 할 수 있는데 여기에서는 소가 설산에 있는 풀을 먹으면 제호를 만든다고 한다. 그러므로 원교는 원돈적이라 할 수 있다.

또한 인욕초는 경계(界)의 묘를 비유하고, 소는 지혜(智)의 묘를 비유하고, 먹는 것은 수행(行)의 묘를 비유하며, 제호를 내는 것은 계위(位)의 묘를 비유한 것이라 한다. 나머지 방편교方便教의 경계(界)·지혜(智)·수행(行)·계위(位)는 모두 추한 뜻이라고 원교의 뜻을 더 설명하고 있다.

(9) 묘위시종妙位始終: 계위의 시작과 끝의 묘함을 밝힘

묘위시종의 내용은 진여법 중에는 차등이 없어 계위의 차별이 없으며 법성은 평등해서 항상 고요해서 처음이나 나중이나 시작과 끝을 분별할 것이 없다라는 것이다. 『법화현의』에서는 이와 같은 내용을 다음과 같이 설명하고 있다.

참으로 평등대혜平等大慧를 가지고 법계를 관하건대, 약간若干이 없으므로 말미암아, 능히 약간의 무명을 깨면 약간의 지혜 없음이

---

[284] 『妙法蓮華經玄義』 卷5(T33, p.739c26-29), "牛喻凡夫 草喻八正 能修八正 卽見佛性 名得醍醐 此譬圓教 行大直道 觀一切衆生 卽涅槃相 不復可滅"

나타나는 것이다.[285]

하지만 대혜大慧로 무명을 깨고 법계를 관찰하면 있다고 생각하는 것도 실체가 없고, 약간의 무명을 깨면 약간의 얻을 지혜랄 것도 없음이 드러난다는 것이다.

이 지혜(智)에 의거하여 시작이 없으면서 시작이 있는 것은 처음의 '아阿'이고, 끝이 없으면서 끝이 있는 것은 나중의 '다茶'이며, 중간이 없으면서 중간을 논하는 것은 사십심四十心이니, 비록 다시 차별이 있더라도 차별이 없으므로 부사의한 계위라고 하는 것이다.[286]

아阿와 다茶, 사십심四十心은 사십이자문四十二字門[287]이고, 이는 원교의 초주初住부터 묘각妙覺까지의 사십이위를 의미한다. 상즉의 이치로 보면 시작이 곧 끝인지라 초주가 곧 묘각이지만, 그럼에도 처음은 초주이고 끝은 묘각이다. 평등법계에는 시작도 끝도 없지만, 현상계에는 시작과 끝이 있다. 그러나 현상의 차별은 본질적으로 평등하다. 이처럼 평등하지만 차별되고, 차별이지만 평등하므로 원교의 계위는

---

285 『妙法蓮華經玄義』 卷5(T33, p.740c4-5), "良由平等大慧 觀於法界無有若干 能破若干無明 顯出無若干智慧"
286 『妙法蓮華經玄義』 卷5(T33, p.740c6-8), "約此智慧 無始而始 卽是初阿 無終而終 卽是後茶 無中而論中 卽是四十心 雖復差別 則無差別 故名不思議位也"
287 산스크리트의 글자 "아" 자에서부터 "다" 자까지 42자에 대하여 『반야경般若經』 무상개공無相皆空의 이치를 관하는 것을 표시한 것이다.

불가사의하고 묘하다.[288]

7) 『법화경』의 수행계위의 의의

앞에서 설명했던 지의의 『법화현의』에서 『법화경』 제5 「약초유품」의 삼초이목의 비유를 위묘의 계위설로 설명한 내용을 표로 간략히 정리하면 다음과 같다.

〈표 14〉 『법화경』의 수행계위

계위	대상	수행차제	사교
작은 약초의 계위	전륜성왕	오계	장교
	천신	칠계와 십선도	
중간 약초의 계위	성문	사제	
	연각	십이인연	
큰 약초의 계위	삼장보살	육바라밀	
작은 나무의 계위	제일의제에 들어간 자	삼승공십지	통교
큰 나무의 계위	불퇴전 보살	전체적 계위: 『영락경』의 오십이위, 『대품반야경』 십지, 『열반경』 오행과 십공덕	별교
일지일우一 地一雨 -최고 진실한 계위	무수한 광명으로 많은 중생을 제도하는 자	오품제자위 - 외범위, 육근청정위 - 내범위, 오십이위(십신·십주·십행·십회향·십지·등각·묘각)	원교

---

[288] 배완준(서정)(2024), pp.105~106.

『법화경』 제5 「약초유품」에는 전체 수행계위를 삼초이목의 비유로 총망라하고 있다. 그러나 「약초유품」의 비유가 다양한 존재를 비유한 다는 점에서는 계위를 이해하기 좋지만, 그 하나하나의 계위에 대한 설명은 구체적이지 않아 수행의 차제를 이해하기에는 부족하다. 지의는 『법화경』 제5 「약초유품」이 수행계위에 대한 기본적 뼈대를 갖추고 있다는 신념 아래, 『법화현의』의 위묘에서 다양한 경론을 인용하여 그 각각의 계위마다 설명하고 있다. 지의는 『법화현의』의 위묘를 통해 『법화경』 제5 「약초유품」에 의거하여 삼초이목의 방편위와 일지일우一地一雨의 최고진실위를 정리하였다.

『법화현의』의 위묘에서는 『성실론』, 『구사론』, 『정법념처경』, 『대품반야경』, 『인왕반야경』, 『대지도론』, 『대반열반경』 등 대소승 경전을 망라하여 근거로 삼고 있다. 또한 시대별 특정 계위만 중요시하며 비교하는 것이 아니라 4교마다 그 목적에 맞게 예를 들며 활용하고 있다. 그러나 큰 나무를 별교의 계위로 정의하면서 『인왕반야경仁王般若經』, 『신금광명경新金光明經』, 『승천왕반야경勝天王般若經』, 『대품반야경大品般若經』 등의 경전에서 계위를 찾을 수 있으나 수나 대치의 내용 등이 서로 달라 맞출 수 없다고 하여, 단지 『영락경瓔珞經』과 『인왕반야경』, 『대품반야경』을 내용상으로 단지 비교할 뿐이다. 아마도 이것은 지의의 시대에는 방대한 자료를 볼 수 없거나, 자료를 한꺼번에 검색해서 비교할 수 있는 기술이 갖추어지지 않아서일 것이다. 현재에는 방대한 경전을 검색할 수 있고 자료도 충분히 갖추어져 있기에 계위가 설해져 있는 경전을 검색하여 10위, 11위, 41위, 51위, 52위, 57위로 분류하여 비교하여 보았다.

각각의 경론에 설해진 사상이나 수행 방법을 생각한다면 수행계위는 과에 해당되는 것으로 중요하지 않다고 여겨질 수도 있으나 계위에 대한 바른 이해가 없으면 수행의 방향성이 잘못될 수 있다. 앞서 살펴본 것과 같이 별교와 원교가 같은 오십이위의 계위를 취하고 있지만 이름만 같을 뿐, 그 뜻이 다름을 확인할 수 있었다. 이것은 그 계위의 시작부터가 다른 것인데 이를 이해하지 못하면 그 차별됨을 같다는 오해를 일으킬 수 있는 것이다.

『법화현의』의 위묘는 점차적 계위를 방편 삼아 원돈의 진실한 계위를 밝히고 있다. 중생마다 근기가 다르고 각각의 계위별로 방편의 수행이 있어 마침내 깨닫게 되어 불지견으로 제법실상을 알게 되면 진실한 계위가 설립하게 된다. 진실한 계위는 불가사의하여 부처와 중생이 다른 것 같지만 다르지 않고, 다르지 않으면서 다른 작용이 있다. 지의는 이러한 공용을 통해 『법화경』의 진실한 계위의 묘법이 무엇인지 드러내고 있다. 위묘에서도 설명하고 있지만, 묘법은 제법실상의 모습 그대로이다. 사의를 초월한 것이기에 불가사의라고 하며, 근기나 수행하는 바에 따라 계위의 차별이 있지만, 본질적으로 부처의 성품을 가지고 있다. 그러므로 자신이 본래 부처였음을 자각하기 시작하면 초주의 시작이 되고, 차이에 입각하면 오품제자와 오십이위로 나뉘지만, 본질적으로는 자신과 부처가 다르지 않다는 것이 원교의 진실한 계위이자, 진실한 계위의 묘법인 것이다.

지의의 이러한 4교설에 따르면 원교의 입장이 바로 4거가 중 대백우거가 될 것이다. 원교의 입장에서 깨달은 자의 보살행의 실천이 바로 최진실위에 있는 실천행인 것이다.

제4장 『법화경』의 일불승의 수증과 현대사회적 실천

1. 불교의 사회적 실천의 의미

『법화경』수행에 대한 사회적 실천을 논하기 전에 우선적으로 불교의 사회적 실천이 어떤 의미인지에 대한 정의부터 전제되어야 한다. 그래야 종교의 사회적 실천에 대한 의미와 범위 내에서 실질적인 『법화경』수행에 대한 사회적 실천을 논할 수 있을 것이다.

  아시아와 서구의 불교 근대주의에 대한 견해를 주로 다루고 있는 도날드 로페즈(Donald Lopez, 1952~)가 편집한 『불교 연구를 위한 비판적 용어집(Critical Terms for the Study of Buddhism)』[1]에서 칼 빌레펠트(Carl Bielefeldt, 1958~)는 불교의 '실천(practice)'에는 다음과 같이 네 가지 의미가 있다고 한다.[2]

---

1 Donald S. Lopez Jr.(ed.)(2005).
2 Carl Bielefeldt, "Practice," Lopez(2005), pp. 229~230.

첫째는 직업이나 소명에 적극적으로 참여하거나 정기적으로 참여하는 것과 관련한 수행을 말한다. 우리가 누군가를 '신앙을 실천하는 기독교인' 또는 '신앙을 지키는 유대인'이라고 할 때 가장 염두에 두는 의미이며, 불교학자에게서 "당신은 수행합니까?"라는 질문을 받을 때 직면하는 의미이다.[3] 가장 넓은 의미로서의 실천이며 불교도라는 의미로, 규정된 가르침을 믿고 규정된 활동을 삶에서 실천하는 것을 말한다.

두 번째는 밀접하게 관련한 감각적 의미는 '이론과 대조되는 실천은 무엇이 실제이고, 무엇이 적용되며, 그 가르침은 수행을 통해서만 이해될 수 있다'라고 하는 불교의 텍스트에 의해 접하게 되는 용어로서의 의미이다.[4] 이 두 번째 실천에 대한 의미는 경전의 내용에 근거한 이론에 대한 실천의 의미이다. 경전과 관련한 텍스트 등에 규정된 불교의 실천은 '불교인은 무엇을 하는가?'보다도 '불교인은 무엇을 해야 하는가?'를 정하고 있다. 그러나 불교의 경우 이론을 위한 이론이 아니다. 어디까지나 어떻게 괴로움에서 벗어나 깨달음에 도달할 수

---

[3] Carl Bielefeldt, "Practice," Lopez(2005), p.229. "One is the practice we associate with active engagement or regular participation in a vocation or calling-the sense we may have most in mind when we say that someone is a "practicing Christian" or an "observant Jew"; the sense the Buddhist scholar faces when she is asked, "Do you practice?""

[4] Carl Bielefeldt, "Practice," Lopez(2005), p.229. "A second, closely related sense is the practice we contrast with theory-practice as what is practical, what is applied; the sense of the term we encounter when we are told by a Buddhist text that the teachings can only be understood through their practice."

있느냐는 실천적인 목적과 구제론적 목적이 있다. 이처럼 불교의 이론은 실천을 포함하는 관계이다. 이런 점에서 볼 때 불교의 이론과 실천은 확연히 구별되는 것은 아니라고 할 수 있다.

세 번째는 숙련과 연결된 수행의 의미이다. 즉, "연습이 완벽을 만든다"라고 할 때처럼 공연을 준비하거나 기술을 훈련하는 것으로써의 수행이며, 한 불자가 다른 불자에 대해 "그는 수행이 깊다"라고 말할 때의 의미이다.[5] 세 번째 수행의 의미는 어떤 기술을 습득하기 위한 익숙해지기 위한 연습을 의미하는 경우이다. 종교의 경우에는 구제론적인 목적을 달성하기 위한 원인·수단으로서 수행이라는 것이 가능하다. 불교적으로 말하면, '도(道, mārga)'로서 닦고 수행한다는 의미이다. 궁극의 입장과 그것에 도달하는 다양한 실천은 제일의제와 세속제에 의해 설명된다. 그러나 제일의제와 세속제는 완전히 떨어져 있는 관계가 아니므로 동아시아 불교에서 말하는 '자리'와 '이타'의 관계인 것이다. 또한 "현대적인 설명으로는 실천하는 사람이 이미 도의 최종 목표인 깨달음에 도달했다고 생각하면서 종교적 삶을 사는 것"[6]을 의미한다고 할 수 있다.

마지막, 네 번째 수행의 의미는 원칙에 반하는 의미로 우리가 설정한

---

[5] Carl Bielefeldt, "Practice," Lopez(2005), p.229. "A third is the practice we connect with proficiency-practice as preparation for a performance or training in or for a skill, as when we say that "practice makes perfect"; the sense meant when one Buddhist says of another, "He is advanced in his practice.""

[6] Carl Bielefeldt, "Practice," Lopez(2005), p.239. "that is, approaches to the religious life that imagine the practitioner as somehow already at the end of the path."

수행, 즉 공언한 이상理想이 아니라 실제적인 행동을 말한다. 불교 역사가가 "실제로 스님들이 가진 이상 속의 수행보다는 실제적인 삶을 통해 보이는 수행이 더 존중된다"라며 관찰하여 전달하는 감각을 의미한다.[7] 이 의미는 이상에 대한 실제적인 행동에 관한 수행을 말한다. 표면적인 이상에 대해 실제로 무엇을 하는가?라는 현실에서의 행동을 말한다.

빌레펠트는 "최근 불교의 연구방식은 전환되었는데, 전반적으로 현재 불교의 사회적 문화 관행에 대하여 역사적으로 접근하는 방식으로 변화하고 있다. 이것은 우리의 초점을 시간적으로는 현재로 이동시키고, 표면적으로는 엘리트적 표면에서 대중적 표면으로 이동하기 시작한 것이다. 우리가 과거의 복잡성에서 뽑아내거나 구축하고자 했던 이야기는 이제 점점 더 불교 신자들의 실천과 관련된다"[8]라고

---

[7] Carl Bielefeldt, "Practice," Lopez(2005), p.230. "The last is the practice we set over against principle-what one does in fact, actual behavior, as opposed to professed ideal; the sense carried when the Buddhist historian observes, "In practice, the monks'ideal of poverty has often been honored more in the breach than in the observance.""

[8] Carl Bielefeldt, "Practice", Lopez(2005), p.243. "The recent turn in Buddhist studies away from what I have loosely called a theological approach toward an interest in the social and cultural practices of Buddhism is a function of the broader shift in academe toward historical approaches to religion-a shift that, in practice, has begun to move our focus not only from timeless norms to temporal realities but also from elite representations to popular expressions. The stories we now want to pick out from (or build up about) past complexities have increasingly to do with the practices of what we might call the Buddhist

하고 있다. 이것은 최근 불교에 관한 연구방식이 과거의 역사적 사실을 기반으로 하는 연구에서 현 사회에서 현행하는 사회현상학적 불교문화를 기반으로 하는 역사적 사실을 거꾸로 찾아 들어가는 방식으로 전환하고 있다는 것이다. 이러한 변화는 불교 연구의 중점이 엘리트적 중심에서 대중성으로 옮겨가고 점점 더 불교의 사회 실천적 문제의 중요성이 강조된다는 것이다.

빌레펠트는 앞에서 불교의 사회적 실천을 네 가지 '실천'의 내용으로 정의하였다. 네 가지 '실천'의 의미 중에서 앞의 세 가지 의미는 종교적 접근의 '실천'이고, 마지막 네 번째 '실천'의 의미는 종교적 접근의 '실천'에서 사회적 관심으로 전환되는 '실천'을 지적하고 있는 것이다. 이제 현대사회에서 불교는 대중성을 근간으로 하는 사회 실천의 문제를 중심으로 연구되고 있다. 불교 경전의 텍스트는 이론을 근거로 실천하는 수행을 설명하는 것이고, 그 수행이 어떻게 사회적 실천으로 연결될 수 있는지 고민해 보아야 한다. 이러한 점에 주목하여 『법화경』의 중심 교설과 수행이 어떻게 사회 실천과 연결될 수 있는지 논의해 보고자 한다.

2. 『법화경』의 중심 교설과 현대사회적 실천

불교의 실천에 대한 네 가지 의미 중 가장 첫 번째 해당하는 '실천'의

---

silent majority: the men and women on the streets and in the rice paddies whose voices speak outside the canon or between the lines of theological system."

의미는 가장 넓은 의미의 실천, 즉 불교도라는 의미에서 가르침을 믿고 삶에서 실천한다는 의미이므로 불교 수행자의 입장에서 기본적으로 전제되어 있는 실천의 의미이다. 그러므로『법화경』을 신앙하며 수행하는 수행자적인 입장에서 보면 첫 번째 실천의 의미는 기본적으로 전제가 되어 있다고 보는 것이 옳을 것이다. 그러므로 실천의 첫 번째 의미는 모든 중심 교설과 사회적 실천 기저에 깔려 있는 의미로 보고자 한다. 그러면『법화경』의 중심 교설을 중심으로 사회적 실천에 대한 것을 살펴보면 다음과 같다.

첫째는 일불승의 교설로, 일불승이란 모든 사람을 성불로 인도하는 것이 부처의 자비이며 성불의 가르침만이 있을 뿐[9]이라고 보는 것으로, 삼승이나 이승인 성문승이나 연각승의 가르침은 방편일 뿐 성불로 인도하는 가르침은 일승이라는 것이다. 이것은 인간에 대한 가장 근본을 어떻게 볼 것인가에 대한 사상적 문제로 불교의 사회적 실천의 의미 중 두 번째 경전에 근거한 인간을 어떻게 볼 것인가를 실천하는 의미가 된다. 이와 같은 일불승의 교설은 '모든 사람은 부처님과 똑같이 성불할 수 있는 가능성이 내재해 있다'라는 가르침으로 인간의 본질은 부처와 같이 모두 평등하다고 인식하는 것이다. 이것은『법화경』의 텍스트로 인식의 전환을 가져오게 하는 실천적 의미를 지니고 있다.

둘째는 구원본불설로, 이 세상에 출현했다가 열반에 든 석가모니불은 방편에 불과하고, 본불은 무량겁 이전에 깨달은 존재이며 결코

---

9 『妙法蓮華經』卷1(T09, p.7a23-28), "諸佛世尊欲令衆生開佛知見 使得淸淨故 出現於世 欲示衆生佛之知見故 出現於世欲令衆生悟佛知見故 出現於世 欲令衆生入佛知見道故 出現於世 舍利弗 是爲諸佛以一大事因緣故出現於世"

열반에 드는 일이 없고 영원하다는 교설이다. 석가모니불은 깨달은 이후부터 최후 열반까지 법에 대한 신앙으로 일관했으며, 입멸 즈음해서 "내가 가르친 법과 율은 나의 입멸 이후 너희들의 스승이다"라고 유언했다. 그러나 신도들은 항상 석가모니불이라는 인격을 통해 법과 가르침에 의지했다. 그 당시 신도들에게 법이란 석가모니불의 육신을 통한 가르침에 관한 법일 뿐이었다. 그 때문에 석가모니불이 입멸하자 이내 유골이나 유품, 유적을 통해 추모하기에 이른다. 또한 그들은 이러한 것에만 만족할 수 없어 부처의 색신(육신)은 멸했지만, 그가 깨달은 불멸의 진리인 법신法身은 불멸한다는 생각을 가지게 된다. 이것을 역으로 해석하면 부처님의 법신은 본래 영원한 존재이지만 중생을 제도하기 위하여 이 세상에 잠깐 화신으로 나타났다가 인연이 다해 본래 법신으로 돌아간다고 하는 것이다. 그래서 용수龍樹의 이신설(法身・生身), 세친世親의 삼신설(法身・報身・應身) 사상이 나오게 되었다. 이 불신 사상은 다시 다양화되어 시간적으로 종종 과거불과 미래불 또 공간적으로 서방의 아미타불, 동방의 아촉불 등의 불타관이 나오게 되었는데 이것은 제7「화성유품化城喩品」에도 잘 나타나 있다.[10] 이러한 불타관, 불신관의 발전과정에 있어서 『법화경』에서는 제16

---

10 『妙法蓮華經』卷3(T09, p.25b23-c6), "諸比丘 我今語汝 彼佛弟子十六沙彌 今皆得阿耨多羅三藐三菩提 於十方國土現在說法 有無量百千萬億菩薩 聲聞以爲眷屬 其二沙彌 東方作佛 一名阿閦 在歡喜國 二名須彌頂東南方二佛 一名師子音 二名師子相南方二佛 一名虛空住 二名常滅西南方二佛 一名帝相 二名梵相西方二佛 一名阿彌陀 二名度一切世間苦惱西北方二佛 一名多摩羅跋栴檀香神通 二名須彌相北方二佛 一名雲自在 二名雲自在王 東北方佛 名壞一切世間怖畏 第十六我釋迦牟尼佛於娑婆國土成阿耨多羅三藐三菩提"

「여래수량품如來壽量品」 등을 통하여 석가모니불은 현실 그대로 영원성을 지닌 존재로 보려고 하는[11] 불타관을 보여주고 있다. 이러한 구원본불설은 역사적으로 생존했던 석가모니불 한 사람에게만 적용되는 것이 아닌, 우리들의 참모습인 본불 또한 석가모니불의 본불과 동일하게 생사를 넘어 영원하다는 것을 이해해야 한다.

이것은 부처의 존재성과 인간의 존재성을 어떻게 해석할 것인가에 대한 문제로 불교의 사회적 실천의 의미 중 두 번째 경전에 근거한 의미가 된다. 부처는 석가모니불이라는 존재로 우리에게 다가와서 법을 전하고 입멸했지만, 부처라는 존재는 헤아릴 수 없는 시간 전에 원래 깨달았고, 서원을 통한 일체중생에게 일불승의 가르침을 전하는 보살도가 끝나지 않았기에 그 생명이 계속된다는 것이다. 인간 또한 무시이래로 생사가 반복되면서 해탈하기 전까지 계속 윤회하는 존재이다. 이러한 인간에게 믿음이 있는 한 부처라는 존재가 영속성이 있다는 생각은 안심을 불러일으키는 심리적 작용을 하며 삶을 살아가는 데 있어 종교적 삶을 실천하는 기반이 되는 것이다. 이것은 『법화경』의 텍스트로 존재에 대한 인식의 전환을 가져오게 하는 실천적 의미를 지니고 있다.

셋째는 제불본원설로, 이는 모든 중생이 지금 이대로 영원한 구원본불임을 깨닫게 하는 것이 여러 부처님의 본래 서원이라는 교설이다. 『법화경』의 제3 「비유품」에서는 "모든 부처님 세존께서는 중생들에게 부처의 지혜를 열어주어, 본래의 청정함을 얻게 하려고 세상에 출현하

---

11 『妙法蓮華經』 卷5(T09, p.42c19-21), "我成佛已來 甚大久遠 壽命無量阿僧祇劫 常住不滅"

며"[12]라고 밝히고 있다. 또한 "이것이 모든 부처님께서 세상에 출현하시는 가장 크고 유일한 목적"[13]이라고 밝히고 있다.

『법화경』에서는 부처와 중생의 관계를 아버지와 아들의 관계로 설정하고 있다. 즉, 석가모니불은 아버지에, 중생은 철없는 아들에 비유하는 것이다. 이러한 발상은 『법화경』 전편에 걸쳐 전개되고 있으며 『법화경』 특유의 개성을 나타내는 것이기도 하다. 매우 일상적인 부자 관계를 설정함으로써 인간의 보편적 속성인 감성에 호소하고 있다. 이것은 부처와 우리 개인을 떼려야 뗄 수 없는 불가분의 관계로 나타내고 있다. 부처의 아들이라는 자각을 통해 자신의 근원적 주체성을 발견하고 부처와 같은 삶을 영위할 수 있게 하는 자격을 부여하는 것과 같다. 존재의 근원적 성찰은 철학적이기보다는 불교가 종교로서 사회 속에서 자리매김할 수 있는 이유가 되는 것이다. 그러므로 부처의 아들이라는 『법화경』의 선언은 사상적으로 중요한 의미를 지니게 됨과 동시에 부처의 존재 의의가 무엇인가에 대한 당위성 문제를 확연히 드러내고 있다. 부처와 중생의 관계를 부자관계에 비유한 내용은 제3 「비유품」의 '삼거화택三車火宅의 비유'[14]와 제4 「신해품」의

---

12 『妙法蓮華經』 卷1(T09, p.7a23-25), "諸佛世尊 欲令衆生開佛知見 使得淸淨故 出現於世"

13 『妙法蓮華經』 卷1(T09, p.7a27-28), "是爲諸佛以一大事因緣故出現於世"

14 「비유품譬喩品」에 나오는 '삼거화택三車火宅의 비유'는 다음과 같다. 집에 불이 났는데, 그것을 모르고 철없이 노는 아이들을 보고 아버지가 양거羊車, 녹거鹿車, 우거牛車가 문밖에 있는데 줄 테니 받고 싶으면 문밖으로 나오라는 방편을 써서 아이들을 불타는 집에서 나오게 했다. 그런데 아이들이 문밖으로 나와 보니 세 수레는 없고, 그 대신에 대백우거大白牛車가 있었다는 이야기이다. 아버지는

'장자궁자長者窮子의 비유', 제16 「여래수량품」의 '양의병자良醫病子의 비유'[15]에서 가장 잘 나타나 있다. 이러한 『법화경』의 비유에서 나타내고자 하는 것은 중생이 '부처의 아들과 같은 것'이 아니라 '본래 부처의 진정한 아들'이라는 선언이다. 또한 '부처의 지견知見의 보고寶庫'라고도 하고, '불자이기 때문에 일체지성一切智性이란 보배를 얻는다'라고도 한다. 이것은 누구나 법신을 지니고 있으므로 법신과 하나가 될 때 자신이 부처의 아들로서 법신의 구현자가 된다는 의미와 상통한다고 볼 수 있다. 이것은, 실로 법의 인격적 체현體顯이라는 것은 부처의 아들이란 자각과 함께 시작되는 부처의 본래 서원의 완성과 다름없다.

이것은 부처와 인간의 상관관계를 어떻게 해석할 것인가에 대한

부처님이고 아이들은 중생들을 비유한 것이고, 양거羊車, 녹거鹿車, 우거牛車는 성문·연각·보살의 삼승三乘을 비유한 것이고, 대백우거는 일불승一佛乘을 비유한 것이다. 부처님은 그동안 성문·연각·보살의 삼승三乘을 설하신 것은 방편이었으며, 오직 성불이라는 일불승一佛乘으로 나아가게 함이라는 비유이다.

15 「여래수량품如來壽量品」에 나오는 '양의병자良醫病子의 비유'는 다음과 같다. 의사인 아버지가 집에 없을 때 아이들이 독약을 마시고 괴로워하였다. 그때 아버지가 집에 와서 그 모습을 보고 양약良藥을 주었으나 본심本心을 잃은 아이들은 그 약을 먹지 않았다. 그러자 아버지는 방편으로 길을 떠나며 "아버지가 죽었다"라고 말하자, 아이들이 본심을 되찾고 양약을 먹어 병이 나았다는 이야기이다. 이 이야기에서 아버지인 의사는 부처이고 아이들은 중생들이다. 본심을 잃은 아이들은 근기가 낮은 중생들이며 방편으로써 제도하였다는 비유로 단순하게 볼 수도 있지만, 나아가서는 부처가 태어나고 수행하며 열반의 모습을 보인 것까지도 방편이라는 것을 비유하기도 한다. 따라서 석가모니불이 열반의 모습을 보인 것은 방편이었고, 부처의 생명은 무량한 과거로부터 미래까지 닿아 있는 영원한 존재라는 것을 비유로써 나타내고 있다.

따라 형성되는 사고방식의 틀이자 심리학적으로 행동과 몸에 미치는 효과를 검증받은 사고의 법칙이라고 하고 있다. 심리학자 캐럴 드웩(Carol Dweck)은 '마인드셋'을 30년 가까이 연구한 해당 분야의 세계적 권위자로 같은 능력을 지닌 사람이라도 '마인드셋'에 따라 발휘할 수 있는 잠재력의 크기가 달라진다고 말하고 있다. '실패해도 도전을 포기하지 않는' 심리의 이면에는 '자신의 능력은 노력으로 변화시킬 수 있다'라는 사고방식이 깔려 있는데 이를 '성장형 마인드셋(growth mindset)'이라고 한다.[18]

『법화경』에서 석가모니불은 '이 세상에 출현하신 모든 부처님은 모든 중생이 부처님과 똑같은 불성을 지니고 있으며 이와 같은 진리를 깨닫게 해주기 위한 일대사인연으로 이 세상에 나투셨다'라고 하고, 이러한 진리에 대해 확고한 믿음을 주기 위하여 수기를 줌으로써 '중생의 마인드셋'을 '부처의 마인드셋'으로 변화시키고 있다. 이처럼 『법화경』 사상은 개인의 '중생적 마인드셋'을 '부처와 똑같은 자질을 가지고 있다'라는 '성장형 마인드셋'으로 변화시켜 더 나은 세상을 만들 수 있는 계기를 형성한다.

이러한 중생에서 부처로 변화시키는 나에 대한 인식의 변화는 "부처=나"라는 믿음의 문제에 해당된다. 또한 자신을 부처로 보는 믿음의 크기에 따라 사회 실천의 크기도 달라진다. 이것이 진정한 불교적 믿음의 시작이고, 깨달음의 과정인 신信·해解·행行·증證의 과정 중 신信에 해당된다.

---

18 야마다 도모오 저, 조혜선 역(2019), pp.250~251.

앞에서 기술한 빌레펠트의 불교의 '실천'과 관련한 의미로 살펴보면, 네 가지 의미에서 두 번째 의미인 불교의 텍스트에 따른 실천과 세 번째 숙련과 연결된 수행으로서의 실천에 해당할 것이다. 자신을 중생이라는 생각에서 부처라는 생각으로 자신의 마인드셋을 바꾸어 나가는 것은 단지 지식으로서만 알아서 되는 일이 아니기 때문이다. 세상이라는 경계 속에서 여러 상황에 맞닥뜨릴 때 발현되는 자신을 마음과 행동을 통해 자신이 곧 부처라는 믿음을 확인할 수 있다. 그렇게 중생의 마음가짐에서 부처의 마음가짐으로 변화되었음을 확인하고 그 부처의 마음이 숙련될 때 이것이 진정한 『법화경』 일불승 교설의 실천이 될 것이다.

2) 타인에 대한 관계 변화: 일체중생을 부처로 보는 태도

『법화경』에서 석가모니불은 6회에 걸쳐 8,512명에서 작불수기作佛授記를 한다. 더 나아가 『법화경』의 한 구절을 듣고 한순간 기뻐하기만 해도 그 사람에게 수기를 주겠다고 한다. 이것은 불교와 인연이 된 모든 사람에게 수기를 주는 것이나 마찬가지다. 다시 말해, 일체중생이 모두 미래에 부처가 될 것이라고 예언한 것이다.

미래에 부처가 될 것이라고 예언하는 작불수기의 방식을 사용한 것은 당시 제자들의 영적 수준을 감안할 때 불가피한 것으로 보인다. 제2「방편품」에서 제자들의 삼지삼청三止三請과 오천 명 제자들의 퇴장이 보여준 것처럼 부처님의 가르침인 '지금 이대로가 부처'라는 것을 이해할 수도, 받아들일 수도 없었기 때문이다.

하지만 『법화경』의 진의는 '미래'가 아니라 '지금 이대로' 일체중생이 본래 부처라는 것임을 아는 데 있다. 『법화경』의 '장자궁자의 비유'처럼 장자의 아들이기 때문에 장자가 되는 것이고, 부처의 아들이기에 부처가 되는 것이다. 거지라는 상相을 버리고, 중생이라는 상相을 버릴 때 본래의 성품으로 나아갈 수 있고, 일체중생도 그렇게 바라볼 수 있는 것이다. 따라서 작불수기의 작불의 의미는 지금은 아닌 미래에 '부처(佛)가 된다(作)'라는 의미가 아니라, 이미(己) '되어 있는(作) 부처(佛)', 즉 '본래 부처'라고 말하는 것이다. 다시 말해, 작불수기는 '미래에 부처가 된다'라고 예언하는 것이 아니라, '이미 부처'이기 때문에 '인가認可'로써 확신을 주는 행위라고 해석하는 것이 타당할 것이다. 『법화경』의 제2 「방편품」에 나와 있는 "모두 이미 불도를 이루었다(皆 己成佛道)"[19]라는 내용처럼 '이미(己)' '이루어져 있는(成) 부처(佛)', 즉 '본래 부처'라고 해석되는 것이다. 그러므로 『법화경』은 모든 사람이 이미 부처라는 것을 천명하고 있는 경전이라고 평가할 수 있다.

일체중생이 부처라는 사상이 근간이 되면 만나는 이마다 부처이기 때문에 만나는 모든 이들을 존경하고 공경하지 않을 수 없게 된다. 『법화경』 제20 「상불경보살품」에서는 이러한 부분이 잘 나타나 있다. 위음왕불이 열반한 뒤 정법이 없어진 상법 시대에 세력 있는 아만심과 증상만이 큰 비구들이 있었다. 그때 상불경常不輕이라고 하는 비구가 있었는데, 상불경 비구는 비구·비구니·우바새·우바이든 누구를 만날지라도 상대방에게 예배하고 찬탄하면서 다음과 같이 말했다.

---

19 『妙法蓮華經』卷1(T09, p.8c13-16), "精進禪智等 種種修福慧 如是諸人等 皆已成佛道 諸佛滅度已 若人善軟心 如是諸衆生 皆已成佛道"

"저는 당신을 마음속 깊이 공경하며, 가벼이 여기거나, 업신여기지 않습니다. 왜냐하면 그대는 보살도를 닦아 반드시 부처님이 되기 때문입니다."[20]

"사부대중 가운데 진심을 내어 마음이 맑지 못한 사람이 악한 말로 꾸짖고 욕하기를 '이 어리석고 무식한 비구야, 너는 어디서 와서 우리들을 가벼이 업신여기지 않는다고 하며, 또 반드시 성불하리라 수기까지 하느냐? 우리들은 이와 같이 허망한 수기는 받지 않겠노라' 하니, 이렇게 여러 해 동안을 두루 돌아다니며 항상 비웃음과 욕을 들을지라도 진심을 내지 않고 말하였느니라.
'그대들은 반드시 성불하리라.'
그가 이런 말을 할 때 여러 사람들이 혹은 막대기나 기와 또는 돌로 때리면 멀리 피해 달아나며, 오히려 큰 소리로 외쳤느니라.
'나는 그대들을 가벼이 업신여기지 않습니다. 여러분은 모두 다 성불하실 것입니다.'
그가 항상 이런 말을 하고 다녔으므로 증상만의 비구·비구니·우바새·우바이들은 그를 상불경이라 불렀느니라."[21]

---

20 『妙法蓮華經』 卷6(T09, p.50c19-20), "我深敬汝等 不敢輕慢 所以者何 汝等皆行菩薩道 當得作佛"

21 『妙法蓮華經』 卷6(T09, pp.50c23-51a3), "四衆之中 有生瞋恚 心不淨者 惡口罵詈 言是無智比丘從何所來 自言 我不輕汝 而與我等授記 當得作佛 我等不用如是虛妄授記 如此經歷多年 常被罵詈 不生瞋恚 常作是言 汝當作佛 說是語時 衆人或以杖木瓦石而打擲之 避走遠住 猶高聲唱言 我不敢輕於汝等 汝等皆當作佛 以其常作是語故 增上慢比丘 比丘尼 優婆塞 優婆夷 號之爲常不輕"

이러한 타인에 대한 공경은 자신과 일체중생이 이미 부처라는 사상이 전제되었기 때문에 가능한 것이다. 일체중생을 부처로 바라보는 자세는 만나는 이마다 부처로 보는 것이고, 이러한 자세는 자신과 타인이 연결되는 관계를 긍정적으로 변화시킬 수밖에 없다.

지금 전 세계는 인간관계와 연관되어 인권문제, 전쟁과 경제문제 등 많은 문제가 발생하고 있다. 인권문제는 세계적으로 해결되지 않은 심각한 문제이다. 전 세계의 많은 사람들은 아직도 인종, 성별, 출신 국가, 종교, 장애, 성적 지향 등의 이유로 차별받고 있다. 특히 힘이 없는 여성, 아동, 소수민족, 노동자, 이민자 등이 차별을 받고 있고, 언론의 자유, 신념의 자유를 박탈하고 강제노동 등의 인권침해가 행해지고 있다.

현재 전 세계적으로 전쟁이나 자연재해, 이데올로기 등으로 인한 난민 문제가 심각한 상황이다. 대표적으로 시리아 내전으로 인한 난민 문제가 있다. 시리아 내전은 2011년부터 시작되어 현재까지 지속되고 있으며, 이로 인해 약 1,300만 명의 시리아 국민이 국내에서 내전으로 인한 갈등과 폭력에 직면해 난민으로 인해 국외로 이동하고 있다. 이들은 인근 국가인 요르단, 레바논, 터키 등의 국가로 이동해 난민 생활을 하고 있다.[22] 또한 예멘이나, 미얀마의 로힝야 등도 대표적인 난민 문제가 발생하고 있는 지역이다. 이 지역들에서는 다양한 인권문제가 발생하고 있으며, 이를 해결하기 위해서는 난민 보호에 대한 국제적인 대처가 시급한 상황이다.

---

22 〈The JoongAng〉(2023. 4. 22), 「"유럽 최대 공동묘지" 교황도 개탄 … 난민 핏빛 물든 휴양섬(지도를 보자)」.

이러한 인권문제는 인간이 인종, 성별, 국가, 종교, 장애, 성적 지향 등의 차별적 관점을 지니고, 인간에 대한 존중과 공경의 마음 자세를 지니지 않고 있기 때문이다. 모든 존재를 부처와 같이 공경한다면 이러한 문제들은 애초부터 일어나지 않았을 것이다. 그러나 모든 사람이 세상의 모든 존재를 부처로 보지 않는 상황에서, 일단 방편으로써 어려운 이들을 외면하지 않고 돕고 세상의 모든 이들이 존귀한 존재라는 『법화경』의 가르침을 교육받고 함께 실천해야 한다.

이러한 일체중생이 모두 부처이고 존귀한 존재라는 것은 이해와 실천에 해당되는 문제이다. 자신뿐만 아니라 타인까지도 부처로 본다라는 것은 믿음을 바탕으로 교육과 실천이 되어야만 가능한 일인 것이다. 이것이 불교의 깨달음의 신信·해解·행行·증證의 과정 중 이해와 실천에 해당하는 해解·행行이다. 또한 앞에서 기술한 빌레펠트의 불교의 '실천(practice)'과 관련한 네 가지 의미에서 두 번째 의미인 불교의 텍스트에 따른 수행으로서의 실천, 세 번째 의미인 숙련과 연결된 수행, 그리고 네 번째 의미인 실제적 행동에 의한 실천에 해당할 것이다. 일체중생을 부처로 바라보고 존중하는 실천은 주도적으로 긍정적인 사회적 변화를 시도한다. 이것이 『법화경』 텍스트를 수행으로 삼는 보살승의 진정한 사회적 실천일 것이다.

3) 영향력의 변화: 우리는 영원한 존재

『법화경』은 전통적으로 크게 두 부분으로 나누어 해석되고 있다. 이는 중국의 지의의 해석에서부터 시작되는데, 지의는 『법화경』 전체 28품 중에서 전반 14품을 적문迹門, 후반 14품을 본문本門이라 하였다.

적문이란 이 땅에 자취를 드러낸 석가모니불이 '개삼현일開三顯一'에 의해 일불승 사상을 밝히고 이승이 성불할 수 있는 길을 밝히고 있는 부분이다. 본문은 이 자취를 드러낸 부처를 초월하여 실재하는 구원실성久遠實成의 본불本佛을 천명한 부분이다.[23] 『법화경』의 이러한 구원본불 사상을 가장 잘 드러내고 있는 부분이 제16「여래수량품」인데, 여래수량如來壽量이란 '부처의 수명이 무한하다'라는 뜻으로, 부처는 영원한 존재라는 것을 의미한다. 육신의 몸으로 이 세상에 태어났다가 성도하여 중생을 교화하시고 돌아가신 석가모니불은 방편의 부처일 뿐이며, 석가모니불의 본불은 태어난 적도 없고 죽은 적도 없으며 영원히 존재한다는 것이다.

이 구원본불설은 역사적으로 생존했던 석가모니불 한 대상에게만 한정되는 것으로 이해해서는 안 된다. 『법화경』에서 구원본불설을 주창하는 진의는 그것이 우리 모두에게도 그대로 적용된다는 것을 말하고자 하는 것임을 간파해야 한다. 따라서 우리의 눈에는 우리가 특정 시기에 태어나 특정 시기에 죽어 없어지는 것처럼 보이지만, 우리들의 참모습인 본불, 즉 본래 부처는 석가모니불의 본불과 동일하게 생사를 넘어 영원하다. 우리의 눈에는 태어나고 죽는 것처럼 보이지만, 그것은 겉으로 드러난 형상일 뿐이며, 실제로는 태어나지도 않고 죽지도 않는 것이다. 구원본불설의 의의도 우리에게 이것을 일깨우는 데 있다.

『법화경』 제16「여래수량품」에서는 다음과 같은 내용이 나와 있다.

---

23 히라가와 아키라(平川彰), 차차석 역(1996), p.38.

중생이 겁 다하여 큰불에 탈 때에도 나의 땅은 안온하여 하늘 인간 충만하고 동산 수풀 여러 당각堂閣 보배로써 장엄되고, 보배 나무 꽃이 만발해 중생들이 즐겨 놀며, 천신은 북을 쳐서 여러 기악 연주하고, 만다라화 꽃비 내려 부처님과 대중께 흩으며, 나의 정토 안 헐리나 중생들은 불에 타서 근심 고통 가득함을 여기에서 다 보노라.[24]

중생들의 눈에는 이 세계가 불타고 온갖 고통이 가득한 것처럼 보이지만, 구원본불의 세계는 불타는 것에 전혀 상관없이 편안하고 안온하다. 이와 같이 중생의 눈에는 태어나고 죽는 것처럼 보여도 구원본불은 전혀 태어나고 죽는 것이 없다. 우리의 구원본불, 즉 법신은 생사를 초월해 있기 때문이다.

우리는 영원한 부처의 성품을 지닌 존재이다. 부처인 나와 부처인 타인이 관계하고, 공유하며, 공존하는 이 세상은 '안온한 불국정토'인 것이다. 이것이 『법화경』에서 부처가 바라본 세계관이다. 수많은 보살이 보살행을 실천하는 것은 중생이라는 관점으로 살아가는 존재에게 부처임을 깨닫게 하는 것이고, 궁극적으로는 이러한 '안온한 불국정토' 세계를 만들기 위한 것이다. 이것이 바로 사회적인 『법화경』의 역할이자, 불교의 역할인 것이다.

지금 전 세계는 기후변화,[25] 코로나19 팬데믹[26]과 전염병,[27] 전쟁[28]과

---

24 『妙法蓮華經』 卷5(T09, p.43c6-13), "衆生見劫盡 大火所燒時 我此土安隱 天人常充滿 園林諸堂閣 種種寶莊嚴 寶樹多花菓 衆生所遊樂 諸天擊天鼓 常作衆伎樂 雨曼陀羅花 散佛及大衆 我淨土不毀 而衆見燒盡 憂怖諸苦惱 如是悉充滿"

25 "지난 2,000년간의 지구 표면 온도는 1850년 이후 급속하게 변화하고 있다. 산업화 영향이 뚜렷하지 않았던 시기로 정의하는 '1850~1900년 평균'을 기준으로 편차를 보면, 꽤 일정하게 유지되다가 1,000년부터 감소하는 추세를 보였다. 하지만 최근에는 과거 2,000년 동안 경험하지 못한 급속한 온도 상승률을 보여주고 있다." 최영은 외 4인(2022), 「『기후변화 2021 과학적 근거』 정책결정자를 위한 요약본(SPM)」, 〈기상청 기후정보포털〉(2022. 12. 12), (국문해설서) IPCC AR6 제1실무그룹 평가보고서 요약본(SPM) 해설서, pp.6~7.
http://www.climate.go.kr/home/bbs/view.php?code=94&bname=climatereport&vcode=6735&cpage=1&vNum=43&skind=&sword=&category1=&category2= "1900년 이후 지구 평균 해수면 상승의 속도는 그림과 같이 과거 3,000년 동안에 가장 빠르다(신뢰도 높음). 지난 100년간 전구 해양은 가장 최근 간빙기(약 1만 1,000년 전) 말 이후 가장 빠르게 온난화되었다(신뢰도 중간). 과거 5천만 년 동안 장기간에 걸쳐 표면 해수의 pH가 상승했으나(신뢰도 높음), 최근 수십 년 동안 관측된 표면 해수 pH가 낮아졌고, 이는 과거 2백만 년 동안 유례없는 현상이다(신뢰도 중간). 해양의 이산화탄소가 증가하면 pH는 감소하여, 산도가 커진다." 최영은 외 4인(2022), 「『기후변화 2021 과학적 근거』 정책결정자를 위한 요약본(SPM)」, 〈기상청 기후정보포털〉(2022. 12. 12), (국문해설서) IPCC AR6 제1실무그룹 평가보고서 요약본(SPM) 해설서, p.7.
http://www.climate.go.kr/home/bbs/view.php?code=94&bname=climatereport&vcode=6735&cpage=1&vNum=43&skind=&sword=&category1=&category2=

26 코로나19 팬데믹은 인간적 피해로는 코로나19로 인하여 사망자 수는 전 세계적으로 수백만 명에 이른다. 또한 감염자들 중 일부는 심각한 후유증을 겪고 있으며, 이로 인한 건강 문제와 생활 어려움 등이 계속해서 발생하고 있다. 2023년 4월 21일 전 세계 실시간 통계인 월드오미터 코로나19 확진자 현황(10일 기준)에 따르면 전 세계적으로 5.9만 명의 코로나 확진자와 함께 하루 동안 312명이 이로 인해 목숨을 잃었다. 누적 사망자는 총 685.8만 명에 확진자는 6억 8,610만 명이다. 경제적 피해로는 팬데믹으로 인해 많은 국가들에서는 사회적 거리두기

경제문제,[29] 인권문제[30] 등 많은 문제가 발생하고 있다. 우리는 이러한 다양한 사회적 문제와 이슈사항이 발생하면서, 이에 대한 대안과 해결책을 모색한다. 또한 이러한 문제를 겪으면서 종교는 인간과 사회에 매우 중요한 역할을 해야만 한다. 종교는 개인적으로는 인간의 영적인 면을 충족시켜 주기도 하지만, 불안과 고통을 경험하는 사람들에게 위로와 지지를 제공하기도 한다. 또한 사회적으로는 인간의 윤리와 도덕적 가치를 강화하고, 개인과 사회의 연대감을 형성하여

등의 조치를 통해 생산 활동이 제한되었고, 일자리와 수입이 감소하는 등의 경제적 피해를 입었다. 또한 여행 산업, 호텔 및 레스토랑 산업 등 서비스 산업에서도 큰 타격을 받고 있다. 코로나19 팬데믹은 특히 교육 분야에서도 큰 피해를 입혔는데, 코로나19로 인한 학교 휴교 등의 조치로 인해 학생들은 교육을 제한적으로 받아야만 하는 피해를 입었다. 대체방안으로 온라인 교육을 실시하기도 했지만 현장교육보다는 교육의 질이 떨어지는 경우가 많았으며, 교육에 대한 권리와 기회의 불균형도 발생하였다. 사회적으로는 거리두기 등의 조치로 인해 사람들은 가족, 친구, 지인들과의 만남을 제한되고 여러 가지 문화적 행사들도 취소되어 이로 인해 사회적 고립과 우울증, 정신 건강 문제 등이 증가하고 있다.

27 〈시사포커스〉(2023. 4. 22), 「21일, 전 세계 코로나19 확진 5.9만 명 … 증가세 정체」.

28 2022년 초, 러시아의 우크라이나 침략으로 전쟁이 시작된 이후로 세계의 경제 상황은 급변했다. 러시아의 우크라이나 침략으로 이에 대한 친서방 진영과 비서방 진영의 입장이 다양한 스펙트럼으로 나누어지면서, 전 세계는 에너지, 식량, 원자재 시장의 불안정의 경향이 뚜렷해졌다

29 홍기빈(2023), pp.139~140.

30 〈The JoongAng〉(2023. 4. 22.), 「"유럽 최대 공동묘지" 교황도 개탄 … 난민 핏빛 물든 휴양섬(지도를 보자)」.

이러한 이들은 연기법의 수행법을 권하였다. 보살승은 부처를 따라 법을 듣고 믿으며 부지런히 정진하여 일체지一切智와 불지佛智와 자연지自然智와 무사지無師智와 부처의 지견과 힘과 두려움 없음을 구하며, 한량없는 중생들을 가엾게 생각하여 안락하게 하며, 천상·인간을 이익되게 하려고 모든 이를 제도하여 해탈시키고자 한다면 이러한 이들을 보살승[39]이라 하였고 이러한 이에게는 삼매수행, 사안락행, 오종수행, 육바라밀 수행을 강조하였다.

이러한 삼승의 기질과 수행 방법은 다원화된 현대 사회에서 자신의 성향을 살펴서 수행할 수 있는 대표적인 모델이 될 것이다.

고려의 천태종 승려 운묵무기(雲默無奇, ?~?)는『석가여래행적송釋迦如來行蹟頌』(1328년)이라는 저술에서 모든 수행법은 한맛이라고 주장하였다.[40] 우선 그는 수행 방법의 회통을 말하기 위해서 '성안에 들어가는 비유'를 제시하고 있다. 성안에 들어가는 데 성문이 8개 있으므로 어떤 문을 통해서 들어가든 간에 문제가 없는데, 굳이 다른 곳에 사는 사람을 그 당사자가 사는 곳보다 먼 곳의 문으로 들어가게 할 필요가 없다고 강조한다.

---

38 『妙法蓮華經』卷2(T09, p.13b21-24), "若有衆生從佛世尊聞法信受 慇懃精進 求自然慧 樂獨善寂 深知諸法因緣 是名辟支佛乘"
39 『妙法蓮華經』卷2(T09, p.13b24-28), "若有衆生從佛世尊聞法信受 勤修精進 求一切智 佛智 自然智 無師智 如來知見 力 無所畏 愍念 安樂無量衆生 利益天人 度脫一切 是名大乘"
40 『釋迦如來行蹟頌』卷1(X75, p.35a22-23), "迸出爲泉 衆泉合成一川 衆川合成一河 衆河流入大海 同爲一味"

예를 들어 왕성王城에 들어가고자 하면, 팔문八門이 막혀 있지 않으니, 위치에 따라 인도하여 곧장 들어가야지, 어찌하여 기필코 동쪽에서 온 사람을 서문으로 인도하며, 서쪽에서 온 사람을 동문으로 인도하여 부질없는 수고를 시키는가. 문은 비록 여덟 개이지만 들어가면 다만 한 곳일 뿐이다. 여러 법문이 다르지만 모두 한 곳으로 돌아간다. 어찌하여 편벽되게 집착하여 다투는가.[41]

그래서 운묵은 부처가 중생의 능력과 소질에 따라 좌선을 가르치기도 하고, 경전을 독송하라고 하기도 하며, 염불을 권하기도 하고, 보시와 계율 등의 여러 가지 선한 행위를 닦으라고 알려주기도 해서 궁극의 도에 들어가게 하고자 한 것이라고 주장하였다. 따라서 운묵은 자신의 수행 방법이 최고라고 우기면서 서로 싸우는 사람은 병의 근원을 살펴보지 못한 채 표면적인 임시방편의 약을 조제해 주는 부류라고 평가한다. 그러면서 그는 모든 것, 다시 말해 우리의 모든 일상 동작이 다 부처의 가르침이 나타남이라고 볼 수 있으므로 경전에서 어린아이들이 장난으로 탑을 쌓거나, 건성으로 염불을 한 번만 해도 그 인연으로 인해서 나중에는 반드시 깨달음을 얻을 수 있다고 말한다.[42] 결국, 운묵의 주장을 살펴보면 불교의 수행자는 자신의 능력에 따라 한 가지 수행법에만 전념하면 결국 최고의 경지에 이를

---

[41] 『釋迦如來行蹟頌』卷2(X75, p.50c4-7), "且如欲入王城 八門無防 應隨方所 引之直入 何必以東道之人 引入西門 西道之人 引入東門 枉使勞苦 門雖是八 入則唯一 諸法門殊 咸歸一處 何偏執諍"

[42] 이병욱(2005), pp.90~91.

수 있게 된다는 것을 강조하는 것이다.

『법화경』에서 제2 「방편품」을 중심으로 여러 품에서 삼승이 일승으로 돌아간다고 말하고 있지만, 삼승은 불교의 여러 가르침과 그 가르침을 수행하는 수행자를 대표하는 것이다. 이것은 불교가 핵심을 제외하고는 다원성을 인정하는 방향과 다르지 않다. 한국불교의 사상가이자, 수행자로 대표하는 원효도 이러한 입장에서 다음과 같이 말하고 있다.

> 작용의 원인(作因)이란 성인이나 범부, 내도內道나 외도外道, 도분道分이나 복분福分의 온갖 선근의 사람들이 함께 무상보리에 이르지 않는 사람이 없다. 아래의 경문에서 말씀하는 것과 같으니, "혹은 어떤 사람이 예배하고, 혹은 다만 합장하거나, 내지 한 손을 들거나 혹은 다시 조금 고개를 숙이거나, 어떤 사람이 산란한 마음에서 탑묘에 들어가 한 번 '나무불'이라고 부른다면 모두 이미 불도를 이루었다"고 하는 등 널리 설하였다. … 선남자들이 비록 갖가지 다른 배움의 모습을 행하지만 다 같은 불법의 한 다리를 건너는 것이요 그 밖에 다른 건너는 것이 없기 때문이다"라고 하였다. 살펴보건대, 이 같은 경문에 의하면 마땅히 알라. 불법의 오승五乘의 모든 선근이나 외도의 갖가지 다른 선근, 이런 일체가 모두 일승이다. 모두 불성에 의지할 뿐 다른 본체가 없기 때문이다.[43]

---

43 『法華宗要』(T34, p.871b29-c16), "言作因者 若聖 若凡 內道 外道 道分 福分 一切善根 莫不同至無上菩提 如下文言 或有人禮拜 或復但合掌 乃至擧一手 或復少傾頭 若人散亂心 入於塔廟中 一稱南無佛 皆已成佛道 乃至廣說 … 此諸外道善男子等 雖行種種諸異學相 皆同佛法一橋梁度 更無餘度故 案云 依此等文 當知佛

한국불교 사상의 주된 흐름이 조화를 추구하는 경향이 있지만, 운묵과 원효에 이르러 모든 수행 방법의 조화를 분명하게 표명하고 있다. 이러한 사상에서 살펴볼 수 있듯이 역사적으로 검증된 모든 수행 방법에는 각기 장점이 있으므로 수행자 자신의 능력과 기질에 맞추어서 자신이 수행에 전념하여 정진하면 되는 것이다. 이것이 『법화경』에서 추구하는 일불승을 향한 회삼귀일의 방향성인 것이다. 또한 위에서 예시한 원효가 주장한 내용과 같이 원효는 모든 불교 이외의 사상도 궁극에는 불교의 가르침으로 귀결된다고 보고 있다. 이러한 원효의 주장과 같이 삼승을 모아서 일승으로 돌아가는 가르침에 대하여 유연한 사고를 가지고 확장해서 불교를 사회화하는 과정에도 적용시킬 필요가 있다. 자신의 종교만이 옳다고 주장하는 흑백 사고방식을 벗어나 종교 다원주의를 인정하고 함께 선을 추구하는 삶이 『법화경』이 회삼귀일을 통한 대화합을 이룩하려는 목적일 것이다.

法五乘諸善及與外道種種異善 如是一切皆是一乘 皆依佛性無異體故"

결어

불교 경전 중에서 오랜 시일 동안 넓은 지역에서 수많은 사람이 신앙해 온 경전은 『법화경』이다. 『법화경』에 담긴 교설은 여러 가지가 있지만, 그중에서도 가장 중심이 되는 교설은 일불승에 관한 교설이다. 이 일불승설은 '모든 사람은 성불할 수 있다'라고 주장하는 가르침이다. 일승이란 하나의 수레라는 의미이지만 삼승에 대칭하는 용어이다. 삼승이란 성문승, 연각승, 보살승의 세 가지 교리를 말하는데, 중생의 근기가 각기 다르므로 방편으로 그 근기에 따라 가르침도 다르게 하여 이 삼승을 일승으로 향하게 한다는 것이고 이것이 '회삼귀일'인 것이다. 즉, 성문이나 연각의 행을 부정하지 않고, 그것을 긍정한 상태에서 성불의 행으로 끌어올리는 것이 일승의 가르침이다.

본서에서는 『법화경』에서 말하고자 하는 일승의 가르침과 일승이 나오게 된 회삼귀일의 사상적 배경과 일승에 대한 삼승의 방편적 가르침이 무엇인지, 삼승의 수행과 증득에 대해서 연구하고자 하였다.

왜냐하면 『법화경』에서는 삼승의 기질과 수행에 대해서 제시해 주고 있지만, 삼승의 구체적인 수행 방법에 대해서는 기술되어 있지 않기 때문이고, 선을 행하는 모든 만행萬行이 깨달음을 향한 인因이 된다고 했지만, 어떤 것이 만행인지에 대한 구체적인 내용이 정리되어 있지 않기 때문이다. 그렇기에 『법화경』을 신봉하는 수행자들이 『법화경』을 독송하면서도 『법화경』에서 설하고 있는 핵심 수행이 무엇인지, 또 어떤 것이 수행인지 파악하지 못하는 경우가 많이 있다.

이를 위해 연구자는 제1장에서 『법화경』의 개요와 구성에 대해서 살펴보았고, 『법화경』의 원전에 대하여 살펴보았다. 그리고 『법화경』의 번역본은 지역별, 시기별로 어떠한 것들이 있는지 살펴보았으며, 『법화경』이 한역으로 번역되면서 중국에서는 어떠한 논서들이 쓰였는지 살펴보았다.

『법화경』의 경명을 직역하면 '최상의 바른 흰 연꽃과도 같은 가르침'이라는 의미로 어떤 것과도 견줄 수 없는 뛰어난 진리를 설하는 경으로 묘법을 설한 경이다.

『법화경』 텍스트는 산스크리트 원전과 번역본이 있는데, 원전은 지역별로 3종이 있고 네팔본이 완본으로 전해지며 나머지는 단편으로 전해지고 있다. 그리고 번역본은 한역본 16편이 있으나 완역된 것은 『정법화』, 『묘법연화경』, 『첨품묘법연화경』 3편이고 티벳역본 한 본이 있다. 그중 가장 유통이 많이 된 산스크리트본과 한역본 3편이 어떻게 구성이 되어 있는지 비교·분석해 보았다. 또한 『첨품묘법연화경』 한역서에는 축법호의 『정법화경』과 구마라집의 『묘법연화경』

번역 원본에 대한 비교 분석한 내용이 기술되어 있는데, 구마라집 번역이 더 최근에 번역되었지만, 번역한 원본은 구자국의 글로 된 원본과 유사한 것으로 보아 구마라집의 『묘법연화경』 한역본이 더 오래된 형태를 지녔다고 하고 있다. 이에 본 연구자는 세 가지 한역본 비교 분석하여 내용 구성상 빠짐이 없고, 문장이 간결하며 음률이 잘 짜여 있어 널리 독송되고 있는 구마라집의 『묘법연화경』을 본고의 중심 텍스트로 삼았다.

또한 『법화경』은 중국에 한역되고 전파되면서 여러 논서들이 쓰였는데, 대표적인 논서로 도생道生의 『법화경소』, 법운法雲의 『법화의기』, 혜사慧思의 『법화안락행의』, 지의智顗의 『법화문구』와 『법화현의』, 길장吉藏의 『법화경』 제소諸疏, 규기窺基의 『법화현찬』 등을 살펴보았다. 이 중 인도의 논사였던 세친이 쓴 『법화경』 논서인 『법화경론』에 대하여 한역본 2본을 살펴보고 이 중 보리유지와 담림이 한역한 『묘법연화경우바제사』를 삼승의 수행과 증위에 대해서 논증 시 참고하였다. 또한 계위설에 대하여 논증 시 『법화현의』의 십묘 중 위묘에 해당되는 텍스트를 중점적으로 분석하여 『법화경』의 계위설에 대하여 논증하였다.

『법화경』의 중심 교설로는 일불승의 교설과 제법실상, 구원본불설, 제불본원설 등이 있다. 우선, 일불승설은 일체중생에게는 불지견佛知見, 즉 부처님과 같은 깨달음이 있다는 교설이다. 어떤 특정한 사람에게만 불지견이 있는 것이 아니라 모든 중생에게 불지견이 있고 이것을 증득케 하는 일이 일불승의 가르침이다. 일불승이란 성문·연각·보살의 셋을 구별하는 고정된 관념에서 과감하게 벗어나 삼승을 열어서 일승을 드러내는 것을 말한다. 부파불교에서는 이 성문·연각·보살을 전혀 상반된 존재로 이해하였으나, 『법화경』에 와서는 이 성문·연각·보살의 존재가 서로 대항 관계에 있는 것이 아닌, 각각의 방편으로서 모두 일승으로 나아가는 길인 것이다. 즉 일불승, 유일의 불승으로 누구나 융통한다는 의미가 바로 『법화경』의 일불승 사상이다. 둘째로 구원본불설은 석가모니불이 부다가야에서 최초로 진리를 깨닫고 훗날 입멸한 것은 중생교화의 한 방편에 불과한 것으로 사실은 이미 아득한 과거세에 성불하신 분으로 부처에게는 영원성이 있다는 교설이다. 셋째로 제불본원설로 『법화경』에서 일불승설과 구원본불설을 펼칠 수 있는 것은 제불의 본원 때문이라는 것이다. 제불본원은 세상의 모든 부처가 세상에 출현한 이유로 중생을 교화하여 불도에 들게 하기 위함이라는 것이다. '불도에 들게 한다'라는 것은 '중생이 지금 이대로 영원한 구원본불임을 깨닫고 부처로 살게 한다'라는 뜻이다.

　이러한 『법화경』의 중심 교설을 살펴보면 일불승의 핵심 교설을 중심으로 다른 교설들이 뒷받침하고 있다는 사실을 알 수 있다. 즉, 일불승으로 가기 위한 방편으로 회삼귀일 교설을 설명하고 있고, 부처라는 존재가 과거에 열반하여 끝나버린 존재가 아닌 영속적인 개념의 존재라는 것을 설명하여 지금 이 세상에서도 불승이 계속 함께하고 있음을 구원본불설로 설명하고 있다. 또한 모든 중생이 원래 깨달은 존재라는 것을 주장하여 일체중생이 일불승이 될 수 있는 근거로 제불본원설을 설명하고 있다. 이러한 중심 교설들은 일불승 교설을 중심으로 일불승으로 가는 방편과, 일불승으로 갈 수 있는 까닭과 근거가 되는 교설이 서로 뒷받침하고 있는 관계라는 것을 알 수 있었다.

제2장에서는 불교 시대사에 따른 삼승에 대한 의미의 변화와 회삼귀일 사상의 역사적 배경에 대해서 살펴보았다. 『법화경』은 초기 대승불교의 경전이다. 대승불교의 성립설에는 불교학자들 사이에서도 여러 가지 의견이 있다. 대승불교의 연구가들은 최초의 대승경전을 원시반야경일 것이라고 추측하고 있다. 그리고 아직까지 대승경전 이외에 대승의 성립을 알리는 확실한 자료는 없는 상태이다.

그러나 초기불교 학자들 사이에서 대승불교의 기원은 부파불교의 대중부에서 성립했다는 설이 주장되기 시작하면서 학계의 통설이 되기도 했다. 그 이후 히라가와가 교리와 사상의 영향은 대립하는 학파 사이에도 발생할 수 있으므로 단지 교리의 유사성만으로 대승이 대중부에서 흥기하였다는 것은 대승불교의 흥기를 충분히 설명하지 못한다고 주장하였다. 이후 대승불교 기원설은 여러 학자에 의해 불전문학의 수기보살의 영향에 따른 대승불교 보살사상의 발생, 불탑을 거점으로 하는 승속의 불탑신앙자 집단의 형성으로 인한 발생, 보살 가나의 형성 등 여러 기원설을 거쳐 각자覺者에 의해 대승경전이 쓰이고, 그러한 대승경전을 중심으로 대승불교가 발생하여 전파되었다는 기원설까지 전개되었다.

이렇게 대승불교가 흥기함에 따라 대승불교는 부파불교를 소승불교로 폄하하였고 그에 따라 새로운 개념의 삼승이 대두하게 되었다. 대승불교에서 내세운 삼승은 보살승·연각승·성문승으로 기존의 초기불교와 부파불교에서 쓰이던 단어의 개념과 달랐으며, 그 개념에 따라 삼승의 수행 방법이 각각 다르게 전개되었다. 대승불교의 삼승은 대승이 추구하는 방향성으로 수행하는 수행자를 보살승이라고 불렀고, 스승이 없이 홀로 수행하여 깨달은 자를 연각승이라고 불렀으며, 부파불교의 수행자를 성문승으로 국한하여 소승이라고 폄하하여 불렀다. 이러한 대승불교의 삼승에 대한 개념이 초기불교와 부파불교에서는 어떠한 개념으로 단어가 쓰였으며, 어떻게 전개되었는지 살펴보면서, 시대 상황에 따라 삼승의 의미가 달라졌으며 대승불교의 사상의 영향에 따라 삼승의 개념이 형성되었음을 알 수 있었다.

대승불교는 초기에 교리를 발전시키고 반야경般若經 계통의 공사상을 심화하고 체계화하면서 삼승교三乘敎를 대두시키고, 여기에 입각하여 보살 우위를 역설한 나머지 부파불교를 소승小乘이라고 폄하시키면서 대승불교 흥기의 의미를 퇴색시켰다. 이것은 마치 대승불교 운동가들이 부파불교를 소승이라고 부르면서 외도外道와 같은 시선으로 본 것이나 마찬가지였다. 이에 상응하여 소승이라고 불렸던 부파불교 교단 역시 성불을 자처하는 대승경전들을 비불설非佛說이라 하고 대승교도들을 외도시함으로써 부처의 교법이 근본 목적을 상실하게 되었다. 이처럼 삼승교에 입각한 대·소승의 첨예한 정법 논쟁은 대승교도들에게 참다운 대승정신을 회복하려는 공감대를 형성하는 계기를 제공했고, 마침내 대·소승을 화합 및 융합하고자 하는 일련의 시도가 일어났다.

그 결과 대승불교 흥기의 제 요소 중 대·소승의 정법 논쟁에 있어서 『법화경』의 신봉자 집단의 사명의식이 삼승교에 입각한 대·소승의 대립을 지양하고 대·소승을 하나의 일승으로 규합하려는 당면과제와 초기불교 이래 계속된 정법 논쟁의 폐단을 불식하고 일승 불국토를 실현하기 위해서 『법화경』의 일승사상과 회삼귀일 사상이 등장했다는 사실을 알 수 있었다. 이로써 볼 때 『법화경』은 소승과 대승의 대립하는 과정에서 대승적 입장에서 이들을 포섭하여 불교 교단의 대화합을 이룩하려는 목적을 가지고 성립되었음을 알 수 있으며, 이러한 목적으로 일승사상과 회삼귀일 사상이 근거가 되었음을 알 수 있었다.

제3장에서는 『법화경』에서 일불승, 성문승, 연각승, 보살승에 대한 현증과 수행의 내용을 각각 다루고자 하였다. 먼저 『법화경』 전반에서 다루고 있는 일불승과 성문승, 연각승, 보살승은 어떠한 특징을 가지고 어떠한 수행을 하고 있는지를 살펴보았고, 『묘법연화경우바제사』에서는 이 『법화경』의 내용에 대해 어떻게 주석하고 있는지 비교하여 고찰하였다.

먼저 『법화경』에서 현증하는 부처의 모습에 대해 청정법신이라고 표현한 것 외에도 특징적으로 불지견과 실상에 대한 깨달음을 갖추고 있으며, 사무량심·사무애변·십력·사무소외·사섭법·십팔불공법·사선정·팔해탈·여러 삼매·삼십이상 팔십종호 등의 온갖 공덕을 갖추고 있으며, 광명을 비추어 다른 세계를 보여줄 수 있는 능력, 불자들에게 성불을 수기하여 부처가 될 것을 예언해 주는 모습 등으로 표현되며, 경전에서는 이 내용이 반복적으로 기술되어 있다. 『법화경』에서 부처의 현증에 대한 연구는 과거 석가모니불의 행적 및 삼십이상 팔십종호의 개념상으로만 국한되었던 부처의 모습에서 확장하여 본래 부처가 가진 특징과 모습, 능력 등에 대하여도 이해할 수 있게 되었다.

또한 『법화경』에서는 부처의 수행에 관해서도 특징적으로 기술하고 있다. 부처의 수행이란 일대사인연으로 세상에 출현하여 불지견을 열어 보이며 일체중생을 성불로 이끄는 끝나지 않는 보살행을 말한다. 『법화경』에서 부처의 보살행에 대한 개념은 시대적으로 의미하는 바가 컸다. 『법화경』이 형성되었던 부파불교 시기에는 부처는 오직 단 한 사람이고 열반에 이르렀기 때문에 이 세상에 존재하지 않는다는 사상이 있었는데, 『법화경』에서는 석가모니불은 사실은 영원한 존재이고 법신으로서 언제 어디서나 존재하며, 화신으로서 현세에 방편으로 중생을 교화하는 보살행을 하고 있다는 것으로 기존의 부처에 대한 개념을 깨는 내용이었다. 그리고 『법화경』에서는 이러한 진리에 대해 의심을 하지 말고 믿음을 가져야 한다고 강조하고 있어 그 시대의 부처에 대한 사상과 불자들의 생각이 어땠을지 미루어 추측해 볼 수 있었다.

둘째, 『법화경』에서의 현증하는 성문승 유형을 살펴보면 초기불교에서 수행자가 도달하는 최고의 계위라고 상정한 아라한이 대승불교의 소승의 성자로 폄하되었음을 알 수 있었다. 이러한 아라한을 포함한 성문의 특징은 석가모니불의 가르침인 경전(아함)을 수행하지만, 자기만의 열반을 추구하며, 윤회를 벗어난 해탈을 추구하는 자로 표현된다. 이러한 성문승들은 『법화경』에서 4종류의 분류할 수 있었는데, 결정성문, 증상만성문, 퇴보리심성문, 응화성문 등이다. 이러한 성문승의 수행법은 사성제와 열반에 이르는 것을 목적으로 하였는데, 『법화경』에서는 사성제 수행을 통해 불지혜에 들게 하겠다고 하고 있다. 『법화경』에서는 말하는 사성제 수행이란, 부파불교에서 수행하는 사성제의 수행을 말한다. 초기불교에서는 사성제에 대한 수행을 사향사과의 증위로 간단하게 설명했지만, 부파불교에 와서는 더 세분화되어 성위와 현위로 나누고, 성위는 무학위와 유학위로 나누고, 무학위에 아라한과를, 유학위에 나머지 사향사과의 증위로 설명하였다. 그리고 현위에는 사선근과 삼현위로 표현하여 이론상 초기불교에서 사향사과에 진입하기 쉬웠던 것에 비해, 예류향에 들어가기 전에 사선근과 삼현위의 총 7단계의 진입이 있어야 가능하기 때문에 예류향 진입이 더 어려워져 보인다.『법화경』에서는 성문승의 수행을 이러한 사제법의 수행으로 불지혜에 들게 하였다고 하고 있다.

셋째,『법화경』에서의 현증하는 연각승의 유형을 살펴보면, 인연법을 수행하여 삼계를 벗어나고 무사無師의 지혜와 조(調, 몸을 조절하는 것)와 산란심을 통제하는 능력을 갖췄음을 알 수 있다. 독각이라는 것은 현신 중에 지극한 가르침을 받는 것을 떠나 오직 자신이 도를 깨달아 능히 스스로 조복시키고 다른 이를 조복시키지 않기 때문에 그렇게 불린다. 연각승의 수행법은 12인연법인데, 연각승은 무명에서 노사까지 괴로움의 일어남과 사라짐에 대한 순관과 역관을 통해 깨달음에 이른다.『법화경』에서는 연각승도 역시 12인연법에 대한 수행으로 불지혜에 들게 하였다고 하고 있다.

넷째,『법화경』에서의 현증하는 보살승의 특징을 살펴보면, 다라니와 사무애변재 공덕의 성취로 법륜을 굴리고 다니며, 많은 중생과 이익과 안락을 위해, 일체중생의 반열반을 위해 노력하는 자들이며, 대승을 통해 삼계를 벗어나 일체중생을 제도하는 자를 말한다.『법화경』에서 설명하고 있는 보살승의 유형으로는 첫째, 부처님으로부터 장래에 반드시 성불할 것이라고 예언을 받은 보살(授記菩薩), 둘째, 깨달음을 얻은 보살(悟道菩薩), 셋째, 여래의 사도로서 부처님의 가르침을 세상에 널리 펴는 의무를 부여받은 사람(法師菩薩) 등 세 부류이다.

또한 『법화경』에서 설명하고 있는 보살승의 계위로는 초기불교 경전에서부터 설해지던 사향사과四向四果와 더불어 『소품반야경小品般若經』이래 모든 반야경류에서 설해 온 사종보살四種菩薩 – 신발의보살, 행육바라밀보살, 불퇴전보살, 일생보처보살 – 을 설하고 있음을 볼 수 있었다. 이러한 『법화경』에서 설명하고 있는 보살승의 수행으로는 보살이 갖추어야 할 기본적인 마음자세와 삼매수행, 사안락행, 오종수행, 육바라밀행 등에 대해 알아보았다.

『법화경』에서의 현증하는 보살승의 특징과 보살승의 유형, 그리고 보살승의 계위와 보살승의 수행 등을 살펴보았을 때, 기본적으로 보살승의 대중을 교화할 수 있는 인내력과 마음 자세, 자질을 갖추고 있어야 한다는 것을 알 수 있었다. 그리고 그러한 기본적인 마음자세와 능력을 갖추어 방편력으로 설법하여 중생들을 교화할 수 있어야 하는 것이다. 왜냐하면 보살승의 수행자들은 일체중생을 일불승으로 이끌어야 하기 때문이다.

다섯째, 『법화경』 제5 「약초유품」에 의거하여 일불승과 삼승에 관한 『법화경』의 총체적 계위에 대하여 논하고자 하였다. 참고하여 함께 논설한 텍스트는 지의의 『법화현의』의 위묘 부분으로 천태사교인 장교·통교·별교·원교를 기준으로 제5 「약초유품」의 삼초이목의 비유를 일불승과 삼승의 수행과 계위를 나누어 설명하였다. 『법화현의』에서는 『성실론』, 『구사론』, 『정법념처경』, 『대품반야경』, 『대지도론』, 『인왕반야경』, 『화엄경』, 『영락경』, 『신금광명경』, 『열반경』 등 다양한 대승경전과 비교하여 내용과 계위를 논하였다.

『법화현의』의 위묘는 점차적 계위를 방편삼아 원돈의 진실한 계위를 밝히고 있다. 중생마다 근기가 다르고 각각의 계위별로 방편의 수행이 있어 마침내 깨닫게 되어 불지견으로 제법실상을 알게 되면 진실한 계위가 설립하게 된다. 진실한 계위는 불가사의하여 부처와 중생이 다른 것 같지만 다르지 않고, 다르지 않으면서 다른 작용이 있다. 지의는 이러한 공용을 통해 『법화경』의 진실한 계위의 묘법이 무엇인지 드러내고 있다. 삼초이목의 다섯 가지 대상의 비유는 수행하는 대상과 그 특징을 비교하여 점차적으로 번뇌를 여의고 열반을 증득하는 과정이다. 그 각각의 수행하는 대상의 특징을 알아야 자신의 성향에 맞는 수행이 가능하며 자신의 수행 위치 파악이 가능한 것이다.

이상에서 『법화경』이 성립된 시기에 기술된 삼승의 수행과 『법화경』에서 기술된 일불승과 삼승의 현증을 살펴보니, 『법화경』의 삼승은 수행자의 기질에 맞춘 방편으로 상대적인 성불의 가르침이다. 이렇듯 초기 대승불교의 『법화경』에서 말하고자 하는 삼승의 수행은 수행자의 기질에 따라 성문승·연각승·보살승의 방편을 통한 수행을 거쳐 궁극에 일불승을 향하도록 설해졌다. 자세하게 풀어서 삼승의 수행과 현증을 논하였지만, 궁극에는 삼승의 수행 및 일체 수행은 구경성불행인 것이다. 또한 이것은 석가모니불을 포함한 모든 존재가 원래 깨달은 구원본불의 존재이기 때문이고, 이것을 일깨워주기 위한 모든 부처의 서원인 제불본원이며, 일대사인연의 현증이기 때문이다. 앞에서 일불승의 현증의 모습을 설하여 보여주었고 삼승의 수행과 현증으로 삼승을 설명하였지만, 결국 모두는 다시 일불승을 위한 것으로 귀결된다. 이것이 삼승의 수행이 결국 회삼승귀일승에 대한 현증인 것이다.

제4장에서는 일불승과 삼승의 수행과 증득에 관한 연구를 통해 사회 실천의 길을 모색하고자 하였다. 우선, 『법화경』의 사상과 불교의 사회적 실천에 대한 논의를 하기 전에 현대사회에서 불교의 사회적 실천은 어떤 의미를 갖는지 이해하고자 하였다. 칼 빌레펠트(Carl Bielefeldt)는 『불교연구를 위한 비판적 용어집』에서 불교의 '실천'에는 네 가지 의미가 있다고 설명한다. 첫째는 규정된 가르침을 믿고 활동하는 것으로 가장 넓은 의미의 실천이다. 이는 불교도라는 의미로 규정된 가르침을 믿고 자신의 삶에서 실천하는 것을 말한다. 둘째는 이론에 대한 실천으로, 이는 교리적 성격을 가지며 이론과 실천이 상호 포함하는 관계를 말한다. 셋째는 숙달을 위한 연습으로 깨달음에 도달했다고 생각하면서 종교적인 삶을 사는 것을 의미한다. 넷째는 원리에 대한 실천으로, 이상에 대한 실제적인 행동을 말한다. 위와 같은 불교의 사회적 실천의 의미를 근거로 실천 범위로 삼고, 『법화경』의 주요 교설에 대한 사회적 실천을 논의하고자 하였다.

『법화경』의 주요 교설인 일불승설, 구원본불설, 제불본원설 등이 현대 사회에 시사하는 바는 첫째, 부처와 똑같은 성품이 있음을 자각하는 개인의 마인드셋을 변화시킬 수 있다는 것이다. 이것은 현대 사회에서 개인의 '중생의 마인드셋'을 '부처의 마인드셋'으로 변화시키는 역할을 한다. 이처럼 『법화경』 사상은 개인의 '중생적 마인드셋'을 '부처와 똑같은 자질을 가지고 있다'라는 '성장형 마인드셋'으로 변화시켜 더 나은 세상을 만들 수 있는 계기를 형성한다.

둘째, 일체중생을 부처로 보는 태도로 타인에 대한 관계를 변화시킬 수 있다는 것이다. 이것은 현대 사회에서 인간관계와 연관되어 인권문제, 전쟁과 경제문제 등 많은 심각한 문제를 개선하는 데 실천의 역할을 할 수 있다. 인권문제는 인간이 인종, 성별, 국가, 종교, 장애, 성적 지향 등의 차별적 관점을 지니고, 인간에 대한 존중과 공경의 마음 자세를 지니지 않고 있기 때문에 발생하는 것이다. 모든 존재를 부처와 같이 공경한다면 이러한 문제들은 애초부터 일어나지 않았을 것이다. 세상의 모든 이들이 존귀한 존재라는 『법화경』의 가르침을 수행한다면 현대 사회에서 어려운 이들을 외면하지 않고 돕는 실천을 적극적으로 할 수 있을 것이다.

셋째, 우리는 본래 성불한 영원한 존재로 '안온한 불국정토'를 건설하기 위한 사회적 영향력을 행사하는 노력을 할 수 있다는 것이다. 우리는 영원한 부처의 성품을 지닌 존재이다. 부처인 나와 타인이 관계하고, 공존하고, 공유하는 이 세상은 '안온한 불국정토'인 것이다. 이것이 『법화경』에서 부처가 바라본 세계관이다. 수많은 불보살이 보살행을 실천하는 것은 궁극적으로 이러한 세계를 만들기 위한 것이고, 이것이 바로 사회 실천적인 『법화경』의 역할이자, 불교의 역할인 것이다.

마지막으로 일불승과 삼승의 수증과 사회적 실천에 관해서 고찰하여 보았다. 일불승의 교설은 '모든 사람은 성불할 수 있다'라는 가르침이고, 성문승·연각승·보살승인 삼승은 방편으로 삼승의 수행도 결국 성불로 가는 과정이라는 것이다. 그리고 일불승의 핵심 내용은 중생에게 부처의 불지견을 깨닫게 하는 것이다. 『법화경』에서는 성문승·연각승·보살승에 대한 각각의 기질을 가진 대상과 이 대상에 맞는 수행방법을 제시하고 있고, 각기 그들에 맞는 수행법으로 '모두 불지견으로 향하게 한다'라고 하고 있다. 이러한 내용은 『법화경』을 공부하는 사람들에게 기질별 수행의 모델을 제시하고 있다. 이러한 깨달음에 대한 다원주의적인 접근은 수행자 간의 상호 이해나 종교 간 대화와 촉진할 수 있는 중요한 요소가 된다. 이러한 접근은 현대 사회에서 개인이나 사회, 또는 종교적으로 자신의 종교를 포함한 다양한 종교들이 함께 선을 추구하며 사회적으로 협력하여 발전하는 모습으로 나아가는 모습이자, 『법화경』에서 추구하는 바가 될 것이다.

『법화경』의 수행이란 자신이 부처와 똑같은 불성을 가지고 있어 부처가 될 수 있다는 믿음의 수행(信)으로 자신의 기질에 맞는 수행방법을 선택하여 『법화경』을 텍스트를 근간으로 하는 이해를 확립하고(解), 삼승의 예와 같이 부처의 마음인 아뇩다라삼먁삼보리를 향한 모든 선을 닦아 행하면(行) 마침내 자신이 부처라는 사실을 진실로 깨닫게 되는 것이다(證). 그리고 그 깨달음은 자신과 타인이 부처임을 확인하고, '안온한 불국정토'라는 외부세계로 확인될 때 증명될 수 있다. 그리고 부처로 가는 깨달음의 증득 과정에서 차이가 있고 작용이 다르기에 계위로서 차별을 보이는 것이다.

이상으로 『법화경』에서 말하는 삼승의 수행과 증득에 관하여 다양한 고찰을 하였다. 대승경전 중의 왕이라고 불리는 『법화경』에 내재되어 있는 핵심 교설인 일불승설은 방편으로 제시되는 회삼귀일과 같이 깨달음의 대통일장 이론이다. 불교에서 진리를 향한 가르침이란 개념과 틀을 깨는 것이기 때문에 불교 수행에서도 하나의 틀로 제시할 수 없다. 그러기에 『법화경』에서는 삼승을 방편으로 일승으로 향하게 했지만, 삼승은 대표적인 모델일 뿐, 삼승에 국한하는 것이 아니다. 여러 가지 수행이 깨달음을 향한 길이 되겠지만, 『법화경』을 공부하는 수행자들이 『법화경』에서 말하고자 하는 방향성과 수행이 무엇인지 알지 못한다면 수행하지만 역행하거나 수행이라는 틀 자체도 알 수 없어 아예 시도조차 하지 못할 것이다. 따라서 본서에서는 『법화경』에서 말하는 삼승의 수행과 증득에 관하여 연구하여 『법화경』에서 말하고 있는 삼승의 수행이 무엇인지에 대한 이해와 방향성을 나타내고, 『법화경』의 수행자로서 사회참여에 대한 길을 제고하는 데 의미 있는 연구가 되고자 하였다.

참고문헌

약호

T: 大正藏
X: 卍新續藏
Y: 印順法師佛學著作集
PTS: Pali Text Society

1. 원전

AN Aṅguttara-nikāya, Ed. R. Morris and E. Hardy and rev. A. K.Warder. Vol. 1-5, London, PTS, 1961.

DN Dīgha-nikāya Vol. I, Ed. T.W. Rhys Davids and J.E. Carpenter,PTS, 1889, 1983, 1995, corrected repr. 2007.

Dīgha-nikāya Vol. II, Ed. T.W. Rhys Davids and J.E. Carpenter, PTS, 1903, 1982, 1995, corrected repr. 2015.

Dīgha-nikāya Vol. III, Ed. J.E. Carpenter, PTS, 1910, 1992, corrected repr. 2006.

MN Majjhima-nikāya, Ed. V. Trenckner and R. Chalmers. 3vols, London, PTS, 1888-1899.

SN Saṃyutta-nikāya, Ed. L. Feer. 5vols, London, PTS, 1884-1898.

Sāratthappakāsinī, Vol. I, Ed. F.L. Woodward, PTS, 1929, 1977.

Manorathapūraṇī, Vol. I, Ed. M. Walleser, PTS, 1924, 1973.

『長阿含經』(T01, No.1)
『大般涅槃經』(T01, No.7)
『中阿含經』(T01, No.26)

『雜阿含經』(T02. No.99)
『增壹阿含經』(T02. No.125)
『悲華經』(T03. No.157)
『方廣大莊嚴經』(T03. No.187)
『小品般若波羅蜜經』(T08. No.227)
『大乘理趣六波羅蜜多經』(T08. No.261)
『道行般若經』(T08. No.224)
『光讚經』(T08. No.222)
『妙法蓮華經』(T09. No.262)
『添品妙法蓮華經』(T09. No.264)
『大方廣佛華嚴經』(T10. No.278)
『法鏡經』(T12. No.322)
『勝鬘師子吼一乘大方便方廣經』(T12. No.353)
『維摩詰所說經』(T14. No.475)
『大乘入楞伽經』(T16. No.672)
『菩薩瓔珞本業經』(T24. No.1485)
『大智度論』(T25. No.1509)
『妙法蓮華經憂波提舍』(T26. No.1519)
『十住毘婆沙論』(T26. No.1521)
『阿毘達磨大毘婆沙論』(T27. No.1545)
『阿毘達磨俱舍論』(T29. No.1558)
『瑜伽師地論』(T30. No.1579)
『攝大乘論釋』(T31. No.1595)
『成實論』(T32. No.1646)
『妙法蓮華經玄義』(T33. No.1716)
『妙法蓮華經文句』(T34. No.1718)
『法華宗要』(T34. No.1725)
『法華經安樂行義』(T46. No.1926)
『摩訶止觀』(T46. No.1911)

『大唐西域記』(T51. No.2087)
『出三藏記集』(T55. No.2145)
『雜阿含經論會編』(Y30. No.30)
『釋迦如來行蹟頌』(X75. No.1510)

2. 대장경 번역본

각묵 스님 역, 『상윳따니까야』 2, 초기불전연구원, 2009.
_____, 『디가니까야』 2, 초기불전연구원, 2010.
거해 역, 『법구경』 II, 고려원, 1993.
권오민 역, 『아비달마구사론』 권1~4, 동국역경원, 2015.
대림 스님 역, 『맛지마니까야』 1, 초기불전연구원, 2012.

3. 사전류

국립국어연구원, 『표준국어대사전』, ㈜두산동아, 1999.
길상, 『佛敎大辭典』, 홍법원, 1998.
이지관, 『가산불교대사림』 권9, 가산불교문화연구원, 2007.
한글학회, 『우리말 큰사전』, 어문각, 1992.

4. 단행본

가지야마 유이치 외, 정호영 역, 『공의 논리』, 민족사, 1989.
고익진, 『불교의 체계적 이해』, 새터, 1994.
가나오카 슈유(金岡秀友) 저, 안중철 역, 『대승불교총설』, 불교시대사, 1992(1994).
권오민, 『아비달마불교』, 민족사, 2003.
김동화, 『俱舍學』, 문조사, 1971.
_____, 『불교교리발달사』, 삼영출판사, 1977.
_____, 『유식철학』, 보련각, 1980.
_____, 『불교학 개론』, 보련각, 1984.

_____, 『대승불교사상』, 보련각, 1992.
_____, 『원시불교사상』, 보련각, 1992.
김미숙, 『인도불교사』, 살림출판사, 2007.
김성철, 『중론, 논리로부터의 해탈 논리에 의한 해탈』, 불교시대사, 2004.
다무라시로 외 저, 이영자 역, 『天台法華思想』, 민족사, 1994.
다이쇼대학교, 금강대학교 불교문화연구소 공편, 『현대사회와 불교』, 도서출판 씨아이알, 2015.
도겸, 『禪門鍛鍊說』, 불광출판부, 1998.
동국대학교불교문화대학, 『불교사상의 이해』, 불교시대사, 1997.
김자연·김주철·윤용태, 『八萬大藏經 해제』 6, 사회과학출판사, 1992.
목정배, 『불교교리사』, 지양사, 1987.
범천, 『현증장엄론 역주』, 불광출판사, 2017.
서광, 『현대심리학으로 풀어본 유식30송』, 불광출판사, 2016.
서성우, 『法華經硏究』, 운주사, 1997.
성기, 『보살십지사상연구』, 학고방, 2015.
스에키 후미히코 외 저, 김재권 역, 『대승불교의 실천』, 도서출판 씨아이알, 2016.
시즈타니 마사오·스구로 신죠오 저, 정호영 역, 『대승의 세계』, 대원정사, 1991.
야마다 도모오 저, 조혜선 역, 『스탠퍼드식 최고의 피로회복법』, 비타북스, 2019.
오다 규기, 정병조 역, 『불교의 심층심리』, 현음사, 2012.
오형근, 『유식사상연구』, 불교사상사, 1983.
_____, 『유식과 心思想연구』, 불교사상사, 1989.
_____, 『유식학입문』, 불광출판사, 1992.
_____, 『신편 유식학입문』, 도서출판 대승, 2006.
와타나베 후미마로 저, 김한상 역, 『니까야와 아비담마의 철학과 그 전개』, 동국대학교출판부, 2014.
우에다 요시부미(上田義文) 저, 박태원 역, 『대승불교의 사상』, 민족사, 1992.
우에야마 슌페이·사쿠라베 하지메(上山春平·櫻部建) 저, 정호영 역, 『아비달마의 哲學』, 민족사, 1989.
원과, 「육바라밀의 실천」, 『대승불교의 보살』, CIR, 2008.

이기영, 『불교와 역사』, 한국불교연구원, 1991.
_____, 『불교개론강의』, 한국불교연구원, 1998.
이기운, 『법화삼매의 전승과 수행』, 성불사, 2002.
이봉순, 『菩薩思想 成立史의 硏究』, 불광출판부, 1998.
이병욱, 『천태사상』, 태학사, 2005.
이영자, 『法華經의 菩薩思想』, 동국대학교출판부, 1996.
_____, 『법화·천태사상연구』, 동국대학교출판부, 2007.
정성본, 『종용록강설』 권2, 민족사, 2021.
정승석 저, 『고려대장경 해제』 권1, 고려대장경연구소, 1998.
조수동, 『인도철학사』, 이문출판사, 1995.
_____, 『무아와 연기』, 문창사, 1998.
_____, 『불교사상과 문화』, 세종출판사, 2003.
종석, 『佛敎學槪論』, 동일문화사, 2003.
지창규, 『법화천태학』, 법화천태학연구소, 2003.
츠카모토 게이쇼(塚本啓祥) 저, 이정수 역, 『법화경의 성립과 배경』, 운주사, 2010.
케네스 첸(Kenneth Ch'en) 저, 박해당 역, 『중국불교』, 민족사, 1994.
키무라 코오(木村淸孝) 저, 장휘옥 역, 『중국불교사상사』, 민족사. 1989.
타무라 쇼루·우메하라 타케시 저, 이영자 역, 『천태법화의 사상』, 민족사, 1989.
폴 윌리엄스(Paul Williams), 조환기 역, 『서양학자가 본 대승불교』, 시공사, 2000.
한자경, 『대승기신론 강해』, 불광출판사, 2013.
효도 가즈오 저, 김명우·이상우 역, 『유식불교, 『유식이십론』을 읽다』, 예문서원, 2013.
홍정식, 『법화경 성립 과정에 관한 연구』, 동국대학교 대학원, 1974.
_____, 『법화경 요해』, 대한불교천태종총무원, 1986.
후지타 코타츠(藤田宏達) 저, 권오민 역, 『초기 부파불교의 역사』, 민족사, 1992.
히라가와 아키라(平川彰) 저, 이호근 역, 『인도불교의 역사』 상권, 민족사, 1989.
_____, 차차석 역, 『法華思想』, 여래, 1996.
_____, 정순일 역, 『華嚴思想』, 경서원, 1996.
_____, 혜학 역, 『法華思想』, 경서원, 1997.

_____, 정승석 역, 『대승불교개설』, 김영사, 2005.
히로사치야 저, 강기희 역, 『소승불교와 대승불교』, 민족사, 1994.

干潟龍祥, 本生經類の思想史的研究, 山喜房佛書林, 昭和 53, 1978.
田上太秀, 『菩提心の研究』, 東京書籍, 1990.
水野弘元, 『原始佛敎』, 平樂寺書店, 1981.
_____, 『五十二位等の菩薩階位說』, 山喜房佛書林, 1984.
靜谷正雄, 『初期大乘佛敎の成立過程』, 百華苑, 1990.
山口益, 『佛敎學序說』, 平樂寺書店, 1971.
橫超慧日, 『法華思想の研究 第二』, 平樂寺書店, 2023.
石井敎道, 『華嚴敎學成立史』, 平樂寺書店, 1964.
干馮龍鮮, 『本生經類O思想史的 硏究』, 山喜房佛書林, 1978.
平川彰, 『初期大乘佛敎の研究 I』, 春秋社, 1992.
_____, 『初期大乘と法華思想』, 春秋社, 1992.

Donald S. Lopez Jr.(ed.), Critical Terms for the Study of Buddhism, The University of Chicago Press, 2005.

Fyodor Shcherbatskoy, The Conception of Buddhism Nirvana, Delhi : Motilal Banarsidass, 1977.

Kern, Hendrik, Manual of Indian Buddhism, Kessinger Publishing, 1896.

Lokesh Chandra, The Thousand-Armed Avalokiteśvara, Delhi: IGNCA/Abhinav Pulications, 1988.

Nalinaksha Dutt, Aspects of Mahāyāna, Buddhism and its Relations to Hīnayāna, London, 1930.

Murti, Tirupattur Ramaseshayyer Venkatachala, The Central Philosophy of Buddhism, Geroge Allen and Unwin, 1955.

Ria Kloppenborg, The Paccekabuddha: A Buddhist Ascetic, E. J. Brill, Leiden, NETHERLANS, 1974.

5. 학위 및 학술논문

1) 학위논문

서인열, 「法華經 方便品에 관한 硏究: 乘思想을 중심으로」, 동국대학교 박사논문, 1993.

오형만, 「華嚴菩薩의 願과 行에 관한 硏究」, 원광대학교 일반대학원 박사논문, 2013.

유문경, 「천태지의의 『법화경』 품제해석 연구」, 동국대학교 박사논문, 2017.

이영석, 「『입보리행론』의 보리심론 연구」, 동국대학교 박사논문, 2014.

지경찬, 「한국법화신앙의 역사적 전개에 관한 연구」, 위덕대학교 박사논문, 2011.

지세한, 「『大乘起信論疏』別記에 나타난 修行次第觀 연구」, 동국대학교 박사논문, 2019.

차차석, 「法華經의 本誓思想에 관한 硏究: 社會的 實踐理念을 中心으로」, 동국대학교 박사논문, 1994.

허정문, 「자비명상 수련에서 평등심의 역할: 자비확장성을 중심으로」 12, 아주대학교 박사논문, 2018.

홍정식, 「法華經 成立過程에 관한 硏究」, 동국대학교 박사논문, 1974.

고관희(수홍), 「天台 四念處의 修行觀 硏究」, 동국대학교 석사논문, 2012.

고호(지안), 「天台 智顗의 階位說 연구: 法華三大部를 중심으로」, 동국대학교 석사논문, 2017.

구영미, 「『入楞伽經』에 나타난 一乘道 修行 硏究」, 위덕대학교 대학원 석사논문, 2016.

김규백, 「密敎 菩提心思想 硏究」, 위덕대학교 일반대학원 석사논문, 2020.

김영생, 「法華經 一乘思想 硏究」, 동국대학교 석사논문, 1988.

김태석(보관), 「法華經 一乘思想 硏究」, 위덕대학교 석사논문, 2009.

김호연(해주), 「華嚴經의 發菩提心에 對한 硏究」, 동국대학교 석사논문, 1983.

김희성, 「대승불교의 보살사상 연구」, 중앙승가대학교 석사논문, 2010.

류인수, 「華嚴 十地思想의 硏究」, 원광대학교 석사논문, 2008.

박기남, 「天台의 法華三昧 修行體系 硏究」, 동국대학교 석사논문, 2011.

박상호, 「『法華經』의 菩薩과 空思想 硏究」, 동국대학교 석사논문, 2012.
박오수, 「『華嚴發菩提心章』 해제 및 역주」, 동국대학교 석사논문, 2016.
배효식, 「천태의 차제선문에 관한 연구」 12, 동국대학교 석사논문, 2019.
변영희, 「『法華經』의 諸 보살 硏究」, 동국대학교 석사논문, 2005.
서준상, 「法華經에 나타난 菩薩思想 硏究」 28, 위덕대학교 석사논문, 2010.
오택동, 「法華經 五種修行에 관한 硏究」 28, 위덕대학교 석사논문, 2017.
이명숙, 「『대지도론』〈초품〉의 보살관 연구」, 위덕대학교 석사논문, 2019.
이홍구, 「華嚴經의 十波羅蜜 硏究」, 동국대학교 석사논문, 2005.
진연희(선우), 「大乘經典의 發菩提心 硏究:『華嚴經』을 중심으로」, 동국대학교 석사논문, 2019.
천정룡, 「華嚴 十地說의 成立과 意義에 관한 考察」, 위덕대학교 석사논문, 2007.
천준희, 「『法華經』의 菩薩思想에 關한 硏究」, 대구한의대학교 석사논문, 2019.
최기표, 「天台 漸次止觀의 修行體系 硏究」, 동국대학교 대학원 석사논문, 1999.

2) 학술논문

강기선(도업), 「중국화엄교학의 전개와 華嚴註釋에 담긴 十地思想」, 『동아시아불교문화』 32, 동아시아불교문화학회, 2017.
강명희, 「대승경전의 사무량심 수행 연구-4무량심의 무량無量 개념과 무연無緣 개념 중심으로-」 『동아시아불교문화』 37, 동아시아불교문화학회, 2019.
강영미(현수), 「구도자와 불과행으로서의 관음보살-『법화경』과『화엄경』을 중심으로-」, 『불교와 사회』 15(1), 불교학연구원, 2023.
강향숙, 「인도불교 문수신앙의 특징 검토」, 『정토학연구』 28, 한국정토학회, 2017.
고우익, 「『법화경法華經』 보살菩薩 '행行'에서의 사회구제社會救濟 사상思想」 『천태학연구』 12, 천태불교문화연구원, 2009.
권기종, 「초기 대승불교의 반부파적 태도와 대응」, 『불교학보』 34, 불교문화연구원, 1997.
권탄준, 「『華嚴經』「十廻向品」의 三種廻向」 『보조사상』 27, 보조사상연구원, 2007.
＿＿＿, 「華嚴에서의 證得의 문제-『華嚴經』을 중심으로-」 『정토학연구』 12, 한국정토학회, 2009.

권탄준·이행구(도업), 「華嚴에서의 證得의 문제-『華嚴經』을 중심으로-」, 『정토학연구』 12, 한국정토학회, 2009.

김상건, 「菩薩十地의 成立에 관한 考察」, 『禪學』 22, 한국선학회, 2009.

김선근, 「『법화경』에 나타난 空思想」, 『한국불교학』 54, 한국불교학회, 2009.

김영미, 「원효의 대승보살大乘菩薩 수행도-『기신론소』와 『금강삼매경론』을 중심으로-」, 『동아시아불교문화』 43, 동아시아불교문화학회, 2020.

김완석·박도현·이인실, 「사무량심 척도 개발을 위한 예비연구」, 『한국명상학회지』 4.1, 한국명상학회, 2013.

김종명, 「현대 한국의 간화선: 이슈와 분석」, 『불교연구』 33, 불교문화연구원, 2010.

김창석, 「法華經에 對한 硏究(其一): 方便思想」, 동국대학교 대학원, 1972.

김천학, 「『화엄경』의 연화장세계」, 『정토학연구』 14, 한국정토학회, 2010.

김치온, 「광석보리심론 역주」, 『불교원전연구』 12, 동국대학교 불교문화연구원, 2008.

문을식, 「불전에서 자비 개념의 전개 양상(1)」, 『불교연구』 37, 한국불교연구원, 2012a

_____, 「대승불전에서 자비 개념의 전개 양상」, 『한국교수불자연합학회지』 18, 사단법인 한국교수불자연합회, 2012b.

문진영, 「원효의 본업경소에 나타난 보살계위에 관한 연구」, 『한국불교학』 92, 한국불교학회, 2006.

박경준, 「대승불교사상과 사회참여 一考」, 『불교학연구』 24, 불교학연구회, 2009.

박공주, 「화엄종 관행문에서 화엄삼매의 의미와 수행」, 『선문화연구』 24, 한국불교선리연구원, 2018.

박서연, 「화엄수행과 보살도의 실천-『화엄경』에 설해진 환幻의 교설과 환주幻住법문을 중심으로-」, 『불교학밀교학연구』 2, 한국밀교학회, 2022.

박재은, 「사무량심과 긍정심리학의 만남-융합의 가능성을 위한 시론-」, 『동아시아불교문화』 51, 동아시아불교문화학회, 2022.

박준석, 「『보리심론』의 전래와 유통-저자 문제를 중심으로-」, 『불교학밀교학연구』 2, 한국밀교학회, 2022.

배완준(서정), 「천태 수행계위론 연구-『법화현의』 위묘位妙를 중심으로-」, 『동아시아불교문화』 61, 동아시아불교문화학회, 2024.

서인열, 「법화경의 성립과 구성에 관한 고찰」, 『논문집』 9, 중앙승가대학, 2001.

석길암, 「한국에 있어서 화엄학 연구의 흐름과 전망」, 『한국불교학』 68, 한국불교학회, 2013.

손병욱, 「한국불교의 대승보살도 실천을 위한 방안 고찰-상구보리와 하화중생의 문제를 중심으로-」, 『동아시아불교문화』 19, 동아시아불교문화학회, 2014.

_____, 「대승불교의 실천 덕목 재조명-육바라밀을 중심으로-」, 『동아시아불교문화』 32, 동아시아불교문화학회, 2017.

신명희, 「『法華經』에 나타난 禪思想 一考--乘思想을 중심으로」, 『동아시아불교문화』 21, 동아시아불교문화학회, 2015.

신성현, 「大乘佛敎의 成立에 대한 諸異論考」, 『동국사상』 24, 동국대학교 불교대학, 1991.

신화식, 「자비명상의 실천체계 탐색-「자애의 경」을 중심으로-」, 『원불교사상과 종교문화』 88, 동원광대학교 원불교사상연구원, 2021.

안병근, 「법화경의 주요 사상과 그 시사점」, 『교육논총』 58, 공주교육대학교 초등교육연구원, 2021.

안병남, 「보리심에 대한 논평」, 『불교원전연구』 12, 동국대학교 불교문화연구원, 2005.

안양규, 「자기-자비(self-compassion)에서 본 MBCT(Mindfulness-Based Cognitive Therapy, 알아차림 명상에 기초한 인지치료)의 치유기제」, 『불교학보』 69, 동국대학교 불교문화연구원, 2012.

안영진, 「법사행法師行으로서 10승관법十乘觀法의 연구」, 『동아시아불교문화』 34, 동아시아불교문화학회, 2018.

양승규, 「까말라쉴라의 수습차제修習次第」, 『禪學』 25, 한국선학회, 2010.

_____, 「『입보살행섭삼십육의入菩薩行攝三十六義』의 보리심 연구-『입보리행론』의 인도와 티벳의 주석서를 중심으로」, 『禪學』 33, 한국선학회, 2012.

_____, 「『보리심석(菩提心釋, byang chub sems 'grel)』」, 『불교원전연구』 18, 동국대학교 불교문화연구원, 2015.

양정연, 「불교의 행복 개념과 인식」, 『철학논집』 12, 서강대학교 철학연구소, 2015.

오현희, 「『大日經』에 나타난 밀교의 보리심관 연구-삼매야계를 중심으로-」, 『선문화연구』 33, 한국불교선리연구원, 2005.

오형근, 「법화경 신해품信解品과 회삼귀일사상會三歸一思想」 『한국불교학』 3, 한국불교학회, 1977.

오형만, 「華嚴菩薩의 願과 行에 관한 研究」, 원광대학교 일반대학원, 2014.

운월, 「아함경의 수행체계에 관하여」, 『禪學』 10, 한국선학회, 2005.

이기운, 「법화경 육근청정법문의 일불승—佛乘 교의敎義와 수행修行」 『천태학연구』 9, 천태불교문화연구원, 2006.

_____, 「天台의 본적사상 수용과 그 전개」 『禪學』 27, 한국선학회, 2010.

이명주, 「마음챙김 자기연민(MSC) 명상프로그램에 나타난 유식오위唯識五位의 자량위資糧位 수행 비교 고찰」 『문화와융합』 44, 한국문화융합학회, 2022.

이법산, 「『대반열반경大般涅槃經』의 수행관」 『인도철학』 20, 인도철학, 2006.

이병욱, 「천태철학과 화엄철학의 비교-실상론과 십현연기를 중심으로」 『중국학논총』 10, 고려대학교 중국학연구소, 1997.

_____, 「전법의 관점에서 본 『법화경』-전법의 마음자세와 공덕, 법문의 이상적 모델제시」 『전법학연구』 4, 불광연구원, 2013.

_____, 「천태에서 바라본 깨달음 논쟁」 『불교학연구』 56, 불교학연구회, 2018.

_____, 「원효의 『법화경』 삼거가와 사거가의 논쟁에 대한 관점-『법화종요』를 중심으로」 『한국사상사학』 68, 한국사상사학회, 2021.

이봉순, 「『解深密經』의 보살사상」 『불교학연구』 15, 불교학연구회, 2006.

이승철·박창남, 「천태天台 지관止觀 수행의 교육적 해석 가능성 검토」 『통합교육과정연구』 13, 한국통합교육과정학회, 2019.

이자랑, 「인도불교 교단사에 관한 일본 학계의 최근 연구 동향」, 『현대불교학 방법론 세미나』 39, 불교문화연구원, 2003.

이정모(태원), 「發心과 法印에 의한 깨달음」 『정토학연구』 12, 한국정토학회, 2009.

이태석, 「『법화경法華經』의 일승사상—乘思想에 대한 연구」 『밀교학보』 13, 위덕대학교 밀교문화연구원, 2012.

이필원, 「아라한 개발전과 전개-심해탈과 해해탈을 중심으로-」 『인도철학』 24, 인도철학회, 2008.

_____, 「사무량심의 '해탈도'적 성격 고찰」『불교연구』 32, 한국불교연구원, 2010.
이행구, 「화엄경華嚴經에 나타난 보살사상菩薩思想(I)」『불교학보』 31, 동국대학교 불교문화연구원, 1994.
_____, 「화엄경華嚴經에 나타난 보살사상菩薩思想(II)」『불교학보』 32, 동국대학교 불교문화연구원, 1995.
_____, 「화엄의 원」『정토학연구』 10, 한국정토학회, 2007.
_____, 「화엄의 수행」『정토학연구』 11, 한국정토학회, 2008.
이혜옥, 「四無量心에 대한 고찰」『禪學』 15, 한국선학회, 2006.
장승희, 「초기불교에 나타난 행복의 의미와 추구 방법-니까야 경전을 중심으로-」『윤리연구』 1, 한국윤리학회, 2016.
전명성, 「華嚴十地說에 對한 硏究」『석림』 17, 동국대학교 석림회, 1983.
정은, 「『입보리행론』을 통해 본 불교의 포교관」『석림』 44, 동국대학교 석림회, 2010.
조수동, 「보살사상에 관한 일고찰-『법화경』을 중심으로-」, 『철학연구』 63, 대한철학회, 1997.
_____, 「다문화와 한국불교의 화쟁사상」, 『철학논총』 60, 새한철학회, 2010.
_____, 「대승불교의 복지사상」, 『철학논총』 63, 새한철학회, 2011.
_____, 「보살정신과 자유의 실천」, 『철학논총』 71, 새한철학회, 2013.
_____, 「『유마경』의 공사상」, 『인간과 사상』 26, 한국동서철학연구원, 2014.
조준호, 「붓다 화현설化現說의 기원과 전개-빠알리(Pāli) 초기불교경전을 중심으로-」『보조사상』 30, 보조사상연구원, 2008.
지세한, 「『범망경고적기梵網經古迹記』의 십장양十長養에 대한 고찰考察-사무량심四無量心, 사섭법四攝法을 중심으로-」『한국불교학』 89, 한국불교학회, 2019.
지운, 불교에 있어서 진리와 수행의 세계, 종교문화학보 2, 전남대학교 종교문화연구소, 2006.
지창규, 「法華玄義의 개현과 관심」, 『한국불교학』 47, 한국불교학회, 2007.
_____, 「천태사교의天台四教儀와 법화현의法華玄義」『불교학보』 63, 동국대학교 불교문화연구원, 2012.
_____, 「천태지의와 『화엄경』-華嚴別圓說을 중심으로-」『한국불교학』 69,

한국불교학회, 2014.
_____, 「천태지의와 『법화경』」 『불교학보』 71, 동국대학교 불교문화연구원, 2015.
_____, 「천태지의와 『아함경』」 『불교학보』 76, 동국대학교 불교문화연구원, 2016.
진영유, 「화엄의 사상과 실천2: 화엄수행론의 돈점 문제」 『한국불교학』 77, 한국불교학회, 2016.
차차석, 「法華經의 法師(dharma-bhanaka)에 대한 考察」 『한국불교학』 18, 한국불교학회, 1993.
_____, 「『법화경』에 나타난 행함과 구원의 상관성 고찰」 『대각사상』 4, 대각사상연구원, 2001.
_____, 「『법화경』 전편에 나타난 초기부파불교의 영향 탐구」 『불교연구』 28, 한국불교연구원, 2008.
최기표, 「사무량심의 수행체계-천태설을 중심으로-」 『한국불교학』 25, 한국불교학회, 1999.
_____, 「『법화경』 해석에 있어서 몇 가지 문제」 『불교학연구』 4, 불교학, 2002.
_____, 「천태지의 믿음(信)관과 그 특징」 『정토학연구』 9, 한국정토학회, 2006.
_____, 「『법화경』에 있어서 신앙信仰의 수행적 의의」 『한국교수불자연합학회지』 13, 사단법인 한국교수불자연합회, 2007.
_____, 「현대 한국불교의 수행형태와 체계; 천태종의 관음주송觀音呪誦과 그 이론적 토대」 『동아시아불교문화』 50, 동아시아불교문화학회, 2009.
_____, 「『법화경』에 있어서 수기의 수행론적 의의」 『불교학 리뷰』 13, 금강대학교 불교문화연구소, 2013.
_____, 「왜 반야바라밀을 수습하는가?」 『불교학연구』 67, 불교학, 2021.
_____, 「원효『법화종요』에 나타난 중국불교 사상가의 영향과 독자적 관점-천태지의의 『법화문구』와 길장의 『법화유의』를 중심으로」 『동아시아고대학』 65, 동아시아고대학회, 2022.
최동선, 「불교상담에서의 자기연민 프로그램의 가치」 『동아시아불교문화』 47, 동아시아불교문화학회, 2021.
최은영, 「초기 중국불교사에서 『法華經』 연구와 법화신앙의 형태」 『불교연구』 28, 한국불교연구원, 2013.

하영수, 「범본『법화경』「여래수량품」에 나타난 석존의 보살행에 대한 연구」, 『불교학리뷰』 18, 금강대학교 불교문화연구소, 2015.

_____, 「『법화경』은 일체중생의 성불을 설하는가?-세친『법화경론』의 사종성문설을 중심으로-」, 『한국사상사학』 68, 한국사상사학회, 2021a.

_____, 「『법화경』에 설해진 붓다의 보살행에 대한 주석적 연구 검토」, 『인도철학』 62, 인도철학회, 2021b.

한주희, 「자기 연민의 이타적 변화를 위한 불교적 고찰」, 『문화와융합』 43, 한국문화융합학회, 2021.

홍기빈, 「지구적 시스템은 붕괴할 것인가: 코로나 사태, 인플레이션, 고금리 및 강달러」, 『문명과 경계』 6, 포항공과대학교 융합문명연구원, 2023.

홍순우, 「초기 대승불교 교단의 성립과 조직에 대한 一考-諸異說을 중심으로-」, 『정토학연구』 20, 한국정토학회, 2013.

3) 해외논문

松本史朗, 「久遠實成の佛について」, 『インド論理學研究』 5, 2012, 243-254.

鹽田義遜, 「法華經の行法に就て」, 『日本佛敎學協會年報』 Vol.10, 日本佛敎學協會, 1938, 1-46.

伊藤瑞叡, 「法華經における一乘思想三乘說について」, 『印度學佛敎學研究』, 1981, 30-1.

Karashima Seishi, "The Textual Study of the Chinese Versions of the Saddharmapundarikasūtra in the Light of the Sanskrit and Tibetan Versions", Tokyo, 1992.

_____, "A Glossary of Dharmaraksa's Translation of the Lotus Sutra", Tokyo, 1998.

_____, "A Glossary of Kumarajiva's Translation of the Lotus Sutra, Tokyo", 2001a.

_____, "Who Composed the Lotus Sūtra? Antago nism between Wilderness and Village Monks," ARIRIAB 4. 143-179, 2001b.

_____, "A Trilingual Edition of the Lotus Sutra: New Editions of the

Sanskrit, Tibetan and Chinese Versions", ARIRIAB 6,85-182, 2003.

_____, "A Trilingual Edition of the Lotus Sutra: New Editions of the Sanskrit, Tibetan and Chinese Versions (2)", ARIRIAB 7.33-104, 2004.

_____, "An Old Tibetan Translation of the Lotus Sutra from Khotan: The Romanised Text Collated with the Kanjur Version (1)", ARIRIAB 8, 191-268, 2005b.

_____, "A Trilingual Edition of the Lotus Sutra: New editions of the Sanskrit, Tibetan and Chinese versions (3)", ARIRIAB 8, 105-189, 2005a.

_____, "A Trilingual Edition of the Lotus Sutra: New Editions of the Sanskrit, Tibetan and Chinese Versions (4)", ARIRIAB 9.79-88, 2006a.

_____, "An Old Tibetan Translation of the Lotus Sutra from Khotan: The Romanised Text Collated with the Kanjur Version (2)", ARIRIAB 9, 89-181, 2006b.

_____, "An Old Tibetan Translation of the Lotus Sūtra from Khotan: The Romanised Text Collated with the Kanjur Version (3)", ARIRIAB 10, 213-324, 2007.

_____, "An Old Tibetan Translation of the Lotus Sūtra from Khotan: The Romanised Text Collated with the Kanjur Version (4)", ARIRIAB 11, 177-301, 2008.

_____, "Who Composed the Mahayana Scrip-tures? The Mahasamghikas and Vaitulya Scriptures", ARIRIAB 18, 113-162, 2015.

Paul Harrison, "Searching for the origins of the Mahāyāna: What are you looking for?", Eastern Buddhist 28, 1995.

Paul Williams, "Mahayana Buddhism-the doctrinal foundation-", Religious studies: Vol.26 No.3, 1990.

Schopen, G, "The phrase 'sa prthivipradeśaś caityabhūto bhavet' in the "Vajracchedikā": notes on the cult of the book in Makāyāna", Indo-Iranian Journal 17. 1975.

_____, "Two problems in the history of Indian Buddhism: the layman/

monk distinction and the doctrines of the transference of merit", Studien zur Indologie und Iranistik 10, 1985.

6. 정기간행물

최영은 외 4인(2022), 「「기후변화 2021 과학적 근거」 정책결정자를 위한 요약본(SPM)」, 〈기상청 기후정보포털〉(2022. 12. 12), (국문해설서) IPCC AR6 제1실무그룹 평가보고서 요약본(SPM) 해설서. (http://www.climate.go.kr/home/bbs/view.php?code=94&bname=climatereport&vcode=6735&cpage=1&vNum=43&skind=&sword=&category1=&category2=)

〈시사포커스〉(2023. 4. 22), 「21일, 전 세계 코로나19 확진 5.9만 명 … 증가세 정체」. (https://www.sisafocus.co.kr/news/articleView.html?idxno=296026)

〈The JoongAng〉(2023. 4. 22.), 「"유럽 최대 공동묘지" 교황도 개탄… 난민 핏빛 물든 휴양섬(지도를 보자)」. (https://www.joongang.co.kr/article/25156988)

찾아보기

【A~Z】

Engaged Buddhism 20
『Le Lotus de la Bonne Loi』 30
『Saddharma puṇḍarīkasūtra-upadeśa』 49
『Saddharmapuṇḍarīkasūtra』(WR) 31
『Saddharmapuṇḍarīkasūtra』 30
『the Lotus of the True Law』 31
『The Saddharmapuṇḍarīka』 31

【久~開】

久遠實成 74
人無我 164
大菩薩 238
悟道菩薩 400
授記菩薩 236, 400
法師菩薩 400
法無我 164
開三顯一 69

【ㄱ】

가상사嘉祥寺 49
가섭불迦葉佛 104
가야근성불 187
가야성불伽倻成佛 180, 185
가와구치 에카이(河口慧海) 29
가지야마 유이치(梶山雄一) 264
가행위加行位 336
각자覺者 88, 121, 133
간명의簡名義 340, 341
간쥬르(Kanjur) 37
간화선 15
갈마작법 96
감연감행減緣減行 210
감응묘感應妙 48, 320
개권현실開權顯實 16
개근현원開近顯遠 26, 81
개삼승현일승開三乘顯一乘 237
개삼현일開三顯一 26, 81, 82, 377
개시오입開示悟入 불지견佛知見 369, 370
개추현묘開麤顯妙 340, 349
개합開合 47
개현사상開顯思想 341
개회開會사상 142
객진번뇌 343
건혜지乾慧地 276, 283, 320, 327~329
건혜지위 342
걸식 96

견도見道 119, 201, 202, 212, 215, 219, 277
견도위見道位 212
견사혹 348
견소단 116
견의堅意 50
견지見地 276, 278, 320, 329
견지위見地位 327
결의決疑 49
결정성문決定聲聞 196~198, 398
겸행육도품兼行六度品 342
경묘境妙 48, 320
계위론 48
계율주의 불교 86
계주유髻珠喩 65
계중명주契中明珠 62
계중명주의 비유(髻中明珠喩) 65, 66
계차별관 204
계학戒學 13
고법인苦法忍 272, 277
고사본古寫本 249
고성제 207
고제苦諦 198, 205
고지苦智 212
고지마 분포(小島文保) 28
고타마 싯달타 106
골쇄관 204
공空 68
공덕이익묘公德利益妙 48, 320

공사상空思想 90, 396
과거 25불 122
과거 28불 122
과거 7불 122
관불삼매觀佛三昧 276
관심觀心 47
『관음의소觀音義疏』 255
관정灌頂 331, 333
광명 169~172, 193
『광찬반야경光讚般若經』 87
광택사光宅寺 47
『교보살법教菩薩法』 50
구경위究竟位 336
구나함불拘那含佛 104
구류손불拘留孫佛 104
구마라집鳩摩羅什 24, 38, 41, 47, 68, 81, 86, 138, 139, 179, 180, 187, 245, 246, 333, 393
구부九部 27
『구사론俱舍論』 110, 115, 117, 120, 148, 150, 202, 205, 214, 216, 355, 401
구안락행口安樂行 299, 303
구원본불久遠本佛 19, 54, 74, 75, 79, 377, 378, 394, 401, 402
구원본불설 71, 82, 362, 393
구원성불久遠成佛 180, 187
구원실성久遠實成 377
궁자유窮子喩 59

찾아보기

권속묘眷屬妙 48, 320
권전勸轉 200
규기窺基 52, 53, 142, 393
그레고리 쇼펜(Gregory Schopen) 99
극락정토 125
근본번뇌 343
근본 분열 85
『금강경金剛經』 16
금강유정金剛喩定 116
『금광명경金光明經』 335
기무라 다이켄(木村泰賢) 97
길기트본 27
길장吉藏 49, 50, 52, 53, 142, 254, 393
깨달음의 사회화 20

【ㄴ】

낙단수樂斷修 203, 204
난법煖法 271, 277, 324
난선근煖善根 201
난위煖位 204, 207, 208
난조 후미오(南條文雄) 29
날리낙샤 더트(Nalinaksha Dut) 89
남도(호탄) 43
내범위內凡位 204
네팔본 27
녹거鹿車 56, 70
논용論用 47
늑나마제 49, 50, 52

『능생일체제불경能生一切諸佛經』 50
능서체能書體 굽타문자 29
니까야(Nikāya) 13

【ㄷ】

다라니陀羅尼 231
다라엽본 42, 43
다문불(Bahussuta) 101
단도斷道 344
달마급다達摩笈多 24, 38
담림 49, 50, 52
담무참曇無讖 190
『담빠이 초 파드마 카르포(Dam pa'i chos padma dkar po)』 37
『대당서역기大唐西域記』 245
『대반열반경』 355
『대방광경大方廣經』 50
『대방등다라니경大方等陀羅尼經』 300
대백우거 70, 356
대벽지가라大辟支迦羅 326
「대본경大本經」 105
『대불정여래밀인수증요의제보살만행수능엄경大佛頂如來密因修證了義諸菩薩萬行首楞嚴經』 336
『대비로자나성불신변가지경大毘盧遮那成佛神變加持經』 335, 336
『대비바사론大毘婆沙論』 113, 148, 274
『대사大事』 331, 332, 333
대승(大乘, mahā-yāna) 86~88, 95,

120, 126, 130, 145~147, 308
대승경전 92, 96~99, 125, 130~132, 136, 151, 273, 395, 401
대승 교설 83, 85
대승기원설 95, 97
대승보리심大乘菩提心 332
대승보살 124, 129, 332, 333
대승불교 19, 85~87, 89, 91, 92, 97, 123, 125, 130, 133, 140, 195, 212, 230, 238, 336, 395, 396, 398, 401
『대승불교사론』 89
『대승비분타리경大乘悲分陀利經』 190
대승비불설 89, 131
『대승입능가경大乘入楞伽經』 150
『대승장엄론경大乘莊嚴論經』 98
『대아미타경大阿彌陀經』 125
대의大意 49
대중부大衆部 85, 89, 91, 127
대중부계 94
『대지도론大智度論』 17, 123, 126, 127, 265~267, 270, 272~274, 276, 325, 336, 355, 401
대통일장 405
대통일장 이론 16, 136
『대품반야』 276
『대품반야경』 87, 264, 330, 331, 354, 355, 401
더트(Nalinaksa Dutt) 28, 31
도공道龔 190

도날드 로페즈(Donald Lopez) 357
도류지인道類智忍 277
도미나가 나카모도(富永仲基) 131
도생道生 45, 393
도성제 207
도제道諦 198, 327
도지道智 212
『도행반야경道行般若經』 86, 331
독각불(Pacceka-Buddha, 獨覺佛) 101, 102
독각승 126
독송품讀誦品 342
돈오성불頓悟成佛 45
돈황 43
동진童眞 331
등각 321
등정각 270
『디가니까야(Dīgha-Nikāya)』 108
디그(Deeg, 2009) 32

【ㄹ】
라훌라 105
레닌그라드 박물관 29
로베르(Robert, 1997) 32
로케쉬 찬드라(Lokesh Chandra) 250
류코쿠(龍谷)대학 28

【ㅁ】
마가다 93

마르부르거 단편(Marburger fragments)
본　27
마에다 에운(前田慧雲)　89
마인드셋(mindset)　368, 370~372, 384, 402
마츠모토 시로(松本史朗)　180
『마하반야바라밀경摩訶般若波羅蜜經』　265, 270, 273
『마하승기율摩訶僧祇律』　93
마하야나(mahā-yāna)　86
마하연摩訶衍　86
『마하지관摩訶止觀』　46, 47, 300
막스 뮬러(Max Müller)　29
만너하임본　29
만선성불萬善成佛　382
『맛지마니까야(Majjhima-Nikāya)』　108
메이지 시대(Era Meiji, 明治時代)　131
멸성제　207
멸제滅諦　198
멸지滅智　212
명공용明功用　340, 344
명단복明斷伏　340, 343
명명보리　338
명위수明位數　340, 342
명위폐明位廢　340, 346
명위흥明位興　340, 346
명종明宗　47
명추묘明麤妙　340, 345

몰(Julius von Mohl)　30
묘각위　321
묘법妙法　23, 47, 48, 74
『묘법경妙法經』　255
『묘법연화경妙法蓮華經』　23, 24, 38, 42, 43, 51, 81, 138, 139, 255, 393
『묘법연화경론妙法蓮華經論』　49, 50
『묘법연화경론우바제사妙法蓮華經論優波提舍』　50, 52
『묘법연화경문구妙法蓮華經文句』　307
『묘법연화경우바제사妙法蓮華經優波提舍』　49, 50, 52, 154, 156, 158~162, 165, 168, 175, 176, 188, 189, 198, 232, 393, 397
『묘법연화경현찬妙法蓮華經玄贊』　52
묘법화妙法華　68, 69
묘상업妙相業　114, 118
묘위시종妙位始終　341, 352
무간도　116, 119, 215
무라카미 센쇼(村上專精)　132
『무량의경無量義經』　50
무량의처삼매　193
무명업식無明業識　369
무사지無師智　124, 387
무상관無常觀　276
무상보리　339, 389
무상정각無上正覺　151
무상정등각無上正等覺　57, 113, 116, 121, 209, 212

무상정등각자無上正等覺者 102, 116
무상정등보리無上正等菩提 115, 117
무상지혜 124
무상행無相行 46, 299
무생無生 194
무생관無生觀 267
무생법인無生法忍 130, 270~272, 277, 278, 280, 298, 331
무생인無生忍 271, 344
무생인과無生忍果 329
무생인관無生忍觀 267
무생인도無生忍道 329
무생지無生智 280
무소유無所有 266
무소유처 116
무애도無礙道 344
무애지無碍智 281
무연자비無緣慈悲 70
무자성공無自性空 130, 280
무착(無着, asaṅga) 14
무학無學 119, 194, 347
무학도無學道 201, 212
무학도위無學道位 212
무학도인 219
무학위無學位 107, 201, 202, 218, 219, 399
문소성혜聞所成慧 202
미래보살未來菩薩 106
미로노프(Mimov) 249

미륵(彌勒, maitreya) 14, 98

【ㅂ】

『바가바드기타(Bhagavad Gītā)』 90
바루후(W. Baruch) 28
박지薄地 276, 278, 320, 329
박지위薄地位 327
박티(Bhakti, 信愛) 신앙 90
반야경般若經 133, 396
『반야경般若經』 18, 68, 132, 275, 332
반야공관般若空觀 332
반야십지般若十地 332, 333
반열반槃涅槃 220
반행반좌삼매半行半坐三昧 300
발보리심發菩提心 331
발심보리 337
『방광반야경放光般若經』 87
『방등경』 17
방등方等삼매 300
방등탄가교方等彈呵教 140
방편 59, 71, 77, 166, 185, 187, 230, 318, 346, 347~349, 356, 385, 401
방편교方便教 352
방편위 355
백복장엄상百福莊嚴相 114
번뇌론煩惱論 14
『번역명의집』 254
『범망경梵網經』 333, 335, 336
『범문팔천송반야』 264

범부현위凡夫賢位　334
범신론　90
범위　204
『법경경』　96
법공法空　127, 233
법념처法念處　205
법묘法妙　48, 320
법무아法無我　90, 129
법사法師　260, 261, 262
법상法相　53
법상종　52, 59, 142
법신法身　74, 123
법신불　151
법안도종지法眼道種智　328
법운法雲　45, 142, 254, 393
법운지　283
법음다라니法音陀羅尼　344
법장부　94
법화　89
『법화경』　153
『법화경론法華經論』　49, 50
『법화경론술기法華經論述記』　50
『법화경소』　45, 393
『법화경』 신봉자 집단(Saddharma
　-Puṇḍarīka-gaṇa)　133
『법화경안락행의法華經安樂行義』　299
『법화론法華論』　50
『법화론기法華論記』　50
『법화론소法華論疏』　49

『법화론소法華論疏』 3권　49
『법화문구法華文句』　45~47, 254, 307,
　393
법화사상法華思想　133
법화삼매　297, 298, 300
『법화삼매경法華三昧經』　38, 45, 298
『법화안락행의』　393
『법화유의法華遊意』　49
『법화의기』　45, 393
『법화의소法華義疏』　46, 49, 254
법화일승法華一乘　53
『법화종요』　145
『법화통략法華統略』 6권　49
법화행법　309
『법화현론法華玄論』　49
『법화현의法華玄義』　17, 19, 46~48,
　319~324, 327, 329, 330, 340, 341,
　350~352, 355, 393, 400, 401
『법화현찬』　393
벽지불승　139, 145, 146, 236
벽지불지辟支佛地　276, 282
벽지불지위　327
변체辨體　47
별교　320, 323, 328, 329, 331, 341~343,
　346~348, 351, 354~356, 400
별교삼승　142, 143
별상념　205
별상념주別相念住　201
별상념처別相念處　204, 205, 324

별석別釋　47
병탑甁塔　93
보디-샷트바(bodhi-sattava)　103
보르노프(Eugène Burnouf)　30
보리살타菩提薩埵　103, 113, 124
보리심　92
보리유지　49, 50, 52
보살 가나　96, 97
보살계위　265
보살과菩薩果　137
보살 교단　96
보살도　95
『보살본업경菩薩本業經』　96, 333
보살사상　69, 70, 91, 92, 115, 230, 333
보살성위菩薩聖位　334
보살승菩薩乘　19, 21, 54, 70, 95, 96, 100, 124~126, 135~139, 141~143, 145, 147~150, 236, 318, 327, 386, 387, 391, 395~397, 399, 401, 403, 404
보살 승려　95
보살승 운동　100
보살십지　333
『보살영락본업경菩薩瓔珞本業經』　333 ~336, 341
보살 52위　14
보살위　272, 277
보살일승菩薩一乘　53

보살장　89
보살중(菩薩衆, 보디샷트바 가나)　95
보살지菩薩地　276, 283, 320
보살지위菩薩地位　327
보현도량普賢道場　46
복심보리　337
복인伏忍　328, 343
본문本門　24, 48, 53, 54, 71, 81, 309, 319, 320, 376, 377
본불本佛　53, 71
본업십지本業十地　332, 333
본원本願사상　79
본원(諸佛本願)설　75
본인本因　48
부다가야　53
부정관不淨觀　204, 276
『부집이론소部執異論疏』　89
부파불교　18, 19, 21, 85, 87, 89, 91, 95, 96, 110, 113, 118~120, 124, 125, 127, 130, 140, 218, 219, 272, 332, 394~396, 398, 399
부행　119
부행독각部行獨覺　118
불과佛果　53, 117, 118
불과증득佛果證得　114
불교 근대주의　357
『불교사림佛敎史林』　132
『불교 연구를 위한 비판적 용어집 (Critical Terms for the Study of Bud-

dhism)』 357
불교의 사회화 20
불교 하이브리드 산스크리트어(Buddhist Hybrid Sanskrit) 27
불국정토 378, 381, 403, 404
불생不生 194
불생법不生法 110
『불소호념佛所護念』 50
불승(buddhayāna) 137
불승佛乘 69, 95, 138, 139, 145, 148~150
불신관 363
불신론 90, 151
불염오무지不染污無智 110
불위삼매佛位三昧 300
『불이삼차환경佛以三車喚經』 38, 45
불전문학 88, 91, 92, 97, 124, 395
불지佛智 124, 387
불지佛地 276, 283, 320, 327, 328
불지견佛知見 20, 69, 155~158, 177, 230, 356, 393, 398, 401, 404
불지혜佛智慧 68, 229, 398, 399
불타관 112, 363, 364
불탑 93
불탑숭배 95, 97
불탑신앙 88, 90, 91, 97, 133
불퇴전不退轉 270, 271
불퇴전보살不退轉菩薩 264, 270, 272, 400

불퇴전지不退轉地 272, 278
불환과 118, 215, 219
불환향 219
불환향과不還向果 215
뷰테넌(Buitenen) 99
브라마(Brahma) 123
비구 승가 96
비바시 104
비바시불毘婆尸佛 104
비불설론 130
비사부불毘舍浮佛 104
비상비비상처 116
비슈누(Visnu) 123
비요법장秘要法藏 16
비장방費長房 44
비행비좌삼매非行非坐三昧 300
『비화경悲華經』 190
빌레펠트 361, 367, 372, 376, 383
빠세나디 93

【ㅅ】
사거가四車家 59, 70, 141~143, 356
사거설 52, 53
사과四果 125
사교 350
4교설 356
사나굴다闍那崛多 24, 38
사념처 205, 206
사념처위 342

사다함斯陀含 107, 278
사도使徒 81
사리탑 93
사무량 163
사무량심四無量心 84, 162, 165, 177, 193, 382, 397
사무소외四無所畏 162, 163, 165, 177, 193, 270, 328, 397
사무애변 162, 163, 177, 193, 397
사무애변재 231
사무애해四無礙解 118, 221
사선근四善根 201, 202, 204, 205, 219, 334, 399
사선정 162, 177, 193, 397
사섭법 162, 165, 177, 193, 270, 397
사성제四聖諦 13, 58, 101, 196~198, 200, 207, 210, 212, 218, 222, 386, 398
사성종四聖種 14, 200, 202, 203, 204
사성평등四姓平等 137
사소성혜思所成慧 202
사안락행四安樂行 46, 300, 306, 318, 387, 400
사위四位 13
사위師位 308
사위설四位說 332
사이구사 미쓰요시(三枝充悳) 264
사제四諦 198, 202, 325, 327, 354
사제법四諦法 223, 399

사제불(Catusacce-Buddha, 四諦佛) 101
사제십육행상四諦十六行相 205, 208, 212, 213
사종보살四種菩薩 264, 265, 274, 400
사종삼매 300
사카이노 코요(境野黃洋) 132
사향사과四向四果 13, 107, 119, 200, 212, 218, 332, 399, 400
사홍서원 328
사회참여 불교 20
『사회참여 불교』 20
『삳다르마 뿐다리까 수트라(Saddharma-puṇḍarīkasūtra)』 23
『살담분다리경薩曇分陀利經』 38
살적殺敵 194
삼거 70
삼거가三車家 59, 141, 142
삼거설 52, 53
삼거화택三車火宅의 비유 365
3계 5취 117
삼덕三德 321, 342
삼론三論 49, 53
삼론종 59, 142
삼매수행三昧修行 295
삼승三乘 52, 58, 81, 136, 137, 145, 194, 333, 391
삼승공십지三乘共十地 327, 354
삼승교三乘教 55, 133, 134, 396

삼승설　70
삼신설　363
33용신　256
삼십이상三十二相　270, 326
32상 80종호　105, 114, 162, 165, 177, 193, 397
37조도품三十七助道品　13
37품　127
3악취　112
삼인三因　14, 200, 202~204
삼장교　347
삼장보살　327, 328, 329
3전 12행　200
삼지삼청三止三請　372
삼초이목　355
삼초이목유三草二木喩　62
삼초이목의 비유　354, 355, 400
삼학三學　13
삼현三賢　201, 202, 204, 219, 334
삼현보살三賢菩薩　334
삼현십지三賢十地　333, 334
삼현위三賢位　204, 205, 212, 334, 399
삼혜三慧　14, 200, 202~205
상가라마(samgha-arama, 승가람)　93
상구보리上求菩提　125
상사上士　120
상相·성性·체體·역力·작作·인因·연緣·과果·보報·여시본말구경如是本末究竟　68

『상윳따니까야』　225, 228
상좌부上座部　85
상좌부계　128
상좌삼매常坐三昧　300
상행삼매常行三昧　300
샐리 킹　20
생기生起　47
생신불　151
서북인도　44
서역본　27
서원誓願　79, 252
서원안락행誓願安樂行　299, 305
석가모니불　53
석가보살　92, 124, 148
『석가여래행적송釋迦如來行蹟頌』　387
석공관析空觀　347
석명釋名　47, 49
석문釋文　52
선교방편善巧方便　54
선旋다라니　257
설법묘說法妙　48, 320
설법품說法品　342
『설일승경說一乘經』　51
설일체유부　113, 115, 128, 140
『섭대승론攝大乘論』　17, 335
『섭대승론석攝大乘論釋』　128, 336
성공무소유性空無所有　266
성덕태자聖德太子　46
성문과聲聞果　137

성문도 88
성문 불교 86
성문사과聲聞四果 211
성문승聲聞乘 19, 54, 70, 100, 125, 126, 135~143, 145, 146, 150, 194, 236, 362, 386, 391, 395~399, 401, 403, 404
성문 승가(聲聞乘伽, 쉬라바카 상가) 95
성문지聲聞地 276
성불 92
성불도 124
『성실론成實論』 17, 355, 401
성위聖位 14, 200~202, 204, 219, 399
성장형 마인드셋(growth mindset) 371
성지性地 276, 277, 320
성지위性地位 327
세간제일법 272, 277
「세기경世紀經」 105
세속제 359
세제일법世第一法 121, 201, 209, 211, 214, 324
세제일위世第一位 204
세존 104
세친世親 14, 49, 98, 128, 154, 156, 160, 161, 188, 189, 198, 234, 235, 336, 363, 393
소벽지가라小辟支迦羅 326
소승小乘 86~88, 95, 120, 126~128, 133, 396

소승불교 92, 140, 395
소신공양燒身供養 46
소역본 37
『소품반야경小品般若經』 87, 94, 130, 135, 264, 400
수기 173~176, 270
수기보살 92, 395
수다원(須陀洹, 혹은 預流) 107, 278
수도修道 119, 201, 202, 212, 214
수도위修道位 212
수렌드라보디(Surendrabodhi) 37
수문석의隨文釋義 49
수소성혜修所成慧 202
수습위修習位 336
수식관 204
수행계위 272, 319
수희품隨喜品 342
순결택분順決擇分 205
순해탈분順解脫分 205
쉬바(Siva) 123
스구로 신죠 138, 139
스나 남 예셰스 데(Sna nam Ye shes sde) 38
스투파(stūpa) 93
승랑 49, 50, 52
『승만사자후일승대방편방광경勝鬘師子吼一乘大方便方廣經』 129
『승천왕반야경勝天王般若經』 355
『승천왕반야바라밀경勝天王般若波羅

蜜經』 335
시기불尸棄佛 104
시방계일불설十方界一佛說 113
시방제불十方諸佛 123
시방제불 사상 123
시전示轉 200
시즈타니 마사오(精谷正雄) 94
『신금광명경新金光明經』 330, 355, 401
신기청정身器淸淨 203
신발의보살新發意菩薩 264, 265, 400
신심원리身心遠離 203
신안락행身安樂行 299
신통묘神通妙 48, 320
신학新學 266
실뱅 레비(Sylvain Lévi) 28
십력十力 162, 163, 165, 177, 193, 270, 328, 397
십묘十妙 48, 319, 320
십바라밀 84
십사十事 333
십선도 324
십신위 342
십여시十如是 68
십육행상十六行相 207, 210
십이연기十二緣起 58, 220, 226
십이인연 354
십이인연법十二因緣法 222, 223, 399
십주 321
『십주비바사론十住毘婆沙論』 96, 149

십주지설 333
십지 275, 320, 321, 348
『십지경十地經』 14, 331
『십지론十地論』 17
십팔불공법不共法 162, 164, 165, 177, 193, 270, 397
십학十學 333
십행 321
십회향 321
싯달타(Siddhārtha Gautama) 104
『쌍윳따니까야(Saṁyutta-Nikaya)』 101

【ㅇ】

아공我空 127, 233
아나함(阿那含, 또는 不還) 107
아뇩다라삼먁삼보리阿耨多羅三藐三菩提 71, 81, 114, 149, 157, 223, 231, 235, 261, 263, 269, 270, 274, 317, 404
아라한(阿羅漢, 또는 應供) 107
아라한과 119, 219, 399
아라한향 219
아란야 96
아뢰야식阿賴耶識 14
아메리카 종교학회 20
아법이공我法二空 347
아비달마(abhidharma) 85
아비발치지 271, 279

아사리 96
아유월치阿惟越致 149, 272
『아육왕경阿育王經』 104
아자타삿투 93
아프가니스탄본 27
아함경阿含經 13, 109, 199
『안락행의安樂行義』 46
『앙굿따라니까야(Aṅguttara-Nikāya)』 101
야마다 도모오(山田知生) 370
약초의 비유(藥草喩) 62
양거羊車 56, 70
양의병자良醫病子의 비유 366
에드워드 콘즈(Edward Conze) 90
여래수량如來壽量 377
『역대삼보기歷代三寶記』 44
연각과緣覺果 137
연각승緣覺乘 19, 54, 70, 100, 135~137, 140~143, 146, 149, 150, 219, 362, 386, 391, 395~397, 399, 401, 403, 404
연기緣起 52
연등불燃燈佛 91, 178
연등불 수기 사상 91
열반涅槃 74, 77, 89, 117, 196, 199, 349
『열반경涅槃經』 137, 330, 331, 348, 350, 351, 354, 401
열반상涅槃相 352

염오무지染污無智 110
『영락경瓔珞經』 17, 330, 331, 354, 355, 401
영우회『법화경』원전간행회 28
영원신永遠身 151
영인본 27
예류과(預流果, 또는 須陀洹) 215, 219, 278
예류향 219, 277, 399
예류향과 215
오미五味의 비유 350
오십이위 343, 354
오정심五停心 201, 204, 205, 324
오종법사 308
오종법사행五種法師行 307, 309, 312, 318, 383
오종수행 400
오중각설五重各說 47
오품위 343, 345
오품제자위五品弟子位 321, 342, 354
옥천사玉泉寺 47
올덴부르크(S. F. Oldenburg) 30
와시오 준쿄(鷲尾順敬) 132
와타나베 쇼코(渡邊照宏) 28
왓슨(Watson, 1993) 32
왓터스(Watters) 29
외범외凡位 204
요간料簡 47
요흥姚興 42

용수(龍樹, Nāgārjuna) 50, 99, 123, 126, 132, 276, 363
우거牛車 56, 70
우에다 요시부미(上田義文) 97, 132
운묵무기雲默無奇 387, 390
운우유雲雨喩 62
원교 321, 323, 328, 329, 331, 339~344, 346, 348, 350~352, 354, 356, 400
원돈 401
원보리심 337
원생願生 80
원생보살願生菩薩 230
원생설願生說 107
원시대승 94, 138
원시 반야경 88, 395
원시불교 85, 94
원융화합 67, 69
원진圓珍 50, 52
원효元曉 142, 143, 145, 389, 390
위묘位妙 19, 48, 320, 322, 354~356, 393, 400, 401
위하라(vihāra, 精舍·僧坊) 93
『유가사지론瑜伽師地論』 14
유가행파瑜伽行派 14, 121
유루 6행관 116
유마거사 140
『유마경』 140, 285
『유마힐소설경維摩詰所說經』 140
유상행有相行 46, 299, 300

유순인柔順忍 266, 271, 276, 277, 329
유순인관柔順忍觀 267
유식학 336
유월치 149
유학위有學位 201, 202, 217, 219, 399
유화인욕 295
유화인욕심和忍辱心 284
유희신통遊戲神通 329
육근청정 312, 313
육근청정위 321, 354
육바라밀六波羅蜜 58, 84, 118, 270
육바라밀다六波羅蜜多 115, 117
육바라밀행六波羅密行 313
육종법사 307
응공應供 104, 194
응진應眞 194
응화성문應化聲聞 196~198, 398
의사의 비유(醫師喩) 72
의안락행意安樂行 299, 304
의자유醫子喩 72
의적義寂 50, 52
의주유衣珠喩 64
의중보주衣中寶珠 62
의중보주의 비유(衣中寶珠喩) 64
이법理法 69
이변지已辨地 320
이변지위已辨地位 327
2신설 152, 363
이십칠현성 342

이악離惡　194
이욕지離欲地　276, 279, 283, 320, 329
이욕지위離欲地位　327
이욕청정離欲清淨　329
이작지已作地　276, 279
이타행　86
인가認可　373
인각유독각麟角喻獨覺　118, 119, 221
인경引經　341, 350
인무아人無我　129
인법忍法　209, 210, 272, 324
인·법이무아人法二無我　129
인선근忍善根　201
인연관　204
인연석·약교석·본적석·관심석　47
『인왕반야경仁王般若經』　17, 330, 331, 335, 355, 401
『인왕반야바라밀경(佛說仁王般若波羅蜜經)』　333, 336
인위忍位　119, 120, 204
인증引證　47
인행과덕신因行果德身　152
일국토一國土 일불설一佛說　102
일대사인연一大事因緣　16, 78, 79, 135, 177, 368~370, 398, 401
일래과(一來果, 또는 斯多含)　215, 219
일래향과一來向果　215
일불승一佛乘　16, 18, 19, 21, 52, 53, 58, 69, 78, 81, 135, 136, 143, 145, 151, 155, 162, 166, 177, 193, 219, 230, 236, 318, 319, 357, 362, 377, 384, 390, 391, 393, 394, 397, 400~404
일불승 교설　83
일불승一佛乘설　54, 82
일생보처一生補處　113, 331
일생보처보살一生補處菩薩　103, 264, 273, 400
일승一乘　16, 54, 58, 68~71, 75, 126, 134, 135, 140~143, 333, 362, 391, 394, 396
일승법一乘法　54, 369
일승사상　134
일실사제一實四諦　343
일원론　90
일지일우一地一雨　355
일체법공　284, 294
『일체제불견고사리一切諸佛堅固舍利』　51
『일체제불대교방편경一切諸佛大巧方便經』　51
『일체제불비밀법一切諸佛秘密法』　50
『일체제불비밀처一切諸佛秘密處』　50
『일체제불소전법륜一切諸佛所轉法輪』　51
『일체제불지도량一切諸佛之道場』　51
『일체제불지장一切諸佛之藏』　50
일체종지一切種智　166~168, 222, 223,

281, 283, 303, 311, 312
일체지一切智 124, 128, 129, 387
일체지불(Sabbaññu-Buddha, 一切知佛) 101
일체지성一切智性 366
일행삼매一行三昧 300
입종立宗 49

【ㅈ】
자량위資糧位 205, 336
자리自利 86, 88
자리이타행 118
자비慈悲 276
자비관 204
자비희사慈悲喜捨 270
자연지自然智 124, 387
『자타카』 91
작불수기作佛授記 372, 373
『잡아함경雜阿含經』 104, 108, 308
장교 320, 328, 329, 343, 347, 354, 400
『장아함경長阿含經』 105, 109, 308
장자궁자長子窮子 191
장자궁자의 비유 59, 366, 369, 373
재가 보살 96
재가불교 94
적멸인寂滅忍 344
적문迹門 24, 48, 53, 54, 71, 81, 309, 319, 376, 377

적문 십묘 322
적불적불寂佛迹佛 53
적정열반寂靜涅槃 86
전도선언傳道宣言 235
전륜성왕轉輪聖王 66
정각正覺 98
정등각자正等覺者 101, 102, 104
정법頂法 271, 324
『정법념처경』 355, 401
『정법화경正法華經』 24, 38, 42, 43, 138, 153, 190, 255
정선근頂善根 201
정영사淨影寺 49
정위頂位 204
정위正位 272
정학定學 13
정행육도품正行六度品 342
제1류 44
제2류 44
제3류 44
제법실상諸法實相 47, 67~70, 266, 267, 294, 302, 343, 349, 356, 393, 401
제불본원諸佛本願 19, 394, 401, 402
제불본원설 74, 82, 364, 393
제일의第一義 344
제일의제 327, 354, 359
『제일의주第一義住』 51
제자위弟子位 308
조선언문朝鮮諺文 역 37

종자설種子說 14
종지宗旨 52
종파불교 58
주사성종住四聖種 203
『중국불교』 249
중성취衆成就 51
『중아함경』 308
중앙아시아본 27
즉신성불卽身成佛 230
증보리심 338
증상만성문增上慢聲聞 196~198, 398
증상만심增上慢心 52
『증일아함경增一阿含經』 106, 199, 308
증전證轉 200
지강양접支疆梁接 38, 45
지겸支謙 38, 45
지말번뇌 343
지말 분열 85
지묘智妙 48, 320
지불지支佛地 320
지엄智儼 298
지용地踊보살 240
지의智顗 81, 142, 255, 300, 320, 324, 330, 355, 356, 393
지제支提 93
지혜바라밀 116
진실보살 114
진실위 346
진실한 계위 356, 401

진여眞如 68
진인眞人 194
진제眞諦 50
집성제 207
집제集諦 198
집지集智 212

【ㅊ】
『천수경千手經』 16
천승위 324
천태교관 341
천태사교 400
『천태사교의天台四敎儀』 321
천태삼대부天台三大部 47
천태종 59
천태지의天台智顗 17, 24, 45
『첨품묘법연화경添品妙法蓮華經』 24, 38, 43, 153
체공관體空觀 347
체르바스키(Theodor. Stcherbatsky) 89
초기불교 85, 91, 137, 195, 218, 396, 398
초기불교 빠알리 경전 101
초기불전 108
초발의初發意 274
초수희품위 342
초전법륜初轉法輪 199
초지초地보살 276

총상념　205
총상념주總相念住　201
총상념처總相念處　204, 324
최고진실위　355
『최상법문最上法門』　51
『최승수다라最勝修多羅』　50
최실위最實位　339, 340, 341
최진실위　356
최후신最後身　116
축법호竺法護　24, 38, 41~43, 87, 138, 139, 190
축불념竺佛念　333
출가 보살　96
출가불교　94
출도보리　339
츠카모토 게이쇼(塚本啓祥)　27, 41, 43, 44
칠방편도七方便道　204
칠번공해七番共解　47
칠성　342
칠성위七聖位　324, 325
칠현七賢　204, 324, 325, 342
칠현위　328
칠현칠성　320

【ㅋ】

카달릭(Khadalik)본　29
카슈가르본　27
카슈미르본　27
카스갈　28
카필라국　104, 106
칼 빌레펠트(Carl Bielefeldt)　357, 402
캐럴 드웩(Carol Dweck)　371
케네스 첸(Kenneth Ch'en)　249
케른(Hendrik Kern)　29, 30, 89
크리스토퍼 퀸　20

【ㅌ】

타클라마칸　43
탑사　96
통교　320, 323, 327~329, 341~343, 347, 351, 354, 400
통교삼승　142
통달위通達位　336
통석通釋　47
퇴보리심성문退菩提心聲聞　196, 198, 398
투르판(Turfan)본　29
트린클러본　29
티벳역본　37
틱낫한　20

【ㅍ】

판교判敎　47
팔십종호　270
팔인지八人地　276, 277, 320, 329
팔인지위八人地位　327
8인忍 8지智　116

팔정도八正道　13, 199, 200, 351
팔제삼십이행상八諦三十二行相　208, 210
『팔천송』　264
팔해탈　162, 177, 193, 397
패괴보살敗壞菩薩　149
페트로프스키(N. F. Petrowski)　29, 30
평등대혜平等大慧　352
평등법계　20
폐립廢立　52
폴 윌리엄스(Paul Williams)　95, 99
폴 해리슨(Paul Harrison)　99
표장標章　47
품명品名　52
품차品次　52
필경공성畢竟空性　266

【ㅎ】

하사下士　120
하화중생下化衆生　125
『한거경閑居經』　190
한역본　37, 43, 44
해탈도解脫道　116, 119, 215, 344
해탈지견　128, 129
행묘行妙　48, 320
행보리심　337
행육바라밀보살行六波羅蜜菩薩　264, 267, 400
허비츠(Hurvitz)　32

현관　150
현생보살現生菩薩　104
현실신現實身　151
현위賢位　14, 200~202, 204, 219, 399
현일체색신삼매現一切色身三昧　295~298, 317
현장玄奘　52, 245, 246, 250
현증　150
『현증장엄론現證莊嚴論 역주』　150
혜능慧能　370
혜사慧思　46, 299, 300, 393
혜원慧遠　49
혜학慧學　13
호지슨(B. H. Hodgson)　29
홍경방법弘經方法　49
화법사교　321
화상　96
화성보처유化城寶處喩　75
화성의 비유(化城喩)　75
『화엄경華嚴經』　16, 135, 330, 333~335, 401
『화엄경탐현기華嚴經探玄記』　336
화엄십지華嚴十地　332, 333
화엄종　59
화타化他　344
화택삼거유火宅三車喩　55
화택의 비유(火宅譬喩)　55
환희지　283
활연대오豁然大悟　46

회삼귀일會三歸一　16, 18, 19, 52, 67,
　　140, 386, 390, 391, 394, 395, 404
회삼귀일설　54, 82, 141
회이會異　47
회이귀일會二歸一　52

회탑灰塔　93
훈습론熏習論　14
흠역본　37
히라가와 아키라(平川彰)　28, 92, 94~
　　97, 138, 264, 395

현수 스님

중앙승가대학교 불교학·역경학과를 졸업하였으며, 동 대학 대학원 불교학과 박사과정을 마치고 문학박사 학위를 취득하였다. 현재 중앙승가대학교 강사이다.
주요 논문으로 「『法華經』의 修證 연구 - 一佛乘과 三乘의 수행과 사회적 실천을 중심으로-」, 「『법화경』과 남악혜사·천태지의의 법화삼매에 대한 사상적 연계 연구」, 「구도자와 불과행으로서의 관음보살 -『법화경』과 『화엄경』을 중심으로-」, 「4대 연기설 연구」 등이 있다

법화경 수행 연구

초판 1쇄 인쇄 2025년 11월 28일 | 초판 1쇄 발행 2025년 12월 8일
지은이 현수 | 펴낸이 김시열
펴낸곳 도서출판 운주사

   (02832) 서울시 성북구 동소문로 67-1 성심빌딩 3층
   전화 (02) 926-8361 | 팩스 0505-115-8361
ISBN 978-89-5746-905-7 93220 값 28,000원
http://cafe.daum.net/unjubooks 〈다음카페: 도서출판 운주사〉